民國文化與文學 研究文叢

二 編

李 怡 主編

第18冊

豐子愷圖文創作中的兒童世界研究

吳 雲 鳳 著

國家圖書館出版品預行編目資料

豐子愷圖文創作中的兒童世界研究／吳雲鳳 著—初版—新
北市：花木蘭文化出版社，2013〔民 102〕
目 10+290 面；19×26 公分
（民國文化與文學研究文叢 二編：第 18 冊）
ISBN：978-986-322-321-4（精裝）
1. 豐子愷　2. 學術思想　3. 文藝評論
541.26208　　　　　　　　　　　　　　　　102012329

特邀編委（以姓氏筆畫為序）：

丁　帆	王德威	宋如珊
岩佐昌暲	奚　密	張中良
張堂錡	張福貴	須文蔚
馮　鐵	劉秀美	

ISBN-978-986-322-321-4

9 789863 223214

民國文化與文學研究文叢
二　編　第十八冊　　　　　　　　ISBN：978-986-322-321-4

豐子愷圖文創作中的兒童世界研究

作　　者　吳雲鳳
主　　編　李　怡
企　　劃　四川大學現代中國文化與文學研究中心
　　　　　民國文學與海外漢學研究中心（籌）
　　　　　北京師範大學民國歷史文化與文學研究中心
總 編 輯　杜潔祥
印　　刷　普羅文化出版廣告事業
出　　版　花木蘭文化出版社
發 行 人　高小娟
聯絡地址　235 新北市中和區中安街七二號十三樓
　　　　　電話：02-2923-1455／傳真：02-2923-1452
網　　址　http://www.huamulan.tw 信箱 sut81518@gmail.com
初　　版　2013 年 9 月
定　　價　二編 22 冊（精裝）新台幣 38,000 元
　　　　　　　　　　　　　　　　　　　版權所有・請勿翻印

豐子愷圖文創作中的兒童世界研究

吳雲鳳　著

作者簡介

吳雲鳳，臺灣桃園人，曾任攝影天地雜誌社編輯，現為花蓮縣中原國小教師。1991 年畢業於中國文化大學印刷學系獲工學學士學位；2008 年獲東華大學國教所語文科教學碩士學位。主要從事豐子愷及白馬湖作家群相關研究。

提　　要

　　本論文旨在探究及評析近代中國備受推崇之文學藝術家豐子愷（1898～1975）其圖文創作中與兒童相關的創作，及其所呈現出來的兒童觀、創作意含及時代意義。擬以「藝術」、「文學」與「兒童」三大領域為分進合流之研究方向，追溯考證豐氏藝術生命之萌芽、文藝風格之養成及童心思想之源起，歸納檢視其內含「先器識而後文藝」、「為人生而藝術」、「藝術解放心靈」的文藝觀，進而以「寫兒童」和「為兒童而寫」為主軸分析豐子愷圖文創作中的兒童世界和具體意涵，最後總結出豐氏兒童藝文創作歷久彌新之傳世價值，及其所具備之時代教育意義。

就「民國機制」與民國文學答問
——《民國文化與文學研究文叢》第二輯引言

文學的「民國機制」是什麼

周維東：我注意到，最近有一些學者提出了「民國文學史」研究的問題，例如張福貴先生、丁帆先生、湯溢澤先生等等。而在這些「文學史」重新書寫的呼聲中，您似乎更專注於一個新的概念的闡述和運用，這就是文學的「民國機制」，您能否說明一下，究竟什麼是文學的「民國機制」呢？

李怡：「民國機制」是近年來我在中國現代文學史研究中逐漸感受到並努力提煉出來的一個概念。形成這一概念大約是在 2009 年，爲了參加北京大學召開的紀念五四新文化運動 90 周年研討會，我重新考察了「五四文化圈」的問題，我感到，五四文化圈之所以有力量，有創造性，根本原因就在於當時形成了一個砥礪切磋、在差異中相互包容又彼此促進的場域，而這樣的場域所以能夠形成，又與「民國」的出現關係甚大，中國現代文學之有後來的發展壯大，在很大程度上得力於當時能夠形成這個場域。在那時，我嘗試著用「民國機制」來概括這一場域所表現出來的影響文學發展的特點。〔註1〕我將五四時期視作文學的「民國機制」的初步形成期，因爲，就是從這個時期開始，推動中國現代文化與文學健康穩定發展的基本因素已經出現並構成了較爲穩定的「結構」。〔註2〕

〔註 1〕 李怡：《誰的五四：論五四文化圈》，見《中國現代文學研究叢刊》2009 年 3 期。

〔註 2〕 李怡：《「五四」與現代文學「民國機制」的形成》，《鄭州大學學報》2009 年

—序 1—

　　2010 年，在進一步的研究中，我對文學的「民國機制」做出了初步的總結。我提出：「民國機制」就是從清王朝覆滅開始在新的社會體制下逐步形成的推動社會文化與文學發展的諸種社會力量的綜合，這裏有社會政治的結構性因素，有民國經濟方式的保證與限制，也有民國社會的文化環境的圍合，甚至還包括與民國社會所形成的獨特的精神導向，它們共同作用，彼此配合，決定了中國現代文學的特徵，包括它的優長，也牽連著它的局限和問題。爲什麼叫做「民國機制」呢？就是因爲形成這些生長因素的力量醞釀於民國時期，後來又隨著 1949 年的政權更迭而告改變或者結束。新中國成立以後，眾所周知的事實是，政治制度、經濟形態及社會文化氛圍及人的精神風貌都發生了重大改變，「民國」作爲一個被終結的歷史從大陸中國消失了，以「民國」爲資源的機制自然也就不復存在了，新中國文學在新的「機制」中轉換發展，雖然我們不能斷言這些新「機制」完全與舊機制無關，或許其中依然包含著數十年新文化新文學發展無法割斷的因素，但是從總體上看，這些因素即便存在，也無法形成固有的「結構」，對於文化和文學的發展而言，往往就是這些不同的「結構」在發生著關鍵性的作用，所以我主張將所謂的「百年中國文學」、「二十世紀中國文學」分段處理，不要籠統觀察和描述，它們實在大不相同，二十世紀下半葉的中國文學應該在新的「機制」中加以認識。〔註 3〕

　　周維東：「民國機制」與同時期出現的「民國文學史」、「民國史視角」有什麼差別？

　　李怡：「民國文學史」提出來自當代學人對諸多「現代文學」概念的不滿，據我的統計，最早提出以「民國文學史」取代「現代文學史」設想的是上海的陳福康先生，陳福康先生長期致力於現代文獻史料的發掘勘定工作，他所接觸和處理的歷史如此具體，實在與抽象的「現代」有距離，所以更願意認同「民國」這一稱謂，其實這裏有一個值得注意的現象：眞正投入歷史的現場，你就很容易發現文學的歷史更多的是一些具體的「故事」，抽象的「現代」之辨並不都那麼激動人心，所以在近現代史學界，以「民國史」定位自己工作者先前就存在，遠比我們觀念性強的「文學史」界爲早。繼陳福康先生之後，又先後有張福貴、魏朝勇、趙步陽、楊丹丹、湯溢澤、丁帆等人繼續闡

　　　　4 期。
〔註 3〕 李怡：《民國機制：中國現代文學的一種闡釋框架》，《廣東社會科學》2010
　　　　年 6 期。

述和運用了「民國文學史」的概念，尤其是張福貴和丁帆先生，更以「國務院學位委員」特有的學科視野為我們論述和規劃了這一新概念的重要意義與現實可能，我覺得他們的論述十分重要，需要引起國內現代文學同行的高度重視和認真討論。在一開始，我也樂意在「民國文學史」的框架中討論現代文學的問題，因為這一框架顯然能夠把我們帶入更為具體更為寬闊的歷史場景，而不必陷入糾纏不清的概念圈套之中，例如借助「民國文學史」的框架，我們就能夠更好地解釋「大後方文學」的複雜格局，包括它與延安文學的互動關係。〔註4〕

不過，「民國文學史」主要還是一個歷史敘述的框架，而不是具體的認知視角和研究範式，或者說他更像是一個宏闊的學科命名，而不是「進入」問題的角度，我們也不僅僅為了「寫史」，在書寫整體的歷史進程之外，我們大量的工作還在對一個一個具體文學現象的理解和闡釋，而這就需要有更具體的解讀歷史的角度和方法，我們不僅要告訴人們這一段歷史「叫做」什麼，而且要回答它「為什麼」是這樣，其中都有哪些值得注意的東西，對後者的深入挖掘可以為我們的文學研究打開新的空間，「機制」的問題提出就來源於此。

周維東：我也意識到這一問題。「民國文學史」提出的學理依據和理論價值，在於它一時間化解了「中國現代文學史」框架中許多難以解決的難題，譬如中國現代文學的「起點」問題，中國現代文學的「包容度」問題，中國現代文學史寫作的價值立場問題等等。但「化解」並不等同於「解決」，當我們以「民國」的歷史來界分中國現代文學時，我們依舊需要追問「現代」的起源問題；當我們不在為中國現代文學的包容度而爭議時，如何將民國文學錯綜複雜的文學現象統攝在同一個學術平臺上，又成了新的問題；我們可以不為「現代」的本質而煩擾，但一代代中國現代知識份子的文化追求還是會引發我們思考：他們為什麼要這樣而不是那樣？

李怡：還有一個概念也很有意思，這就是秦弓先生提出的「民國史視角」，〔註5〕「視角」的思路與我們對其中「機制」的關注和考察有彼此溝通之處，

〔註4〕 李怡：《「民國文學史」框架與「大後方文學」》，《重慶師範大學學報》2009年1期。

〔註5〕 秦弓先後發表《從民國史的角度看魯迅》（《廣東社會科學》2006年4期）、《現代文學的歷史還原與民國史視角》（《湖南社會科學》2010年1期）。

我們都傾向於通過對特定歷史文化的具體分析為文學現象的解釋找到根據。在我們的研究中，有時也使用「視角」一詞，只是，我更願意用「機制」，因為，它指涉的歷史意義可能更豐富，研究文學現象不僅需要「觀察點」，需要「角度」，更需要有對文化和文學的內在「結構性」因素的總結，最終，讓二十世紀中國文學上下半葉各自區分的也不是「角度」而是一系列實在內涵。

周維東：「民國機制」的研究許多都涉及社會文化的制度問題，這與前些年出現的「中國現當代文學制度研究」有什麼差別呢？

李怡：最近一些年出現的「中國現當代文學制度研究」為中國文學的發生發展尋找到了豐富的來自社會體制的解釋，這對過去機械唯物主義的「社會反映論」研究具有根本的差異，我們今天對「民國機制」的思考，當然也包含著對這些成果的肯定，不過，我認為，在兩個大的方面上，我們的「機制」論與之有著不同。首先，這些「制度研究」的理論資源依然主要來自西方學術界，這固然不必指責，但顯然他們更願意將現代中國的各種「制度現象」納入到更普遍的「制度理論」中予以認識，「民國」歷史的特殊性和諸多細節還沒有成為更主動的和主要的關注對象，「民國視角」也不夠清晰和明確，而這恰恰是我們所要格外強調的；其次，我們所謂的「機制」並不僅是外在的社會體制，它同時也包括現代知識份子對各種體制包圍下的生存選擇與精神狀態。例如民國時期知識份子所具有的某種推動文學創造的個性、氣質與精神追求，這些人的精神特徵與國家社會的特定環境相關，與社會氛圍相關，但也不是來自後者的簡單「決定」與「反映」，有時它恰恰表現出對當時國家政治、社會制度、生存習俗的突破與抗擊，只是突破與抗擊本身也是源於這個國家社會文化的另外一些因素。特別是較之於後來極左年代的「殘酷鬥爭、無情打擊」，較之於「知識份子靈魂改造」後的精神扭曲，或者較之於中國式市場經濟時代的信仰淪喪與虛無主義，作為傳統文化式微、新興文明待建過程中的民國知識份子，的確是相對穩健地行走在這條歷史的過渡年代，其中的姿態值得我們認真總結。

周維東：經過您的闡述，我可不可以這樣理解：「民國機制」包含了一種全新的文學理解方式，「民國」是靜態的歷史時空，而「機制」則是文化參與者與歷史時空動態互動中形成的秩序，兩者結合在一起，強調的是在文學活動中「人」與「歷史時空」的豐富的聯繫，這種聯繫可以形成一種類似「場域」的空間，它既是外在的又是內在的。通過對「文學機制」的發現，文學

研究可以獲得更大的彈性空間，從而減少了因爲理論機械性而造成的文學阻隔。單純使用「民國」或「制度」等概念，往往會將文學置於「被決定」的地位，它值得警惕的地方在於，我們既無法窮盡對「民國」或「制度」全部內容的描述，也無法確定在一定的歷史時空下就必然出現一定的文學現象。

李怡：可以這樣理解。

爲什麼是「民國機制」

周維東：應該說，目前中國現代文學研究已經相當成熟了，各種研究模式、方法、框架都取得了引人注目的成就，在這個時候，爲什麼還要提出這個新的闡述方式呢？

李怡：很簡單，就是因爲目前的種種既有研究框架存在一些明顯的問題，對進一步的研究形成了相當的阻力。我們最早是有「新文學」的概念，這源於晚清「新學」，「新文學」也是「新」之一種，顯然這一術語感性色彩過強，我們必須追問：「新」旗幟的如何永遠打下去而內涵不變？「現代」一詞從移入中國之日起就內涵駁雜，有歐洲文明的「現代觀」，也有前蘇聯的十月革命「現代觀」，後者影響了中國，而中國又獨出心裁地劃出一「當代」，與前蘇聯有所區別，到了新時期，所謂「與世界接軌」也就是與歐美學術看齊，但是我們的「現代」概念卻與人家接不了軌！到 1990 年代，「現代性」知識登陸中國，一陣恍然大悟之後，我們「奮起直追」，「現代性」概念漫天飛舞，但是新的問題也來了：如何證明中國文學的「現代」就是歐美的「現代」？如果證明不了，那麼這個概念就是有問題的，如果眞的證明了，那麼中國文學的獨立性與獨創性還有沒有？我們的現代文學研究眞的很尷尬！提出「民國機制」其實就是努力返回到我們自己的歷史語境之中，發現中國人在特定歷史中的自主選擇，這才是中國文學在現代最值得闡述的內容，也是中國文學之所以成爲中國文學的理由，或者說是中國自己的眞正的「現代」。

周維東：我在想一個問題，「民國機制」的提出在很大程度上來自對目前「現代」概念的質疑和反思，這是不是意味著，我們從此就確立了與「現代」無關的概念，或者說應該把「現代」之說驅除出去呢？

李怡：當然不是。「現代」概念既然可以從其知識的來源上加以追問，借助「知識考古」的手段釐清其中的歐美意義，但是，在另外一方面，「現代」

從日本移入中國語彙的那一天起，就已經自然構成了中國人想像、調遣和自我感性表達的有機組成部分，也就是說，中國人已經逐步習慣於在自己理解的「現代」概念中完成自己和發展自己，今天，我們依然需要對這方面的經驗加以梳理和追蹤，我們需要重新摸索中國自己的「現代經驗」與「現代思想」，而這一切並不是 1990 年代以後自西方輸入的「現代性知識體系」能夠解釋的，怎麼解釋呢？我覺得還是需要我們的民國框架，在我們「民國機制」的格局中加以分析。

周維東：也就是說，只有在「民國機制」中，我們才可以真正發現什麼是自己的「現代」。

李怡：就是這個意思，「現代」並不是已經被我們闡述清楚了，恰恰相反，我覺得很多東西才剛剛開始。

周維東：「民國」一詞是中性的，這是不是更方便納入那些豐富的文學現象呢？例如舊體詩詞、通俗小說等等。提出「民國機制」是否更有利於現代文學史的「擴軍」？也就是說將民國時期的一切文化文學現象統統包括進去？

李怡：從字面上看似乎有這樣的可能，實際上已經有學者提出了這個問題。但是，對於這個問題，我卻有些不同的看法，實際上，一部文學史絕對不會不斷「擴容」的，不然，數千年歷史的中國古典文學今天就無法閱讀了，不斷「減縮」是文學史寫作的常態，文學經典化的過程就在減縮中完成。這就為我們提出了一個問題：一種新的文學闡釋模式的出現從根本上講是為了「照亮」他人所遮蔽的部分而不是簡單的範圍擴大，「民國」概念的強調是為了突出這一特定歷史情景下被人遺忘或扭曲的文學現象，舊體詩詞、通俗小說等等直到今天也依然存在，不能說是民國文學的獨有現象，而且能夠進入文學史研究的一定是那些在歷史上產生了獨立作用和創造性貢獻的現象，舊體詩詞與通俗小說等等能不能成為這樣的現象大可質疑，與唐宋詩詞比較，我們現代的舊體詩詞成就幾何？與新文學對現代人生的揭示和追求比較，通俗小說的深度怎樣？這都是可以探討的。實際上，一直都由學者提出舊體詩詞與通俗小說進入「現代文學史」，與新文學並駕齊驅的問題，呼籲了很多年，文學史著作也越出越多，但仍然沒有發現有這麼一種新舊雜糅、並駕齊驅的著作問世，為什麼呢？因為兩者實在很難放在同一個平臺上討論，基礎不一樣，判斷標準不一樣。我認為，提出文學的「民國機制」還是為了更好地解

釋那些富有獨創性的文學現象，而不是爲了擴大我們的敘述範圍。

周維東：文學史研究從根本上講，就不可能是「中性」的。

李怡：當然，任何一種闡述本身就包含了判斷。

「民國機制」何爲

周維東：在文學的「民國機制」論述中，有哪些內容可以加以考察？或者說，我們可以爲現代中國文學研究開拓哪些新空間呢？

李怡：大體上可以區分爲兩大類：一是對「民國」各種社會文化制度、生存方式之於文學的「結構性力量」的考察、分析，二是對現代作家之於種種社會格局的精神互動現象的挖掘。前者可以展開的論題相當豐富，例如民國經濟形態所造就的文學機制。從 1913 年張謇擔任農商務部總長起，在大多數情形下，鼓勵民營經濟的發展已經成了民國的基本國策，中國近現代的出版傳播業就是在這樣的格局中發展起來的，這賦予了文學發展較大的空間；至少在法制的表面形態上，民國政府表現出了一系列「法治」的努力，以「三民主義」和西方法治思想爲基礎民國法律同樣也建構著保障民權的最後一道防線，雖然它本身充滿動搖和脆弱。這表層的「法治」形式無疑給了知識份子莫大的鼓勵，鼓勵他們以法律爲武器，對抗獨裁、捍衛言論自由；多種形態的教育模式營造了較大的精神空間，對國民黨試圖推進的「黨化」教育形成抵制。後者則可以深入挖掘現代知識份子如何通過自己的努力、抗爭調整社會文化格局，使之有利於自己的精神創造。

周維東：這些研究表面上看屬於社會體制的考察，其實卻是「體制考察與人的精神剖析」相互結合，最終是爲了闡發現代文學的創造機能而展開的研究。

李怡：對，尋找外在的社會文化體制與人的內部精神追求的歷史作用，就是我所謂的「機制」的研究。

周維東：這樣看來，民國機制的研究也就帶有鮮明的立場：爲中國現代文學的創造力尋求解釋，深入展示我們文學曾經有過的歷史貢獻，當然，也爲未來中國文學的發展挖掘出某些啓示。所以說，「民國機制」不是重新劃範圍的研究，不是「標籤」與「牌照」的更迭，更不是貌似客觀中性的研究，它無比明確地承擔著回答現代文學創造性奧秘的使命。

　　李怡：這樣的研究一開始就建立在「提問」的基礎上，是未來回答現代
文學的諸多問題我們才引入了「民國機制」這樣的概念，因爲「提問」，我想
我們的研究無論是在文學思潮運動還是在具體的作家作品現象方面都會有一
系列新的思維、新的結論。例如一般認爲 1930 年代左翼作家的現實揭弊都來
源於他們生活的困窘，其實認眞的民國生活史考察可以告訴我們，但凡在上
海等地略有名氣的作家（包括左翼作家）都逐步走上了較爲穩定的生活，他
們之所以堅持抗爭在很大程度上還是來自理想與信念。再如目前的文學史認
爲茅盾的《子夜》揭示了民族資產階級在現代中國沒有前途，但問題是民國
的制度設計並非如此，其實民營經濟是有自己的生存空間的，尤其 1927～1937
被稱作民國經濟的黃金時代，這怎麼理解？顯然，在這個時候，茅盾作爲左
翼作家的批判性佔據了主導地位，而引導他如此寫作的也不是什麼「按照生
活本來面目加以反映」的 19 世紀歐洲的「現實主義」原則，而是新進引入的
馬克思主義的階級觀念。民國體制與作家實際追求的兩相對照，我們看到的
恰恰是民國文學的獨特景象：這裏不是什麼遵循現實主義原則的問題，而是
作家努力尋找精神資源，完成對社會的反抗和拒斥的問題，在這裏，文學創
作本身的「思潮屬性」是次要的，構建更大的精神反抗的要求是第一位的。
在這方面，是不是存在一種「民國氣質」呢？

　　周維東：根據您的闡述，我理解到「民國機制」所要研究的問題。過去
我們研究文學史，也注重了歷史語境的問題，但從某個單一視角出發，就可
能出現「臆斷」和「失度」的現象，這也就是俗話中的「只知其一不知其二」。
「民國機制」研究民國「社會文化制度、生存方式之於文學的『結構性力量』」，
實際還強調了歷史現場的全景考察。其次，「現代作家之於種種社會格局的精
神互動現象」在過去常常被認爲作家的個體想像，您在這裏特別強調這種互
動的集體性和有序性，並試圖將之作爲結構文學史的重要基礎。

　　李怡：是這樣的。過去我們都習慣用階級對抗在解釋民國時代的「左」、
「中」、「右」，好像現代文學就是在不同階級的作家的屬性衝突中發展起來
的，其實，就這些作家本身而言，分歧和衝突是一方面，而彼此的包容和配
合也是不容忽視的一面，更重要的是，他們意見和趣味的分歧往往又在對抗
國家專制統治方面統一了，在面對獨裁壓制的時候，都能夠同仇敵愾，共同
捍衛自己的利益。當整個知識份子階層形成共同形成精神的對抗之時，即便
是專制統治者也不得不有所忌憚，例如擔任國民黨中宣部部長的張道藩就在

1940 年代的「文學政策」論爭中無法施展壓制之術。民國文學創作的自由空間就是不同思想取向的知識份子共同造成的。

周維東：這樣看來，「民國機制」還有很多課題值得挖掘。譬如民國時期知識份子與大眾傳媒關係問題，過去我們基本從「稿費」和「經濟」的角度理解這一現象，不過如果我們注意到這一時期的「零稿費」現象、「虧本經營」現象，以及稿件類型與稿酬水平的關係問題等等，就可以從單純的經濟問題擴展到民國文人、民國傳媒的趣味和風尚問題，進而還能擴展到民國知識份子生存空間的細枝末節。這樣研究文學史，真可謂「別有洞天」呀！

作為方法的「民國機制」

周維東：我覺得，提出文學的「民國機制」不僅可以為我們的學術研究開闢空間，同時它也具有方法論的價值。

李怡：我以為這種方法論的意義至少有三個方面：一是倡導我們的現代文學學術研究應該進一步回到民國歷史的現場，而不是抽象空洞的「現代」，即便是中國作家的「現代」理念，也有必要在我們自己的歷史語境中獲得具體的內容；二是史料考證與思想研究相互深入結合，近年來，對現代文學史料的重視漸成共識，不過，究竟如何認識「史料」卻已然存在不同的思路，有人認為提倡史料價值，就是從根本上排除思想研究，努力做到「客觀」和「中性」，其實，沒有一種研究可以是「客觀」的，從來也不存在絕對的「中性」，最有意義的研究還是能夠回答問題，是具有強烈的問題意識的研究。如何將史料的考證和辨析與解答民國時期文學創造的奧秘相互結合，這在當前還亟待大家努力。第三，正如前面我們所強調的那樣，我們也努力將外部研究（體制考察）與內部研究（精神闡釋）結合起來，以「機制」的框架深入把握推動文學發展的「綜合性力量」，這對過去「內外分裂」的研究模式也是一種突破。

周維東：最近幾年，中國出現了「民國熱」，談論民國，想像民國，出版民國讀物，蔚為大觀，有人擔心是否過於美化了那一段歷史？

李怡：這個問題也要分兩重意義來說，首先是為什麼會出現這樣的「熱」？顯然是我們的歷史存在某種需要反省的東西，或者將那個時候的一切統統斥之為「萬惡的舊社會」，從來沒有正視過歷史的應有經驗，或者是對我們今天——市場經濟下虛無主義盛行，知識份子喪失理想和信仰的某種比照，在這

樣兩種背景上開掘「民國資源」，我覺得都有明顯的積極意義，因為它主要代表了我們的不滿足，求反思，重批判，至於是否「美化」那要具體分析，不過，在「民國」永遠不會「復辟」的前提下，某些美好的想像和誇張也無需過分擔憂，因為，「民國」資源本身包含「多元」性，左翼批判精神也是民國精神之一，換句話說，真正進入和理解「民國」，就會引發對民國的批判，何況今天分明還具有太多的從新體制出發抨擊民國的思想資源，學術思想的整體健康來自不同思想的相互抵消，而不是每一種思想傾向都四平八穩。

周維東：的確是這樣。所謂「美化」的背後其實是缺失和批判。學術史上又太多類似的「美化」，屈原、陶淵明、李白、杜甫等文化名人形成的光輝形象，不正是研究者「美化」的結果嗎？魯迅也曾經「美化」過魏晉。在研究者「美化」歷史人物和歷史時期時，我想他（她）不是諂媚也不是褒貶，而是在更大的文化空間上，揭示我們還缺少什麼，我們如何可以過的更好。

李怡：還有，也是更主要的一點，我們的「民國機制」研究與目前的「民國熱」在本質上沒有關係。我們要回答的是民國時期現代文學的創造秘密，這與是否「美化」民國統治者完全是兩回事，我們從來嚴重關切民國歷史的黑暗面，無意為它塗脂抹粉，恰恰相反，我們是要在正視這些黑暗的基礎上解答一個問題：現代知識份子如何通過自己的抗爭和奮鬥突破了思想的牢籠，贏得了民國時期的文學輝煌，我們把其中的創生力量歸結為「民國機制」，但是顯而易見，民國機制並不屬於那些專制獨裁者，而是根植於近代以來成長起來的現代知識份子群體，根植於這一群體對共和國文化環境與國家體制的種種開創和建設，根植於孫中山等民主革命先賢的現代理想。

周維東：「民國機制」不是民國統治者的慈善，不是政治家的恩賜，而是以知識份子為主體的社會力量主動爭取和奮鬥的結果，在這裏，需要自我反省的是知識份子自己。

李怡：「民國機制」的提出歸根結底是現代文學學術長期發展的結果，絕非當前的「風潮」鼓動（中國是一個充滿「風潮」的社會，實在值得警惕），近三十年來，中國現代文學研究一直在尋找一種更恰當的自我表達方式，從1980 年代「二十世紀中國文學」在「走向世界」中抵消政治意識形態的干預到1990 年代「現代性」旗幟的先廢後存，尷尷尬尬，我們的文學研究框架始終依靠外來文化賜予，那麼，我們研究的主體性何在？思想的主體性何在？我曾經倡導過文學研究的「生命體驗」，又集中梳理過中國現代文學批評的術

語演變，這一切的努力都不斷將我們牽引回中國歷史的本身，我們越來越眞切地感受到更完整地返回我們的歷史情境才有可能對文學的發展作進一步的追問。對於現代的中國文學而言，這一歷史情境就是「民國」，一個無所謂「美化」也無所謂「醜化」的實實在在的民國，回到民國，才是回到了現代中國作家的棲息之地，也才回到了中國文學自身。

周維東：最後一個問題，我們研究民國時期的文學，是否也應該考慮當時歷史狀況的複雜性，比如是不是民國時代的所有文學都從屬於「民國機制」？比如解放區文學、淪陷區文學？除了「民國機制」，當時還存在另外的文學機制沒有？

李怡：這樣的提問就將我們的問題引向深入了！我一向反對以本質主義的思維來概括歷史，社會文化的內在結構不會是一個而是多個，當然，在一定的歷史時期，肯定有主導性的也有非主導性的，有全局性的也有非全局性的。在「民國」的大框架中，也在特定條件下發展起了一些新的「機制」，但是民國沒有瓦解，這些「機制」的作用也還是局部的。延安文學機制是在蘇區文學機制的基礎上發展起來的，軍事性、鬥爭性和一元性是其主要特徵，但這一機制全面發揮作用是在「民國」瓦解之後，在民國當時，延安文學能夠在大的國家文化體系中存在，也與民國政治的特殊架構有關，在這個意義上，也可以說是民國機制在特殊的局部滋生了新的延安機制，並最終爲發展後的延安機制所取代。至於淪陷區則還應該仔細區分完全殖民地化的臺灣以及置身中國本土的東北淪陷區、華北淪陷區和上海孤島等，對於完全殖民地化的尚未光復的臺灣，可能基本置於「民國機制」之外，而對其他幾個地區，則可能是多種機制的摻雜，雖然摻雜的程度各不相同。但是，從總體上看，我並不主張抽象地籠統地地議論這些「機制」比例問題，我們提出「民國機制」最終還是爲了解決現代中國文學發生發展的若干具體問題，只有回到具體的文學現象當中，在分析解決具體的文學問題之時，「民國機制」才更能發揮「方法論」的作用，啓發我們如何在「體制與人」的交互聯繫中發掘創造的秘密。我們無需完成一部抽象的「民國機制發展史」，可能也完成不了，更迫切的任務是針對文學具體現象的新的符合中國歷史情境的闡述和分析。

周維東：對，我們的任務是進入具體的文學問題，將關注「民國機制」作爲內在的思想方法，引導對實際現象的感受和分析。

目

次

第一章 緒 論

第一節 研究動機與目的

在上個世紀二、三〇年代的中國藝文界，豐子愷（1898～1975）絕對是一位重量級的創作者，他集漫畫家、散文家、翻譯家、音樂美術教育家於一身。他有「中國漫畫之父」的尊稱，其漫畫作品在寫實中帶有抒情的風味；他的散文隨筆於平淡中帶有文人的哲思，在「白馬湖作家群」中算是其中的佼佼者；在兒童文學方面，他的「兒童故事」為當時正在起步的兒童文學盡了一份心力。除此之外，他在翻譯界、藝術教育界也都佔有一席之地，可說是全方位的藝文創作者。

在他的作品中，最引人注目的，是他以「兒童」為主題的創作。豐氏視兒童為珍寶，在他的心目中，兒童與宗教、自然、藝術並列等重，兒童不但帶給他喜悅，也帶給他啟示。在以兒童為摹寫對象的作品中，我們可以明顯地感受到他對兒童的尊重、欣賞、崇拜及愛護；而在他為兒童所創作的故事中，我們又可以深刻地感受到他對兒童教育的用心及對童心護持的努力。豐子愷這類以兒童為中心的創作，放在上個世紀二〇年代的中國，顯得特立而耀眼。

在講求禮教的中國傳統文化中，兒童被要求要循規蹈矩、要乖巧懂事、要非禮勿動；在以升學為導向的社會價值中，兒童被要求要用功讀書、要學習知識、要取得高分。兒童是國家未來的主人翁，所以要具備肩負重擔的責任感和隨時接受挑戰的能力，兒童一直被要求——長大後要當一位有用的人。我，就是在這種視兒童為「成人的預備」、是「縮小的成人」的觀念中長

大的。在這種環境中，如何能產生一位像豐子愷這般尊重兒童而又愛護兒童的人呢？這讓身爲國小教師的我十分好奇。

事實上這偏差的觀念，早在二十世紀初就在中國被熱烈地討論過，首先是由魯迅、周作人兄弟將西方的兒童學引入，之後文學研究會的成員更是大力推廣，再加上盧梭自然主義和杜威實用主義的兒童教育思潮的洗禮後，二十世紀的中國對「兒童期在人一生成長過程中有其獨立的價值和意義」的認知也大爲提升。早在民國初年，浙江上虞的春暉中學及上海的立達學園就已本著「尚自然，展個性」的教育觀來辦學，他們「以學生爲本位」，順應學生的身心發展狀況及趣味觀，適材適性的教育學生以滿足其精神需求，發展其潛能。反觀現行體制內的教師，對兒童的認知是否眞的已經能視兒童爲有「獨立存在價值的個體」而加以尊重呢？抑或是仍視兒童爲「成人的準備期」呢？

本論文以「豐子愷圖文創作中的兒童世界」爲研究主題，試著從豐氏的童年生活及藝術養成，來梳理其藝術風格的形成；從五四兒童熱的歷史背景，來探討其童心思想的形成及意涵；最後再直接分析豐氏圖文中的兒童，來解讀其作品中對兒童的熱愛與崇拜，及對兒童教育的用心與實踐。本文除了探究豐子愷兒童藝文創作的時代意義及意含外，也將彰顯其童心思想及兒童教育觀所具備的現代意義。

本文的研究目的主要有四：
（一）梳理豐子愷文藝風格的形成及特色。
（二）探討豐子愷童心思想形成的時代背景及內涵。
（三）分析豐子愷圖文創作中兒童世界的內容與意含。
（四）彰顯豐氏童心思想及兒童教育觀的現代意義。

第二節　研究範圍與限制

壹、研究範圍及內容

本論文之研究範圍，主要是豐子愷「圖」「文」創作中有關「兒童」的部分。

其中的「圖」主要是指其漫畫創作及插圖，這是屬於藝術的板塊；「文」則是涵蓋了散文創作和故事創作，這是屬於文學的板塊；「兒童」則是鎖定在

其童心思想,這是歸於兒童學的板塊。它們彼此交互影響,豐富了豐子愷圖文中的兒童意象,也讓豐子愷的兒童相關創作不但兼具了形象美、意義美且具有時代意義,讓豐氏的作品不被時代的洪流所沖散,至今仍感動著無數的讀者。它們之間的交互影響如下(圖 1-1)。

圖 1-1:本論文研究範圍——三大區塊及其交互影響

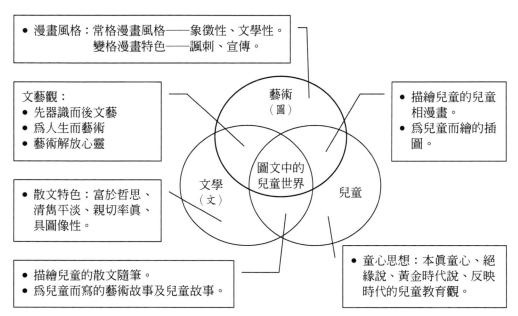

由上圖示可看出,本論文研究之範圍包含三大區塊——藝術、文學與兒童。在藝術和文學部分,本論文將以作品分析的方式,分析其創作的特色及風格;並透過文獻探討,為其文藝創作的特色及風格做一歷史的溯源。在兒童部分,則是從豐氏的圖文創作中,梳理出豐氏的童心思想,並同樣以文獻探討,描述其童心思想產生的時代背景。除此之外,藝術、文學、兒童這三大區塊彼此間的交互影響,尤為本文研究的重心:豐氏的文藝觀主導著他的藝術與文學創作;藝術與兒童交集出豐氏動人的兒童相漫畫,及為兒童所繪的帶有教育意含的插圖;文學與兒童互盪出豐氏帶有哲思的兒童散文,以及為兒童而寫的藝術和兒童故事。最後,三者交織出豐氏具有藝術審美情趣和宗教自然情懷的兒童世界,則是本研究的整體觀察。

不過,在為豐氏的文藝創作做溯源時,發現豐氏的文藝創作一方面與其自身的人格特質有關,另一方面也受到文藝理論極深的影響。他可以說是秉

持其獨特文藝觀，進行和實踐個人風格的創作，而其文藝觀統括了文學和藝術兩大領域，所以在探討其文藝創作的風格及特色前，必須先探討其文藝觀。本論文擬採順時方式，先綜論其「文」、「藝」的萌芽和文藝觀，再分別為其「文」、「藝」特色做一溯源和分析，繼而論其童心思想形成的時代背景及意含，接著詳細分析豐子愷圖文創作中有關兒童的相關創作，最後以豐氏圖文中最佳的兒童典範──他的子女們的成就，來驗證豐氏童心思想及其兒童教育的價值，以彰顯其所具備的現代意義。

貳、研究限制

　　如前所述，豐子愷集漫畫家、散文家、翻譯家、音樂美術教育家於一身，創作量驚人。他的子女豐陳寶、豐一吟、豐元草於 1990 年為浙江文藝出版社所編纂的《豐子愷文集》就有七卷，包括藝術卷四卷，文學卷三卷〔註1〕；豐陳寶、豐一吟於 2001 年為京華出版社所編纂的《豐子愷漫畫全集》有九卷，第一卷兒童相，第二卷兒童相、學生相，第三、四卷社會相，第五卷護生畫集，第六卷繪畫詩歌，第七卷繪畫小說、封面插圖，第八、九卷彩色畫卷（精品畫集）〔註2〕。可見豐氏創作數量之豐富，取材內容之廣泛。豐氏的作品大多是發表在各報章雜誌上，所以在收錄時難免有所缺漏，有些作品則是因內容同質性太高，豐氏子女在編纂時主動將其割捨。本文研究豐氏圖文作品範圍，就是以此十六冊內容中有關兒童的部份進行研究分析。

　　至於其為數可觀的翻譯作品，其中雖也有與中小學音樂與繪畫教育的理論相關者，但因為不是豐氏的原創作品，所以在此不予討論。另外，1937 年日軍攻打中國使得抗日成為全民愛國運動，當時豐氏的筆鋒也轉而做愛國宣傳畫和激勵民心的散文；1949 年後更因政治力的介入，使得豐氏也與其他藝文創作者一樣，不能說真話也不敢表真情，更不敢隨意創作，雖然當時他仍有大批的兒童畫出現，但圖中的兒童個個乖巧懂事，人人昂揚奮發，樣板畫的味道十足，與豐氏早期的童心思想有很大的出入。所以本文研究豐氏圖文中的兒童及其童心思想，主要仍是以豐氏 1937 年以前的創作為主，1937～1949年的創作為輔，而 1949 年以後的創作則點到為止，不加深究。

〔註1〕　本文中豐子愷的文字創作部分，均引用自這套文集於 1996 年 9 月第 2 次印刷的版本。
〔註2〕　本文中豐子愷的圖像創作部分，主要是引用這套漫畫全集 2004 年 4 月第 1 次印刷的版本。

　　豐氏在 1946～1948 年間所創作的兒童故事，在其長子豐華瞻與殷琦合編的《豐子愷研究資料》中，將其稱爲童話。但豐氏這些兒童故事是否能稱爲「童話」在學界仍有爭議。台灣的林文寶教授在 2000 年出版的《試論我國近代童話觀念的演變：兼論豐子愷的童話》一書中，對此曾提出：「豐氏作品中，能稱之童話者實在不多。」〔註3〕但他於 1995 年爲洪範書店所編纂的豐子愷兒童故事集則是以《豐子愷童話集》稱之。另外在 1989 年黑龍江少年兒童出版社出版的《童語辭典》中，豐子愷也被列入童話作家之林；2004 年廣西師範大學出版社也發行了《豐子愷童話》一書，內容與台灣版的差不多，但少了〈三層樓〉、〈明心國〉、〈小鈔票歷險記〉、〈新枚的故事〉四篇。所以豐子愷的「兒童故事」是否適合稱爲「童話」至今仍有爭論，但本論文的重點是在探討豐子愷圖文中的兒童所代表的意含，故不對「童話」與「兒童故事」名稱之辯加以著墨，再加上尊重豐氏自己的說法，所以在此仍以「兒童故事」稱之。

　　豐氏的漫畫創作受日本漫畫的影響深遠，但筆者不是藝術科班出身，也不通曉日文，所以有關這三位畫家的資料皆來自於中文轉述的二手資料，而不是日文原始資料。另外，豐氏的思想雖然具有濃厚的宗教情懷，也皈依了佛門，但觀乎他的散文創作，對佛教義理的論述並不多，主要仍是集中在傳述佛教的無常、慈悲、護生（心）的精神上，所以本文在論及豐氏受宗教之影響時，仍是以無常、慈悲、護生（心）的觀點切入，而不就佛教的義理多做指涉。

第三節　研究方法

壹、文獻探討

　　近年來大陸和台灣兩地研究豐子愷的學者非常多，在大陸江南地區尤爲熱烈。這一方面與豐子愷的家鄉在江南的浙江有直接的地緣關係，另一方面與浙江省杭州師範大學〔註4〕「弘一大師・豐子愷研究中心」也有密切的相關。該中心於 2000 年出版了《豐子愷論》論文合集；2005 年 9 月在杭州及桐

〔註 3〕　林文寶：《試論我國近代童話觀念的演變：兼論豐子愷的童話》，頁 190。
〔註 4〕　即豐子愷的母校──浙江省立第一師範學校。「弘一大師・豐子愷研究中心」
　　　　成立時已改制爲浙江杭州師範學院，現則改制爲浙江杭州師範大學。

鄉兩地舉行「豐子愷研究國際學術會」,「有來自中國（包括臺灣地區）、日本的會議代表和嘉賓三十餘人出席會議。在會議上,有 15 位學者宣讀了學術論文（另有二文為書面發言）。」〔註5〕其會議論文集《論豐子愷》於 2005 年 12 月由天馬出版公司出版,由此可見該中心對後人研究豐子愷的熱情所起的催化作用。

本論文除了以豐子愷為中心,蒐集其相關研究資料外,也從「兒童」、「白馬湖作家群」等面向來進行相關研究的蒐集。

豐子愷相關研究:在豐氏的生平部分,主要是參考豐氏幼女豐一吟女士於 1998 年寫成的豐氏傳記《瀟灑風神·我的父親豐子愷》、「弘一大師·豐子愷研究中心」主任陳星於 2001 年所出版的《豐子愷年譜》和盛興軍主編 2005 年 9 月由青島出版社發行的《豐子愷年譜》。陳星的《豐子愷年譜》主要是參考豐氏學生潘文彥於 1979 年撰寫的《豐子愷先生年表》、豐氏長子豐華瞻於 1988 年編寫的《豐子愷年譜》及豐氏之女豐一吟、豐陳寶編寫於 1992 年刊載在《豐子愷文集》第七卷附錄一的年表。該年譜的編寫除了參考上述三個年表的「縱向」資料外,還補充了前三個年表所缺乏的「橫向」資料。陳星除了按年編寫傳主的「生平事迹」外,還列有「著譯書目」及當時的「社會評價」和「評論節錄」等橫向的補充資料。為求資料的正確,陳星在編寫時特地聘請豐一吟、盧瑋鑾、葉瑜蓀、鍾桂松等學者當顧問,豐陳寶女士為其審閱、修正,使得此年譜深具參考及學術價值。本論文在論及豐氏生平時,也是以此書為主要依據。

盛興軍主編的《豐子愷年譜》（2005）,其編寫目的是:

> 想通過對豐子愷的人生經歷的客觀描述,梳理出他在不同社會歷史時期,在文學、藝術實踐及思想觀念等方面的變化。同時,在《豐子愷年譜》中,我們將豐子愷的人生經歷置於社會歷史的背景之下,意在考察其思想及社會活動的變化與社會變遷之間的關係,力圖揭示形成其獨特藝術觀念的原因。〔註6〕

所以該年譜在正文豐氏本事之前均有交代時代背景（大事記）,而與豐氏生平和著述有關的資料,在其本事中也有比陳星版《豐子愷年譜》更為詳盡的說

〔註 5〕 「弘一大師·豐子愷研究中心」網址:http://hfzx.hznu.edu.cn/newsDetail.asp?id=309。

〔註 6〕 盛興軍主編:〈編寫說明〉,《豐子年譜》,頁 1。

明及補充。這種編寫方法，讓我們更容易了解豐氏所處的時空背景及其交遊
的生平，如書中簡介了浙一師、春暉中學、立達學園的校史；簡介俞平伯、
鄭振鐸、葉聖陶……等人的生平。這些豐富的資料，對於研究豐子愷的思想
形成有很大的參考價值。

　　在豐子愷漫畫方面的研究，陳星於 2004 年所出版的《豐子愷漫畫研
究》，完全是從學術的立場有系統地來探討豐子愷的漫畫。這是陳星累積了二
十年來對豐氏的研究後所寫出的學術著作，對研究豐氏漫畫的風格、種類及
其風格的形成都有詳細的說明。另外，余連祥於 2005 年所出版的《豐子愷的
審美世界》中，以美學的角度，對豐氏漫畫的審美情趣及審美個性的成因，
都有詳細的分析及論述。而挪威奧斯陸大學教授克里斯托夫‧哈布斯邁爾
（漢名何莫邪）於 2001 年所出版的《漫畫家豐子愷──具有佛教色彩的社會
現實主義》〔註7〕和丁秀娟〔註8〕於 2004 年所寫的《感悟豐子愷──豐子愷
漫畫散文賞析》的上篇〈漫畫情味〉，則對豐氏的漫畫作品擇要逐一的做了賞
析。何莫邪是從漫畫研究的角度切入，因其與豐氏子女並不熟稔，故在下評
論時，沒有情感的包袱，說法較為客觀，如：

> 他並不真正了解勞動人民的實際生活。他抱怨自己很少有和一般群
> 眾打成一片的機會。他在某種程度上感謝抗日戰爭，是戰爭使他與
> 一般群眾接近，這減輕了他的孤獨感。他承認自己對群眾的心理狀
> 態了解很不深刻。〔註9〕

何莫邪能客觀的評述豐氏對勞動人民的生活並沒有深刻的理解。事實上豐氏
對於底層生活人民的同情，是基於儒家民胞物與的精神和宗教慈悲心的啓
迪，並非來自於對底層人民的認同及尊重。但持平而論，何莫邪的主觀意識
太強、對豐氏的人文思想及中國的傳統文化了解也不夠深入，所以在賞析作
品時常有過度解讀甚或曲解的情形。如他在賞析〈兩家的父親〉時（圖 1-2）
寫到：

〔註7〕　這本書於 2001 年由陳軍所譯，書名譯為《漫畫家豐子愷──具有佛教色彩的
　　　　社會現實主義》，由西泠印社發行，是弘一大師‧豐子愷研究中心學術文叢之
　　　　一；同一書，2005 年張斌再譯，書名譯為《豐子愷──一個有菩薩心腸的現
　　　　實主義者》，由山東畫報出版社發行。
〔註8〕　朱秀娟，上海市浦東新區教育學院語文高級教師，豐子愷研究會會員。她於
　　　　2000 年開始，在浦東新區教育學院開設了豐子愷研究的課程。
〔註9〕　克里斯托夫‧哈布斯邁爾：《豐子愷──一個有菩薩心腸的現實主義者》，頁
　　　　30。

> 這兩個孩子是好朋友。他們手拉著手,看著窮孩子的父親用人力車
> 拉著富孩子的父親向前走。他們同樣是帶著憤怒看待父親輩的世
> 界。〔註10〕

如果能先深入了解豐氏的童心思想,再來解析豐氏圖像的內含,則何莫邪大概不致如此激進的賞析這幅作品。在豐氏的兒童世界中,人與人之間是沒有階級之別的,兒童是不分你我、不分貴賤,自在快樂的互動著、玩鬧著;有此分別心的反而是已被社會世俗所扭曲的成人世界。在此圖中,豐氏是利用對比的方式來映襯兒童與成人的世界是如此大不同,他或許有暗喻成人世界因階級、貧富所造成的不公,但在兒童的心中絕對沒有憤怒的成分。

圖1-2:〈兩家的父親〉　　　　圖1-3:〈賣品〉

在(圖1-2)中,豐氏是利用對比的方式來映襯兒童與成人世界的大不相同,成人因貧富而造成的階級之別,在兒童的世界中是不存在的。所以圖中的兩個孩子,心中不可能存在何莫邪所說的憤怒情緒。

經由豐一吟在《爸爸的畫》(一)中的說明,我們才了解豐氏家鄉有在要出售的物品上插一根稻草的習俗,有此說明我們才能更真確的解讀(圖1-3)。

　　豐氏的二位女兒——長女豐陳寶與幼女豐一吟,對豐氏作品的蒐集研究及生平資料的整理可說是不遺餘力,她們倆曾先後合寫了四集《爸爸的畫》來賞析豐氏的漫畫作品,因為她們是畫中人又是豐氏最親近的子女,所以這四冊書深具「考證」的價值。如在〈賣品〉(圖1-3)中,豐氏家鄉的習俗:「在要出售的物品上插一根稻草,上端打一個結,表示這物品要賣掉。」〔註11〕

─────────────

〔註10〕 同上,頁118。
〔註11〕 豐陳寶、豐一吟:《爸爸的畫》(一),頁131。

了解了這一習俗，我們才能更真確的解讀這幅畫。

其他如《新藝術的發軔》（2000）是日本學者中村忠行和西槇偉論李叔同與豐子愷的專書，和 2005 年豐子愷研究國際學術會議論文集《論豐子愷》均深具學術價值，尤其是在《論豐子愷》一書中，西槇偉寫了篇〈豐子愷與北澤樂天〉，更是在豐氏漫畫的研究上另闢蹊徑，具有重要的參考價值。而豐子愷研究會會員徐春雷所撰寫的《豐子愷漫畫與故鄉風情》，是以故鄉的角度來解讀豐氏的漫畫，雖不是學術性的作品，但他逐一撰寫豐氏畫中的子女長大後的成就，而這些子女的成就正是豐氏的童心思想及兒童教育觀實踐後的成品，具有非凡的意義。

研究豐氏的學位論文在台灣數量不少，在大陸則更為驚人。主要可類分成三大領域：一是藝術領域，二是文學領域，三是宗教領域。其中以文學領域的豐子愷散文研究最多，在這些論文中，豐氏的佛教思想、童心思想、漫畫思惟對豐氏散文創作的影響，都一再地被提及，而且也多是從「白馬湖作家群」的角度來分析其散文特色，而其兒童文學的創作——《兒童故事》則只在黃怡雯（2003）《豐子愷散文中的兒童主題研究》的碩士論文中被提及，本文將在此區塊進行補強。

在藝術領域的學位論文方面則較多面向，如台灣的黃蘭燕（2002）《豐子愷文人抒情漫畫研究——以 1937 年以前畫作為例》碩士論文，試著以中國漫畫史的角度將豐氏的作品還原至他所處的當下時空來解讀其「抒情漫畫」的意含；邱士珍（2003）《豐子愷繪畫藝術之研究》碩士論文，則是從繪畫的角度切入，談其藝術風格和藝術教育理念。大陸的張斌（2005）《豐子愷繪畫中的詩意》博士論文，從文化人類學、佛學、古典美學、中西文化比較、文藝心理學等五個角度來討論豐氏繪畫作品中詩意的理論性質和特點，並為其畫作進行分類；王偉（2005）《豐子愷藝術審美理論初探》碩士論文，則是從藝術本體觀、藝術價值觀及理論闡釋特點來對豐氏藝術審美理論進行梳理。本文將試著從中國漫畫史的角度切入，將豐氏的漫畫作品還原至他所處的時空來解讀其「子愷漫畫」的特色及造成廣大迴響的原因。在這方面的資料除了參看上述論文外，畢克官和黃遠林所編著的《中國漫畫史》和邱稚亘（2004）《流動的疆界——以漫畫為例看民初上海高階與通俗美術的分類與界線問題》碩士論文也是主要的參考資料。邱稚亘的論文雖然主要是在談「高階美術」（純藝術畫）和「通俗美術」（商業畫）兩者因商業的興盛而使彼此之間

的界線愈來愈模糊，但他所取樣的地點是民初的上海，正是豐氏所處的時空背景，再加上以漫畫爲例，所以作者在中國漫畫史上著墨不少，有助於筆者還原、釐清豐氏創作漫畫時上海漫畫界的情形。

在宗教領域方面的學位論文最少，在中國大陸幾乎沒有學位論文探討此問題，但單篇的期刊論文則不少。在台灣則有馬志蓉（2000）：《豐子愷散文護生思想之研究》碩士論文和藍連欉（2006）《豐子愷藝文創作與近代佛教轉型之研究》碩士論文。這兩本論文都緊扣住豐氏佛教思想的護生觀及當時佛教界的現象，但對其佛教思想仍缺乏深入的解析，與上述二大領域的論文差異不大。

「兒童」相關研究：歷來研究豐子愷的人很容易將其漫畫創作中的「兒童相」提出來大大讚嘆一番，並進而結合其隨筆中的「兒童散文」一併探討，以彰顯其童心思想中所蘊含的藝術審美與宗教情味，如王黎君（2003）〈佛光隱隱蘊童心——試論豐子愷兒童題材創作的藝術特色〉，但較缺乏對其時代背景的探索，有者也多是從中國漫畫史的角度來探討，如黃蘭燕（2002）《豐子愷文人抒情漫畫研究——以 1937 年以前畫作爲例》碩士論文。但參考過蔣風、韓進（1998）《中國兒童文學史》、王泉根（2006）《現代中國兒童文學主潮》、林文寶（2000）《試論我國近代童話觀念的演變：兼論豐子愷的童話》和王黎君（2004）《兒童的發現與中國現代文學》博士論文、高小雯（2006）《五四時期文學研究會與現代兒童觀的塑造》碩士論文後，筆者決定從「五四兒童熱」及「文學研究會」的角度切入，來還原豐氏童心思想產生的歷史背景，及其以兒童爲題材的作品受到文化界廣大迴響的原因。

目前研究豐子愷兒童相關的創作，大都是以「豐子愷兒童題材的創作」爲主要的研究範圍，而且集中探討 1937 年以前的作品，但如此一來無法完整呈現豐子愷的兒童觀，所以本論文將這部分描寫兒童的題材（寫兒童）分成三期來探討。另外本論文也將研究範圍擴大到一般研究者較少討論的「豐子愷爲兒童而創作」（爲兒童而寫）的部分。豐氏這部分的創作，一般研究兒童文學、童話的人較容易接觸到，但他們都側重在探討《兒童故事》的部分，而忽略了「藝術故事」和「開明國語課本」。事實上豐氏寫「藝術故事」系列主要是要培養兒童的童心，這與其早期的童心思想有直接的關係，故本文特加以深入討論；而與葉聖陶合作的「開明國語課本」對豐氏日後《兒童故事》的寫作也有直接的影響和啓發，這對研究葉聖陶對豐氏兒童文學創作的影響

有重大的意義，故本文也特別將其納入討論。

　　「白馬湖作家群」相關研究：早在 1984 年楊牧在〈中國近代散文選‧序言〉就提出了「白馬湖散文」這個名稱，在台灣對白馬湖作家群投注研究的目前還不多，其中張堂錡教授當屬第一，1999 年張堂錡以《白馬湖作家群研究》為題獲得博士學位，並由東大出版社為其出版《清靜的熱鬧——白馬湖作家群論》一書，以利普及推廣。這算是截至目前為止對白馬湖作家群做最詳盡而系統的整理研究，他先從釋名開始，再論此一文化現象形成的原因、文人型態和民間性格、崗位意識的特質，最後再分析其教育理念與成員作品間的「同中之異」。另外陳玉芳（1999）《夏丏尊、葉聖陶讀寫理論研究》碩士論文、楊舒惠（2002）《夏丏尊及其作品研究》碩士論文，則是對白馬湖作家群中的這二位主力作家有深入的分析，尤其陳玉芳的碩士論文，更是梳理出夏氏的文章創作理念，這對研究夏丏尊對豐子愷寫作的影響很有參考價值。

　　反觀中國大陸，研究此一文學現象的人有許多，如陳星、王建華、朱曉江、王曉初、傅紅英、唐惠華、姜建……等，王建華和王曉初還在（2007）合編了《「白馬湖文學」研究》論文集，收錄了多位學者的研究心得。但截至目前為止，大陸學者仍多聚焦於名稱的界定、文風的概述和溯源的研究和討論，如傅紅英的〈白馬湖作家群的命名及研究範疇論說〉（2007）、呂曉英的〈白馬湖作家群論〉（2006）和唐惠華的〈文心至性　清淡雋永——論「白馬湖散文作家群」的創作風格〉（2004）等。都是呈現單篇「點」的探討，而缺乏全「面」結構性的研究。

　　豐氏因夏丏尊的關係，早年也在白馬湖畔的春暉中學任教，所以得與朱自清、朱光潛等文友們親近共處，而其文藝觀、散文風格也彼此交互感染影響。故本文之所以關注白馬湖作家群，乃是為了探究豐氏散文風格的形成與特色，所以對於此一文學現象到底該稱「白馬湖作家群」〔註 12〕、「白馬湖

〔註 12〕　「白馬湖作家群」也有學者稱為「白馬湖派」、「開明派」，到目前為止仍沒有固定的稱呼。王曉初在 2005 年 9 月《西南師範大學學報》（人文社會科學版）第 31 卷第 5 期中〈論「白馬湖文學現象」〉一文中曾做了如下的綜合整理：「對中國現代文學史上『白馬湖文學現象』的最早關注，是 1984 年楊牧在〈中國近代散文選‧序言〉中率先提出的觀點，認為夏丏尊和朱自清是『白馬湖散文』的領袖。隨後朱惠民將 1920 年代中後期生活在上虞白馬湖畔的文研會寧波分會作家群稱為『白馬湖派』，編選了《白馬湖散文十三家》。1994 年，劉增人在《葉聖陶傳》中也注意到了這一『自覺不自覺地形成』的『中國現代一個具有鮮明個性特色的文人群體』。隨後，陳星提出了『白馬湖作家群』

派」、「開明派」或是「立達派」；成員是從嚴定義只有在春暉中學任教過的才算，或是廣義的只要與這群文人常有詩文往來者，或到過春暉中學演講的人都算，這都不是本文探討的重點，故在此不予深究。本論文採用「白馬湖作家群」這個名稱，而捨去「派」之名，實在因爲它是一個自然產生的文學現象，而不是有組織有宗旨的團體。在選擇對象方面，本文並無定義成員名冊的用心，只是選擇夏丏尊、朱自清、朱光潛、葉聖陶等幾位與豐氏交往密切、互動頻繁的文友進行討論，橫向比較他們之間散文理念及風格的相似之處。

貳、實際採訪

爲了研究豐子愷，筆者特地（於 2006 年 2 月）前往大陸搜集相關資料。在出發前，透過網路查到了「豐子愷藝林」〔註 13〕的地址和電話，再透過藝林找到了豐氏的幼女豐一吟女士，經由豐一吟女士又聯絡上了陳星教授。這次大陸之行，主要即是採訪這兩位對豐子愷有相當研究的前輩，並前往豐氏故居緣緣堂和母校杭州師範學院參訪。

一、豐子愷幼女——豐一吟

豐一吟（1929～）爲豐氏幼女，也是豐氏七位子女中與父親相伴最久的一位，尤其 1950 年後，她與父親一起合譯俄文書籍，與父親更是親近。她畢業於重慶國立藝術專科學校，曾在中小學兼任圖畫教師，1951 年後則將重心放在翻譯上。1961 年進上海編譯所，1981 年轉入上海社會科學院文學

的名稱。臺灣學者張堂錡出版專著《清靜的熱鬧——白馬湖作家群論》。而錢理群等則將其稱爲『立達派』，姜建概括爲『開明派』。至此，一個長期被文學史忽略、遮蔽的獨具特色的文學文化現象開始引起注意，它的歧名說明其豐富複雜，也說明研究還有待深入。」其中張堂錡在《清靜的熱鬧——白馬湖作家群論》爲「白馬湖作家群」做了界說，他認爲此作家群體是指：「二〇年代初，在浙江省上虞縣白馬湖畔春暉中學任教、生活過的一群作家，他們在上虞縣籍的夏丏尊號召下，陸續來到春暉中學任教或講學，包括朱自清、豐子愷、朱光潛、劉叔琴、劉薰宇、匡互生，還有校長經亨頤等。不論時間的先後長短，他們彼此都曾經朝夕相處，在範圍不大的春暉園中把酒論詩、品茗談藝，像一家人似的以眞性情相接，互相切磋，共同爲教育理想與藝術趣味做一些實際的工作，也因此在文學史上寫下一頁動人的佳話。」參見張堂錡：《清靜的熱鬧——白馬湖作家群論》，頁 7。

〔註 13〕 豐子愷藝林位於上海，是由豐氏的後代子孫所經營，專門販售與豐子愷及弘一大師相關的商品。網址爲：http://www.fengzikai.com.cn/。

研究所外國文學研究室工作，現已退休。豐氏過世後，她停止了翻譯的工作，將精力投注在父親作品的整理，以弘揚父親的創作精神，為研究豐氏的人提供了豐富而詳實的一手資料。這次在上海豐一吟女士家的採訪重點摘錄如下：

（一）豐氏的兒童觀

豐氏之摯愛兒童是出於天性，並非受《愛的教育》一書影響。看《愛的教育》是豐氏到了白馬湖春暉中學之後。豐氏愛孩子是出於藝術家的天性，因為藝術家總是喜歡真、善、美的，孩子總歸是真的，所以豐氏就是喜歡孩子的真。

（二）豐氏子女的成就

長女豐陳寶（阿寶）畢業於重慶中央大學外文系，第一外語主修英文，第二外語修法文，大學畢業後曾在多間中學擔任英文教師；1949 年以後，曾為出版社編寫法漢辭典，是一位淡泊名利的好長者。其外孫女留學法國修習音樂，現在北京愛樂樂團擔任長笛手。二女豐林先（宛音），喜好文科，為中學語文教師，其子宋雪君在上海工程技術大學教電腦，也一同參與豐子愷藝林的經營。三女豐寧馨（軟軟），為杭州大學數學系副教授，其夫婿為杭州大學中文系教授，夫妻倆性格謙讓不與人爭。長子豐華瞻（瞻瞻），畢業於重慶中央大學外文系，留學美國，回國後任教上海復旦大學外文系，曾赴英美講學，對詩詞非常有興趣，在中西詩歌的比較研究方面很有成績，現已過世。二子豐元草，曾在北京交大求學，後因身體不適而休學。元草從小愛好音樂，1949 年後，進入北京音樂出版社工作，現已退休，是豐氏眾子女中唯一留在北方的。幼子豐新枚，愛好古詩詞，精通英、日、法、德、俄等五種外國語言，極具語言天份，天津大學畢業，因文革時受父親牽連，被派往石家莊華北製藥廠做工，四十歲時因英文口語能力強，考取北京中國情報研究所，之後被派往德國學專利，晚年因此專長被派至中國在香港創設的一家專利公司擔任高級工程師，現已過世〔註14〕。

（三）豐氏 1949 年後的生活

豐氏原是以滿腔熱情迎接「解放」後的新中國、新社會，但他在 1949 年下半年的一場畫家集會中致詞說道：「中國傳統的梅蘭竹菊仍是要畫的」，這

〔註14〕參見徐春雷：《豐子愷漫畫與故鄉風情》，頁 162～163。

論點馬上引起在場人士的猛烈批評，這事件給豐氏帶來很大的衝擊，他認為自己已經過時，是舊時代的文人，於是開始慢慢調整步伐來適應新的時代，所以他晚期的精力主要是放在翻譯俄文，尤其是與中小學音樂教育和圖畫教育相關的書籍，這一方面是因為他向來關心美育，另一方面也是翻譯這類書籍較為「安全」。他晚年創作的兒童畫與早期有明顯的不同，豐一吟認為主要是隨年紀的增長而有所改變，同時社會上也需要這種誘導孩子學習的題材，當然也與當時的政治氣氛有相當的關連。

二、弘豐研究中心主任──陳星

陳星（1957～）畢業於杭州師範學院〔註 15〕，他的大學畢業論文以豐子愷的散文為研究主題，畢業後留在母校服務並繼續致力於豐子愷的研究。1997 年，在他多方的努力下，終於在豐子愷的母校──也就是現在的浙江杭州師範學院，成立了專門研究弘一大師與豐子愷的學術研究機構──「弘一大師‧豐子愷研究中心」。該中心成立的主旨為：

> 深化弘一大師研究和豐子愷研究，弘揚兩位大師的人格精神和藝術
> 精神，在高等學校營造良好的文化氛圍，配合學院對學生進行中國
> 文化、美育、藝術、人格教育，開展豐富多彩的文化藝術活動，為
> 社會的精神文明注入活力。〔註16〕

目前擁有十個國家和地區的顧問、特約研究員四十一人，目前出版了與二人相關的系列叢書數十冊，舉行多次相關的國際學術研究會議並出版論文集，可說是目前對二人的資料蒐集及相關研究最為詳實的學術單位了。這十幾年來，陳星一直擔任該中心的主任一職，對弘一大師及豐子愷的研究不曾中斷，且逐步向弘、豐二人的師友輩──如馬一浮、夏丏尊、白馬湖作家群等，進行相關延伸研究。

陳星與豐子愷的子女互動頻繁，常能取得與豐氏相關的第一手資料，他出版豐氏的相關著作之多，可說居目前研究者之冠。這次前往杭州師範大學「弘一大師‧豐子愷研究中心」採訪陳星教授，收穫豐盛、受益良多，現將採訪重點摘錄如下：

〔註15〕 杭州師範學院其前身也就是豐子愷的母校──浙江省立第一師範學校，現在升等杭州師範大學。

〔註16〕 摘錄自杭州師範大學「弘一大師‧豐子愷研究中心」網頁：http://hfzx.hztc.edu.cn/。

（一）豐氏創作兒童相的內在動機

陳星認為豐氏以兒童為題材的創作，主要是受二者影響：一是個性使然。豐氏受中國儒家傳統思想影響甚深，家庭觀念非常強，也非常熱愛子女，並將生命精力都放在子女們的身上，這與同時代的文人如郁達夫、徐志摩等有很大不同。二是樸素的社會主義思想。豐氏的樸素社會主義思想，與後來共產主義的社會思想不太相同，他樸素的社會主義思想中含有佛教義理，他希望天下大同，大家都能有平等、慈悲、博愛的精神，不要爭鬥要互相親愛，共同來維護自己的家園和國家。他這思想也有受到日本竹久夢二的影響，夢二是日本早期樸素社會主義思想的追求者，非常重視平等的精神。

（二）豐氏散文和朱自清散文的成就

二十幾年前，中國大陸的學術思想和政治環境是瓜葛在一起的，思想還沒完全解放，像豐氏這樣帶有率真、佛教氣息的自由文人，不被主流學術派所認可；但近年來，學術愈來愈自由，社會氣氛變寬鬆，於是大家敢於用心靈體驗來重新評價、衡量過去這些不被重視的作品。在中國現代文學史上，朱自清的成就在豐氏之上，因為朱氏早期詩歌的開創，中間過度到散文的創作，後來又從事文學理論的相關研究，所以成就較高。豐氏在中國現代文學史上，雖不是重要作家，但卻是有特色的作家。如果從中國散文史的角度來看，現在大家公認排名第一的仍是周作人，周作人的學養豐富，其散文帶有苦茶味，能讓人品出味道來。豐子愷則排名第二。從郁達夫開始，就將豐氏與朱氏的散文相提並論，其藝術風格相當，朱氏的散文是詩化的語言，帶有靈性，而豐氏的散文在平實流暢的敘述後會落到人生哲理，讓人讀來既有親切感又有所領會。然而朱氏後來轉向學術研究，死於一九四○年代；而豐氏則是以筆耕為生，去世於 1975 年，晚年仍有散文的創作絕響《緣緣堂續筆》。所以豐氏的散文創作數量遠高過朱氏。若從中國散文史的角度來看，豐子愷的成就理當在朱自清之上。

（三）豐氏的漫畫創作

陳星認為豐氏的漫畫創作在 1949 年以後已經是沒有發展了。1949 年以前，豐氏的漫畫是有發展的，每一個階段都有不同的畫風和題材上的轉變，但 1949 年以後，他只是在重複抄襲早期的畫作。漫畫家及漫畫史的研究者畢克官甚至更嚴謹的認為，「堪稱為子愷漫畫」及具有子愷漫畫精神的只有早期（1937 年以前）的創作，連逃難後的創作都不算。而豐氏的漫畫受到大眾的

喜愛，除了有六位〔註 17〕名家友人為其做序並刊登在各雜誌上宣傳外，豐氏的畫與民眾的生活貼近讓大家都看得懂，也是受到大眾歡迎的主要原因。

（四）豐氏晚年繪製《敝帚自珍》的因由

豐氏在晚年的《敝帚自珍》序文中說到，他年輕時喜歡諷刺漫畫，現在想想是在造口業，老了之後的他，仍是最喜歡古詩新畫〔註 18〕。這雖是豐氏自述，但其實當時（1971）的政治環境，讓他不得不做如此的選擇。另外，他晚年在畫《敝帚自珍》時，其實是為了給自己的子女和學生留些遺產，他大量複製了早期的畫作，一共畫了四套，分別給他的孫女、外孫女、學生胡治均、幼子豐新枚各一套。為了讓畫作更值錢，於是他特意加大尺幅、敷以色彩並增加題字，由此可看出豐氏性格中較世俗的一面。

參、作品分析

本論文主要是探討豐子愷圖文中與兒童相關的創作，及其所呈現出來的兒童觀、創作意含及時代意義，這些答案全都隱藏在豐子愷的藝文創作中。所以筆者將深入而大量地分析豐氏文藝創作的文本，除了依時間順序將其作品做縱向的分析外，也將豐氏作品與其他人之作品做橫向的分析比較。

在探討豐子愷文藝風格和溯源方面，擬先分成漫畫和散文兩部分來討論。漫畫部分，先分析豐氏的成名作——《子愷漫畫》，再與其他同時代的創作者做橫向的比對，以呈現出其漫畫的傳承與創新，最後再為其漫畫作分類，並分析其獨特的風格。散文部分，也是先分析其成名作——《緣緣堂隨筆》，再與其他同時代的創作者做橫向的比對，整理出其散文與白馬湖作家群之間的共性，最後再分析其散文的特色。

在研究豐子愷圖文創作中的兒童世界時，本文將分成「寫兒童」和「為兒童而寫」二大區塊來研究。「寫兒童」部分，主要是以兒童為模特兒所進行的觀察及摹寫，其預設讀者對象是成人而非兒童，其寫作動機是抒發豐氏個人的觀察及所思所感。而「為兒童而寫」部分，則是依兒童身心發展的情形，

〔註17〕六位名家指的是：夏丏尊、朱自清、鄭振鐸為其《子愷漫畫》寫序；俞平伯寫跋。另外，朱光潛、葉聖陶也曾為文推薦過豐氏的漫畫。

〔註18〕原文：「予少壯時喜為諷刺漫畫，寫目睹之現狀，揭人間之醜相。然亦作古詩新畫，以今日之形相，寫古詩之情景。今老矣。回思少作，深悔諷刺之徒增口業，而竊喜古詩之美妙天真，可以陶情適性，排遣世慮也。」參看《豐子愷文集》（四），頁 583。

特地爲兒童所創作的作品。其預設讀者對象是兒童及青少年，寫作動機則是以教育爲目的，幫助兒童及少年健康的成長。其參考、引用的文本資料，整理如（表 1-1）。

表 1-1：豐子愷圖文創作中兒童世界的類別、定義及文本範圍

類別	定 義	預設讀者 / 寫作動機	文 本 範 圍
寫兒童	以兒童爲模特兒，進行觀察及摹寫。	成人 / 抒發作者個人的觀察，及其所思所感。	文：〈給我的孩子們〉（1926）、〈華瞻的日記〉（1927）、〈阿難〉（1927）、〈從孩子得到的啓示〉（1927）、〈憶兒時〉（1927）、〈兒女〉（1928）、〈漫畫創作二十年〉、〈關於兒童教育〉（1930）、〈兒戲〉（1932）、〈作父親〉（1933）、〈送阿寶出黃金時代〉（1934）、〈鼓樂〉（1934）、〈窮小孩的蹺蹺板〉（1934）、〈兒童畫〉（1934）、〈兒童與音樂〉（1934）、〈蝌蚪〉（1934）、〈夢痕〉（1934）、〈放生〉（1935）、〈談自己的畫〉（1935）、〈未來的國民——新枚〉（1938）、〈新年憶舊年〉（1948）、《子愷漫畫選》自序（1955）、〈談兒童畫〉（1958）、〈南穎訪問記〉（1960）、〈樂生〉（1971～1973）、〈王囡囡〉（1971～1973）。
			圖：主要——《豐子愷漫畫全集》（第一卷 兒童相）、（第二卷 兒童相 學生相）；《幼幼畫集》（1934）、《畫給幼子新枚的畫》（1942～1943）、《兒童雜事詩》〔註19〕插圖（1950）。 次要——《豐子愷漫畫全集》（第三卷 社會相）、（第五卷 護生畫集）、（第八卷 彩色畫卷）、（第九卷 彩色畫卷〈精品畫集〉）中以兒童爲摹寫對象的作品。
爲兒童而寫	依兒童身心發展的情形，特地爲兒童所創作的作品。	兒童及青少年 / 以教育爲目的，幫助兒童及少年健康的成長。	文：藝術故事——豐氏於 1936～1937 年間連載於《新少年》雜誌上的「少年美術故事」和「音樂故事」等藝術系列故事。（目的：提升兒童及少年的藝術修養，以維護其童心） 兒童故事——豐氏 1947～1948 年間刊載於《兒童故事》雜誌上的「兒童故事」。（目的：有益於兒童的成長）
			圖：《開明國語課本》〔註20〕（上下冊）插圖

〔註19〕《幼幼畫集》、《畫給幼子新枚的畫》、《兒童雜事詩》插圖，均收錄於豐子愷藝林、杭州大象工作室製作（2003）的《豐子愷漫畫全集》（CD-ROM）中，本論文所參考的文本即出於此專輯。

〔註20〕2005 年 1 月，上海科學技術文獻出版社出版發行了三套——上海圖書館館藏拂塵老課本的影本，包括《商務 國語教科書》（上下冊）、《世界書局 國語讀本》（上下冊）、《開明 國語課本》（上下冊）。本論文所參考的文本即是其中的《開明 國語課本》（上下冊）。

　　豐氏「寫兒童」的作品產量豐富，創作的年代也很長，本文將以作品分析的方式，探討其童心思想的轉變和時代變遷間的關係，爲其創作做縱向的分期；再以橫向比對方式來彰顯其童心思想轉變的軌跡。豐氏「爲兒童而寫」的創作，集中在 1930～1940 年間，主要是寫一些具有教育意義的藝術故事或兒童故事來給少年們看。其創作動機及用心主要是「於兒童的成長有益」，筆者擬以文本分析的方式來呈現其創作特色及教育良知。另外，豐氏還曾與葉聖陶合作出版一系列《開明國語課本》，這套課本由葉聖陶編寫文章，豐子愷繪製插圖，這次的合作對豐子愷日後創作藝術故事和兒童故事具有深遠的影響，故也列入本文的探討範圍。筆者擬以文本分析來呈現這套課本的特色，並以橫向比對來呈現葉聖陶所編國語課文對豐氏日後創作「爲兒童而寫」故事產生的影響。

小結：研究流程圖

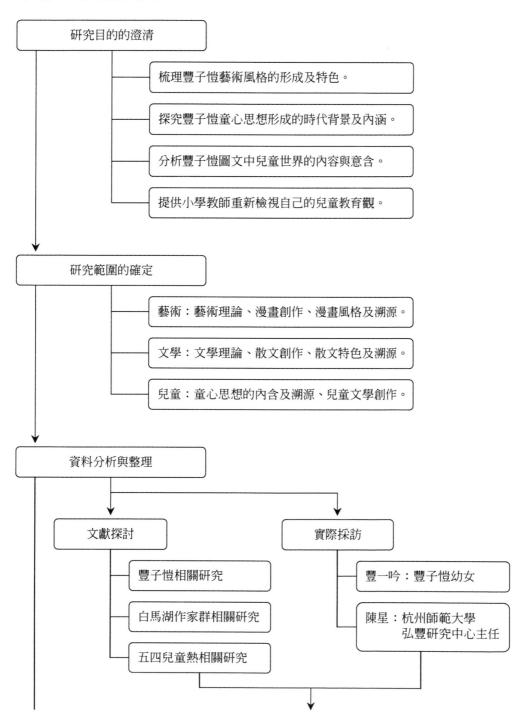

研究目的的澄清
- 梳理豐子愷藝術風格的形成及特色。
- 探究豐子愷童心思想形成的時代背景及內涵。
- 分析豐子愷圖文中兒童世界的內容與意含。
- 提供小學教師重新檢視自己的兒童教育觀。

研究範圍的確定
- 藝術：藝術理論、漫畫創作、漫畫風格及溯源。
- 文學：文學理論、散文創作、散文特色及溯源。
- 兒童：童心思想的內含及溯源、兒童文學創作。

資料分析與整理

文獻探討
- 豐子愷相關研究
- 白馬湖作家群相關研究
- 五四兒童熱相關研究

實際採訪
- 豐一吟：豐子愷幼女
- 陳星：杭州師範大學弘豐研究中心主任

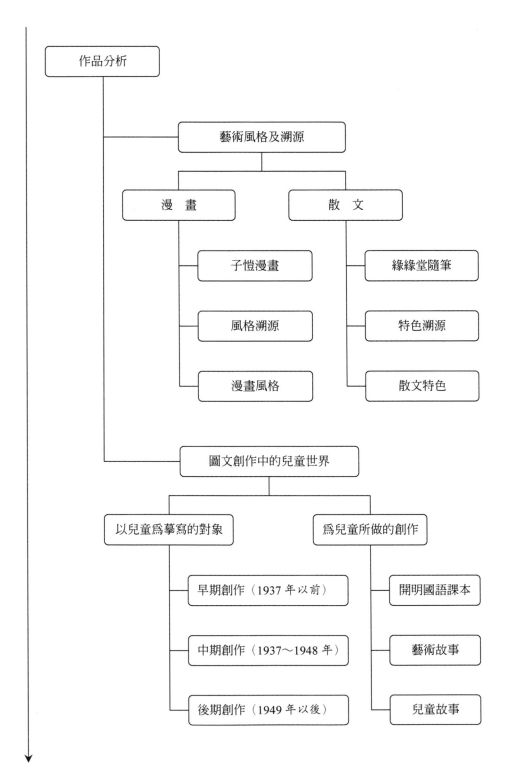

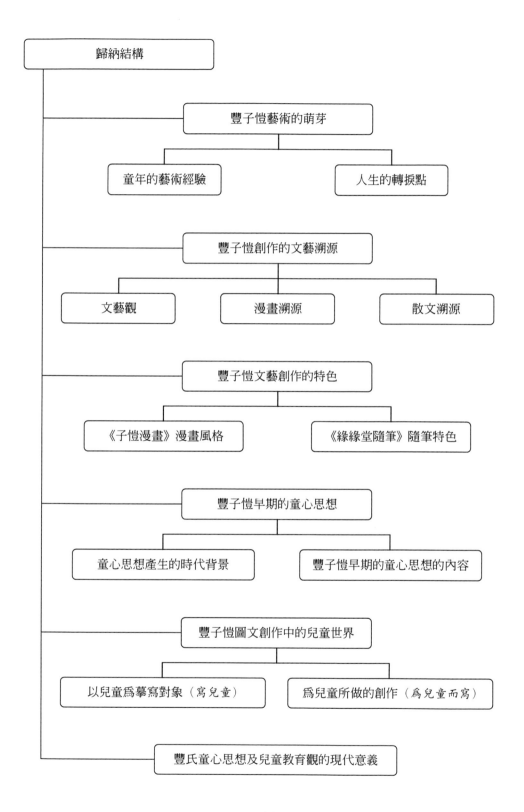

第二章　豐子愷藝術的萌芽

　　豐子愷自幼受中國傳統儒家思想影響很深，喜歡詩詞、愛好畫畫，早在家鄉石門灣時就已有「小畫家」之名。本章先從他的生平談起，概述其成長背景及一生的境遇起伏；再來探究豐氏兒童時期的學畫歷程和民間藝品對其藝術心靈的影響；最後再來討論其人生的轉捩點——進入浙一師就學，及其精神導師李叔同及人生導師夏丏尊對他的影響。

第一節　豐子愷生平概述

　　豐子愷（1898～1975）出生於今浙江省桐鄉市石門鎮（時稱石門縣玉溪鎮），乳名慈玉，原名豐潤，又名豐仁，就讀浙江省立第一師範學校時，其國文老師單不厂為其取號為子愷，之後就少用豐仁這個正式的名，而以號行。其父豐鐄為前清末代舉人，家有祖傳染坊，算是地方望族。六歲時在父親座下讀書；1906 年時父親去世，於是八歲的豐潤轉入于雲芝的私塾就學；1910 年私塾改為溪西兩等小學堂，後又更名為崇德縣立第三高等小學校。〔註1〕

　　1914 年豐氏小學畢業，考入浙江省立第一師範學校，從李叔同學習音樂、繪畫；從夏丏尊學習寫作。1919 年師範學校畢業後，豐氏與同學數人在上海創辦「上海專科師範學校」，並任圖畫教師，後因自覺有所不足，於是向親友貸款於 1921 年東渡日本，學習西洋畫和音樂，遊學十個月後因金盡而返國。1922 年秋由恩師夏丏尊介紹赴浙江上虞白馬湖，擔任春暉中學圖畫、音樂和英文教師，與朱自清、朱光潛、匡互生、劉薰宇等人結為好友。在白馬湖畔

────────────

〔註 1〕 參見陳星：《豐子愷漫畫研究》，頁 1。

與這些具有深厚人文素養的師友們共事、爲鄰，再加上隨興的文人聚會與彼此的互幫互襯，豐氏的藝文創作生涯於此展開。

豐氏 1923～1931 年間主要的出版品有：1923 年，豐氏爲夏丏尊所譯的《愛的教育》作插圖並設計封面，豐氏的兒童教育觀得之於此書的啓發不小。1925 年 3 月其第一本譯著——日本廚川白村的《苦悶的象徵》，由上海商務印書館出版，豐氏的藝術相關理論深受此書的影響及啓迪；如豐氏刊載於 1924 年 9 月 16 日春暉中學校刊第 32 期上的〈藝術的創作與鑑賞〉一文，其主要觀點就是來自於《苦悶的象徵》第二部分的「鑑賞論」。同年 12 月由文學周報出版其第一本漫畫集《子愷漫畫》、由上海亞東圖書館出版其第一本音樂理論著作《音樂的常識》。1929 年由上海開明書店出版《護生畫集》第一集。1931 年由開明書店出版他的第一本散文集《緣緣堂隨筆》。

1937 年 11 月，爲避日軍轟炸，率全家逃離家鄉石門緣緣堂，輾轉於西南各地，在大專院校執教並從事抗日文化宣傳活動。抗戰結束後返回滬杭，居家從事創作和翻譯。1949 年他以熱烈的心情迎接新中國的來臨，並寫長篇家書給正在美國留學的長子，命其速速回來爲國服務，但慢慢地，豐氏愈來愈清楚認識到，當時的政治環境已無法接受他這種帶有文人閒適風格的創作，於是他有意割捨文藝創作而轉向俄文的翻譯工作。文化大革命時，豐氏與當時大多數的知識份子境遇相當，「坐牛棚」〔註2〕「扣帽子」、遊街、遭批鬥一樣都沒少，如他的〈滿山紅葉女郎樵〉、〈昨日豆花棚下過，忽然迎面好風吹，獨自立多時〉、〈江村獨歸去，寂寞養殘生〉等畫作皆被指爲黑畫，因而遭批鬥。

豐氏在 1943 年創作的〈滿山紅葉女郎樵〉（圖 2-1），在文革中被指爲「誣蔑三面紅旗落地」〔註3〕。因爲在這畫中，樹上掉下來的紅葉恰好是三

〔註2〕 「牛棚」是大陸文革期間各單位自行設立的拘禁該單位「牛鬼蛇神」（指地、富、反、壞、右等黑五類，或是歷次政治運動被打入另冊的「反黨、反社會主義、反毛澤東思想」者）的地方。它是一種對被打入另冊者監督、專政，進行思想和勞動雙重「改造」的制度工具。爲便於管理，批鬥時隨叫隨到，也爲了讓拘禁者學習、檢討，改造思想，把他們都集中起來圈到一個辦公室、教室、倉庫、寺廟，或廢棄不用、狹小陰濕的暗房之類的公用建築里，一天二十四小時不準回家，吃喝拉撒睡都在此。剝奪其自由支配非工作時間、人身自由不得被非法干預的處置權。參見網路《維基百科》。

〔註3〕 「三面紅旗」爲中共於 1958 年推行的「第二個五年計劃」中的三項核心工作，原名「三個法寶」，1960 年 5 月後改稱「三面紅旗」，分別是總路線、大

片。〈昨日豆花棚下過，忽然迎面好風吹，獨自立多時〉（圖 2-2）是 1962 年創作的，文革時此畫被當成「毒草」，指責豐氏欲借畫中女子來表達其期盼台灣反攻大陸的消息。1963 年香港《新晚報》向豐氏索畫，希望他能畫「對華僑港民『曉之以理，動之以情』的作品，讓他們產生對大陸的懷念，引起他們葉落歸根的想法。」〔註4〕於是豐氏畫了這幅〈江村獨歸去，寂寞養殘生〉（圖 2-3）作品，但到了文革時，好事者將此解讀為豐氏意欲藉此畫告訴港民：「你們如果回到大陸來，就是和畫中可憐的人同樣命運，寂寞、悲慘、孤苦！你們看我都想離開大陸，你們可別回來，還是到臺灣去吧！」〔註5〕由此可以理解，豐氏晚期的創作幾乎停滯的原因了。

圖 2-1：　　　　　圖 2-2：　　　　　　圖 2-3：
〈滿山紅葉女郎樵〉　〈昨日豆花棚下過，忽然迎　〈江村獨歸去，
　　　　　　　　　　面好風吹，獨自立多時〉　寂寞養殘生〉

（圖 2-1～圖 2-3）在文化大革命時被指為「黑畫」，豐子愷因此遭到批鬥。

晚年曾任上海中國畫院院長、中國美術家協會上海分會主席、上海對外文化協會副會長、上海市文聯副主席等職。

豐氏的老友——美學大師朱光潛，稱讚豐氏為人「清」、「和」，時常欣然微笑「老是那樣渾然本色，無憂無嗔，無世故氣，亦無矜持氣。」〔註6〕是位

躍進及人民公社，企圖在短期內使中國成為一個富強的國家，建立起具有中國特色的社會主義。參見網路《維基百科》。
〔註 4〕豐陳寶、豐一吟：《爸爸的畫》（二），頁 199。
〔註 5〕同上。
〔註 6〕朱光潛：〈豐子愷的人品與畫品〉，《豐子愷漫畫全集》第一卷，前頁 22。

「胸中灑落如光風霽月」的人。豐氏初以漫畫引起世人注意，他以毛筆為工具，畫出線條樸拙、造型率真的簡筆漫畫，常在寥寥幾筆中表現出無窮的韻味，為我國漫畫界的先驅之一。其散文隨筆誠懇真摯、樸質自然，追求小中見大、絃外餘音的情韻，贏得了郁達夫「清幽玄妙」之讚譽。他翻譯英、日、俄三國語言的作品，內容多與音樂、藝術的理論或教育相關，是推動美術、音樂教育積極的播種者，間有翻譯自己所喜愛的文學作品。

他的漫畫及散文創作的特色，筆者將在下一章進行深入探究，現先就他翻譯方面的作品，做一簡單整理，以窺其教育的志趣及淵博之學問取向。

早期豐氏以翻譯日、英文為主，如 1925 年〔日〕廚川白村的美學著作《苦悶的象徵》、1927 年〔日〕田邊尚雄的《孩子們的音樂》、1928 年〔日〕黑田鵬信的《藝術概論》、1929 年〔日〕上田敏《現代藝術十二講》、〔日〕田邊尚雄《生活與音樂》、1930 年〔日〕門馬直衛的《音樂的聽法》、〔日〕森口多里的《美術概論》、1931 年〔俄〕屠格涅夫的小說《初戀》（從英譯本轉譯）等、1932 年〔日〕阿部重孝的《藝術教育》、〔英〕史蒂文生的《自殺俱樂部》、〔日〕門馬直衛的《音樂教育》。除了少部分的文學作品外，大部分是從日本翻譯與音樂及繪畫理論相關的書籍，這一方面是他汲取相關知識的源頭，另一方面也可做為教材當成上課的講義。雖然其中也有特地為孩子們所翻譯的讀本如《孩子們的音樂》，但數量不多且反應也不甚熱烈。

一九五〇年代，豐氏的圖文藝術創作明顯地銳減，而將心力放在翻譯蘇聯中小學的音樂與繪畫教育的理論上，其中有數本更是與幼女豐一吟所合譯地。這些譯作，對近代彼岸中國的中小學藝術教育起了很大的影響。如：

1953 年〔蘇〕孔達赫強的《中小學圖畫教學》（與豐一吟合譯）、〔蘇〕高羅金斯基的《蘇聯音樂青年》、〔蘇〕華西那‧格羅斯曼的《音樂的基本知識》、〔蘇〕科茹霍夫的《學校圖畫教育》、〔俄〕屠格涅夫的《獵人筆記》、〔蒙〕達姆丁蘇隆的《蒙古短篇小說選》（與青西、豐一吟合作由俄文本轉譯）、〔朝〕霍芝編的《朝鮮民間故事》（與豐一吟合作由俄文本轉譯）。

1954 年〔蘇〕孔達赫強的《中小學圖畫教育法》（與豐一吟合譯）、〔蘇〕維特魯金娜的《幼兒園音樂教學法》、〔蘇〕格羅靜斯卡雅的《唱歌課的教育工作》（與豐一吟合譯）、〔蘇〕加爾基娜的《小學圖畫教學》（與豐一吟合譯）。

1956 年〔蘇〕梅特洛夫與車舍娃合著的《幼兒園音樂教育》（與豐一吟合

譯）、〔蘇〕魯美爾等的《小學音樂教學法》（與楊民望合譯）。

1957 年〔俄〕柯羅連柯的《我的同時代人的故事》（1 至 4 卷，與豐一吟合譯）。

一九六〇年代前後，他又重拾了日文翻譯，如：

1958 年，〔日〕夏目漱石的《旅宿》、〔日〕石川啄木的《石川啄木小說集》。

1970 年，悄悄譯出日本古典文學《落洼物語》、《竹取物語》。

1973 年，〔日〕湯次了榮的《大乘起信論新釋（非賣品）》〔註 7〕在新加坡出版。

其中工程最浩大的當屬翻譯日本古典文學巨著紫式部的《源氏物語》，豐氏從 1962 年 12 月 12 日開始動筆翻譯，直到 1965 年 9 月 29 日才譯畢。

其中〔日〕德富蘆花的《不如歸》、〔日〕紫式部的《源氏物語》、〔日〕《落洼物語》是豐氏過世後才出版的譯作，可見在那遭批受窘、扣帽抹黑的歲月中，豐氏仍不改其對文學的喜好，默默地進行著這無目的、無功利的翻譯工作。這時，翻譯文學作品對豐氏而言已不是工作了，而是一種心靈的寄託、精神的依靠。豐氏這種「純粹」的人格特質，獲得楊牧極高的評價，他稱豐氏為「二十世紀動亂的中國最堅毅篤定的文藝大師」：

> 在洪濤洶湧中，默默承受時代的災難，從來不徬徨吶喊，不尖酸刻
> 薄，卻又於無聲中批駁喧囂的世俗，通過繪畫和文學，創作和翻
> 譯，沈潛人類心靈的精極，揭發宇宙的奧祕，生命的無常和可貴。

〔註 8〕

這評述貼切的描繪出豐氏藝文創作的特色及其人格特質。這「默默承受」及「沈潛」的特質，得力於李叔同的身教及佛教的浸染，是他人格修養的極至表現。

〔註 7〕 豐氏在 1973 年 8 月 17 日給廣洽法師的信中寫道：「我國規例，對宗教信仰可
以自由，但不宜宣傳。弟今乃私下在海外宣傳，故不敢具名，而用『無名氏』
也。……弟自幼受弘一大師指示，對佛法信極深，至老不能變心。」在 12 月
21 日的信中寫道：「此稿係弟二十餘年前舊譯，今法師在海外出版，原望不署
我姓名，而寫『無名氏』。發行範圍亦請局限於宗教界，並勿在報刊上宣傳。
再者，國內不需要此種宣傳唯心之書，故出版後請勿寄來。」參見《豐子愷
文集》（七），頁 355～358。

〔註 8〕 楊牧：〈豐子愷禮讚〉，《豐子愷文選》（I），前頁 9。

第二節　豐子愷兒時的藝術經驗

豐氏對繪畫的興趣是緣起於童蒙時期。他的學畫完全是在自覺自發的狀態下開始的，沒有老師指點也全無功利的考量，完全是興趣使然。在〈學畫回憶〉一文中，他如數家珍的娓娓道出他童年學畫時曲折而有趣的經歷，從中我們可以看到豐氏在童年時就對線條和色彩表現出濃厚的興趣。在〈視覺的糧食〉一文中，他細數童年家鄉種種民間藝品，如印泥菩薩的模型、花紙、花燈……等，是如何地滿足他的視覺需求，引發他研究美術的興趣。他的學畫歷程是建立在不斷地推翻前期的認知上，但不管他對繪畫的認知如何地改變，每一時期的他都是全心、認真地投入在繪畫的天地中。

以下擬從「兒時的學畫歷程」和「兒時的視覺糧食」兩方面來探討豐氏童年在家鄉時的繪畫歷程，及童年生涯中開啟、觸發其藝術天份的童玩及民間藝品。

壹、兒時的學畫歷程

豐氏學畫的歷程與多數兒童一樣，是始於自發性的著色塗鴉，然後再過渡到印寫（描圖）、臨摹。但真正使他得到「小畫家」美譽的，則是來自於大姊教導他放大的技術，和二姐夫教導他擦筆照相畫的技能。這兩項技能大大提升了豐氏繪畫「肖似」的功力，使他小時候在家鄉石門灣就頗具畫名了。這兩項技能是屬於工藝繪圖的基本功，只要知道其方法、原則，就能大幅提升畫作肖似的程度；但精熟此一基本功並無法讓作品深刻感人，所以長大後豐氏幾乎就不再碰觸這小時候習得的技能了。不過從發展演進的角度來看，這歷程仍是具有相當大的的意義。下文擬採順時方式，從著色、印寫、臨摹、放大、擦筆照相畫，依序來探討其兒時學畫的歷程。

一、著色

幼時的豐氏就表現出對藝術的強烈興趣。七、八歲時，他為《千家詩》書上的木板畫著色，當時他「向家中染匠司務討些顏料來，溶化在小盅子裏，用筆蘸了為書上的單色畫著色，塗一隻紅象，一個藍人，一片紫地，自以為得意。」〔註9〕但他得意沒多久就遭到父親一頓好罵，不過這並未挫折他著色的興致，他仍常背著父親偷偷地畫，他自述：

〔註9〕〈學畫回憶〉，《豐子愷文集》（五），頁413。

晚上，等到父親上鴉片館去了，我再向扶梯底下取出顏料盅子，叫
紅英——管我的女僕——到店堂裏去偷幾張煤頭紙來，就在扶梯底
下的半桌上的洋油燈底下描色彩畫。〔註10〕

在這段描述中，我們可以看到熱衷於著色、沈迷於鮮艷色彩的小豐潤，是如
何克服「困難」，持續進行他小小的「美術創作」。他這對藝術初始萌發的興
趣，不但沒有因為父親的罰罵而停止，反而因為得到紅英、母親和諸姊的認
同，而讓他這愛畫畫的心靈火苗持續燃燒發光。

二、印寫、臨摹

再長些，豐氏便用習字簿的薄紙疊在父親的《芥子園人物譜》上，用毛
筆依樣印寫，大約十二三歲時，他就把這本人物譜統統印全了，而且事後還
會自己調色、上色，把這印寫、著色後的成品當作自己的作品。入私塾後，
他的這些成品深獲同學們的喜愛，於是同學們就拿各種玩意兒來向他換畫，
這讓他從小就從繪畫中得到實質的回饋，嚐到歡喜的甜頭。之後，他在課堂
上接觸到商務印書館出版的《鉛筆畫臨本》和《水彩畫臨本》，於是豐氏開始
了他繪畫生涯的臨摹階段，這時他又將臨得惟妙惟肖的畫作，當作是自己的
「大作」。他開始覺得之前的印寫太幼稚了。〔註11〕

三、放大

入私塾後，私塾先生知道豐氏愛畫畫，於是要豐氏放大畫譜中的孔子像
以供學生禮拜，這一任務可難倒了只會印畫、臨摹的豐氏。在經過大姊的指
導後，豐氏將一張畫了方格子的紙套在畫譜的孔子像上，再用粉線在大紙上
彈出了大方格子，然後依照格子裡的圖像來進行放大繪製。他帶著熱烈的興
味，用毛筆一筆一畫的鉤勒出孔子像並敷以鮮明華麗的色彩，最後他畫成一
張與他當時身高相仿的孔子像。這幅「偉大」的孔子像，為豐氏贏得了不少
的讚賞與肯定，他憶述當時：「店裏的夥計，作坊裏的司務，看見了這幅孔子
像，大家說『出色！』還有幾個老媽子，尤加熱烈地稱讚我的『聰明』。」
〔註12〕私塾的先生看了後也非常滿意，就將畫粘貼在堂名匾下的板壁上，讓
同學們每天早上到校和下午放學時，都要兩手捧著書包向它拜一下，這份肯

〔註10〕　同上。
〔註11〕　參見〈視覺的糧食〉，《豐子愷文集》（三），頁346。
〔註12〕　〈學畫回憶〉，《豐子愷文集》（五），頁417。

定及榮耀，讓豐氏對自己在繪畫方面的才能更具信心。

之後豐氏還利用這種放大的技法，爲學校畫體操課時所要用的國旗（清朝的龍旗），這「龍旗畫成了，就被高高地張在竹竿上，引導學生通過市鎮，到野外去體操。」〔註 13〕這對一個十來歲的兒童而言，是何等威風、風光的事啊！在這些稱譽聲中，豐氏在石門灣儼然成了一位小畫家。

四、擦筆照相畫

有了「小畫家」的美名，豐氏的童年變得更忙了，連家中的老媽子也要求豐氏幫忙畫容像（遺像）。爲了畫這容像，豐氏特地向他的二姊夫學擦筆照相畫，這與上述「放大」的原理很類似，先將原稿──照片放在玻璃製的九格板下，再依比例放大即可。在他勤「抱佛腳」之下，畫出了第一張「塗以漂亮的淡彩：粉紅色的肌肉，翠藍色的上衣，花帶鑲邊；耳朵上外加掛上一雙金黃色的珠耳環。」〔註 14〕非常討喜的老媽子容像畫。此後至十九歲間，豐氏常爲親戚們畫容像畫，直到他上了中學，學了木炭寫生畫、讀了美術的論著，才停止了這類的「創作」。同樣地，當他接觸到木炭寫生畫時，他又推翻了自己之前的擦筆照相畫，並引以爲恥。

豐氏童年在家鄉時，其繪畫技巧就已在不斷地提升，每一次的進階對他而言都有階段性的意義，他在自我推陳中成長，這份成長充滿著成就感和民間氣息。但此一時期，豐氏最直接的喜悅是來自於他人讚美的成就感，這與後來情動於衷的創作動機相去甚遠。當時他的審美觀是停留在「肖似」和「色彩鮮麗」上，而無任何構圖、配色等繪畫的訓練，更談不上美學的修養，所以日後他會以童年時的「大作」爲恥也就不足爲怪了。在此，他並不是否定兒童畫，而是在否定繪畫的技巧，就如他在〈新藝術〉一文中所言：「全無何等實感而動手刻劃描寫，其工作不成爲藝術，而僅爲匠人之事。」〔註15〕

貳、兒時的視覺糧食

豐氏研究美術興味的萌芽，與他童年的鄉村生活經驗有直接關係。那時各式各樣的民間藝品、小玩意兒和藝文活動，在在豐富了豐氏的童年生活，也餵養了他對視覺的需求：

〔註13〕 同上，頁 418。
〔註14〕 同上。
〔註15〕 〈新藝術〉，《豐子愷文集》（二），頁 575。

> 玩具，花紙，吹大糖擔，新年裡的龍燈，迎會，戲法，戲文，以及
> 難得見到的花燈……曾經給我的視覺以何等的慰藉，給我的心情以
> 何等熱烈的興奮！就中最有力地抽發我的美術研究心的萌芽的，要
> 算玩具與花燈。〔註16〕

可見他小時候玩的各式 DIY 土玩具和燈會時「迎花燈」的彩傘製作，對他在
美術研究方面起了深遠的影響。下文擬從「泥塑玩具」和「元宵彩傘」來探
討這些兒時在家鄉所接觸到的玩具和藝品，對豐氏藝術生命萌芽的意義。

一、泥塑玩具

豐氏小時候有一段時期熱衷於製作泥塑玩偶及為其上色。這種泥塑玩
偶，孩子必須自己動手做，用黏土在陰文的模型裡印塑各種人物像，如彌勒
佛、關帝像、觀音像、孫行者、豬八戒、蚌殼精……等。這些模型雖然粗
糙，但人物卻是孩子所熟悉、喜歡的角色，所以深得孩子們的喜愛，再加上
必須自己動手做，更添加了玩這玩具的趣味性及成就感，所以豐氏小時候
「在種種玩具中，對於這種玩具覺得興味最濃。」〔註17〕只要幾個模型，和
一塊黃泥，就可以自由地、熱烈地從事印塑了。後來豐氏覺得案頭上焦黃的
泥偶單調了些，於是就向家裡的染匠司務討了各色的顏料來調入鉛粉中，
再加入膠水攪伴後，為這些泥偶們施上種種的色彩。但玩出興頭的豐氏並不
以此為滿足，他又更進一步，想要自己來製造模型。他先是用黏土來製造，
但黏土製的模型易裂，於是他又改用洋蠟燭油來製作模型，這模型「又細
緻，又堅韌，又滑潤，又易於奏刀。材料雖然太費了一點，但是刻壞了可以
熔去再刻，並不損失材料。」〔註18〕所以只要半支的洋蠟燭，就能讓豐氏無
窮地創作他的浮雕，這讓他感受到很大的興味。在這多次操作、不斷變化的
過程中，不但增添了豐氏遊戲的情趣、提升了他雕塑的技能，更激發他無窮
的創意。

這兒時玩泥塑玩具的經驗對豐氏而言意義重大，一來它曾經是豐氏幼時
所熱烈追求的對象、視覺的糧食，還是他美術研究的最初啟發者。二來這童
年的經驗也影響他對玩具的看法和選擇：

> 這種玩具，最富於美術意味，最合於兒童心理，我認為是著實應該

〔註16〕 〈視覺的糧食〉，《豐子愷文集》（三），頁340。
〔註17〕 同上，頁341。
〔註18〕 同上，頁342。

> 提倡的。竹龍、泥貓、大阿福之類，固然也是一種美術的工藝，然
> 而形狀固定，沒有變化；又只供鑒賞，不可創作。〔註19〕

這種以「兒童心理」為依據，以「創作」為依歸的兒童玩具觀，當然與他在
1927 年節譯的《兒童的年齡性質與玩具》〔註20〕有關。但豐氏不從理論的角
度去談玩具、去談美，而是從童年「玩」的經驗出發，將其美學觀點、兒童
玩具觀融入生活經驗中。這種來自於生活的感興，才是他重視泥塑玩具的主
要原因。

二、元宵彩傘〔註21〕

豐氏十來歲時，故鄉石門灣所舉行的「迎花燈」盛會則又更進一步地誘
導豐氏美術製作的興味。在這次的燈節中，豐氏看到了父親和姑母少年時代
所合作創製的彩傘。

> 所謂彩傘，形式大體像古代的陽傘，但作六面形，每面由三張扁方
> 形的黑紙用綠色綾條黏接而成，即全體由三六十八張黑紙圍成。這
> 些黑紙上便是施美術工作的地方。傘的裡面點著燈，但黑紙很厚，
> 不透光，只有黑紙上用針刺孔的部分映出燈光來。故製作的主要工
> 夫就是刺孔。〔註22〕

這頂彩傘作工精緻繁複，視覺效果極佳，讓豐氏一見就大為驚艷：「第一次看
見它，視覺感到異常的快適。」於是激發他也想自己動手創作的慾望。這次
豐氏與他的大姐合作，花了數日的功夫日夜趕工，終於完成了一頂小彩傘。
雖然因為工作過於繁重，彩傘還沒完成燈會就已結束，但這次製作彩傘的經
驗帶給豐氏美術製作的最初歡喜。有了這份歡喜，就算自己的小傘不及父親
的那把大傘來得高明，但豐氏仍能欣喜於自己的進步──「能知道自己的不
高明，我們的鑑賞眼已有幾分進步了。」這次的經驗對豐氏而言意義重大，
他自述：「我學書學畫的動機，即肇始於此。我的美術研究的興味，因了這次
燈會期間的彩傘的試製而更加濃重了。」

「泥塑玩具」和「元宵彩傘」雖然只是兒童的玩具和民間的工藝製品，

〔註19〕 同上。
〔註20〕 《兒童的年齡性質與玩具》，日本關寬之著，豐子愷譯，此書主要是在推廣以
　　　　兒童為本位、以「趣味」為中心、以「想像」為要素的兒童玩具觀。參見《豐
　　　　子愷文集》（五），頁37。
〔註21〕 這一節主要是參考〈視覺的糧食〉，《豐子愷文集》（三），頁340～350。
〔註22〕 〈視覺的糧食〉，《豐子愷文集》（三），頁343。

稱不上是藝術品，但它們對當時居住在鄉間只有十來歲的豐氏而言，的確起了極大的美術啓蒙效用。

綜合上述我們可以發現，豐氏從小對美的追求不單只是形式美而已，而且也非常重視創意。這創意雖然不具原創性，但在實際操作的過程中卻充滿著挑戰和變化，它的創意是建立在既有基礎上的「推陳出新」。此一操作的過程，在豐氏日後藝文創作的生涯中仍持續發酵，如他初時漫畫創作就是從模仿竹久夢二開始，但他不爲夢二所限，最後創作出屬於自己風格的「子愷漫畫」來。

第三節　豐子愷人生的轉捩點

豐氏是在 1914 年考入浙江省立第一師範學校〔註23〕，此時他要離開的不單是溫暖的家，同時也要揮別鄉居生活到杭州這幽美卻又陌生的城鎮求學。在浙一師他接受了中國近代文藝先驅李叔同的藝術薰陶和新文學重要代表夏丏尊的文學啓迪，他曾自述：「我倘不入師範，不致遇見李叔同先生，不致學畫；也不致遇見夏丏尊先生，不致學文。」〔註24〕除了在有形的課程外，他們二人的身教對豐氏也起著重大的影響。在豐氏的心目中李叔同行的是「爸爸的教育」，是他精神上的導師；而夏丏尊則是行「媽媽的教育」，是他事業背後的推動者。終其一生，豐氏與這二位老師始終保持著密切的互動往來，進入浙一師，可說是豐氏人生的轉捩點。

本節將簡述浙一師的校史及豐氏在校時浙一師的掌舵者── 經亨頤先生，以明豐氏就學時學校的風氣與特色；另外也將深入探討豐氏的精神導師──李叔同（弘一法師）和人生導師──夏丏尊對豐氏的影響。

壹、浙江省立第一師範學校

浙江省立第一師範學校成立於 1908 年，原名爲浙江省官立兩級師範學堂，這是一所應時代潮流而生的新式學堂，其校園規劃和教師師資都與舊書院截然不同。校園中有七幢西式建築的二層樓房，可以容納千人，其附屬建築有健身房、附屬小學、音樂與手工教室、食堂、宿舍等，是當時浙江省規模最大、設施最好的學校，其教師多是從日本留學回來的學人，同時還聘有

〔註23〕 浙江省立第一師範學校，在本文中將簡稱爲浙一師。
〔註24〕 〈舊話〉，《豐子愷文集》（五），頁 18 5。

多位日籍教員。1912 年浙江兩級師範學堂改名爲浙江兩級師範學校，1913 年再改制爲浙江省立第一師範學校。

1912 年，經亨頤任該校校長。經亨頤（1877～1938），字子淵，號石禪，晚號頤淵，浙江省上虞縣人，早年受維新思想影響，爲革故鼎新奔走呼號，是中國近代著名的教育家。1903 年赴日留學，入東京高等師範學校，1907 年返國服務於教育界。經亨頤擔任浙江省教育會長期間，貫徹蔡元培所制定的民國教育方針，促進浙江省教育事業的改革與發展。經亨頤著重培養學生健全的人格，注重體育、音樂、圖畫諸科，強調學生德、智、體、美、群等五育的均衡發展。

由於校長經亨頤的鼓勵與支持，浙一師對於新思想的接受程度很高，辦學方式也相當民主及開放。

> 五四期間，浙江新文化運動的中心，就教育界來說是省教育會，就學生界來說是省立第一師範學校，其核心人物則爲校長兼會長的經亨頤。他高舉新文化的旗幟，始終以戰鬥的姿態站在鬥爭前列。
> 〔註25〕

經亨頤具有改革精神，五四運動後不久，經氏曾在浙一師試行四項教育改革：一是提倡文學革命，改革國文教授，由白話文代替文言文；二是改革管理體制，實行民主治校；三是調整教師隊伍，實行職員專任制；四是改革學年制，試行學科制〔註26〕。在經氏擔任該校校長時，當時堅強的師資陣容有：夏丏尊、李叔同、單不厂、堵申甫、馬敘倫、姜丹書等知名人士〔註27〕。1914年初秋，16 歲的豐氏以第三名的成績考入了該校。

當時中國的學校教育幾乎都是重視英文、國文、算術等主要科目，而輕忽圖畫和音樂兩科，但當時的浙一師在經亨頤的領導下則是十分重視藝術教育。豐氏曾在《李叔同先生的教育精神》一文中說到：

> 在我所進的杭州師範裡，有一時情形幾乎相反：圖畫、音樂兩科最被看重，校內有特殊設備（開天窗、有畫架）的圖畫教室，和獨立專用的音樂教室（在校園內），置備大小五六十架風琴和兩架鋼琴。

〔註25〕 張彬：〈「與時俱進」的教育家——經亨頤〉浙江省政協文史資料委員會編，《浙江近代著名學校和教育家》（浙江：浙江人民出版社，1991 年 9 月），頁289。轉引自楊舒惠（2002）：《夏丏尊及其作品研究》，頁 13。

〔註26〕 參見同上註，頁 289～290。

〔註27〕 參見陳野：《緣在紅塵》，頁 25～26。

　　課程表裡的圖畫、音樂鐘點雖然照相時規定，並不增多。然而課外
　　圖畫、音樂學習的時間比任何功課都勤：下午四時以後，滿校都是
　　琴聲，圖畫教室裡不斷的有人在那裏練習石膏模型木炭畫，光景宛
　　如一藝術專科學校。〔註28〕

在這樣重視藝術教育的環境中，豐氏遇到了影響他最深遠的二位恩師——李
叔同與夏丏尊。

貳、精神導師李叔同對豐子愷的影響

　　李叔同（1880～1942），幼名成蹊，後改名文濤，字叔同，別號息霜，法
名演音又稱弘一。在金石、詩、書、畫、音樂、戲劇等藝術領域中都有高深
的造詣，出家後持律謹嚴，誓護南山律宗，深受佛教界的景仰與敬重。

　　李叔同出生於天津的銀行世家，自幼喪父，二十歲時與母親南遷上海，
二十六歲母親過世，後即赴日留學。1906 年 9 月，他以李岸的名字考入日本
上野美術專門學校，是中國留學生進入日本美術學校的先驅者。李叔同留日
期間師事日本著名畫家黑田清輝學習西洋油畫，同時還學習鋼琴、音樂、外
語等，並且對戲劇藝術產生濃厚的興趣。他與曾孝谷、歐陽予倩、謝抗白等
創立了我國最早的藝術團體——「春柳社」從事話劇活動，曾演出《茶花女》、
《黑奴籲天錄》、《新蝶夢》、《雪蓑衣》等劇目。

　　回國後在天津、浙江、南京等地學校任教，主編過音樂、文藝雜誌，是
中國第一個從日本引進西洋戲劇、油畫、鋼琴藝術的人。他培養了我國第一
批美術、音樂方面的人才，如：豐子愷、劉質平、吳夢非、沈本千、葉天瑞
等。作有歌曲〈春游〉、〈早秋〉、〈送別〉等〔註29〕。

　　1918 年李叔同在杭州從虎跑寺了悟和尚出家，隔年於靈隱寺受具足戒，
自此一改過去浪漫的生活，清苦自持，不收徒、不建寺，以弘揚南山律為畢
生之志。抗日戰爭時期，他提出「念佛不忘救國，救國不忘念佛」的口號，
身體力行積極參加抗日救亡運動，1942 年圓寂於泉州。

　　豐氏入浙一師時，李叔同正在該校任音樂及圖畫教師。因為李叔同的認
真態度，使得當時浙一師的學生都非常重視圖畫及音樂兩科，豐氏曾憶述：

　　他之所以能受學生的崇敬，而能使當時被看輕的圖畫音樂科被重

〔註28〕　〈李叔同先生的教育精神〉，《豐子愷文集》（六），頁 541。
〔註29〕　參見《豐子愷年譜》，青島出版社，頁 62。

視，完全是為了他的教育精神的關係：李叔同先生的教育精神是認真的、嚴肅的、獻身的。〔註30〕

這位在豐氏目心中長得「溫而厲」，態度嚴肅又認真、博學又多才的老師，以自身的人格修養感化了豐氏，帶領他進入藝術的殿堂，並且型塑了他的文藝觀及宗教觀，可說是在精神上影響豐氏最深的人了。

豐氏自幼失怙，對父親的孺慕之情一直沒有得到滿足，再加上青少年對偶像的崇拜，這時「帶有後光」〔註31〕的李叔同一出現，滿足了豐氏這二方面情感的需求，而成為豐氏一生中最敬重的人。李叔同對豐氏的影響極深，這讓豐氏的老友朱光潛也印象深刻，他曾在〈緬懷豐子愷老友〉一文中提到：

> 他（豐子愷）是弘一法師的徒弟，在人品和畫品兩方面都受到弘一的薰陶。我在白馬湖時，弘一也來偶爾看望。他曾一度隨弘一持佛法吃素。抗日戰爭勝利後，弘一去世，子愷還不遠千里由貴州跑到四川嘉定請馬一浮為他的老師作傳。當時我也在嘉定，離亂中久別重逢，他還是欣然一笑。我從此體會到他對老師情誼之深摯。〔註32〕

由此可見弘一對豐氏的影響既深且長，他們師生的情緣實已遠超過一般世俗所謂的師生關係。他自己也曾分析過：「大約是我的氣質與李先生有一點相似，凡他所歡喜的，我都歡喜。」〔註33〕這點我們可以從他們接觸佛法的機緣得到印證。豐氏在〈法味〉一文中對李叔同有這樣的描述：

> 演劇，又寫得一手好字，做出許多慷慨悲歌的詩詞文章。總算曾經盡量發揮過他的才華。後來回國，聽說曾任《太平洋報》的文藝編輯，又當過幾個學校的重點教師，社會對他的待遇也算不得薄。但在他自己，想必另有一種深的苦痛，所以說「母親死後到出家是不斷的憂患與悲哀」，而在城南草堂讀書奉母的「最幸福的」五六年，就成了他的永遠的思慕。〔註34〕

〔註30〕 《豐子愷文集》（六），頁542。

〔註31〕 在〈我與弘一師〉一文中，豐氏寫到：「夏丏尊先生曾說：『李先生的教師，是有後光的。』像佛菩薩那樣有後光，怎不教人崇拜呢？」《豐子愷文集》（六），頁399。

〔註32〕 朱光潛：〈緬懷豐子愷老友〉，《朱光潛全集》第十卷，頁475。

〔註33〕 〈我與弘一師〉，《豐子愷文集》（六），頁399。

〔註34〕 〈法味〉，《豐子愷文集》（五），頁30。

母親的死讓李叔同失去了心靈的依靠，讓他像游絲飛絮飄蕩無根，這情形直到他出家後，在佛教的義理中覓得了安心之所才見好轉。這種情形日後豐氏也曾經出現過。1930 年豐氏的母親過世，這讓他深感「痛恨之極，心中充滿了對於無常的悲憤和疑惑。」〔註 35〕在這悲憤與疑惑中，豐氏的心靈無所寄託，於是便陷入了頹唐，這情形一直到李叔同的好友──馬一浮以佛教「無常便是常」的義理點撥他，豐氏才從這頹唐中重新振作起來。豐氏雖然沒有出家，但他同弘一一般，在佛教的義理中尋得了安身立命的法則。

現在我們就從「人格感化」、「藝術啟蒙」、「宗教觀」三方面來剖析李叔同對豐氏的影響；至於「文藝觀」方面，因為豐氏文藝觀的形成不單只是受李叔同的影響，同時也受到當時「為人生而藝術」及西方藝術理論的影響，所以擬將此部分放到下一章〈豐子愷的文藝觀〉一節中一併討論。

一、人格感化

對豐氏而言，李叔同是一種「典範」，他的人格修養、學識氣度、藝術才情無一不讓豐氏折服，才情加人品構成了李叔同的人格力量。李叔同對豐氏最大的影響就是在人格感化這部分，尤其是他凡事認真的態度，更是成為豐氏日後行事的標準。豐氏對李叔同的第一印象是──「嚴肅」，他憶述：

> 我們上他的音樂課時，有一種特殊的感覺：嚴肅。搖過預備鈴，我們走向音樂教室，推進門去，先吃一驚：李先生早已端坐在講臺上。以為先生總要遲到而嘴裏隨便唱著、喊著、或笑著、罵著而推進門去的同學，吃驚更是不小。他們的唱聲、喊聲、笑聲、罵聲以門檻為界限而忽然消滅。〔註36〕

由這段描寫，我們可以看到李叔同的嚴肅是讓人敬畏的。這敬畏的產生，與李叔同認真的行事態度有關，因為在學生進教室前，他早已事先將授課的內容寫在黑板上了，並且「端坐」著等學生進來上課。所以他的嚴肅是帶著莊嚴的定靜氣質，這讓學生看了自然收拾起隨便的態度而產生敬慎之心，一進教室就準備好進入學習的狀態了。

李叔同這種定靜的特質，讓他在教學時不必多說話，但總能使學生衷心感動、自然誠服。豐氏憶述：

〔註35〕〈陋巷〉，《豐子愷文集》（五），頁 204。
〔註36〕〈為青年說弘一法師〉，《豐子愷文集》（六），頁 144。

> 譬如學生還琴〔註37〕時彈錯了，他舉目對你一看，但說：「下次再
> 還。」有時他沒有說，學生吃了他一眼，自己請求下次再還了。他
> 話很少，說時總是和顏悅色的。但學生非常怕他，敬愛他。〔註38〕

可見在豐氏心目中，李叔同不是一位時常耳提面命的諄諄教者，而是一位「一日為師，終身為父」的良師，是一位「溫而厲」的長者。

「嚴肅」是豐氏對李叔同的第一印象，「認真」則是豐氏對李叔同最佩服的特質。關於李叔同的認真，豐氏曾有此敘述：

> 少年時做公子，像個翩翩公子。中年時做名士，像個風流名士；做
> 話劇，像個演員；學油畫，像個美術家；學鋼琴，像個音樂家；辦
> 報刊，像個編者；當教員，像個老師；做和尚，像個高僧。〔註39〕

豐氏認為李叔同每做一種人，都做得十分像樣，主要是由於他凡事「認真」的原故。李叔同這種「做事不做則已，要做就非做得徹底不可」的認真態度，是讓豐氏終其一生都將他視為典範的重要因素。

豐氏深受李叔同這「認真」的人格感化，所以他在做每一件事時也都非常的用心、認真。例如1949年後中國與蘇聯的互動更為密切，此時他想要引進蘇聯中小學的音樂、美術教育資訊，所以決心以五十一歲的高齡開始學習俄文。他在1953年1月4日給晚輩好友夏宗禹的書信中曾提到：

> 我右臂因風疼之故，動作不靈，書畫絕緣了，（普通鋼筆字勉強可
> 寫，但不能多。）病中看了不少俄文書，馬林科夫報告，斯大林經
> 濟論等，我都是從俄文直接讀的。所以人的能力總會發展。不能行
> 動及書畫了，就能更集中精力地讀書，失彼得此。〔註40〕

並在信中提到今後將致力於蘇聯古典文學的介紹。當時他雖然在病中，但仍持續每日若干小時的翻譯《獵人筆記》。在同年9月17日的信中他寫道：

> 腦貧血症近來略好些，然而一多用腦便眼黑頭暈，要求躺下來。醫
> 生說我學俄文用腦過度之故。但我不能放棄俄文，療養期中每天早
> 上也必溫習若干時，怕忘記了。幸而沒有忘記。近來停止工作，只
> 是看看輕便的蘇聯童話而已。〔註41〕

〔註37〕 所謂「還琴」是指學生彈奏教師所指定的樂曲作業給教師聽。
〔註38〕 〈悼丏師〉，《豐子愷文集》（六），頁158。
〔註39〕 〈李叔同先生的教育精神〉，《豐子愷文集》（六），頁542。
〔註40〕 〈致夏宗禹〉，《豐子愷文集》（七），頁427。
〔註41〕 同上，頁428。

可見豐氏在做一件事時，也是不做則已，要做就非做得徹底不可。這認真不懈的態度及堅忍卓絕的毅力，使他終於在 1953 年底完成了三十一萬字的《獵人筆記》。

豐氏把「認真」當作是李叔同給他的遺訓，並且終身力行。這認真讓成為弘一法師的李叔同成為一代宗師，受人景仰；這認真也讓豐氏在藝術教育界、翻譯界、漫畫界、文學界都佔有一席之地，並且深受同儕的認同及後輩的尊敬。

二、藝術的啟蒙

如前所述，豐氏從小就喜歡塗塗畫畫，對自己動手做的小玩意兒也很有興趣，但豐氏會走上藝術這一途，主要還是受到李叔同的影響。李叔同認真、嚴肅的人格特質及才華洋溢的藝術天分，深深吸引著豐氏，讓豐氏不自覺地向他看齊、靠攏，甚至成為他一生的追隨者。

豐氏在浙一師受業於李叔同之前，他的繪畫不是描就是臨，就算是將圖像放大及畫擦筆照相畫，仍是對著「圖像」依樣畫葫蘆，而不是對實物的寫生。直到李叔同教他木炭石膏模型寫生，這才開啓了豐氏寫生的新視野，這對從小就喜歡塗鴉的豐氏而言，是一個全新的經驗：

> 我對於寫生，從這時候開始發生興味。我到此時，恍然大悟：那些粉本原是別人看了實物而寫生出來的。我們也應該直接從實物寫生入手，何必臨摹他人，依樣畫葫蘆呢？於是我的畫進步起來。〔註42〕

豐氏的認真很快就得到了李叔同的肯定，有一天李叔同對豐氏說：「你的圖畫進步快。我在南京和杭州兩處教課，沒有見過像你這樣進步快速的人，你以後……」〔註43〕這幾句話深深地撼動當時年輕豐氏的心，當晚他就決定要認真學畫，走上繪畫這一途，日後他憶述道：「這一晚一定是我一生中一個重要關口。因為從這晚起，我打定主意，專門學畫，把一生奉獻給藝術，直到現在沒有變志。」〔註44〕可見李叔同不但將豐氏引入了藝術的殿堂、開啓了他藝術的心靈，並且對他日後的成就起了方向性的引導。

畢業之後的豐氏，對藝文的熱忱仍然持續燃燒著，於是他貸款東渡日本去遊學。在日本的十個月中，他努力地學習英文、日文、油畫、小提琴，看

〔註42〕〈為青年說弘一法師〉，《豐子愷文集》（六），頁148～149。
〔註43〕同上，頁149。
〔註44〕同上。

了許多畫展，也聽了許多音樂會、買了許多文藝書。這一切的一切，都是爲了追隨李叔同的腳步，他在 1948 年所寫的〈我與弘一法師〉一文中寫到：「一年（實爲十個月）後回國，一方面當教師，一方面埋頭自習，一直自習到現在，對李先生的藝術還是迷戀不捨。」〔註 45〕因著這迷戀，使得豐氏日後在許多地方，都「得益於這位老師的都很大。他的音樂圖畫文學書法的趣味，他的品格風采，都頗近於弘一。」〔註 46〕豐氏日後會走上以繪畫爲業這一條路，李叔同可說是起了決定性的影響。

三、宗教觀

李叔同於 1918 年出家成了弘一法師，他在剃度前將其在俗時的照片、親筆詩詞卷、《人譜》及一部不全的《莎士比亞全集》留給豐氏，他對豐氏的重視可見一斑。1920～1926 年間，豐氏幾乎與弘一失去了聯絡，這段期間豐氏忙於學習、教書、創作，小孩也接連而至，被生活俗事所羈絆的豐氏覺得自己「猶如常在驅一群無拘束的羊，才把東邊的拉攏，西邊的又跑開去。拉東牽西，瞻前顧後，困頓得極。」〔註 47〕直到 1926 年，他在杭州招賢寺再見到闊別六年的老師時，他覺得被塵垢的心靈才又得到了洗滌，他自述：

> 我在弘一師的明鏡裡約略照見了自己的影子。我覺得這次好像是連續不斷的亂夢中一個欠伸，使我得暫離夢境；拭目一想，又好像是浮生路上的一個車站，使我得到數分鐘的靜觀。〔註 48〕

與弘一法師的會晤，讓豐氏紛亂的心得到安撫、得以定靜。此時弘一法師像盞明燈似地，給在昏亂塵世中行走的豐氏指引出一個方向來，於是 1927 年豐氏在上海自宅的鋼琴旁，從弘一大師皈依佛門，法名嬰行。弘一對「嬰」有其特殊的理解及感情，這個「嬰」具有老子「專氣致柔復歸於嬰兒」的道家自然思想，而弘一出家前也曾把自己的名字改爲李嬰。爲豐氏取嬰行爲法名，可以看出在弘一心目中豐氏的人格特質——如嬰兒般的眞，及對他的期許——能以此「眞」行世。同年，豐氏出版了自己的第二部畫集《子愷畫集》，畫集中大多是描繪兒童生活的漫畫，李叔同的好友馬一浮在爲此畫集題

〔註 45〕 〈我與弘一法師〉，《豐子愷文集》（六），頁 399。
〔註 46〕 朱光潛：〈豐子愷人品與畫品〉，原載《中學生》復刊後第 66 期，1943 年 8 月出版，收錄在《豐子愷遺墨》，序頁 10。
〔註 47〕 〈法味〉，《豐子愷文集》（五），頁 25。
〔註 48〕 同上。

詞中寫到：

> 吾友月臂大師（即弘一）為予言豐君子愷之為人，心甚奇之，意老
> 氏所謂專氣致柔復歸于嬰兒。子愷之於藝，豈其有得於此邪？若佛
> 五行中有嬰兒行，其旨深遠，又非老氏所幾。然藝之獨絕者往往超
> 出情識之表，乃與嬰兒為近。嬰兒任天而動，亦以妄想，緣氣尚
> 淺，未與世俗接耳。今觀子愷之貴嬰兒，其言奇恣直，似不思議境
> 界。〔註49〕

可見弘一對豐氏是深層的理解與洞悉，所以對他的影響也是深遠而悠長。

關於李叔同的出家，各方說法不一，豐氏則用三層樓說來譬喻人生境
界，進而解讀老師不得不如此的抉擇。豐氏認為人生境界的第一層是衣食的
物質生活，第二層是學習文藝的精神生活，第三層是宗教的靈魂生活。大部
分的人懶得爬樓梯，多滿足於第一層物質的生活，這種人是為芸芸大眾；有
餘裕的人就進入第二層，探求文藝的精神生活，這些人是「知識分子、學
者、藝術家」；而只有人生欲強、腳力大的人，才走得上第三層樓追求靈魂的
生活。〔註50〕他認為：

> 我的藝術科教師 L 先生似乎嫌藝術的力道薄弱，過不來他的精神生
> 活的癮，把圖畫音樂的書籍用具送給我們，自己到山裏去斷了十七
> 天食，回來又研究佛法，預備出家了。〔註51〕

在豐氏心中，李叔同就是這麼一位「人生欲強、腳力大的人」，他不是「走投
無路，才遁入空門」的，而是因為一般藝文的精神生活仍無法滿足他了解人
生根本問題的需求，於是他不得不選擇佛法而出家，以「行大丈夫事」來尋
求更高層次的靈魂生活。

豐氏皈依佛教很明顯是受了弘一的影響，但豐氏對佛教的信仰與尊崇除
了受弘一影響外，也與他個人的人格特質有著密切的關連。豐氏從小好思考
人生的根本問題，對無常感到悲哀、對因果感到迷惘，如他在〈無常之慟〉
一文中所言：

> 無常之慟，大概是宗教啟信的出發點吧！一切慷慨的，忍苦的，慈
> 悲的，捨身的，宗教的行為，皆建築在這一點心上。故佛教的要旨，

〔註49〕陳星：《豐子愷年譜》，頁34〜35。
〔註50〕參見〈我與弘一法師〉，《豐子愷文集》（六），頁399。
〔註51〕〈陋巷〉，《豐子愷文集》（五），頁202。

被包括在這十六字偈內：「諸行無常，是生滅法。生滅滅已，寂滅為樂。〔註52〕

所以他對宗教信仰的需求，實是一種出自內心渴望，是一種對「無常」的不可捉摸而產生的無奈與困惑感，每當這種感情強烈起來時，豐氏就會不自主地向宗教靠攏。

皈依佛門後，豐氏試著拉大格局，從無限的角度來俯看人生、理解有限與無常。於是他虛擬出一冊人生的「大帳簿」，在這本大帳簿中記載了所有事情的來龍去脈及前因後果，也藉由這本大帳簿來闡釋諸法空相、破解我執的虛妄，從而得到心靈的慰安。所以宗教對豐氏而言，是他安放心靈的淨土、人生最後的歸宿，正如他在避難桂林時，看到一個客死他鄉四歲小女娃的新墳時所說的：

造物者作此世界，不知究竟用意何在？是直惡作劇耳。吾每念及此，乃輕視世間一切政治之紛爭，主義之擾攘，而傾心於宗教。唯宗教中有人生最後之歸宿，與世間無上之真理也。〔註53〕

可見他對佛教的信仰除了受弘一影響外，先天好思考人生究竟的問題及追求安放心靈淨土的需求，也是促使他受到佛教義理吸引而皈依佛門的重要因素。

豐氏對佛教的信仰是建立在佛教的哲學義理之上的，他認為能讓人安放心靈的是宗教的教義而非儀式。佛教的儀式無非是要人透過儀式來定靜心慮，定靜後的心才能感悟到佛教義理的精髓，也才能到得淨土來安放心靈。所以他對一般佛教信徒對佛「有所求」的利益交換行為深感不以為然，覺得他們吃齋唸佛全是在求私人的幸福：

他們放一條蛇，希望活一百歲。他們念佛誦經，希望個個字變成金錢。這些人從佛堂裏散出來，說的統是果報：某人長年吃素，鄰家都燒光了，他家毫無損失。某人念「金剛經」，強盜洗劫時獨不搶他的。〔註54〕

他們這種不談佛法、不理解佛廣大慈悲的精神，只同佛做買賣、靠佛圖利的行為，讓豐氏忍不住感嘆：「群居終日，言不及義，好行小惠，難矣哉！」豐

〔註52〕 〈無常之慟〉，《豐子愷文集》（五），頁614。
〔註53〕 〈教師日記〉，《豐子愷文集》（七），頁82。
〔註54〕 〈佛無靈〉，《豐子愷文集》（五），頁706。

氏認爲眞正的佛教徒應該要：

> 理解佛陀四大皆空之義，而屏除私利；應該體會佛陀的物我一體，廣
> 大慈悲之心，而護愛群生。至少，也應知道親親而仁民，仁民而愛物
> 之道。愛物並非愛惜物的本身，乃是愛人的一種基本練習。〔註55〕

可見他受佛教義理的吸引遠勝於對佛教儀式的尊崇，這使得他無法認同禮佛
而不知佛的佛教信徒。朱光潛就曾讚美他是一位眞正了解佛家精神的人：「他
通常吃素，不過作客時怕給人家麻煩，也隨人吃肉邊菜。他的言動舉止都自
然圓融，毫無拘束勉強。」〔註56〕可見他對佛法的實踐是從護生、護心的角
度出發來「體貼人」，而不是藉由供佛的形式來彰顯其對佛的敬意。

他在 1973 年寫給廣洽法師的信中提及「弟自幼受弘一大師指示，對佛法
信仰極深，至老不能變心。」〔註57〕可見他一生受弘一及佛教的影響有多深。
這廣大慈悲之心、仁民愛物之情，就是他畫《護生畫集》的基本用心；而四
大皆空之義、諸行無常之理，則幫助他日後能以坦然的態度渡過「坐牛棚」、
遭批鬥的受辱歲月。

參、人生導師夏丏尊對豐子愷的影響

夏丏尊（1886～1946），單名鑄，小名釗，初字勉旃，1912 年改字丏尊。
浙江省上虞縣人，是著名的教育家、文學家和出版家。

夏丏尊自幼從塾師讀經書、習八股，十六歲中秀才，科舉廢除後在鄉裡
的新式小學堂擔任教習，他一面教書一面仍持續自習；十九歲時曾赴日留
學，但因經費不足，還沒拿到文憑就輟學返國。至此夏丏尊就沒再進學校求
學了，但他始終維持著終身學習的態度及習慣，他認爲「專力本業是當前獻
身的正軌，而別作研修是自己長育的良法，二者兼顧，一個人才會終身處在
發展的程度之中。」〔註58〕葉聖陶曾說：

> 他受學校教育的時期非常之短，沒有在什麼學校畢過業，沒有領過
> 一張畢業文憑。他對社會人生的看法，對於立身處事的態度，對於
> 學術思想的理解，對於文學藝術的鑒賞，都是從讀書、交朋友、面

〔註55〕　〈佛無靈〉，《豐子愷文集》（五），頁 707。
〔註56〕　朱光潛：〈豐子愷的人品與畫品〉，《豐子愷漫畫全集》第一卷，前頁 24。
〔註57〕　〈致廣洽法師〉，《豐子愷文集》（七），頁 356。
〔註58〕　夏丏尊（1983）：〈「自學」和「自己教育」〉，《夏丏尊文集·平屋之輯》，頁
　　　　317。

對現實得來的，換一句話，都是從自學得來的〔註59〕。

回國後他曾歷任浙江兩級師範學堂（即浙一師之前身）、湖南第一師範學校、上虞春暉中學、浙江省立第四中學、上海立達學園等校教師，上海暨南大學中國文學系系主任、開明書店編輯主任，是位對於國語文教學極有研究的教育家。他的散文溫厚近人、情感樸實，《平屋雜文》是其代表作。他也曾與友人合著適合中學生閱讀的語文補充教材，如與劉薰宇合著《文章作法》、與葉聖陶合著《文心》、《閱讀與寫作》和《文章講話》，以及初級的文藝理論《文藝論 ABC》等。曾在開明書店主編《一般》〔註60〕月刊（後改名為《中學生》）、《新少年》半月刊；編輯《弘一大師永懷錄》、《晚晴山房書簡》等書。譯有《國木田獨步集》、《近代的戀愛觀》、《棉被》、《愛的教育》、《續愛的教育》等，其中《愛的教育》最為暢銷，也對當時的兒童教育起了不小的影響。

豐氏進入浙一師時，夏丏尊不但擔任國文教員並兼任舍監一職。在任舍監一職時，他像個母親似地對待學生，大小事情都要叮嚀，如豐氏在〈悼丏師〉一文中回憶：

> 偶然走過校庭，看見年小的學生弄狗，他也要管：「為啥又同這狗為難！」放假日子，學生出門，夏先生看見了便喊：「早些回來，勿可喫酒啊！」學生笑著連說：「不喫，不喫。」趕快走路。走得遠了，夏先生還要大喊：「銅鈿少用些！」學生一方面笑他，一方面實在感激他，敬愛他。〔註61〕

所以學生們都喜歡與他親近。對於學生的偏差行為，他相信感化比記過更能得到效果，所以他花了很多時間與學生講道理，進行溝通、開導，讓學生們知道他是真心的愛他們，而贏得了學生們的信任及敬愛。所以學生都是找他請願，當「他聽到請願，也許唔嗚叱吒地罵你一頓；但如果你的請願合乎情理，他就當作自己的請願，而替你設法了。」〔註62〕夏丏尊就是用這「愛的

〔註59〕 葉聖陶：〈中學生社同人〉，《中學生》第 175 期（1946 年 5 月）。轉引自楊舒惠（2002）：《夏丏尊及其作品研究》，頁 10。

〔註60〕 取名為「一般」與夏氏在白馬湖為其屋舍取名「平屋」用心相同，寄平凡、平淡、平常於其中，由這命名可看出編輯群淡泊自許卻又不離民間的性格。後來改名為《中學生》，主要是因為他們是將讀者群集中鎖定在青年中學生上，所以更改其名，讓讀者可以更直接了解編輯者的用心。

〔註61〕 〈悼丏師〉，《豐子愷文集》（六），頁 158。

〔註62〕 〈悼丏師〉，《豐子愷文集》（六），頁 157。

教育」來教導學生。

　　夏丏尊也有著與李叔同一樣的認眞、一樣的博學多聞，還有高超鑒賞文學藝術的眼光，豐氏曾記述：

> 他也是博學多能，只除不弄音樂以外，其他詩文、繪畫（鑒賞）、金石、書法、理學、佛典，以至外國文、科學等，他都懂得。因此能和李先生交遊，因此能得學生的心悅誠服。〔註63〕

但他似乎缺乏李叔同的多才多藝，及對性靈需求的渴望。豐氏曾分析李叔同及夏丏尊面對出家態度的不同，他認爲李叔同是因爲「痛感於眾生疾苦愚迷，要徹底解決人生根本問題」〔註64〕因而出家「行大丈夫事」。而夏丏尊雖也有副菩薩心腸和宗教情懷，但因爲俗事塵緣所牽阻，所以沒有「行大丈夫事」，並認爲「夏先生一生的憂愁苦悶，由此發生」。他在豐氏心目中最大的特質要算是「多憂善愁」了：

> 他看見世間的一切不快、不安、不眞、不善、不美的狀態，都要皺眉、歎氣。他不但憂自家，又憂友、憂校、憂店、憂國、憂世。朋友中有人生病了，夏先生就皺著眉頭替他擔憂；有人失業了，夏先生又皺著眉頭替他著急；有人吵架了，有人吃醉了，甚至朋友的太太要生產了，小孩子跌跤了……夏先生都要皺著眉頭替他們憂愁。
>
> 〔註65〕

也就是這一份凡事爲他人擔憂的個性和如母親般柔軟的心腸，使他放心不下剛從日本回來的豐氏的出路，於是介紹豐氏到春暉中學任教，因而延續了他們的師生情誼，並進而成爲日後志趣相投的同事、伙伴。

　　夏丏尊對豐氏的影響也是多方面地，以下就從啓發文才、文學創作理論和教育觀三方面來分析夏丏尊對豐氏的影響；至於對豐氏散文風格的影響，則留待下一章探討豐氏之文藝溯源時再作深入分析。

一、啓發文才

　　豐氏曾自述「我的寫文，是在夏先生的指導鼓勵之下學起來的。」〔註66〕在豐氏入中學時，文學界慣用誇張的陳腔濫調來修飾文章，教育界也以引經

〔註63〕同上。
〔註64〕同上。
〔註65〕同上，頁159。
〔註66〕同上，頁160。

據典來讚許學生的作文方式,這時已有一些有識之士覺得,如此一來,文章將失去表情達意的作用,因而希冀改革,夏丏尊就是其中之一。他看見學生的作文上寫的全是虛情假意:

> 嘗見某小學生之《西湖遊記》,大用攜酒賦詩等修飾,閱之幾欲噴飯。其師以雅馴,密密加圈。實則現在一般之文學,幾無不用『白髮三千丈』的筆法。循此以往,文字將失信用,在現世將彼此誤解,於後世將不足徵信。矯此頹風者,舍吾輩而誰?〔註67〕

這種言過其實的陳腔濫調讓夏丏尊引以為憂,所以他在作文教學時,一定鼓勵學生仔細留意生活週遭,蓄積寫作的材料,並要求學生寫作時要有真情實感、須自己造詞、勿漫用成語或典故、不要無病呻吟,他覺得「文藝的本質是情,但所謂情者,不能憑空發生,喜悅必須有喜悅的經驗,悲哀也必須有悲哀的事實。」〔註68〕。例如有一次,他的一位學生在作文上寫其父客死他鄉,於是此生便「星夜匍伏奔喪」,夏丏尊於是苦笑著問他:「你那天晚上真個是在地上爬去的?」這種重寫「實」、不准講空話的寫作教學,雖然為當時的守舊者所反對,但對少年豐氏而言「夏先生這種從來未有的、大膽的革命主張,覺得驚奇與折服,好似長夢猛醒,恍悟今是昨非。」〔註69〕

夏丏尊對文章寫作的此一見解恰與 1917 年胡適在〈文學改良芻議〉一文中所表述的意見一致。「五四」之後,夏丏尊要求學生寫作除了要「修辭立其誠」外,也力倡以白話文來寫作。豐氏承此師訓並身體力行,他在 1945 年寫給夏宗禹的信中曾說到:「白話文學注重內容思想,不重字面裝飾。(反之,文言往往內容虛空,而字句琳瑯華麗。)這才是有骨子的文章。」〔註70〕

關於豐氏的學習寫作過程,他曾在〈舊話〉〔註71〕一文中詳細記載道:「我在校時不會作文。我的作文全是出校後從夏先生學習的。夏先生常常指示我讀什麼書,或拿含有好文章的書給我看,在我最感受用。」豐氏初期在寫文章時幾乎都會拿去給夏丏尊講評,尋求老師的指導:「他看了我的文章,有時皺著眉頭叫道:『這文章有毛病呢!』『這文章不是這樣做的!』有時微

〔註67〕 夏丏尊:〈學齋隨想錄〉,轉引自楊舒惠(2002):《夏丏尊及其作品研究》,頁319。
〔註68〕 夏丏尊(1997):〈文藝論 ABC〉,《夏丏尊選集》,頁6。
〔註69〕 參見〈悼丏師〉,《豐子愷文集》(六),頁157。
〔註70〕 〈致夏宗禹〉,《豐子愷文集》(七),頁395。
〔註71〕 〈舊話〉,《豐子愷文集》(五),頁179~185。

笑點頭說道：『文章好呀……』」，豐氏的文章就是在夏丏尊一點一滴的引導下，才漸漸地形成自己的風格。雖然後來豐氏完成文章後無法再就近請教夏丏尊，但他每寫完一篇文章仍會想「不知這篇東西夏先生看了怎麼說」。可見夏丏尊在啓發豐氏的文才上，起了多大的效力。

二、文學創作理論

　　夏丏尊散文的風格與其文學主張是一脈相承地。他認爲文學的創作應該是作者對生活週遭進行深刻地「觀察」，並有所「感動」，產生「不得不」發之於文的衝動，進而「具象」地將其寫下來。他在〈文藝論 ABC〉中「創作家的資格」一節中就提出了「銳利的敏感」與「旺盛的熱情」是文藝創作家所須具備的二項最重要的特質。

　　就「銳利的敏感」而言，夏丏尊提出：

> 凡是好的創作家，都能於平凡之中發現不平凡，於部分之中，見到全體，他們有常人所未曾感到的憂憤，也有常人所未曾感到的悅樂，他們能不爲因襲成見所拘束，不執著於實用功利，對於世間一切，行清新的觀照，作重新的估價。〔註72〕

如他在〈鋼鐵假山〉一文中，從案頭上鏽黃的鋼鐵假山談起，將自己的思想感情凝聚在這獨特的形象之中，深沉含蓄的寫出民族之慟。這樣從現實生活中大家都熟悉的事件寫起，而獨闢蹊徑的從普通人想不到的角度來寫作，寫出自己內心獨到的見解與眞誠的感受，使作品具有內蘊豐厚的生命力。

　　另外，夏丏尊還強調從「平凡」的事物中取材，他認爲「凡是眞正的藝術，照理都該以大眾爲對象，努力和大眾發生交涉的。」〔註73〕「人生不單因了少數的英雄聖賢而表現，實因了蚩蚩平凡的民眾而表現的。」〔註74〕這種面對群眾、「爲人生而藝術」的觀點，是當時文學研究會的成員們共同的主張，豐氏的創作題材也深受此一觀點影響。

　　就「旺盛的熱情」而言，夏丏尊提出：

> 創作對於自己所觀察經驗的結果，感到牽引，感到魅惑，鬱積於中，不流露不快，這其中才有創作的歡悅。要感動別人，先須感動自己。讀者對於作品所受到的情緒，實是創作家所曾經自己早更強烈地感

〔註72〕夏丏尊：〈文藝論 ABC〉，《夏丏尊選集》，頁 43～44。
〔註73〕夏丏尊（1983）：〈阮玲玉的死〉，《夏丏尊文集・平屋之輯》，頁 204。
〔註74〕夏丏尊（1983）：〈讀書與暝想〉，《夏丏尊文集・平屋之輯》，頁 35。

受過了的東西。〔註75〕

這「鬱積於中，不流露不快」是寫作者最眞實的創作動機，以此動機來寫作，才能感受到創作的喜悅；而作者以眞實的情感來寫自己所熟悉和感動過的生活片段，如此作品才能產生感人的力量。而在這「旺盛的熱情」中，「眞誠」是重要的成份，因此他說道：

> 先定了一個概念，然後再把人物事件附會上去，寫成一種作品。這在文藝上寧是邪道，這類作品，往往含著宣傳與教訓的色彩，也難得有出色的東西。原來在事象中發見某物，與把事象附會到既成的概念上去，全然是兩件事。前者是有生命的作家的自然產兒，後者是作家用了成見捏出的傀儡，傀儡是不會有生命的。〔註76〕

所以他不但反對堆砌和說空話，也反對宣傳、教條式的文藝創作。

夏丏尊自己本身即具備了此銳利的敏感及旺盛的熱情，在他的作品中我們可以看見他對自己創作理念的實踐。他從身邊的瑣事取材，對日常生活的所見所聞進行哲學的思索，以領略人生、品味生活，所以即使是生活的細節，他也能寫得頗具深度，讓讀者在閱讀時能咀嚼出平凡中的雋永。

此一創作理論與實踐，豐氏與其恩師可說是完全一致的。

三、教育觀

夏丏尊非常關心教育的問題，但他不是閉門思索而是大量的閱讀當時有關兒童學、教育學的著作，如在浙江兩級師範學堂任教時，他就翻譯盧梭的《愛彌兒》，當時是由魯迅校閱後，再於 1913 年《教育周報》上連載三期〔註77〕。其後於 1919 年翻譯了〈教育的背景〉一文刊載於《教育潮》上、1920 年與黃集成合譯日本關寬之〈兒童的遊戲〉刊載於浙一師《校友會十日刊》上、1922 年著〈近代文學與兒童問題〉載於《東方雜誌》；1926 年出版其影響深遠的譯本《愛的教育》、1930 年再推出《續愛的教育》譯本。

至此「愛的教育」一詞幾乎與夏丏尊畫上等號。在春暉任教期間，夏丏尊利用課餘之暇翻譯《愛的教育》，這是義大利作家亞米契斯（Edmondo De Amicis，1846～1908）的作品，原名爲「考萊」（Coure），在義大利的原語是

〔註75〕 夏丏尊：〈文藝論 ABC〉，《夏丏尊選集》，頁 45。

〔註76〕 同上，頁 46。

〔註77〕 《愛彌兒》1913 年 4 月《教育周報》第 1 期、《愛彌兒》（一續）載於第 2 期、《愛彌兒》（二續）載於第 5 期。

「心」的意思。1924 年夏丏尊的譯作首先在《東方雜誌》上連載，獲得各方的好評。1926 年，初版時由上海商務印書館發行，再版則改由開明書店印行，各中學紛紛將此書作為課外輔導讀物。夏丏尊後來又翻譯了義大利孟德格查的《續愛的教育》。

　　夏丏尊對當時中國的教育制度感到十分的不滿，他在《愛的教育》的序言中說到：

> 學校教育到了現在，真空虛極了。單從外形的制度上方法走，走馬
> 燈似地變更迎合，而於教育的生命的某物，從未有人培養及顧及。
> 好像掘池，有人說四方形好，有人又說圓形好，朝三暮四地改個不
> 休，而於池的所以為池的要素的水，反無人注意。教育上的水是什
> 麼？就是情，就是愛。教育沒有了情愛，就成了無水的池，任你四
> 方形也罷，圓形也罷，總逃不了一個空虛。〔註 78〕

這種只著重教育形式而不重視教育精神的現象，讓多愁善感的夏丏尊感到很憂心，所以當他初次閱讀《愛的教育》時，感受到極大的震撼及感動：「記得曾流了淚三日夜讀畢，就是後來在翻譯或隨便閱讀時，還深深地感到刺激，不覺眼睛濕潤。這不是悲哀的眼淚，乃是慚愧和感激的眼淚。」〔註 79〕他慚愧於自己平日為人為父及為師的態度，感動於這書中所營造出的理想世界，夏丏尊覺得此書比盧梭的《愛彌兒》給他更大的感動。朱自清在〈教育家的夏丏尊先生〉一文中道出夏丏尊翻譯此書的原因：「他翻譯這本書，是抱著佛教徒了願的精神在動筆的，從這件事上可以見出他將教育和宗教打成一片，這也正是他的從事教育事業的態度。」〔註 80〕

　　「愛的教育」就是「感情教育」、「感化教育」，所以夏丏尊認為愛的教育應該是教育者以真摯的情感、高尚的情操來使受教者心悅誠服，進而感化其人格。如，他在浙一師擔任舍監時，學生無故請假外出他必不答應，寧願與其爭論一二小時才止；夜間自習時間喧擾者，他會立刻前去制止；熄燈後有私點洋燭者，他會立刻進去沒收……，不管學生如何頑劣，他堅持「不記學生的過，有事不去告訴校長，只是自己用一張嘴和一副神情去直接應付。」〔註 81〕

〔註 78〕　夏丏尊：〈譯者序言〉，《愛的教育》，頁 1。

〔註 79〕　同上，前頁 1。

〔註 80〕　朱自清：〈教育家的夏丏尊先生〉，收於朱喬森編：《朱自清全集》第四卷，頁461。

〔註 81〕　夏丏尊：〈緊張氣氛的回憶〉，《夏丏尊文集‧平屋之輯》，頁 168。

許志行在〈不堪回首悼先生〉一文中就憶述：

> 夏先生最初在一師任舍監的時候，有些不好的同學，晚上熄燈，點
> 名之後，偷出校門，在外面荒唐到深夜才回來；夏先生查到之後，
> 並不加任何責罰，只是懇切的勸導，如果一次兩次仍不見效；於是
> 夏先生第三次就守候著他，無論怎樣夜深都守候著他，守候著了，
> 夏先生對他仍舊不加任何責罰，只是苦口婆心，更加懇切地勸導
> 他，一次不成，二次，二次不成，三次……，總要使得犯過者真心
> 悔過，徹底覺悟而後已。〔註82〕

他如此不怕繁瑣、真誠懇切的用心去勸導、感化這群正處青春叛逆期的中學
生，使其最終能有所自覺而自律自愛，這正是一位真正的教育家所做的大事。
這段不憚其繁、詳細描寫出夏丏尊生前行誼的文字，出自於夏丏尊早期學生
之手，可見他以「人」為本，以「愛」為出發點的「愛的教育」在學生的身
上是起著多麼深遠而長久的影響。

夏丏尊在情育方面力行「愛的教育」，在教學方法上認同啟發式的教學
法，而在學習方面則側重學生的自學。同五四時期追求民主教育理念的教育
家一樣，他認同啟發式、生活化的教法，反對灌輸、教訓式的教法，學生應
由消極的受教者轉為積極的學習主體，他認為學生：

> 不能只像一只開著口的布袋，專等教師們把一切應該學的東西一樣
> 一樣裝進來，也必須應用自己的智慧和能力，思索這一樣，練習那
> 一樣，才可以成為適應環境的「變通自在的人」。〔註83〕

學生如果只是被動、單向的學習，將成為一位無法變通、難以適應環境及解
決「未來」問題的人，所以夏丏尊認同將學習的主動權交還給學生的理念。
他認為老師要做的工作不是重複的解說，而是進行有效的引導，讓學生自由
發揮，而展現其潛能，這可從其學生賈祖璋的回憶中看出：

> 當時印發的選文教材，沒有斷句，更不分段。上課時丏尊師就隨便
> 指定一位同學讀斷句子。讀錯或讀完了一段，指定另一位同學再
> 讀。全文讀完，再指定同學分段講解。同學們常恐點到名，讀不
> 斷、講不好，因而上課前總先認真預習。〔註84〕

〔註82〕 轉引自鄭振鐸：〈悼夏丏尊先生〉，《鄭振鐸全集》第二卷，頁565。
〔註83〕 夏丏尊：〈「自學」和「自己教育」〉，《夏丏尊文集・平屋之輯》，頁314。
〔註84〕 賈祖璋：〈丏尊師和開明書店的科學讀物〉，收於中國出版工作者協會編：《我

這種「自己教育」加「引發」式的教學法，主要是讓學生養成主動思考、自由討論、自己研究的學習模式，從而發展其潛能，成為一位「變通自在的人」。這種「自己教育」除了表現在知識自修外，另外也展現在技藝自習、自律自訓及自治活動等方面，讓學生能充分參與學習的過程及體認自己才是學習的主體，從而得以適材適性的發展自我。

夏丏尊的這些教育理念深受五四時期「兒童潮」的影響，當時「啓蒙主義的文化精神爲：立人和樹人，宣導以人格教育爲核心的教育實踐與改革。」〔註85〕這也與他所參與的文學研究會的主張相合，這種進步的教育觀點具有劃時代的意義。

豐氏就是在夏丏尊這種以人格教育爲核心的愛的教育下培養出的學生，並且在畢業後還跟隨夏丏尊在春暉中學及立達學園任教、在開明書店共事，在夏丏尊言教及身教的潛移默化下，豐氏的新型兒童觀、教育觀點及理念可說是與夏丏尊一脈相承，尤其是豐氏在爲《愛的教育》繪製插圖時，曾熟讀此書並深受其影響。

圖 2-4：豐子愷為《愛的教育》
　　　　所繪製的封面

圖 2-5：
《愛的教育》內頁插圖

與開明》，頁 49。
〔註85〕 王曉初：〈論「白馬湖文學現象」〉，《西南師範大學學報》（人文社會科學版）第 31 卷第 5 期，2005 年 9 月，頁 115。

豐氏在教學時雖然也是採用感化及啓發式的教學方法，但他的教學態度則較像是李叔同的「爸爸式的愛的教育」。他以身作則提供典範給學生效法，若是遇學生有偏差行爲時，他也只是提點學生但不會苦口婆心的勸戒。而夏丏尊則是標準的「媽媽式的愛的教育」，以愛爲基礎，對於學生的偏差行爲不斷地叮囑、勸戒，對於學生的困境總是設法爲其解決。夏丏尊是以悲憫的宗教熱情來從事教育事業，並且延伸至出版事業，而豐氏的宗教熱情則是放在其文藝創作上。所以在歷史評價上，夏丏尊被評爲教育家、出版家，而豐氏則被評爲漫畫家、作家。

小　結

豐氏從小就對繪畫及美術勞作有興趣，他從著色、印寫、臨摹、放大、擦筆照相畫，一步步進階提升其畫作至「肖似」的程度，而贏得家鄉親友們諸多的讚譽；再加上泥塑玩偶、元宵彩傘等豐富多元民間藝品的陪伴，讓豐氏在童年時期即對藝術充滿濃厚的興味。雖然在這萌芽階段所習得的技法與他日後的創作並無直接的關連，但對藝術興趣的培養卻起了推波助瀾的功效，且對其日後藝術理論的選擇與建構也有相當的影響。另外，童年快樂、無功利的學習歷程，讓他體認到兒童在趣味中學習、在遊戲中成長是多麼的重要，這趣味對其日後學習動機的啓發和持續學習的意願都有著直接而深遠的影響。

他帶著對美術的興味進入浙一師就讀，遇到了文學和藝術造詣都極高的李叔同，並且得到他的認同與讚賞，這殊勝因緣的相遇，爲豐氏未來的人生指出了方向。亦師亦父的李叔同，對豐氏影響最深的，是在人格感化、文藝觀和宗教觀三方面，這些影響，不但奠定了豐氏日後自然圓融的人格特質，也造就他獨特超凡的藝術品味。

夏丏尊不但啓發了豐氏的文才，並帶領他進入春暉中學、開明書店，由此開拓了豐氏在藝文界的交遊圈，使他一步步邁入藝文圈並且發光發熱。亦師亦友的夏丏尊，在文藝創作理論及教育觀等方面，也對豐氏產生了深遠的影響。他「鬱積於中，不流露不快」、「努力和大眾發生交涉」、「於平凡之中發現不平凡」等創作理念，深深影響了豐氏對文藝創作理論的選擇；他以人格教育爲核心的愛的教育觀，也直接影響豐氏對新型兒童觀的接受，及其教

育理念的建立。

　　若說弘一是豐氏出世的導師，引領他由精神生活邁入靈魂生活；那麼夏丏尊就是豐氏的入世導師，引領著他走過物質生活的需求，鼓勵他邁向創作的精神生活。豐氏在接到夏丏尊逝世的消息時，曾感傷地說：

> 我所敬愛的兩位教師的最後消息，都在我行旅倥傯的時候傳到。這
> 偶然的事，在我覺得很是蹊蹺。因爲這兩位老師同樣的可敬可愛，
> 昔年曾經給我同樣寶貴的教誨；如今靈耗傳來，也好比給我同樣的
> 最後訓示。〔註86〕

可見這二位導師對豐氏的影響或有出世、入世之分，但其深重長遠則無分軒輊。

〔註86〕　〈悼丏師〉，《豐子愷文集》（六），頁 155。

第三章　豐子愷的文藝觀及其文藝溯源

　　在進行分析豐子愷文藝創作的特色之前，我們先來探討豐氏的文藝觀和影響其文藝特色形成的重要人物。

　　文藝觀可說是所有文藝創作者必須具備的基礎理念，它支配並決定著創作者的作品內容及美學風格。豐氏不管是摹繪漫畫或寫作散文，他所秉持的文藝觀都是一脈相通的，所以在探討豐氏的文藝觀時，漫畫和散文是可以合併討論地。豐氏的文藝風格在《子愷漫畫》和《緣緣堂隨筆》問世之時，即已成形，但因處在動盪多變的大時代，及隨著年歲的增長歷練，豐氏文藝創作的風格雖有變遷，不過大體而言其創作理念變化不大，不過是在題材的選擇有所取捨罷了。

　　在為豐氏的文藝創作特色做溯源的同時，必須要探討影響豐氏文藝特色形成的重要人物。在這方面，本文擬分文學和漫畫兩部分來探討，分別追溯夏丏尊及白馬湖作家群對豐氏文學風格形成的影響，以及陳師曾、竹久夢二、蕗谷虹兒、北澤樂天對豐氏漫畫風格形成的影響。

第一節　豐子愷的文藝觀

　　豐氏文藝觀的形成，主要是與李叔同、白馬湖群友和其大量閱讀之藝術相關理論有關。李叔同在他於浙一師就讀時，就已開啟他以人格修養領導創作風格的「先器識而後文藝」的文藝觀，再加上他後來加入文研會後，更堅定了他「為人生而藝術」的大眾文藝觀。在探究豐氏這兩個文藝觀點之後，我們將再從「藝術解放心靈」的角度來解讀豐氏對藝術的效用及價值的看法。

壹、先器識而後文藝

在藝術創作方面，李叔同對豐氏創作風格的影響雖不大，但李叔同傳授給豐氏「先器識而後文藝」的文藝觀，則統領著豐氏文藝創作的思考及態度，這影響實比創作風格更為重要、也更為珍貴。

所謂「先器識而後文藝」，就是說先要有高尚的道德、偉大的人格，然後才能成為一個真正的文藝創作者，才能創作出不朽的文藝作品。李叔同拿明儒劉宗周的《人譜》〔註1〕當做自己立身處事的參考準則，並期許自己能身體力行。豐氏學生時代曾與幾位同學一起到李叔同的房間請教老師學藝之事，當時李叔同特地為他們說明《人譜》中的一節：

> 唐初，王（勃），楊，盧，駱皆以文章有盛名，人皆期許其貴顯，裴
> 行儉見之，曰：士之致遠者，當先器識而後文藝。勃等雖有文章，
> 而浮躁淺露，豈享爵祿之器耶。〔註2〕

這段文字是裴行儉評初唐四傑文章的成就，他認為王、楊、盧、駱四人雖有才華，但過於浮躁淺露、鋒芒太露，淺碟難容大海，不是享有爵祿之人。裴行儉以為做一個文人，應以斂藏才氣、培養器度見識為先，文藝技巧為次，方能長保久遠。李叔同對此的解釋是：

> 先器識而後文藝，譯為現代話，大約是「首重人格修養，次重文藝學
> 習」更具體地說：「要做一個好文藝家，必先做一個好人。」〔註3〕

李叔同認為一個文藝家若是沒有「器識」，則無論技術如何地精巧純熟都不足取，所以他常告誡學生「應使文藝以人傳，不可人以文藝傳」。這觀點實源自於儒家把美學與倫理結合的「以善為美」的傳統文人思想，他們將人品與作品結合，提出「人品即畫品」、「文如其人」的論點。這論點可在郭若虛解釋南齊謝赫所提出的「氣韻生動」之說中體現：

> 竊觀古之奇迹。多軒冕之才賢，岩穴之上士，依仁游藝，探迹鉤深，
> 高雅之情，一寄於畫也。人品既高，氣韻不得不高。氣韻既高，不
> 得不生動。所謂神之又神而能精。凡畫必周氣韻，方號世珍。不爾，
> 雖竭巧思，止與眾工同事，雖曰畫而非畫。〔註4〕

〔註1〕 明劉宗周著，書中列舉古來許多賢人的嘉言懿行，凡數百條。
〔註2〕 見《人譜》卷五《唐書‧裴行儉傳》，轉引自豐子愷：〈先識器而後文藝——李叔同先生的文藝觀〉，《豐子愷文集》（六），頁534。
〔註3〕 〈先器識而後文藝——李叔同先生的文藝觀〉，《豐子愷文集》（六），頁535。
〔註4〕 郭若虛：〈圖畫見聞志〉，轉引自豐子愷：〈中國美術的優勝（附錄）〉，《豐子

郭若虛直接將人品與氣韻畫上等號，而否定人品不高之人無論如何用心經營畫面，其畫仍稱不上是「作品」。

在外顯的藝術成就之下，李叔同更致力於「器識」的內在修養，這身教讓豐氏毫無疑問的全盤接收了這先修身而後文藝的中國傳統文藝創作觀。豐氏自述：「我那時正熱衷於油畫和鋼琴的技術，這一天聽了他這番話，心裡好比新開了一個明窗，眞是勝讀十年書。從此我對李先生更加崇敬了。」〔註5〕傳承此一觀點，豐氏更將其推演成：

> 藝術以人格爲先，技術爲次。倘其人沒有芬芳悱惻之懷，而具有人類的弱點（傲慢、淺薄、殘忍等），則雖開過一千次個人作品展覽會，也只是形式的藝術家。反之，其人向不作畫，而具足藝術的心。便是眞藝術家。〔註6〕

豐氏也如李叔同般的身體力行這「先器識而後文藝」的文藝觀，無論在書法、金石、繪畫、或是散文、理論寫作，豐氏皆導向器識的培養。而豐氏培養器識的方式則是「多觀察」、「多讀書」，他在〈新藝術〉一文中提到：

> 在藝術的創作上，靈感爲主，而表現爲從；即觀察爲主，而描寫爲從；亦即眼爲主而手爲從。故勤描寫生，不如多觀自然；勤調平仄，不如多讀書籍。胸襟既廣，眼力既高，手筆自然會進步而超越起來。〔註7〕

豐氏這裡所指的「靈感」其實就是「藝術的心」，也就是胸襟、眼力，也就是「器識」。曾與豐氏長時間近距離交往過的美學大師朱光潛就直接以「人品」與「畫品」的結合來肯定豐氏的畫作，他認爲要了解一個人的「畫品，必先瞭解他的人品。一個人須先是一個藝術家，才能創造眞正的藝術。子愷從頂至踵是一個藝術家，他的胸襟，他的言動笑貌，全都是藝術的。」〔註8〕在朱氏的眼中豐氏是一位：

> 於「清」字之外又加上一個「和」字。他的兒女環坐一室，時有憨態，他見著欣然微笑；他自己畫成一幅畫，刻成一塊木刻，拿著看

愷文集》（二），頁 529。
〔註 5〕　〈先器識而後文藝——李叔同先生的文藝觀〉，《豐子愷文集》（六），頁 534～535。
〔註 6〕　〈藝術與藝術家〉，《豐子愷文集》（四），頁 403。
〔註 7〕　〈新藝術〉，《豐子愷文集》（二），頁 575。
〔註 8〕　朱光潛：〈豐子愷的人品與畫品〉，《豐子愷漫畫全集》第一卷，前頁頁 23。

> 著，欣然微笑；在人生世相中他偶而遇見一件有趣的事，他也還是
> 欣然微笑。他老是那樣渾然本色，無憂無嗔，無世故氣，亦無矜持
> 氣。黃山谷嘗稱周茂叔「胸中灑落如光風霽月」，我的朋友中只有子
> 愷庶幾有這種氣象。〔註9〕

豐氏這「清」、「和」的渾然本色和「胸中灑落如光風霽月」的人格修養，可
說是承自李叔同的人格感化，對李叔同「器識」教誨的實踐。

「先器識而後文藝」強調人格的培養先於文藝技術的訓練，這讓豐氏在
認真學習西洋畫的技術外，更重視自我內在精神的提升及器識的拓展。帶著
這中國傳統文人的文藝觀，以人格做襯底，讓豐氏日後創作出一幅幅觸動人
心的漫畫和一篇篇引人省思的隨筆。

貳、為人生而藝術

在五四新文化運動中，文研會與創造社是當時較具影響力的社團。文研
會主張「為人生的藝術」，而創造社則提倡「表現自我的藝術」。白馬湖群友
中有多位是文研會的核心人物，與他們密切頻繁的交往後，豐氏於 1920 年代
也加入了文研會，這讓他更堅定了「為人生而藝術」的主張。他曾在文章中
寫道：

> 文藝之事，無論繪畫，無論文學，無論音樂，都要與生活相關聯，
> 都要是生活的反映，都要具有藝術的形式，表現的技巧，與最重要
> 的思想感情。藝術缺乏了這一點，就都變成機械的、無聊的雕蟲小
> 技。〔註10〕

豐氏認為利用藝術來反映現實中「人的生存狀況」是藝術的使命，而藝術的
內容則要能「曲高和眾」才能達成「為人生而藝術」的目的。豐氏所謂的「曲
高」，就是要具有藝術的形式和技巧；所謂的「和眾」，就是要能貼近大眾的
心理。他提出「藝術無專家」之說，指出藝術要「出藝術之深宮，辭藝術家
之尊位，對稚子而教之習藝，執途人而與之論美」〔註11〕，這樣藝術才能走
入民間、走進大眾的生活中。我們從他的作品中可以看到深廣豐富的社會內
涵，豐氏的創作始終關注著現實人生。

〔註9〕 朱光潛：〈豐子愷先生的人品和畫品——為嘉定子愷畫展作〉，《豐子愷漫畫全
　　　　集》（一），前頁頁23。
〔註10〕〈版畫與兒童畫〉，《豐子愷文集》（三），頁375。
〔註11〕〈藝術漫談序〉，《豐子愷文集》（三），頁293。

　　以下即就「藝術生活化」和「藝術大眾化」兩方面來探討豐氏「為人生而藝術」的文藝觀。

一、藝術生活化

　　要讓藝術生活化，豐氏認為首要之務是將創作的題材和內容拉回到現實的生活中。即利用藝術來反映現實中人們的生存狀況，所以他反對仿古。他在 1934 年撰寫的〈談中國畫〉一文中，曾指出：

> 繪畫既是用形狀色彩為材料而發表思想感情的藝術，目前的現象，
> 應該都可入畫。為什麼現代的中國畫專寫古代社會的現象，而不寫
> 現代社會的現象呢？〔註12〕

如他的作品〈無言獨上西樓〉（圖 3-1）發表在《文學週報》上時，有人批評此畫未能真實反映詞句創作的年代，認為畫中主角是李後主所以應該穿古裝才對，但豐氏答說：「我不是作歷史畫，也不為李後主詞作插圖，我是描寫讀李詞後所得體感的。我是現代人，我的體感當然作現代相。」〔註13〕

　　豐氏認為師古、仿古是無法真實的反映現實人生，也背離時代潮流，他呼籲畫家們「到紅塵間來高歌人生的悲歡，使藝術與人生的關係愈加密切。」〔註14〕在這方面，他認為我們可以向日本的浮世繪學習，將取材的範圍擴及到一切的階級，描寫風俗人事以呈現浮世的現狀。這觀點貫穿了他日後所有的創作，不但他的學生相（如圖 3-2）、社會相（如圖 3-3）、戰時相（如圖 3-4）是浮世的寫真，連他的古詩詞相（如圖 3-1）、兒童相（如圖 3-5）也是用抒情的筆來描繪現實的人生。

　　即使抗戰流亡後，豐氏改畫水墨的「人物山水畫」（人物與山水並重），他仍是不作中國傳統風格的山水畫，而是以沿途所見之自然山水為題材、以眼前的事實為師，拒絕臨摹古畫，並堅決否認與古代山水畫家有任何的聯繫，尤其山水畫中的人物，更是現代人物的打扮。如〈三杯不記主人誰〉（圖3-6）和〈春日遊杏花吹滿頭〉（圖 3-7）畫中不但人物與山水並重，而且皆著現代的服飾〔註15〕。豐氏雖以現實為師，但他並不是在做實景實物的寫生，

〔註12〕　〈談中國畫〉，《豐子愷文集》（二），頁 613。

〔註13〕　〈漫畫創作二十年〉，《豐子愷文集》（四），頁 389。

〔註14〕　〈談中國畫〉，《豐子愷文集》（二），頁 614。

〔註15〕　畫中人物的穿著多為長袍馬褂，以二十一世紀現在來看，豐氏仿佛是在畫古
　　　　　裝，但在豐氏作畫時（1937～1949 間），中國一般男性多做如此的裝扮。

圖 3-1：〈無言獨上西
樓〉（古詩詞相）

圖 3-2：〈大風之夜〉
（學生相）

圖 3-3：〈東洋與西洋〉
（社會相）

圖 3-4：〈馬上擡頭看空
軍殺敵歸〉（戰時相）

圖 3-5：〈飯後〉
（兒童相）

豐氏支持藝術應該要反映現
實人生的論點，所以他反對
仿古。（圖 3-1～圖 3-7），豐
氏取材的內容雖然各不相
同，但不管是學生相、社會
相、戰時相或是古詩詞相、
兒童相，豐氏都是用抒情的
筆來描繪現實的人生。

圖 3-6：〈三杯不記主人
誰〉（人物山水畫）

圖 3-7：〈春日遊杏花吹
滿頭〉（人物山水畫）

豐氏的「人物山水畫」
不是中國傳統風格的山
水畫，而是以沿途所見
之自然山水爲題材、以
眼前的事實爲師，例如
（圖 3-6、圖 3-7）。豐氏
雖以現實爲師，但他並
不是在做實景的寫生，
而是將眼前的事物做藝
術的提升，然後再畫下
自己的所思所感。

而是將眼前的事物做藝術的提升，然後再畫下自己的所思所感。對此朱光潛
對豐氏有極高的評價：

> 他的人物裝飾都是現代的，沒有模擬古畫僅得其形似的呆板氣；可
> 是他的境界與粗劣的現實始終維持著適當的距離。他的畫極家常，
> 造境著筆都不求奇特古怪，卻於平實中寓深永之致。〔註16〕

所以要讓藝術生活化，豐氏認為第二就是要將生活化的題材提升至藝術的
高度。

豐氏在創作時，不但是取材於日常生活，而且還專取日常生活中瑣屑平
凡的小事，「泥龍竹馬眼前情，瑣屑平凡總不論。最喜小中能見大，還求弦外
有餘音。」這是豐氏在《豐子愷畫集》自序中的一首小詩，我們可以把它看
做是豐氏文藝創作題材和風格的概說，前兩句是說明他創作的題材內容，都
是眼前情、身邊事，雖然平凡瑣屑，但卻都是有感而發的真情實意。後兩句
則體現了他的創作風格，將細瑣的題材提升到具弦外之音的藝術水平：取材
雖小，但卻能呈現廣大的格局；言雖有盡，但卻能傳達無窮的餘韻。

如在〈車廂社會〉一文中，豐氏描繪了乘火車經歷的三種心境：「初乘
時」的興奮與驚喜，「老乘時」的煩悶與無奈，「慣乘之後」則轉而觀察車廂
中的人生百態。因為他發現「凡人間社會裏所有的現狀，在車廂社會中都有
其縮圖，故我們乘火車不必看書，但把車廂看作人間世的模型，足夠消遣
了。」〔註17〕豐氏能在乘火車這平凡的事件上，進行自我的觀照及體察人
生，這種善於細細咀嚼與玩味生活中平凡小事的能力，賦予他的作品飽含人
生的滋味，而超越平凡細瑣的規格，上升至哲理與藝術的高度。豐氏此一能
力曾獲得谷崎潤一郎對他高度的評價：「他所取的題材，原並不是什麼有實用
或深奧的東西，任何瑣屑輕微的事物，一到他的筆端，就有一種風韻，殊不
可思議。」〔註18〕朱光潛也說他的漫畫：

> 都是從紛紜世態中挑出人所熟知而卻不注意的一鱗一爪，經過他一
> 點染，便顯出微妙雋永，令人一見不忘。他這種畫風可以說是現實
> 主義和浪漫主義的妥貼結合。〔註19〕

我們在他的漫畫和隨筆中，可以看到一幅幅、一篇篇來自於生活，又高於生

〔註16〕　朱光潛：〈豐子愷的人品與畫品〉，《豐子愷漫畫全集》第一卷，前頁頁25。
〔註17〕　〈車廂社會〉，《豐子愷文集》（五），頁331。
〔註18〕　谷崎潤一郎，〈讀緣緣堂隨筆〉，《豐子愷文集》（六），頁113。
〔註19〕　朱光潛：〈緬懷豐子愷老友〉，《朱光潛全集》第十卷，頁476。

活的漫畫和隨筆作品，它們折射出當時的社會人情，散發出濃郁的童稚之趣，一些被人們所慣於視而不見的社會下層的人、事、物紛紛登上舞台，盡展無限風姿。這些具有風韻又微妙雋永的作品，豐氏並非以直露的方式來呈現，而是以含蓄委婉、藏而不露的手法來營造「弦外有餘音」的情緻，以獲得耐人尋味、發人深省的藝術效果。若是不加點染，如實寫生，則這種缺乏審美情趣的生活再現，充其量也只能是生活的紀錄，而不是生活的藝術化。唯有「小中見大」的敏銳透視及「弦外餘音」的含蓄表現，才能將生活提升到藝術的層次，也才能達到真正的藝術生活化。

二、藝術大眾化

豐氏贊同托爾斯泰：「凡最偉大的音樂、最有價值的傑作，一定廣泛地被民眾所理解，普遍地受民眾的讚賞。」〔註 20〕藝術必須大眾化的論點。這論點豐氏在〈文藝的不朽性〉〔註 21〕中曾有深入的說明，他認為文藝要不朽，作者必須具備「眾生心」的修養。所謂「眾生心」就是說一個人不只有自己的一顆心，而兼有萬眾之心，也就是創作者必須具備同理心去同理他人。具有「眾生心」的作者所創作出來的作品大都富有客觀性而能代表眾人言。「富有客觀性」所以能理解的人就較多，文藝價值也較高；「能代表眾人言」就是把眾人感覺到但說不出的情狀，「文藝作者能說破它，使人聽了恍然大悟，欣然共鳴。」所以具備了「眾生心」的修養，其文藝創作就能廣傳而不朽了。

豐氏認為藝術的對象必須是廣大的民眾，而不應該使藝術變成只供少數人觀賞的裝飾品，他曾沉痛的指出：「藝術原是為人生造幸福的，何以這些人（一般民眾）被排斥在藝術的門外，沒有享受藝術的權利呢？」〔註 22〕為此他極力主張藝術應該要出深宮而入紅塵、辭專家而入稚子，藝術應該要到紅塵來高歌人生的悲歡。所以他反對宋玉「曲高和寡」的論調，認為宋玉所謂的「高」，是「艱深」的意思，而不一定是「良好」的意思。而艱深的樂曲不一定良好，良好的樂曲不一定艱深。所以豐氏認為曲的「高下」，不在乎「難易」，而在於和者的「眾寡」，故而他主張「曲高和眾」——讓藝術大眾化，達到雅俗共賞的目的。

〔註 20〕　〈曲高和眾〉，《豐子愷文集》（六），頁 568。
〔註 21〕　〈文藝的不朽性〉，《豐子愷文集》（四），頁 319～321。
〔註 22〕　〈現代藝術二大流派〉，《豐子愷文集》（四），頁 334。

他曾從西洋美術史演變的角度來解讀西方畫聖米葉（米勒）之所以偉大
的原因，在文中豐氏提到：

> 米葉的藝術的偉大，在於這二點：第一，是藝術的「大眾化」，第
> 二，是藝術的「生活化」。他描寫民間的生活，他的畫為一切民眾所
> 理解，因此客觀性非常廣大。他描寫自己的貧困的環境，他的畫與
> 他的生活密切地相關聯，因此富有人生的真味。〔註23〕

豐氏認為這「廣大的客觀性」和「人生的真味」是一切偉大藝術所必備的兩
個條件。所以藝術家在創作時應考慮到大眾的接受能力，務使自己的作品不
但能「曲高」也能「和眾」，若是引起同感共鳴的人愈多、會心理解的人愈眾，
則其價值也就愈高，愈具有不朽性。

如他在〈山中避雨〉一文中，就力讚胡琴的「和眾」性，並提出若能再
加上「曲高」，那其藝術陶冶的效果將更甚：

> 胡琴只要兩三角錢一把，雖然音域沒有 Violin 之廣，也盡夠演奏尋
> 常小曲。雖然音色不比 Violin 優美，裝配得法，其發音也還可聽。
> 這種樂器在我國民間很流行，剃頭店裏有之，裁縫店裏有之，江北
> 船上有之，三家村裏有之。倘能多造幾個簡易而高尚的胡琴曲，使
> 像《漁光曲》一般地流行於民間，其藝術陶冶的效果，恐比學校的
> 音樂課廣大得多呢。〔註24〕

為提高作品的「和眾」性，豐氏在繪畫方面贊成「文學的繪畫」，他認為在繪
畫中摻入文學的加味，當能讓一般對於藝術有興趣但無深造的人，也能看得
懂畫，領略其中的意涵。

要實踐藝術的大眾化，豐氏認為除了作者在創作時應力求「曲高和眾」
之外，也要提高民眾的藝術素養及藝術鑑賞的能力，所以他在推廣和普及美
育方面也頗費了一番功夫。他在浙一師受到李叔同的啟發，對於繪畫與音樂
特別感興趣，日後他初出社會也是以擔任繪畫和音樂教師為主，他深感當時
的中國人對藝術的認識不夠，所以早在 1920 年他就參加了中華美育會，擔任
該會刊《美育》雜誌的編輯，並在上面發表相關文章，如：〈畫家之生命〉、〈忠
實之寫生〉、〈藝術教育的原理〉等以推廣美育、普及藝術。豐氏曾在〈教師
日記〉中說到：

〔註23〕〈米葉藝術頌〉，《豐子愷文集》（五），頁 405。
〔註24〕〈山中避雨〉，《豐子愷文集》（五），頁 561。

> 我教藝術科，主張不求直接效果，而注重間接效果。不求學生能作
> 直接有用之畫，但求涵養其愛美之心。能用作畫一般的心來處理生
> 活，對付人世，則生活美化，人世和平。此為藝術的最大效用。
> 〔註25〕

豐氏認為推廣藝術教育，是要幫助民眾提高其藝術知識及鑑賞的能力，而非藝術的技能。經由藝術教育的推廣及落實，讓一般民眾也能具有一顆愛美的心，並用這藝術的心眼來照看生活週遭的一切，讓我們的生活藝術化，心靈更純淨、胸襟更開闊。

他極重視此事，幾乎畢生都在為此努力不懈。他從 1920 年在《美育》雜誌上所發表〈畫家之生命〉開始，到 1958 年在《人民音樂》雜誌所發表的〈回憶兒時的唱歌〉為止，其間共發表了不下百篇的相關文章，如：〈西洋畫法〉、〈一般人的音樂〉、〈告音樂初步者〉、〈雷聲的伴奏〉、〈將來的繪畫〉、〈音樂與文學的握手〉、〈畫聖米葉的人格及其藝術〉……等。他還出版《西洋美術史》〔註26〕、《西洋畫派十二講》〔註27〕、《近世西洋十大音樂家故事》〔註28〕、《西洋名畫巡禮》〔註29〕……等十二本提高民眾藝術知識的專書，其中在《新少年》雜誌上連載《少年美術故事》及「音樂故事」，更是為了讓藝術向下紮根，特意為少年朋友所寫的藝術相關故事。

另外，他還特意壓低價格以使更多人買得起他的作品。他將藝術品比擬成米麥醫藥，米麥醫藥若是賤賣可使大眾得以療飢或療疾，藝術品若是賤賣可使更多人得以欣賞；而米麥醫藥並不會因為賤賣而失去其營養與治療的功能，藝術品也不會因賤賣而降低其藝術價值。所以豐氏認為畫家應該賤賣藝術品。〔註30〕讓藝術品走入尋常人家，走進大眾的生活中。

參、藝術解放心靈

豐氏以人格、人生為導向的文藝觀，讓他很重視藝術的效果。在〈藝術的種類〉一文中，豐氏提到藝術的種類有繪畫、書法、金石、雕塑、建築、

〔註25〕 〈教師日記〉，《豐子愷文集》（七），頁 41。
〔註26〕 〔上海〕開明書店，1928 年 4 月初版。
〔註27〕 〔上海〕開明書店，1930 年 3 月初版。
〔註28〕 〔上海〕開明書店，1930 年 5 月初版。
〔註29〕 〔上海〕開明書店，1931 年 6 月初版。
〔註30〕 參見陳星：《豐子愷年譜》，頁 66。

工藝、照相、音樂、文學、演劇、舞蹈、電影等十二種〔註31〕。這種分法是否恰當或合宜，我們姑且不論，但從中我們可以知道在豐氏的認知中，文學是包含在藝術範疇裡面地。所以豐氏在談藝術的效果時，實已包含文學在內了。

　　藝術對人生而言，到底有何價值呢？人生為何要有藝術創作呢？豐氏在〈關於學校的藝術科——讀《教育藝論》〉一文中說到：人類因為有「生的苦悶」，為了發洩這苦悶，以求一次人生的暢快，於是人們有了創作藝術的需求。豐氏認為：

> 藝術的境地，就是我們大人所開闢以洩這生的苦悶的樂園，就是我們大人在無可奈何之中想出來的慰藉、享樂的方法。所以苟非盡失其心靈的奴隸根性的人，一定誰都懷著這生的苦悶，誰都希望發洩，即誰都需要藝術。〔註32〕

豐氏這觀點與朱光潛所提出美術的使命是「幫助我們超現實而求安慰於理想境界的」〔註33〕、「在幫助人擺脫實在的世界的繮鎖，跳出到可能的世界中去避風息涼。」〔註34〕是同一基調，可見白馬湖文友間不但文風有其相似之處，連對文藝的觀點也相互影響而有相近的見解。在此，我們必須進一步地來了解豐氏所謂的「生的苦悶」是從何而來。豐氏指出：

> 人的心靈，向來是很廣大自由的。孩子漸漸大起來，碰的釘子也漸漸多起來，心知這世界是不能應付人的自由的奔放的感情的要求的，於是漸漸變成馴服的大人。自己把以前的奔放自由的感情逐漸地壓抑下去，可憐終於變成非絕對服從不可的「現實的奴隸」這是我們都經驗過來的事情，是誰都不能否定的。我們雖然由兒童變成大人，然而我們這心靈是始終一貫的心靈，即依然是兒時的心靈，不過經過許久的壓抑，所有的怒放的熾熱的感情的萌發，屢被折磨，不敢再發生罷了。這種感情的根，依舊深深地伏在做大人後的我們的心靈中。這就是「人生的苦悶」的根源。〔註35〕

〔註31〕　參見〈藝術的種類〉，《豐子愷文集》（四），頁81。
〔註32〕　〈關於學校的藝術科——讀《教育藝論》〉，《豐子愷文集》（二），頁226。
〔註33〕　朱光潛：〈無言之美〉，《朱光潛全集》第一卷，頁66。
〔註34〕　朱光潛：〈大人者不失其赤子之心——藝術與遊戲〉，《朱光潛全集》第二卷，頁57。
〔註35〕　〈關於學校的藝術科——讀《教育藝術論》〉，《豐子愷文集》（二），頁225～226。

在豐氏看來「生的苦悶」根源於人們在成長的過程中，兒時自由奔放的情感受到了壓抑逐漸的成為馴服的大人、現實的奴隸，但被馴服的大人對於兒時那自由奔放的情感仍不能忘情，於是產生了「人生的苦悶」。

豐氏此一論點深受日本學者廚川白村的美學著作《苦悶的象徵》〔註36〕所影響。廚川白村（1880～1923），畢業於日本東京帝國大學英文系，專攻英國文學和歐洲近代文藝思潮，至美國留學歸國後，他有系統的介紹了十九世紀後半及二十世紀初期的歐美文學思潮給日本廣大的群眾，並對日本的文藝界和社會文明做了全盤的檢討和批判，是一位優秀的文藝評論家。在《苦悶的象徵》一書中，廚川白村認為「生命力受到壓抑而生的苦悶與懊惱便是文藝的根源」〔註37〕，也就是創造生活慾求的「生命力」受到了「社會力」強制的壓抑，使得人「非服從其（社會）強大的機制不可」。廚川白村這一理論主要是根源於伯格森等人關於生命力的哲學和佛洛依德的精神分析學等文藝心理學。

在書中廚川白村提到佛洛依德認為遵循道德原則的「意識」，排斥遵循快樂原則的「無意識」而造成的心理壓抑，尤其是性壓抑，是生命和藝術的一種驅動力。但白村以為佛洛依德將生命和藝術的驅動力歸根於「性的需求」太過偏狹，乃提出「生命力的突進跳躍」以取代之，白村認為：

> 生命的表現，可以說就是個性的表現；而個性的表現，可以說就是創造的生活。人類的真實意義，就是所謂的「生存」，換言之，所謂「生之喜悅」，在個性的表現中可以看到，在創造性的生活裡也可以尋到。〔註38〕

他肯定了生命力及其所具備的創造性可帶來「生之喜悅」，所以與「其相反方向活動的機械法則、傳統道德、法律拘束、社會生活掙扎，和其他各種力之間所產生的衝突」〔註39〕就是人類苦悶的源頭。

白村主張「生命力」是會隨著歷史背景的不同而出現不同的內涵與面貌，而二十世紀初的「生命力」是表現在「反抗因襲和權威（社會力）而尊重自

〔註36〕 豐子愷於 1924 年開始著手翻譯《苦悶的象徵》，1925 年 3 月由上海商務印書館列入「文學研究會叢書」出版。本節所參考廚川白村《苦悶的象徵》的版本為 1990 年顧寧譯，台中：星晨出版社。

〔註37〕 廚川白村：〈創作論〉，《苦悶的象徵》，頁 23。

〔註38〕 同上，頁 13。

〔註39〕 同上，頁 26。

我和個性」〔註40〕上，所以苦悶來自於「社會力」和「生命力」的衝突，而創作則源自於反抗權威而想表現自我個性，他最後推結出：

> 文藝是純粹的生命表現。文藝是完全擺脫外界的壓抑強制，唯一立
> 於絕對自由的心境而表現個性的世界。拋棄名利，脫離奴隸根性，
> 從一切羈絆束縛上解放出來，然後成為文藝上的創作。〔註41〕

既然文藝的創作是源於被壓抑的苦悶，所以文藝的功能有一大部分就是要「擺脫外界的壓抑強制」，讓我們的心靈「從一切羈絆束縛上解放出來」，以展現自我的個性，逃離這人生的苦悶。

豐氏認為人生的苦悶是源於「被壓抑」，這與佛洛依德、廚川白村的論點可說是一脈相傳。但佛洛依德認為被壓抑的是「性慾」、白村認為被壓抑的是「生命力」，而豐氏則認為被壓抑的是「本真童心」，所以豐氏強調的是要返回兒童本真心靈的美好狀態，那無是非對錯、無相對分別的純淨，只有自由的、怒放的、熾熱的感情充塞其中，這是人生之喜悅的源頭。這與廚川白村的「尊重自我和個性」的追求是大不相同的，反而與佛洛依德遵循快樂原則，即追求本能的快樂較為相近。但其立基點也大不相同，佛洛依德想要滿足的是「生理能量的發洩」，而豐氏則是深受道家文化的影響，要的是「如保赤子」、要的是「返璞歸真」。

所以對豐氏而言，藝術的價值是能引導人脫離這「人生的苦悶」而到達「生的歡喜」。豐氏認為人是感情的動物，而藝術是「感情的產物，是人生的慰安。它能用慰安的方式來潛移默化我們的感情。」〔註42〕透過藝術的薰陶和浸染，可以提高人的胸襟和視野，可以讓人看清事實的真相，而使人得到天真、自由的樂趣，達到遠功利、歸平等的理想境界，藝術的效用就是在用來解放人們受到世俗所束縛的心靈。關於此，豐氏在其〈藝術的效果〉〔註43〕中有詳盡的說明。他將藝術的效果概分成二類，一是直接效果，二是間接效果。

所謂直接效果，就是人們面對藝術品時所興起的作用，這也就是「藝術品的效果」。這是人們在觀賞藝術品時，所能帶給人們心靈自由及天真的快樂。豐氏認為我們平日的生活都受環境的拘束，使得我們的心不得自由舒展，

〔註40〕 參見余連祥：《豐子愷的審美世界》，頁23。
〔註41〕 廚川白村：〈創作論〉，《苦悶的象徵》，頁18。
〔註42〕 〈繪畫之用〉，《豐子愷文集》（二），頁587。
〔註43〕 〈藝術的效果〉，《豐子愷文集》（四），頁120～126。

只有在藝術的創作或欣賞的時候，我們才可以把自己的意見，希望與理想自由地發表出來。這時候我們享受一種慰安，可以調劑平時生活的苦悶。如此我們便能從拘束中解放出來，獲得自由的樂趣。另外，研究藝術還可以讓我們得到天眞的樂趣。我們平日被「習慣」所左右、所支配，往往不能見到人生自然的眞實面目，豐氏認爲唯有在藝術中，我們可以看見萬物的天然的眞相。他在文中舉例說到，當我們看見牛羊，便想道這是人家的畜牧，是給人殺食而生的，而沒有看見牛羊自有其生命的意義，但在美術中的牛羊，能憂能喜，有意有情，才是牛羊自己的生命。所以我們可經由欣賞藝術品來看見萬物天然的眞相，進而得到天眞的樂趣，這就是藝術的直接效果。

所謂間接效果，就是研究藝術之後心靈所受的影響，這也就是「藝術精神的效果」。換言之，就是體得了藝術的精神，而表現此精神於一切思想行爲之中，這時候不需要藝術品，因爲整個人生已變成藝術品了。這可帶來二個功用，一是遠功利，二是歸平等。

追逐功利，原是爲了求生存。但一昧計較功利，直到老死，人的生活實在太冷酷而無聊，人的生命實在太廉價而糟蹋了。所以若是能用藝術絕緣的眼來看待人世之事，將可使人的生活溫暖而豐富起來，人的生命高貴而光明起來。例如，我們若是從功利的角度來看雪，我們會發現它又濕又冷，還讓許多農作物不能生長；但我們若是用藝術絕緣的眼來切斷事物間千絲萬縷的「關係」線，而孤零零地賞雪，將會看到一片潔白、無瑕的銀色世界，讓自己擾攘的心也隨之沈澱下來。所以豐氏認爲，遠功利，是藝術修養的一大效果。

另一間接效果就是，齊萬物、歸平等。豐氏認爲在平常生活中，視外物與我是對峙的。藝術生活中，視外物與我是一體的。當物我無隔閡而成爲一體時，則萬物無等級而歸平等。用物我一體的眼光來看世界，那麼世界將變成有情天地，這可說是藝術上最可貴的效果。養成了以物我一體的眼光來看世界的習慣後，則物我對敵之勢可去，自私自利之欲可熄，而平等博愛之心可長，一視同仁之德可成。

綜合上述，我們可以看出豐氏認爲藝術的價值是可以讓我們的心靈從世俗的束縛中解脫出來，讓我們可以「直接了解事物的眞相，養成開豁胸襟的力量」〔註44〕、「可以瞥見『無限』的姿態，可以認識『永劫』的面目，即可

〔註44〕 〈藝術教育的原理〉，《豐子愷文集》（一），頁16。

以體驗人生的崇高、不朽，而發現生的意義與價值了。」〔註45〕所以豐氏不但努力創作藝文，也積極推展藝術的生活化和大眾化。

第二節　豐子愷文學風格的溯源

豐氏的習寫白話文是從進入浙一師開始地，其中影響他最深的國文教師是夏丏尊，這位白馬湖作家群的精神領袖開啓了他對寫作的興趣及建構其文藝創作的理論。由於夏丏尊的推介，豐氏於 1922 年進入白馬湖畔的春暉中學擔任圖畫與音樂的教職。這使得豐氏得以與朱自清、朱光潛等一些性格淡泊且志同道合的友人們親近。他們在清靜淡雅的白馬湖畔從事教育工作並共同切磋文藝，日子一久不但他們的友誼在增長，連藝文品味也逐漸在靠近，形成了日後散文界的「白馬湖作家群」。在這濃郁的藝文氛圍中，豐氏旺盛的創作慾得到了鼓勵與發揮，使他在藝文圈嶄露頭角，他散文風格的形成也是奠基於此一時期與諸文友的互相切磋。所以本節擬從探討白馬湖作家群散文創作的共性，來追溯豐氏散文風格形成的背景。

夏丏尊雖然是白馬湖作家群的一員，可併入白馬湖作家群一起討論，但他身爲豐氏寫作的啓蒙老師，又是白馬湖作家群的精神領袖，對豐氏平淡清雋散文風格的形成影響極深，所以本節在探討白馬湖作家散文共性之前，先來認識夏丏尊散文的特色及風格，至於夏氏對豐氏的影響則併入白馬湖作家群中一併討論。

壹、夏丏尊對豐子愷的影響

夏丏尊是位非常重視邏輯思考的理性主義者，他在下筆爲文前常腹稿籌思許久，下筆時也是斟酌再三，因此他的散文結構縝密，脈絡清楚，而且常能在平凡瑣細的事物中發掘其幽微之處，而抒發其獨特的見解與感受。如他在〈對了米萊的「晚鐘」〉一文中，就是由米萊（米勒）的「晚鐘」一圖引發對婦女問題的感想，進而提出與勞動結合的愛才是眞愛，他說：

> 要愛，須先獲得自由。女性在奴隸的境遇之中，絕無眞愛可言。這原則原可從種種方面考察，不但物質的生活如此。女性要在物質的生活上脫去奴隸的境遇，獲得自由，勞動實是唯一的手段。〔註46〕

〔註45〕〈關於學校中的藝術科〉，《豐子愷文集》（二），頁 226。
〔註46〕夏丏尊：〈對了米萊的「晚鐘」〉，《平屋雜文》，頁 55。

這種由平凡事物出發的「人生化」的思想，正是受到當時文化界「寫實主義」思潮的影響，也是白馬湖作家群共同的特色，而夏丏尊更是將其探微的觸角伸入「理性的思考」中，以理性駕御感性，使其作品於濃厚的人文關懷中，帶著明暢精闢的說理。

　　他的散文表現形式以白描為主，不特意顯露技巧，而將義理、法則隱伏在平實的文字之中，對此姜丹書〔註47〕曾做深入的分析：

　　　　先生之於文學最注重研析字義及詞類性質、作文法則等，義理務合邏輯，修辭不尚浮華，其為語體文也，簡當明暢，絕無一般疵累之習，善於描寫及表情，故其所譯世界名著如《愛的教育》、《棉被》及自撰之《平屋雜文》等，讀之令人心神豁然，饒有餘味，如見其人，如見其事也。〔註48〕

他的文章深切的融合了自己的思想和態度，所以使人讀了之後有「如見其人，如見其事」之感；他的理性思考、淳樸作風，再加上憂國憂民的人格特質，使得他在寫作時雖然「只是淡淡的寫來，但是骨子裡很豐腴。」〔註49〕整體而言，夏丏尊的散文創作雖然不多，但其風格樸素嚴謹、精鍊暢達，無雕琢藻飾之跡，讀之令人心神豁然、饒有餘味。楊牧曾讚許夏丏尊的散文為白話記述文的模範：

　　　　夏丏尊作品不多，但一篇「白馬湖之冬」樹立了白話記述文的模範，清澈通明，樸實無華，不做作矯揉，也不諱言傷感，是為其特徵；朱自清承其餘緒，稱一代散文大家，其源出於上虞。〔註50〕

陳星也評說夏丏尊「無疑是鑄造『白馬湖散文』風骨的人物。」〔註51〕接著，我們就來分析白馬作家群的散文共性。

貳、白馬湖作家群的文學共性

　　春暉中學位於白馬湖畔，攬山水之勝景色十分優美，俞平伯曾形容：「春暉校址殊佳，四山擁翠，曲水環之。萊花彌望皆黃，間有紅牆隱約。村居

〔註47〕　姜丹書（1885～1962），中國現代美術教育家、美術理論家，是夏丏尊在浙一師時的同事，也是豐子愷的老師。

〔註48〕　姜丹書：〈夏丏尊先生傳略〉，參見（中國）暨南大學新聞網：http://202.116.0.134:82/gate/big5/jnnews.jnu.edu.cn/html/2004/4/1409.htm。

〔註49〕　鄭振鐸：〈悼夏丏尊先生〉，《鄭振鐸全集》第二卷，頁565。

〔註50〕　楊牧：《文學的源流》，頁51～58。

〔註51〕　陳星：《教改先鋒——白馬湖作家群》，頁84。

絕少，只十數家。」〔註52〕簡單的幾句話道出了白馬湖風光之美及偏遠鄉村的靜寂。當時的春暉中學以夏丏尊為首，群聚了多位有改革理想又兼具人文素養的青年學者如：朱自清、匡互生、朱光潛、劉薰宇、王任叔、劉叔琴等，同時還邀請俞平伯、葉聖陶、弘一大師、劉大白等名流來春暉講學。

朱光潛在〈敬悼朱佩弦先生〉一文中回憶：

> 學校範圍不大，大家朝夕相處，宛如一家人。佩弦和丏尊、子愷諸人都是愛好文藝，常以所作相傳視。我於無形中受了他們的影響，開始學習寫作。我的第一篇處女作──〈無言之美〉──就是在丏尊、佩弦兩位先生鼓勵之下寫成的。〔註53〕

這些愛好文藝的同事們常在嚼豆腐乾花生米喝酒之後，隨興傳看彼此的近作，他們「在友誼中領取樂趣，在文藝中領取樂趣。」〔註54〕就在這隨興、無目的的互動中，不但他們的友誼在暗中增長，連帶著他們的藝文品味也逐漸在靠近，於是日後有研究者將他們這群文學主張、藝術見解、創作風格、美學特徵大致相近的文友們歸為同一群體，稱為「白馬湖作家群」，而形成散文中的「白馬湖派」。

這群文友們的生活形態雖雅似晚明文人，但其文人本色則又與晚明文人不同。他們是帶著出世的情懷做著入世的事業，他們雖也飲酒賞月、與世無爭，但卻積極的面對現實、堅持理想。他們具有明顯的平民意識，從平民的立場來思考事情，這使得他們與菁英主義的名士派有所區隔。張堂錡曾在《清靜的熱鬧──白馬湖作家群論》一書中說道：他們在地處邊緣的白馬湖「以清醒的姿態向時代發聲，與喧嘩對話，企圖『遠離喧嘩』的位置，以清音稀釋時代的喧嘩，以踏實取代人心的浮躁，以寧靜消減人世的不安。」（張堂錡，1999）他們之所以「清醒」，乃是因為不為名所牽、不為物所役，所發出的「清音」由於有高尚的「人格」作為背景，所以足以「稀釋時代的喧嘩」。

他們的文藝創作多是抒情言志之作，把「人格」、「人品」當作是散文的第一要件，正如俞平伯在〈詩的方便──在春暉的演講〉一文中就說到：

〔註52〕 俞平伯：〈憶白馬湖寧波舊遊〉，收於夏弘寧編：《白馬湖散文隨筆精選》，頁427。
〔註53〕 朱光潛：〈敬悼朱佩弦先生〉，《朱光潛全集》第九卷，頁487。
〔註54〕 朱光潛：〈豐子愷的人品與畫品〉，《豐子愷漫畫全集》第一卷，前頁頁23。

創作的成功每跟著個性的發達，不知不覺、一頁一頁的展開去，故
做詩本無方便，從無方便中想個方便，是從做人下手。能做一個好
好的人，享受豐富的生活，他即不會做詩而自己就是一首詩，即使
不是其價值豈不猶勝於名為做詩的人。〔註55〕

俞平伯指出做詩本無方便，若硬要找出一捷徑，那便是好好的「做人」了。
這論點朱光潛在談人生的藝術化時也曾提及：「一篇好文章一定是一個完整的
有機體，其中全體與部分息息相關，不能稍有移動或增減。」〔註56〕而「這
種藝術的完整性在生活中叫做『人格』。凡是完美的生活都是人格的表現。」
〔註57〕他在為豐子愷的畫展寫推薦文時，便以〈豐子愷先生的人品和畫品〉
為題，來說明豐氏畫作的優勝處。豐氏在〈谷訶生活‧序〉中也說到：「藝術
傾向客觀的時候，藝術家的人與其作品關係較少。反之，藝術注重主觀表現
的時候，作品與人就有密切的關係，作品就是其人生的反映了。」〔註58〕可
見他們在欣賞、評價文藝創作時對創作者人品、人格的重視，並且也以此自
我要求及期許。這種重視創作者「人格」，直接將人品與作品視為一體的觀念，
與中國傳統士大夫「先器識而後文藝」的文藝觀一脈相承。

　　白馬湖作家群大多是文學研究會的成員，他們都抱著「為人生」的文學
主張。他們的作品雖然各具獨特的創作傾向，但其藝術風格則選擇清淡、
樸素一路，以其清雋、率真的文章傳達生活體驗及人生感悟，所以他們的
文章常在浸潤人心之後，獲得廣大讀者們的迴響共鳴。近代大陸研究白馬
湖作家群的學者如朱惠民、王曉初、朱曉江、孟念珩等人，都曾提出白馬
湖作家群散文共同的特色是取材於日常生活中，而以平實的筆調寫出作者
對人生的體感，如孟念珩在〈略談「白馬湖作家群」的創作風格〉一文中就
說道：

他們文章取材廣泛，反映社會人生各種問題。在作品中，並沒有沉
重的社會話題，故作高深的人物刻畫，也沒有跌宕起伏的情節設
計，更沒有震耳欲聾的激憤言辭，而是大多選取身邊平常瑣事，反

〔註55〕　俞平伯：〈詩的方便──在春暉的演講〉，轉引自張堂錡：《清靜的熱鬧》，頁
　　　　　242。
〔註56〕　朱光潛：〈慢慢走，欣賞啊！──人生的藝術化〉，《朱光潛全集》第二卷，頁
　　　　　91。
〔註57〕　同上。
〔註58〕　〈谷訶（梵谷）生活‧序〉，《豐子愷文集》（一），頁298～299。

映平凡的生活本色，卻往往能平中見奇，含蓄雋永，耐人尋味。
〔註59〕
而臺灣的楊牧則早在 1981 年〈中國近代散文選‧前言〉中就已指出：「清澈通明，樸實無華，不做作矯揉，也不諱言傷感。」〔註 60〕是他們散文創作的共性。在五四新文化運動的背景下，這群重視人格修養的作家們，對於政治沒有太高的熱情，他們以不與人爭的出世精神，做著教育、寫作和出版等入世的文教事業。現在我們就從語言、題材和情感三方面來探討白馬湖作家群散文創作的共性。

一、語言平實樸素

朱自清主張散文的創作要「用筆如舌」，提倡文章的「談話風」，他認為好的文章是要讓讀者在看作品時，好像是在與作者談天般的親切有味。這特色我們可在他的〈白馬湖〉一文中得到印證：

> 山是青得要滴下來，水是滿滿的、軟軟的。小馬路的兩邊，一株間一株地種著小桃與楊柳。小桃上各綴著幾朵重瓣紅花，像夜空的疏星。楊柳在暖風裡不住地搖曳。在這路上走著，時而聽見銳而長的火車的笛聲是別有風味的。在春天，不論是晴是雨，是月夜是黑夜，白馬湖都好。──雨中田裏菜花的顏色最早鮮豔；黑夜雖什麼不見，但可靜靜地受用春天的力量。〔註61〕

在這段帶著詩意的美文中，我們彷彿聽到朱氏正慢悠悠地向我們述說這白馬湖春天的幽與靜，那青山綠柳和紅花黃花是如何在這片幽靜中爭美鬥豔，就連那劃破幽靜刺耳的火車笛聲，都因這片大好的春光美景而透顯出另一番風味。葉聖陶就曾說朱自清的散文「平淡質樸，讀下去真個像跟他面對面坐著，聽他親親切切的談話。」〔註 62〕朱自清以其平實的語言營造出詩意的氛圍，使得其散文有「詩質美文」之稱。

這談話風式的寫作論點，也是白馬湖作家群共同的主張。如，葉聖陶認為寫文章最好儘量用通行的說法；而豐子愷的散文更像是在閒話家常，與朋

〔註59〕 孟念珩：〈略談「白馬湖作家群」的創作風格〉，《「白馬湖文學」研究》，頁174。

〔註60〕 楊牧：〈中國近代散文選‧前言〉，頁6。

〔註61〕 朱自清，〈白馬湖〉，《朱自清散文全集》（下），頁285。

〔註62〕 葉聖陶：〈朱佩弦先生〉，收入朱金順編《朱自清研究資料》。

友分享自己生活中的感想與感動；夏丏尊的文章簡練明暢，無一般疵累之習，他不事雕琢、「不堆砌，只是平平的說著他自己所要說的話。」〔註63〕

朱光潛原是習寫古文的，五四運動後才開始習寫白話文，但他在春暉中學任教時所發表的白話文處女作——〈無言之美〉，就是用平實的話語來說明含蓄、象徵對藝術作品的重要性，他為了讓讀者明白什麼是「無言之美」，舉了許多例子說明，如他以雕刻塑像為例：

> 所謂無言，不一定指不說話，是注重在含蓄不露。雕刻以靜體傳神，有些是流露的，有些是含蓄的。這種分明在眼睛上尤其容易看見。中國有一句諺語說，「金剛怒目，不如菩薩低眉」，所謂怒目便是流露；所謂低眉，便是含蓄。凡看低頭閉目的神像，所生的印象往往特別深刻。〔註64〕

從這段文字中我們可以看出朱光潛善用譬喻，將抽象的概念用平實的口語傳神的表達出來，不但說理清澈透闢，而且文字簡潔有情致。又如他在《給青年的十二封信》裡，也是以朋友的姿態、談天的口吻，與青年學子們親切地談談他們在日常生活中所面臨的一些問題及該有的應對方式，像他在第一封信〈談讀書〉中，就建議青年在選擇閱讀的書籍時，內容應該依據不同的年齡（心理發展）而有所偏重，他說「十五六歲以後教育宜注重發達理解，十五六歲以前的教育宜注重發達想像。所以初中的學生們宜多讀想像的文字，高中的學生才應該讀含有學理的文字。」〔註65〕其用字淺白平實，但內容層次分明、說理條暢。

白馬湖作家群的散文沒有當時白話文章的「疵累」——太洋化的句子，和半文不白的陳詞濫調。他們在不鋪張、不雕繪、平淡樸實、明白如話的文字底下，流露出濃郁的人間情味。

二、題材平凡雋永

白馬湖作家群主張文藝創作要面向人生，所以他們創作的題材大多取自生活中的平常瑣事，他們以樸實的語言反映真實的生活，並抒發自己獨特的感受與思考。他們以其個人獨特的視角觀察生活、審視人間，從平凡瑣屑的事物中咀嚼出耐人尋味的人生情味和生活哲學。朱光潛認為要能咀嚼出這平

〔註63〕 鄭振鐸：〈悼夏丏尊先生〉，《鄭振鐸全集》第二卷，頁566。
〔註64〕 朱光潛：〈無言之美〉，《朱光潛全集》第一卷，頁65。
〔註65〕 朱光潛，《朱光潛全集》第一卷，頁8。

常中的不凡滋味，必須具備「抽離」的功夫：

> 要看出事物本身的美，我們一定要從實用世界跳開，以「無所為而
> 為」的精神欣賞它們本身的形象。總而言之，美和實際人生有一個
> 距離，要見出事物本身的美，須把它擺在適當的距離之外去看。
> 〔註66〕

而一般人則是因為泥於現實生活的需要，「都把利害認得太真，不能站在適當
的距離之外去看人生世相」〔註67〕，所以無法從日常生活中感受美的存在。
要用「抽離」的角度來看人世，必須擁有淡泊的性格和寧靜的特質，白馬湖
作家群在此皆有不凡的表現。

　　把日常生活藝術化也是他們散文風格的特色之一，如夏丏尊的〈貓〉、〈幽
默的叫賣聲〉、〈鋼鐵假山〉、〈白馬湖之冬〉；朱自清的〈春〉、〈兒女〉、〈吃的〉、
〈白馬湖〉、〈課餘〉；豐子愷的〈兒女〉、〈吃瓜子〉、〈午夜高樓〉、〈山水間的
生活〉；葉聖陶的〈牽牛花〉、〈看月〉、〈駕長〉、〈牛〉、〈沒有秋蟲的地方〉、〈藕
與蓴菜〉；俞平伯的〈北京底又一個早春〉、〈陶然亭的雪〉、〈打橘子〉、〈竹簫
聲裡的西湖〉等。這些文章全都是他們生活中的小小片斷，也是一般社會大
眾日常生活中可見可遇的題材，但他們以「抽離」的眼光來審視、欣賞這生
活中的平常事物，使得其作展現出一股耐人尋味的雋永來。現在我們就從其
作品來審視他們的這種散文特色。

　　豐子愷的〈午夜高樓〉（1935）與夏丏尊〈幽默的叫賣聲〉（1935）都是
對小販叫賣聲的聯想，題材相近且內容有異曲同工之妙，只是夏丏尊的聯想
是理性地，帶有批判的味道，如：「『臭豆腐乾！』這呼聲在欺詐橫行的現
世，儼然是一種憤世嫉俗的激越的諷刺！」〔註68〕而豐氏則是以藝術的角度
切入來玩賞這叫賣聲，並感性地聯想到童年時的美好時光，如：「餛飩擔上所
敲的是一個大毛竹管，其聲低，而大，而緩，其音色混濁，肥厚，沉重，而
模糊，處處與餛飩的性狀相似。」〔註69〕夏丏尊憂國憂民的性格在此展現無
遺，而豐氏對音樂、繪畫的修養，在此也得到了巧妙的結合。

　　〈白馬湖之冬〉、〈白馬湖〉、〈山水間的生活〉三篇文章都是在描寫上虞

〔註66〕朱光潛：〈「當局者迷，旁觀者清」——藝術和實際人生的距離〉，《朱光潛全
　　　　集》第二卷，頁15。
〔註67〕朱光潛，《朱光潛全集》第二卷，頁17。
〔註68〕黃濟華選評：《中國新文學大師名作賞析7——夏丏尊、豐子愷》，頁78。
〔註69〕〈午夜高樓〉，《豐子愷文集》（五），頁545。

的白馬湖。夏丏尊是以文人的筆來狀寫白馬湖冬天的景況，他不寫白馬湖的
湖光山色，也不寫它的冰雪嚴霜，而專寫那兒尖削地可以透心的「風」；朱氏
則是以詩人的筆來描寫白馬湖週遭迷人的景致，他從各個角度來摹寫那兒的
山水之勝、鄉情野趣；豐氏又別開生面，以哲人的筆來思辨城市與鄉村間、
清靜與熱鬧間的關係，而得出山水間的生活實是清靜中的熱鬧。他們在同一
平凡的題材中，卻創作出各具特色且兼具情味的作品來。

　　葉聖陶的〈藕與蓴菜〉也是以平凡的「藕」與「蓴菜」當題材，利用談
話般平白的語言，抒發自己對家鄉的情感、表達富有哲理韻味的主題：

> 同朋友喝酒，嚼著薄片的雪藕，忽然懷念起故鄉來了。若在故鄉，
> 每當新秋的早晨，門前經過許多鄉人：男的紫赤的胳膊和小腿肌肉
> 突起，軀幹高大且挺直，使人起健康的感覺；女的往往裹著白地青
> 花的頭巾，雖然赤腳，卻穿短短的夏布裙，軀幹固然不及男的那樣
> 高，但是別有一種健康的美的風致；他們各挑著一副擔子，盛著鮮
> 嫩的玉色的長節的藕。〔註70〕

在他這寫生般的文句中，葉聖陶家鄉新秋早晨賣蓮藕鄉農健美的形象，栩栩
如生的呈現在我們的眼前，最後他才帶出「藕」這主角。雖然只有短短的一
小句「鮮嫩的玉色的長節的藕」，但在那健美鄉農形象的映襯下，這藕是帶著
人味與鄉情現身的，難怪葉聖陶在異鄉嚼著薄片的雪藕，會懷念起故鄉來
了。文章的最後一段，葉聖陶在反問自己這鄉情從何而來，所推思的原因第
一層次為：「因為在故鄉有所戀，而所戀又只有在故鄉有，就縈繫著不能割捨
了。」接著再進一層的推思就把「人」給點了出來：「故鄉的幾個人把我們牽
繫著罷了。」最後他歸結到「所戀在哪裡，哪裡就是我們的故鄉了。」在他
這輕描淡寫中，不但表現了自己對生活的所思所感，也引出了具有哲理情韻
的主旨來，更把「故鄉」做了最微妙傳神的描述和定義。這篇文章就如藕與
蓴菜般，耐人咀嚼且回味無窮。

　　這種從平凡題材中提鍊出雋永情味的作品，是白馬湖作家群的第二個特
色。

三、情感誠摯率真

　　白馬湖作家群十分重視情感在文學創作中所占的份量。朱自清曾說小品

〔註70〕 葉聖陶：〈藕與蓴菜〉，《中國新文學大師名作賞析25──葉聖陶》，頁213。

文之所以會吸引人最大因由卻是在情的深厚，他認為「我們所要求的文藝，是作者真實的話」〔註71〕，主張散文創作要真誠，說一句話，不是徒然說話，而要掏出真心來說，要真實的表現自己。如他在〈兒女〉一文中就毫無保留地在讀者面前坦白，自己年輕時對小兒女爭鬧不休的不耐及中年後的反省：

> 我是個徹頭徹尾自私的人，做丈夫已是勉強，做父親更是不成。自然，「子孫崇拜」，「兒童本位」的哲理或倫理，我也有些知道；既做著父親，閉了眼抹殺孩子們的權利，知道是不行的。可惜這只是理論，實際上我是仍舊按照古老的傳統，在野蠻地對付著，和普通的父親一樣。〔註72〕

朱氏不避諱地在讀者面前坦誠自己「知行不能合一」的情形，雖然他也懂得當時盛行的「兒童本位」的教育理論，但在實際生活中面對自家孩子爭執吵鬧、無法說之以理時，朱氏仍會不由自主地將沉重的手掌打在他們的身上。在這平凡的題材、平實的語言中，朱氏真誠無偽的將自己的「不足」坦露出來，與讀者分享、共勉。

葉聖陶也認為「真」的文藝作品有一種特質，就是「濃厚的感情」及「誠實」的寫出自己的情感。他在〈誠實的自己的話〉中寫到：「我們作文要誠實的寫出自己的話」，其具體的作法是「從原料講，要是真實的，深厚的，不說那些浮華無著不可徵驗的話；從態度講，要是誠懇的，嚴肅的，不取那些油滑輕薄十分卑鄙的樣子。」〔註73〕俞平伯則有「自然和真誠是同義異音形的兩個字罷。所以說老實話是創作的第一義。」〔註74〕朱光潛也提出「『修辭立其誠』是文章的要訣，一首詩或是一篇美文一定是至性深情的流露，存於中然後形於外，不容有絲毫假借。」〔註75〕的看法。

夏丏尊也有鬱積於中，不流露不快和要感動別人，先須感動自己之說。葉聖陶在〈夏丏尊文集‧序〉中就如此讚美夏丏尊：「他是個非常真誠的人，

〔註71〕 朱自清：〈文藝的真實性〉，《朱自清散文全集》（下），頁92。
〔註72〕 朱自清：〈兒女〉，《朱自清散文全集》（上），頁93。
〔註73〕 葉聖陶：〈誠實的自己的話〉，《葉聖陶論創作》，頁91。
〔註74〕 俞平伯：〈詩的方便——在春暉的演講〉，《春暉》第25期。轉引自《清靜的熱鬧》，頁242。
〔註75〕 朱光潛：〈慢慢走，欣賞啊！——人生的藝術化〉，《朱光潛全集》第二卷，頁91。

心裡怎麼想筆下就怎麼寫，剖析自己尤其深刻，從不隱諱自己的弱點，所以讀他的作品就像在聽一位密友吐他的肺腑之言。」其情感之真摯，語言之平實可見一斑。豐氏則說：「藝術家的目的，不僅是得一幅畫，一首詩，一曲歌，而是借描畫吟詩奏樂來表現自己的心，陶冶他人的心，而美化人類的生活。」〔註76〕所以他直率地表示：「我一向歡喜自動，興到落筆，毫無外力強迫，為作畫而作畫，這才是藝術品」〔註77〕可見對「真」的追求，也是他們共同的主張及文章特色。

他們用最真摯的情感、最樸實的語言來描繪最平常的瑣事，加上他們善於從平凡瑣屑的事物中咀嚼出耐人尋味的人生情味和生活哲學，這使得他們看似平淡的散文卻蘊藉了作者最濃最真的情感和生命體驗。

第三節　豐子愷漫畫風格的溯源

豐氏的漫畫創作受日本漫畫的影響很大，這與他「遊學」日本十個月的經歷有著直接而密切的關聯。

1919 年夏，豐氏從浙一師畢業後與同校的二位學長——劉質平、吳夢非共同創辦了上海專科師範學校，吳夢非任校長，豐氏任教務主任並在該校教授西洋畫等課。他以日本明治年間出版的《正則洋畫講義》為西洋畫的主要參考材料，但沒多久豐氏就發現自己的美術觀和教學方法其實是陳腐而破綻百出地，他覺得「自己猶似一隻半生半熟的橘子，現在帶著青皮賣掉，給人家當作習畫標本了。」〔註78〕於是 1921 年初他抱著「取經」的心態東渡日本學習提琴和洋畫，開始了他那十個月的「遊學」生活。

因時間及經費所限，豐氏不但掌握每一分可以學習的時間，並進行策略性的思考，期望能在最短的時間內學到最多的知識及技能。但沒多久他就覺悟到要在十個月內同時學好提琴、洋畫、日文，簡直是不可能的任務，於是他決定退而求其次，要增廣自己的見聞，到處走馬看花，多吸呼一些東京藝術界的空氣。他常利用時間「參觀展覽會，聽音樂會，訪圖書館，看 opera，以及遊玩名勝，鑽舊書店，跑夜攤。」〔註79〕

〔註76〕〈桂林藝術講話之一〉，《豐子愷文集》（四），頁 16。
〔註77〕〈藝術的逃難〉，《豐子愷文集》（六），頁 173。
〔註78〕〈我的苦學經驗〉，《豐子愷文集》（五），頁 79。
〔註79〕同上，頁 79～80。

在日本的十個月，對豐氏日後漫畫創作影響最深的，是在東京的舊書攤上看到了竹久夢二的作品——《夢二畫集·春之卷》，這本畫冊是竹久夢二早期帶有社會主義精神的漫畫作品，年輕的豐氏深受這畫冊的吸引，進而效法其創作理念及構圖，這在豐氏早期的作品中尤為明顯。因著這緣由，豐氏日後對日本漫畫也特別的留心和研究，如他在裝幀漫畫方面主要是受到蕗谷虹兒的影響，而諷刺漫畫則是受北澤樂天的影響。這三位日本漫畫家對日後豐氏的漫畫風格起著直接而重大的影響。

豐氏的漫畫風格除了受日本近代漫畫家的影響外，中國文人畫對他的影響也很深長，其中陳曾師的簡筆文人畫對他的啟發尤深。早在豐氏的青少年時期，陳師曾在《太平洋畫報》上所發表的簡筆文人畫，就曾深印在豐氏心中，所以每當日後有人尊稱豐氏為中國漫畫之父時，他都認為這尊稱該封給陳師曾才對，他在1939年6月9日的《教師日記》中寫到：

> 國人皆以為漫畫在中國由吾倡始。實則陳師曾在《太平洋報》所載毛筆略畫，題意瀟灑，用筆簡勁，實為中國漫畫之始，第當時無其名，至吾畫發表於《文學周報》，始有「漫畫」之名也。憶陳作有〈落日放船好〉，〈獨樹老夫家〉等，皆佳妙。〔註80〕

可見豐氏不但對陳師曾尊崇有加，而且對從小就善於模仿的豐氏而言，陳師曾的「題意瀟灑」和「用筆簡勁」對他也產生相當的影響。

現在我們就以對豐氏影響的先後，來各別探討陳師曾、竹久夢二、蕗谷虹兒、北澤樂天對豐氏漫畫風格形成的影響。

壹、陳師曾對豐子愷的影響

陳師曾（1876～1923）江西修水人，名衡恪，字師曾，號朽道人、槐堂。國學基礎深厚，能融書畫篆刻於一爐，是中國近代有名的畫畫家。1902年陳師曾偕弟寅恪東渡日本留學，與魯迅共讀於東京弘文學院，朝夕相處，關係密切。1906年他在東京結識李叔同，兩人一見如故，始終保持著良好的友誼。1909年回國後曾任江西教育司長、教育部編纂、北京大學書法研究會中國畫導師，1920年中國畫研究會成立，陳氏為倡導者之一〔註81〕。1921年他的著名論文〈文人畫之價值〉在《繪學雜誌》發表。翌年，他的《中國文人

〔註80〕　《豐子愷文集》（七），頁147。
〔註81〕　參考盛興軍主編：《豐子愷年譜》，頁119。

畫之研究》一書出版，並受日本荒木十畝和渡邊晨畝之邀，赴日本參加東京府廳工藝館的中日聯合繪畫展覽會。

陳氏的繪畫成就很高，在當時北京畫名極盛。他主張感情移入和畫外功夫，作畫講創造、重生動、求意趣、師造化，擅長花鳥、人物、山水畫。其中風俗人物畫帶有速寫和漫畫的情趣，富有濃厚的社會意識，他的這類畫作對豐氏的影響最大。如《北京風俗圖》、《讀畫圖》都是取材自現實生活。他突破中國人物畫的陳習，直接面對人生、揭露舊社會勞動大眾的苦難生活，畫面人物情態生動、造意新穎，耐人尋味。《北京風俗圖》是陳氏於 1914～1915 年間所繪，他在中國傳統寫意筆法的基礎上，融入西方畫的技法與觀念，觀察當時北京底層人民的生活並為其寫生，圖冊中有送香火、執事夫、抬窮人、收破爛者、吹鼓手、拉駱駝、說書、喇嘛、賣糖葫蘆的、磨刀人……等生活在底層的勞動大眾。在這系列畫中，陳氏以簡潔的構圖、大塊的留白來襯托畫中人物，他的人物以神帶形，使得畫作予人形簡而意深的感染力，周作人曾評說：「其圖皆漫畫風，而筆能抒情，與淺率之作一覽無餘的絕不相同」〔註82〕。

豐氏青少年期在家鄉的時候，就曾在《太平洋畫報》上看過陳氏發表的小幅簡筆畫〈落日放船好〉、〈獨樹老夫家〉等，陳氏的畫作雖然只有寥寥數筆但卻餘趣無窮，讓豐氏印象深刻〔註83〕。陳氏這種追求「含有文人之趣味，不在畫面中考究，藝術上之功夫。必須於畫外看出許多文人之感想。」〔註84〕的藝術觀點，豐氏可說與之完全一致。其實豐氏重「感興」、「遺神取貌」的繪畫觀，與陳氏以神帶形，形簡意深的寫意畫都是傳承自中國的文人畫。傳統的中國文人畫對於形式技巧不太講究，他們作畫時大都不求形似，但著重在筆墨之中表現自己主觀的情感，所以在作品中往往蘊藉著中國傳統文人的生活感興與文學趣味。

現在我們先就他們同題的畫作〈落日放船好〉、〈春江水暖鴨先知〉來進行分析比較，再就其同一母題的人物畫來進行分析，以探討其作品之異同。

在〈落日放船好〉（圖 3-8）這幅畫中，陳氏的畫是側重在描寫「放」船

〔註82〕 周作人：〈《北京風俗圖》〉，《周作人散文》第四集，頁 387。
〔註83〕 參見《豐子愷文集》（四），頁 387～391。
〔註84〕 陳師曾：〈文人畫之價值〉，《中國文人畫之研究》，頁 5。

時的閒適自在所帶來的「好」心情，畫中的主角只是閒適的坐在船首，無所
爲的隨波逐流；而在（圖 3-9）中豐氏則特別點出在「落日」的佳景中，遊湖
的「美」好與適意，畫中的人物正搖著槳，朝著美景勝處划去。豐氏用了較
多的筆墨來描寫景的美，而陳氏則用簡筆來傳達「寂」與「閒」的文人情

圖 3-8：陳師曾〈落日放船好〉　　　圖 3-9：豐子愷〈落日放船好〉

在同一主題〈落日放船好〉中，豐氏用了較多的筆墨來描寫景的美（圖 3-9），
而陳氏則用簡筆來傳達「寂」與「閒」的文人情趣（圖 3-8）。

圖 3-10：陳師曾〈春江水暖鴨先知〉　　　圖 3-11：豐子愷
　　　　　　　　　　　　　　　　　　　　　〈春江水暖鴨先知〉

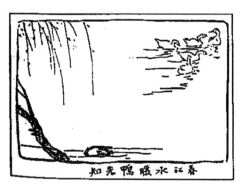

在〈春江水暖鴨先知〉同一畫題的表現上，（圖 3-10）
陳師曾的畫作予人自然、自在的閒適情感，但在這
靜態的閒適中卻預藏著即將有所突破的動態欲求；
而（圖 3-11）豐氏的畫作則是在閒適的情景中，予
人裝飾之美和平靜、安穩的感受。

趣。同樣的情形也發生在〈春江水暖鴨先知〉一圖中，在（圖 3-10）中陳氏利用疏朗的幾筆帶出了垂柳當前景，然後再用幾筆橫線當水波，將讀者的視覺牽引到畫面右上角五隻姿態各異的鴨子們身上，其中兩隻似乎正在交換些什麼訊息，讓人感覺到牠們是有「知」的，這幅作品的視覺焦點最後是停在這群將要破圖而出的鴨子們身上。而豐氏的（圖 3-11）則是一幅鄉間早春的湖上風光，他以二隻在江面上悠閒划水的鴨子當作前景，然後利用水波將讀者的視線帶到湖岸及竹籬，最後再帶到畫面中央二株代表春天的楊柳上。陳氏的畫作予人自然、自在的閒適情感，但在這靜態的閒適中卻預藏著即將有所突破的動態欲求；而豐氏的畫作則是在閒適的情景中，予人裝飾之美和平靜、安穩的感受。

綜合上面的分析我們可以看出，就算是同一題目而且都以簡筆的方式來呈現，但兩人所表現出來的旨趣卻大不相同。陳氏在下筆前感受到的是傳統文人的詩趣，而豐氏對詩句的感受則較偏畫面詩意的營造；前者充滿著中國傳統文人的氣息，而後者則更為俗眾們所接受。

在同一母題方面，我們可以分成二部分來探討，第一部分是乞丐系列，第二部分是公子哥兒。

同樣都是在畫行乞，陳氏以速寫的方式畫出他在市井上所見行乞的各種姿態與手法，有的窮到沒衣服穿只好藏身於草蓆之下，像個烏龜似的伸出頭手來乞討（圖 3-12）；有的以直木撐頭，仰天托缽，以怪異的姿勢來引起路人的注意（圖 3-13）；有的以狗叼碗來行丐，以奇取勝（圖 3-14）。豐氏則是以漫畫的方式，利用畫題反映出行乞者內心的苦楚，如在（圖 3-15）中豐氏以「飽狗」來反襯「飢民」的苦；在（圖 3-16）中這身兼母職的父親為了背上的小孩，再苦也要出來討口飯吃；在（圖 3-17）中豐氏特別標出行乞者八十七歲的高齡，以暗示老來無人奉養的淒涼。

兩相對照，我們可以看出，陳氏的畫作像是一幅幅的報導寫真，忠實的記錄下當時叫化子行乞的方式，他讓畫面中的人物以其姿態，無言地陳述他們各自內心的想法。而豐氏的畫作則是以宗教慈悲的高視角來俯看這些窮苦者，並對他們寄予相當的同情。

圖 3-12：
陳師曾〈乞食一〉

圖 3-13：
陳師曾〈乞食二〉

圖 3-14：
陳師曾〈乞食三〉

圖 3-15：
豐子愷〈飽狗〉

圖 3-16：豐子愷
〈兼母的父〉（五）

圖 3-17：
豐子愷〈八十七歲〉

（圖 3-12～圖 3-14）陳師曾以速寫的方式畫出他在市井上所見行乞的各種姿態與手法。
（圖 3-15～圖 3-17）豐子愷則是以漫畫的方式利用畫題來反映行乞者內心的苦楚。

　　公子哥兒部分，我們將以陳氏在《北京風俗圖》中的〈鬥雀人〉（圖 3-18，原圖彩色）與豐氏的〈蘇州人〉（圖 3-19）進行比較。這二幅作品主要的相同處是在筆法上均重筆墨情趣，在畫面的營造上都省略背景而專寫人物。他們所描繪的人物具有極高的象徵性，他們專繪某人卻又不是在畫某人，而是畫他們所代表的身分──有錢有閒的公子哥兒。豐氏在〈蘇州人〉一圖中把人物的五官用簡筆帶過；而陳氏在〈鬥雀人〉中則以背側面示人，連五官都不必畫了。他們二人都集中筆觸描繪畫中人物的穿著及其休閒活動──遛鳥及鬥鳥。

圖 3-18：陳師曾〈鬥雀人〉　　　　圖 3-19：豐子愷〈蘇州人〉

（圖 3-18、圖 3-19）這二幅作品主要的相同處是在筆法上均重筆墨情趣，在畫面的營造上都省略背景而專寫人物。

　　陳氏的作品仍是以國畫的方式呈現——有題字、落款、鈐印，畫面中規中矩、筆觸也較爲細膩；而豐氏圖中那位圍著圍巾、閒來無事在街上閒晃盪的公子哥兒，口中叼著根煙，那「蘇州人」三個字像是由他口中所吐出的輕煙繚繞而成，呈現出其漫畫特有的「漫然」及「隨興」的自在灑脫。

　　文人畫的藝術風格主要是取決文人自身的文化涵養及性格取向，所以雖然豐氏受陳氏的畫作所感動而仿效他，但其藝術風格仍有相當的差異。孫郁曾就此比較二人藝術風格的差異，他說：

> 他（陳師曾）的作品常讓人想起豐子愷來。豐氏作畫有一點禪趣兒，惟美的傾向較濃。陳氏則像個半是冷酷半是微笑的智者，有著無量的哀涼。豐子愷的筆下人物清涼者較多，可謂以善對惡；陳師曾卻在灰色的環境發現人性的脆弱，即使是典雅之圖，可讀後卻有難言之隱，好像拖著長長的苦影，人世間的酸甜苦辣，盡入其中。〔註85〕

貳、竹久夢二對豐子愷的影響

　　竹久夢二（1884～1934），本名茂次郎，日本岡山縣人，自早稻田實業學校畢業後，苦學自修成才。是二十世紀初至三〇年代活躍在日本藝術界的畫

〔註85〕孫郁：〈陳師曾的妙筆〉，摘自《文匯報》，http://www.people.com.cn/GB/14738/28490/28491/28493/1939207.html。孫郁，現任北京魯迅博物館館長，《魯迅研究月刊》主編。長期從事魯迅和中國現當代文學研究。著有《魯迅與周作人》、《魯迅與胡適》、《百年苦夢》等專著多種。

家和詩人，被譽爲「大正浪漫的代名詞」、「漂泊的抒情畫家」，直到今天依然
對日本藝壇有著重要影響。其藝術涉獵極廣，有詩歌、童謠及小說的創作；
在繪畫方面，擅長日本畫、油彩畫、水彩畫、鋼筆畫、版畫，除此之外，在
印刷美術設計、插畫方面也有傑出的表現〔註 86〕。竹久夢二的作品可概分爲
二期，初期的「草畫」時期和後期的「美人畫」時期。

　　竹久夢二早期曾受社會主義運動影響，他同情平民，曾在《平民新聞》
投稿，畫反戰插圖來批判社會黑暗面，明治末葉在日本畫壇嶄露頭角，作品
風靡全日本，代表作如《夢二畫集・春之卷》。在竹久夢二「草畫」時期的漫
畫作品中，有許多直接面對社會人生、同情弱者的題材，他在充滿哀傷情調
的傳統日本美感中，融入了近代社會主義精神和悲憫的情懷，使得作品詩意
濃郁、感人至深。竹久夢二後期則是以「美人畫」著名，大大的眼睛、滿含
哀愁表情，被稱爲「夢二式美人」的女性形象，曾經流行在一九三〇年代的
日本，其代表作有《女十題》、《長崎十二景》等，之後竹久夢二也是以這類
「美人畫」留名於世，而其初期草畫則鮮爲人所提及。夢二的作品深獲當時
日本國內大眾的喜愛，如文壇大家川端康成就是其中之一，他在〈臨終的眼〉
裡寫道：

> 夢二無論是作爲明治到大正初期的風俗畫家，還是作爲情調畫家，
> 他都是相當卓越的。他的畫不僅感染了少女，也感染了青少年，乃
> 至上了年紀的男人。近年來，他蜚聲畫壇，恐怕是其他插圖畫家所
> 望塵莫及的。夢二的繪畫，無疑也同夢二一起隨著歲月的流逝而變
> 化。我少年時代的理想，總是同夢二聯繫在一起。〔註 87〕

豐氏也深受竹久夢二作品的吸引，他自述：「回想過去的所見的繪畫，給我印
象最深而使我不能忘懷的，是一種小小的毛筆畫。記得二十餘歲的時候，我
在東京的舊書攤上碰到一冊《夢二畫集・春之卷》。」這冊漫畫集讓豐氏當場
就出神細閱。竹久夢二以寥寥數筆，卻表達出社會的不公及人世的悲哀，這
帶有浪漫抒情風卻又飽含意義美的作品，讓具有文人特質的豐氏爲之折服與
讚嘆。其後他又請友人爲他買齊《夢二畫集》另外的《夏》、《秋》、《冬》三
冊，並又添加了《京人形》、《夢二畫手本》二本。

　　竹久夢二後期的「美人畫」豐氏是否有看到，我們從豐氏的文集中找不

〔註 86〕盛軍興主編：《豐子愷年譜》，頁 118。
〔註 87〕轉引自張斌：《豐子愷繪畫中的詩意》，頁 53。

出線索，但豐氏在日本游學時，竹久夢二初期草畫已在日本退流行了，所以他才會在舊書攤上看到《夢二畫集‧春之卷》。而「夢二式美人」的代表作——《黑船屋》則於 1919 年——豐氏去日本前的兩年就已問世，而且在當時也引起了相當大的轟動。從豐氏凡事認真及回國後仍請友人為其購買竹久夢二的作品看來，我們可以合理的推想，豐氏是曾看過竹久夢二後期美人畫的作品。然而，那個以竹久夢二的戀人為模特兒的「夢二式美人」，似乎並沒有觸動豐氏的心；真正讓豐氏驚艷、難以忘懷的是夢二早期的草畫作品，像《春之卷》裡那些飽含人生滋味的詩意圖像。

圖 3-20：竹久夢二　　　圖 3-21：竹久夢二
〈黑船屋〉（原圖彩色）　　〈宵待草〉（原圖彩色）

竹久夢二後期的「美人畫」作品，大大的眼睛、滿含哀愁表情，被稱為「夢二式美人」的女性形象，曾經流行在一九三〇年代的日本；但這類以夢二的戀人為模特兒的作品，似乎沒有觸動豐氏的心。

從豐氏的漫畫集中我們可看出，影響豐氏深遠的是夢二早期「草畫」風格的作品，或者說是上述這六本畫冊。豐氏在《繪畫與文學》一文中曾明確的點出：

> 它們所以能給我以深切的感動者，據我想來，是因為這種畫兼有形象的美與意義的美的原故。換言之，便是兼有繪畫的效果與文學的效果的原故。這種畫不僅描寫美的形象，又必在形象中表出一種美的意義。也可說是用形象來代替了文字而作詩。所以這種畫的畫題非常重要，畫的效果大半為著有了畫題而發生。〔註88〕

所以現在我們就以形象美和意義美兩個角度，來分析竹久夢二對豐氏的影響。

〔註88〕〈繪畫與文學〉，《豐子愷文集》（二），頁 490～491。

　　竹久夢二的畫風，是熔東西方畫法於一爐。「其構圖是西洋的，畫趣是東洋的。其形體是西洋的，其筆法是東洋的。」〔註89〕豐氏是帶著輕國畫而重洋畫的態度到日本去學「西洋油畫」，當時西洋畫的單點透視及寫實特性讓他為之信服，而中國水墨畫的重臨摹則讓他覺得遠離現實生活，缺乏吸引力。赴日前，他在國內很少看到融合東西方畫法的畫作，所以當他初見夢二這種帶有自己民族特質、東洋畫趣而又兼具西洋畫寫實特性的畫作時，不禁眼睛為之一亮而有所感悟。但以豐氏好思考的特質，單就形象的美是無法深刻感動他地，讓豐氏眞的爲之折服的是夢二畫中的意義美。

　　這意義美，包含了內容題材、畫題和詩意。豐氏認為在夢二以前的日本漫畫家，大部分都是以詼諧滑稽、諷刺、遊戲爲主題，而夢二則不同，他「摒除此種趣味而專寫深沉嚴肅的人生滋味。使人看了慨念人生，抽發遐想。」〔註90〕這一點與日本漫畫史的發展是否相符並不重要，重要的是這種沒有諷刺、不帶滑稽而又嚴肅地直視現實人生的內容讓豐氏深受感動。爲了讓畫意的滋味更深沉些，夢二在做畫時常「善用對比的題材，使之互相襯托。加上一個巧妙的題目，猶如畫龍點睛，全體生動起來。」〔註91〕在夢二的畫集中，畫題是扮演著整幅畫中「點睛」的角色，主導著整幅畫的意境走向，而營造出「言簡而意繁」的意義美。

　　如〈Classmate〉（圖 3-22），是在描寫二婦人迎面打招呼的情景，其中一人是嫁入豪門的貴婦，出入由人力車代步，一派輕鬆悠閒的樣子；而另一婦人則是蓬首步行，背上還背著孩子，一副辛苦狼狽狀。夢二利用畫題點出這二位婦人間的關係——Classmate，這讓讀者在了悟之後，覺得畫中滋味更加複雜，而對此畫有了更進一層地解讀。此幅畫作若是除去了畫題，或改爲「貧富之別」，那麼這幅畫的意義就平淺了許多，變成「言簡意淺」，甚至讓人感到

圖 3-22：竹久夢二
〈classmate〉

竹久夢二利用畫題點出畫中二位婦人間的同學關係，使得此畫的意義變得更加深刻而有滋味。

〔註89〕〈談日本的漫畫〉，《豐子愷文集》（三），頁 417。
〔註90〕同上，頁 418。
〔註91〕〈漫畫藝術的欣賞〉，《豐子愷文集》（三），頁 361。

乏味。又如〈To His Sweet Home〉是畫一位中年的工人，傴僂著身軀，手中提著大包袱，急忙地趕回位於曠野中的茅屋，而這茅屋就是他的「sweet home」，這幅畫也是畫題一點出，畫意就往上更推進了一層。

而豐氏覺得夢二畫作最大的特色是畫作中充滿著濃郁的詩趣。雖然其畫作的內容是在傳達嚴肅的人生滋味，但卻呈現出優雅與抒情的文人品味，這讓飽讀古詩的豐氏讚嘆不已，而譽夢二的畫作為「無聲之詩」。在〈漫畫藝術的欣賞〉一文中，豐氏更是通篇引用了竹久夢二的作品做為範例，向《中學生》的讀者們進行漫畫賞析。他不但舉出夢二多幅「無畫題」的畫作來說明「但把人間『可觀』的現象畫出，隱隱地暗示讀者一種意味。」〔註 92〕這種「圖有盡而意無窮」的藝術魅力外，還大篇幅的舉例說明夢二是如何地巧用畫題，使人看畫如讀一篇小品文般，文中他引用了〈不安的歡樂〉、〈美麗的疲倦〉、〈歡喜的欠資〉、〈冷酷的第三者〉、〈高潮〉、〈小春〉、〈可詛咒的落日〉、〈藥瓶之色與銀洋之聲〉、〈再會〉、〈Kiss 前的照片〉、〈亡母〉、〈Alone〉、〈Ever，Never〉、〈We Are Still Young〉等多幅畫作來進行解說。除此之外，豐氏也常拿夢二的畫冊與白馬湖群友共賞，而且直到 1946 年夢二已過世十二年後，豐氏還在給《導報》編者的信中提到「竹久夢二先生具有芬芳悱惻的胸懷、明慧的眼光、與遒勁的腦力。」〔註 93〕並希望《導報》能代為打探竹久夢二的消息。可見竹久夢二草畫作品中所蘊藏的人文意含和抒情詩意在豐氏心目中所烙下的深刻印痕，這深刻的印痕不但讓他積極地向讀者及友人們分享、介紹夢二的作品，同時也深層的影響到他自己在創作時的思考。

在豐氏早期的漫畫創作中，不論是取材、構圖或是立意，都有著明顯模仿夢二的痕跡。如《子愷漫畫》的封面（圖 3-24）和夢二的〈春天哦〉（圖 3-23）；豐氏〈穿了爸爸的衣服〉（圖 3-26）和夢二的〈紅色的細統褲〉（圖 3-25）；豐氏的〈燕歸人未歸〉（圖 3-28）和夢二的〈春之人〉（圖 3-27）；豐氏的〈江頭〉（圖 3-30）和夢二的〈加賀地方賣沙丁魚的〉（圖 3-29）；豐氏的〈用功〉（圖 3-32）和夢二的〈試驗〉（圖 3-31）等，不論從構圖、意境的營造及命題等方面，都可看出豐氏模仿竹久夢二的意味十足。但渡過了單純的模仿期後，豐氏不久即轉化出具有夢二風格的子愷漫畫來。如，從夢二的〈classmate〉衍生出〈小學時代的同學〉、〈兩家的父親〉和〈小車〉，這三幅

〔註92〕 同上。
〔註93〕 〈致《導報》編者〉，《豐子愷文集》（七），頁 437。

圖 3-23：竹久夢二　　　圖 3-24：豐子愷　　　圖 3-25：竹久夢二
〈春天哦〉　　　　　〈子愷漫畫封面〉　　　〈紅色的細統褲〉

圖 3-26：豐子愷　　　圖 3-27：竹久夢二　　　圖 3-28：豐子愷
〈穿了爸爸的衣服〉　　　〈春之人〉　　　　　〈燕歸人未歸〉

圖 3-29：竹久　　圖 3-30：　　　圖 3-31：　　　圖 3-32：
夢二〈加賀地方　　豐子愷　　　　竹久夢二　　　　豐子愷
賣沙丁魚的〉　　　〈江頭〉　　　　〈試驗〉　　　　〈用功〉

從（圖 3-23～圖 3-32）我們可以明顯地看出豐子愷在構圖及畫意上刻意模仿竹久夢二的痕跡。

圖 3-33：　　　　　　圖 3-34：　　　　　　圖 3-35：
〈小學時代的同學〉　　〈兩家的父親〉　　　〈小車〉

渡過了單純的模仿期，豐氏不久即轉化出具有夢二風格的子愷漫畫來。豐氏的〈小學時代的同學〉、〈兩家的父親〉和〈小車〉等三幅作品是從夢二的〈classmate〉衍生出來地，這三幅圖都採用對比的題材來映襯畫中彼此的差別，並以畫題來標明其對比的衝突點，但其取材與立意卻又存在著明顯地差異。

圖都採用對比的題材來映襯畫中彼此的差別，並以畫題來標明其對比的衝突點，但其取材與立意卻又有著明顯地差異。在〈小學時代的同學〉（圖 3-33）一圖中所呈現的是時間的「無情」，是時間讓這兩個人的世界漸行漸遠，在這幅畫中對比的是貧與富；而在〈兩家的父親〉（圖 3-34）中所呈現的是兒童的「無知」，因著兒童對貧富的差距仍無所知，所以他們仍能是手牽手的好友，在這幅畫中有雙重的對比，一是成人與兒童的對比，一是貧與富的對比。這二幅作品都是 1930 年代初所創作的，而〈小車〉（圖 3-35）則是出現在其 1947 年所出版的《幼幼畫集》中。豐氏於 1937 年逃難後，對親情的感受變得更強烈了，他在 1940 年代後的創作已逐漸加入了兩代間親子互動的溫馨畫面，〈小車〉一圖即是如此，它除了強烈對比貧富的差距外，還傳達出不論是貧是富，父母都是竭盡所能的去疼愛和呵護自己的子女地。

　　豐氏的畫風深受竹久夢二的影響是無庸置疑地，但在經過模仿、轉化後，豐氏終於創作出真正屬於「子愷漫畫」的風格。基本上豐氏與竹久夢二的人格特質並不相似，豐氏是一位負責認真、以家庭為重的在家居士，而夢二則是一位風流倜儻的多情才子，所以日後豐氏是以「兒童畫」揚名，而夢二則是以「美人畫」著稱，這也就不足為奇了。

　　除了竹久夢二，另外二位日本漫畫家蕗谷虹兒和北澤樂天對豐氏的漫畫風格也產生了影響。

參、蕗谷虹兒對豐子愷的影響

　　蕗谷虹兒（1898～1979），原名一男，日本新瀉縣人。日本著名的插畫畫家，曾發表過抒情詩、童謠，是繼竹久夢二之後另一位知名的日本抒情畫畫家，年輕時在東京的畫塾裡學畫，臨摹了許多經典的綷世繪，繪畫技巧很早就獲得了肯定。曾爲電影院畫廣告牌、賣畫當畫師維生；1919 年經竹久夢二的介紹爲《少女畫報》作插圖，虹兒這筆名即是從此時期開始使用；1922 年主持的《令女界》少女雜誌，獲得當時日本年輕女性極大的迴響，使得「令女型少女」成爲一種憂鬱脫俗、不食人間煙火、理想浪漫少女的代名詞；1925 年成名後的虹兒以取經的心態遠赴巴黎作畫五年。

　　虹兒筆下的少女面容姣好、身材頎長纖細、姿態嫵媚動人，在隱隱的曖昧中帶有少女的矜持、在淡淡的哀愁中露出悲涼的微笑，其畫面給人靜謐、凍結、感傷的情懷，令魯迅也爲之著迷。1929 年魯迅所編的《藝苑朝花》第一期第二輯即爲蕗谷虹兒的專集，題名爲《蕗谷虹兒畫選》，此畫集詩畫相間，不但呈現出虹兒的繪畫天賦，同時也透顯出其文學才情。魯迅並選譯虹兒《悲涼的微笑》畫集中的自序，以介紹虹兒的創作理念及精神：

> 我的藝術，以纖細爲生命，同時以解剖刀一般的銳利的鋒芒爲力
> 量。
>
> 我所引的描線，必需小蛇似的敏捷和白魚似的敏銳。
>
> 我所畫的東西，單是「如生」之類的現實的姿態，是不夠的。
>
> 於悲涼，則畫彷徨湖畔的孤星的水妖（Nymph），
>
> 於歡樂，則畫在春林深處，和他祇（Pan）相謔的月光的水妖罷。
>
> 描女性，則選多夢的處女，且備以女王之格，注以星姬之愛罷。
>
> 描男性，則願探求神話，拉出亞波羅（Apollo）來，給穿上漂泊的
> 旅鞋去。
>
> 描幼兒，則加以天使的羽翼，還於此被上五色的文綾。
>
> 而爲了孕育這些愛的幻想的模特兒們，我的思想，則不可不如深夜
> 之黑暗，清水之澄明。〔註94〕

在虹兒以纖細爲生命、以鋒芒爲力量的表徵背後，有著「如深夜之黑暗，清

〔註94〕轉引自魯迅：〈《蕗谷虹兒畫選》小引〉，《魯迅全集》第七卷，頁 325～326。

水之澄明」的思想，及詩人細膩多愁的情感，這些特質深深吸引著豐氏、吸引著魯迅、吸引著廣大的讀者。

如〈月光波〉（圖 3-36），圖中身材纖細頎長的少女臨窗站立，月光透過簾子照了進來，她引頸而盼透過簾子向外望。在這帶有銀色月光的夜裡，少女似乎正在等待著意中人的到來或經過，那少女的害羞矜持隱藏在簾子之後，而她的期盼則全顯現在她那伸長的粉頸中。在〈紫花地丁〉（圖 3-37）一圖中，那左右兩朵盛開的花朵，似乎是那垂首而立的少女，用她那憂淒的淚水所澆灌而成地。畫中的少女雖身著緊實華麗的和服，但其身形、髮型卻不像日本傳統的婦女，而是「帶黃油味」具有「西洋風」。這兩幅畫作，雖然一個帶有濃濃的日本情調，一個帶有淡淡的異國風情；一個引頸期盼，一個垂首憂傷，但都同時呈現出虹兒以纖細為生命、以鋒芒為力量的藝術風格。

圖 3-36：　　　　　　圖 3-37：
蕗谷虹兒〈月光波〉　蕗谷虹兒〈紫花地丁〉

（圖 3-36、圖 3-37）虹兒筆下的少女面容姣好、身材頎長纖細、姿態嫵媚動人，畫面給人靜謐、凍結、感傷的情懷，虹兒這類被誇張拉長的畫面，視覺效果佳、裝飾性高，適合用於書籍刊物的裝幀上。

虹兒這類被誇張拉長的畫面，視覺效果佳、裝飾性高，非常適合用於書籍刊物的裝幀上，所以豐氏仿虹兒的鋼筆工筆畫作品，幾乎都是用在為雜誌所繪製的插圖或封面上。如（圖 3-38、圖 3-39）是豐氏為《小說月報》所繪製的封面，其筆法是學虹兒的鋼筆工筆畫，而非其擅長的毛筆簡筆畫，這兩幅作品都用纖細的線條加以刻畫，在（圖 3-38）中甚至連天空也用細密的點狀來表現，其畫面縱向都有被誇張拉長的效果，可說是將虹兒細膩的風格發揮得淋漓盡致。但在豐氏的圖作中，少女們的身形並沒有被誇張的拉長，也

不似虹兒作品中少女的善感憂愁。如豐氏（圖 3-38）中的少女悠閒地坐在鞦韆上，專心地閱讀著文藝作品以補充其精神糧食，連拖鞋掉了也不加以理會；（圖 3-39）中的少女走出戶外，在離家不遠的溪流旁，倚著細長的樹幹遠望凝思，整幅作品雖透顯出「愁」來，但這愁是青春少女的閒愁，是帶著青蘋果的酸澀味而不含絲毫的悲苦情懷。另外，虹兒是集中筆墨來描寫少女的柔媚和突顯少女的情思，而豐氏則添加了相對繁複的背景來映襯人與環境間的關係。

圖 3-38：《小說月報》　　圖 3-39：《小說月報》
　第十七卷第八號封面　　　第十八卷第十號封面

豐子愷仿虹兒的鋼筆工筆畫作品，幾乎都是用在為雜誌所繪製的插圖或封面上，例如（圖 3-38、圖 3-39）是豐子愷為《小說月報》所繪製的封面，其筆法是學虹兒的鋼筆工筆畫，兩幅作品都用纖細的線條加以刻畫，其畫幅的縱向都被誇張拉長，可說是將虹兒細膩的風格發揮得淋漓盡致。

　　其他如出現在豐氏第二本漫畫集《子愷畫集》中的〈賣花女〉（圖 3-40）、〈斷線鷂〉（圖 3-41）、〈挑薺菜〉（圖 3-42）……等作品，也是模仿虹兒藝術風格的作品。朱自清在〈跋子愷畫集〉中說道：

> 本集裏有了工筆的作品。子愷告我，這是「摹虹兒」的。虹兒是日本的畫家，有工筆的漫畫集；子愷所摹，只是他的筆法，題材等等，還是他自己的。這是一種新鮮的趣味！落落不羈的子愷，也繪得如此細膩風流，想起來真怪有意思的！集中幾幅工筆畫，我說沒有一幅不妙。〔註95〕

如，在〈挑薺菜〉圖中，三位少女正蹲坐在枝葉正茂的春柳下方挑薺菜，有二位穿著長袍的男子走過，其中一位少女回頭看向男子處，而一位男子也正

〔註95〕朱自清：〈跋子愷畫集〉，《豐子愷遺墨》，序頁7。

圖 3-40：　　　　　圖 3-41：　　　　　圖 3-42：

豐子愷〈賣花女〉　　豐子愷〈斷線鷂〉　　豐子愷〈挑薺菜〉

（圖 3-40～圖 3-42）是豐氏的第二本漫畫集《子愷畫集》中模仿虹兒藝術風格的作品。但豐氏模仿虹兒的只有其細膩的工筆筆觸，在題材及畫意方面則與虹兒大異其趣。

巧望向女子這邊來，這一看一望之間，隱隱的青春情懷就盪漾在蜿蜒的路上，像柳葉拂過人心般地騷動著，這是一幅靜中帶動，含蓄中帶著熱情的江南之春。

　　可見豐氏模仿虹兒的只有其筆觸及畫面縱向拉長的藝術手法，而其題材及畫意則與虹兒大異其趣，這差異主要是源於他們成長背景的不同。豐氏是在眾多的鼓勵與細心的呵護中成長地，父親雖然早逝，但家中較長的女眷沒有一個不是對他疼惜有加；但虹兒的母親早逝父親又長年酗酒，在缺乏關愛下長大的虹兒，很年輕時就被父親當成製圖賺錢的工具。所以豐氏年輕時雖然喜歡思考人生究竟的問題，而被無常所困，但始終帶著陽光的特質與文人的閒適；缺乏安全感的虹兒則是以他詩人多愁善感的心靈，追尋母親美麗纖細的背影。

　　1928 年之後，豐氏這類裝飾性強而帶有青春閒愁的工筆畫作幾乎不再出現了，豐氏順應自己任真自然、落落不羈的天性，而將精力專注在寫意的毛筆簡筆畫上。蔣谷虹兒對豐氏繪畫的影響無疑只是短暫而美麗的雪泥鴻爪。

肆、北澤樂天對豐子愷的影響

　　在豐氏 1936 年所撰寫〈談日本的漫畫〉一文中，與豐氏年代相近的漫畫家，豐氏只詳述了竹久夢二和北澤樂天二人。竹久夢二對豐氏的影響主要是在感想漫畫方面，這一點我們已在上節討論過了；現在我們就北澤樂天對豐

氏諷刺漫畫的影響進行分析。

　　北澤樂天（1876～1955），日本埼玉縣人，其漫畫受西洋漫畫的影響，是當時著名的諷刺漫畫家。1902 年他在《時事新報》開闢了週日「時事漫畫」專欄以諷刺日本當時的社會現況，另外也刊出一些三格、四格的生活趣味漫畫，這些作品很快引起了當時日本大眾的迴響，尤其「時事漫畫」更是受到矚目。不久「漫畫」這名稱便在日本統一了其他如「ポンチ繪」、「戲畫」、「諷刺繪」等稱呼。1906 年北澤創辦了日本第一份漫畫刊物《東京 Puck》〔註 96〕。基於這種種機緣，使得北澤樂天在日本有「日本現代漫畫鼻祖」之稱。說來巧合，這機緣與豐氏在中國的情形相仿，漫畫之名在中國並非是由豐氏所首創，但豐氏的「子愷漫畫」一出，便將報刊、宣傳物上的插圖、小畫、諷刺畫、笑畫、諧畫等，都統一在「漫畫」這個名稱之下，使得豐氏亦享有「中國漫畫之父」的美稱。

　　豐氏曾在〈談日本的漫畫〉一文中寫到：

　　　　北澤樂天，現在正是一位中年畫家。比夢二時代稍後，其畫亦比夢二時髦。他的畫法，採入西洋風比夢二更多而更顯，有幾幅完全西洋的版畫一樣。因此筆情墨趣，遠不及夢二之豐富；畫意亦遠不及夢二之深沉。但在另一方面，廣羅各種社會的現狀，描摹各種問題的糾葛，這畫家的觀察與搜集的努力，是可以使人嘆佩的。〔註 97〕

可見豐氏對樂天用硬筆作畫而缺乏毛筆的筆情墨趣，是持保留的看法；但樂天描摹社會現狀的功力及用心，則讓豐氏讚嘆敬佩，進而使他起了效尤之念。如，豐氏於 1935 年所創作的〈鑽研〉（圖 3-44）與樂天於 1931 年創作的〈道德書的缺陷〉（圖 3-43），其構圖雖出入頗大，但立意卻同出一轍，只是豐氏的呈現較為溫厚婉轉，用雙關的幽默來呈現如書蟲的讀書人；而樂天則是用直露控訴的方式，指斥讀書人的虛偽、道德書的無用。在豐氏的畫中，這些皓首窮經的讀書人，啃食了典籍但卻不一定能吸收；鑽研了大半輩子，

〔註 96〕Puck 原本是莎士比亞作品「仲夏夜之夢」中的一個愛惡作劇的精靈。1871 年美國聖路易市德裔的政治漫畫家 Joseph Kepler 創立了 Puck Magazine，雜誌的特色是以幽默戲謔的態度和極為諷刺的漫畫來評議當時的政治和社會議題。因為 Puck Magazine（潑客雜誌）的大受歡迎，日後在歐洲及日本也出現了類似性質的刊物。所以日後就以「Puck」（潑克），來指稱這種戲謔、批判並重的諷刺漫畫。參考 YAHOO 奇摩知識：http://tw.knowledge.yahoo.com/question/?qid=1607011310055。
〔註 97〕〈談日本的漫畫〉，《豐子愷文集》（三），頁 419。

卻只能從典籍中探出頭來呼吸新鮮的空氣、看看週遭的景象，而缺乏付諸行動的能力。豐氏在〈鑽研〉中，利用點睛之妙的標題與圖像相呼應，在幽默的手法背後透顯出深刻的諷刺和深沈的省思。豐氏於 1944 年所創作的〈同居盡小人〉（圖 3-46）與樂天於 1931 年所創作的〈人的蔥　我蔥〉（圖 3-45）其立意及諷刺手法皆相似，都是在嘲諷人們為己不為人的自私心態，及因肚量狹小而造成鄰居間的不睦。由這二幅作品中，我們可以明顯的比對出，北澤樂天的筆觸較為工整而有變化，而豐氏則在簡筆中帶有毛筆的情韻。

圖 3-43：北澤樂天
〈道德書的缺陷〉（1931 年）

圖 3-44：豐子愷
〈鑽研〉（1935 年）

豐氏的〈鑽研〉與樂天的〈道德書的缺陷〉，其構圖雖出入頗大，但立意卻同出一轍，只是豐氏的呈現較為溫厚婉轉，用雙關的幽默來呈現如書蟲的讀書人；而樂天是用直露控訴的方式，指斥讀書人的虛偽、道德書的無用。

圖 3-45：北澤樂天
〈人的蔥　我蔥〉（1931 年）

圖 3-46：豐子愷
〈同居盡小人〉（1944 年）

（圖 3-45、圖 3-46）其立意及諷刺手法皆相似，都是在嘲諷人們為己不為人的自私心態，及因肚量狹小而造成鄰居間的不睦。

圖 3-47：北澤樂天　　　　　　圖 3-48：豐子愷
〈雲的變化〉（1931 年）　　　〈風雲變幻〉（1949 年）

圖 3-49：北澤樂天　　　　　　圖 3-50：豐子愷
〈主婦權的消長〉（1931 年）　　〈乘風涼〉（1949 年）

豐氏作品中少數的多格漫畫深受北澤樂天的影響。從（圖 3-47～圖 3-50）中我們可以比對出豐氏多格漫畫受樂天影響的痕跡，他們所使用的繪畫技法雖大不相同，但其所運用的諷刺手法則並無二致。

另外，豐氏作品中少數的多格漫畫也是深受北澤樂天的影響。在《樂天全集》中收錄有樂天的多格連環漫畫，樂天利用多格連環漫畫來陳述有情節發展變化的故事，並藉以諷刺「現世階級對峙之下的種種笑柄」，豐氏對此頗為讚賞並起而效法。如，豐氏於 1949 年所創作的〈風雲變幻〉（圖 3-48）與樂天於 1931 年所創作的〈雲的變化〉（圖 3-47）、豐氏於 1949 年所創作的〈乘風涼〉（圖 3-50）與樂天於 1931 年所創作的〈主婦權的消長〉（圖 3-49），其所使用的繪畫技法雖大不相同，但其所運用的諷刺手法則並無二致。如在〈主婦權的消長〉和〈乘風涼〉中，樂天和豐氏都是利用同一張椅子來當作主要的場景，傳達出夫妻間的關係因時光的流逝而起了變化。豐氏的〈乘風涼〉呈現出較為客觀的觀察——隨著子女的增加，而拉遠了夫妻間的距離；樂天的〈主婦權的消長〉則是呈現出較為主觀的個人觀察——隨著子女的增加，而使得夫權消、婦權長。

豐氏在其文集中雖然提到北澤樂天的篇幅甚少，但由上述作品的比對中，我們可以肯定豐氏漫畫作品中描摹社會現狀的諷刺漫畫和其多格漫畫，是受到北澤樂天的啓發與影響。就諷刺漫畫而言，作者必須要有強烈的個人主觀意識，才能諷得精準、刺得深入，在這方面北澤樂天確實是比豐氏表現得更為出色。這主要是因為豐氏的人格特質偏向仁厚而悲憫，再加上他認為藝術創作是要美化人心、提高人的心靈境界，讓人可以從塵世的苦悶中得到解脫，所以諷刺漫畫對豐氏而言，是斥妄而非顯正，是變格而非常態。他的諷刺漫畫不論是在質或量上都較為貧乏，正因如此，豐氏漫畫受北澤樂天的影響被多數研究豐氏的學者所忽略。

小　結

文藝觀可說是文藝創作者必備的基礎理念，它支配著創作者的創作內容及美學風格，而豐氏的文藝觀主要是受到李叔同、文研會及廚川白村的影響。

李叔同在豐氏就讀浙一師時，就傳授了「先器識而後文藝」的中國傳統文藝觀給豐氏，這讓豐氏在努力創作的同時，也不斷地提升自我的知識見聞及內在修養，這種以知識做背景、人格做襯底的文藝創作，讓豐氏創作出來的作品不但具有外在的形式美，同時也具有內在的意義美。

　　文研會主張「爲人生而藝術」的文藝觀，讓具有人道精神及宗教情懷的豐氏深感認同，他認爲利用藝術來反映現實人生是藝術的使命，而藝術的內容則要能「曲高和眾」才能達成爲人生而藝術的目的。所以他力倡藝術要生活化和大眾化，讓藝術走入民間、走進大眾的生活中，讓藝術不再爲少數人所專享，而是讓每個人都能嚐到藝術甜美的果實。

　　日本文藝評論家廚川白村《苦悶的象徵》一書，對豐氏文藝觀的影響也很大。廚川白村認爲「服從」社會力及「壓抑」生命力是人們苦悶的源頭，因由這苦悶所以人們有了藝術創作的需求，所以藝術創作的主要目的是在表現自我的個性。在「服從」及「壓抑」這一點上，豐氏所持的觀點與廚川白村相同，只是豐氏認爲被壓抑的是人類自由奔放的情感、是人類的「本眞童心」。由這被壓抑所生的苦悶出發，豐氏推演出藝術具有解放人們苦悶心靈的功效，它能美化人們的心靈、擴展人們的胸襟和滋養人們的精神生活，讓人們的心靈能從世俗的束縛中解脫出來，而發現生命的歡喜，重返兒童本眞心靈的美好狀態。

　　在爲豐氏的文藝創作風格做溯源時，本文將其分成文學和漫畫兩方面來探討。在文學方面，豐氏平淡清雋文學風格的形成，主要是與其恩師夏丏尊和「白馬湖群友」有直接而密切的關連。豐氏的隨筆創作，不論是在題材的選擇上或創作的理念上，可說是得到夏丏尊的眞傳。而夏丏尊文章結構嚴謹、文句精鍊暢達，無雕琢藻飾之跡的散文創作，則是豐氏最佳的作文範本，在長時間潛移默化的薰陶中，讓豐氏傳承了此一文風。

　　「白馬湖作家群」包含夏丏尊、葉聖陶、豐子愷、朱自清、朱光潛……等人，這群文友相互切磋文藝、敦品勵行，在藝術見解及創作風格上大致相近。他們重視人格修養，把「人格」、「人品」視爲創作的第一要件，其散文創作皆具有「語言平實樸素」、「題材平凡雋永」、「情感誠摯率眞」等特色。

　　在漫畫方面，豐氏的漫畫主要是受到當時的日本漫畫和中國傳統文人畫論的影響，而產生具有獨特風格的中國文人抒情式的感想漫畫。他早期所畫的「古詩新畫」及畫中帶有濃濃的中國傳統文人風味，主要是受到陳師曾的影響。而竹久夢二帶有詩意及社會主義精神的「初期草畫」亦深深影響著豐氏，並主導著豐氏主要的漫畫風格；除此之外，利用畫題來主導整幅畫的意境走向，而營造出「言簡意繁」的意義美，也是竹久夢二對豐氏的重大啓發。另外，豐氏作品中少數的工筆畫及其爲刊物所繪製的裝幀畫，主要是受

日本蕗谷虹兒的影響,而 1930 年代後,豐氏的諷刺漫畫及多格連環畫則是受日本現代漫畫鼻祖北澤樂天的影響。兼容並包、多源匯聚的影響加持下,造就了豐氏多采多姿、發光發熱的文藝成就與功業。

第四章　豐子愷文藝創作的特色

　　豐氏從 1922 年開始發表藝文創作，1925 年被聘爲《文學周報》特約執筆者，從這時候起，豐氏更是專心致力於藝文的創作及出版有關藝術教育的書籍。他於 1925 年出版的《子愷漫畫》當時不但得到文友們的高度評價，也得到一般社會大眾的熱烈迴響，緊接著他於 1927 年 2 月出版了他的第二本畫冊《子愷畫集》，他的第一本散文集《緣緣堂〔註1〕隨筆〔註2〕》則是在 1931 年出版。自 1928 年起他就辭去教職專心著譯，其作品大量刊載在各報章雜誌上，也陸續出版了散文集、畫冊、藝術理論及翻譯等類別的書，可謂筆耕不輟。直至 1938 年逃難後才又重執教鞭，但其著譯工作仍不曾停歇。

　　下文擬從《子愷漫畫》及其漫畫風格、《緣緣堂隨筆》及其隨筆特色二方面來分析豐氏文藝創作的特色。

〔註 1〕　「緣緣堂」是豐氏故居的名字。1927 年 10 月 21 日豐氏在上海江灣的住家內
　　　　正式皈依弘一法師。皈依儀式後，弘一以抓鬮的方式爲豐氏住宅取名爲「緣
　　　　緣堂」並爲其題字，自此豐氏便自稱「緣緣堂主人」。不過，這時緣緣堂只是
　　　　一個象徵的名稱，照豐氏自己的說法，這時只有「緣緣堂」的「靈」，直到 1933
　　　　年豐氏在故鄉石門灣建新屋，此時「緣緣堂」才被賦予眞正的形體。可惜，
　　　　1938 年 1 月緣緣堂毀於日軍的戰火，1984 年，浙江省桐鄉縣人民政府決定在
　　　　原址按原貌重建緣緣堂，得到了新加坡廣洽法師的資助，於 1985 年落成，現
　　　　爲「浙江省桐鄉市豐子愷紀念館」。
〔註 2〕　「隨筆」是豐氏文學性的散文創作。豐氏是隨著自己的感興而創作，所以將
　　　　自己的散文稱爲隨筆。這「隨」是隨感、隨興而不是隨意、隨便。

第一節　《子愷漫畫》及其漫畫風格

壹、《子愷漫畫》

　　豐氏到春暉中學任教的第二年春天，就將全家接到白馬湖畔的「小楊柳屋」居住，過起了有文藝、有摯友、有親情的山水間生活。當時春暉校園中除了比鄰而居的經亨頤、夏丏尊、劉叔琴、自朱清等人外，還有單身在校的匡互生、朱光潛等，大伙兒志同道合、趣味相投，他們常在一起喝酒品茗、談文論藝。在這兒任教期間，他常信手以簡筆的形式把個人日常生活所見所感用畫筆描繪出來，其內容大都取材自學生生活、兒童的稚趣以及讀古詩詞的感受。香烟紙盒、講義紙、包裝紙都成了他的畫紙，畫好後貼於牆壁以供自娛。有一次開校務會議，豐氏覺得無聊，就將同事們垂頭拱手、伏在桌上的倦姿畫了出來，夏丏尊看見了，連聲讚道：「好！好！再畫！」。不單是夏丏尊，那時的白馬湖群友，如朱自清、朱光潛等也都喜歡他的畫，得到這些文友們熱情的鼓勵和肯定，使豐氏更有信心地畫了下去。

　　1922 年 12 月 16 日發表於《春暉》上的〈經子淵先生的演講〉（圖 4-1）和〈女來賓——寧波女子師範〉（圖 4-2）是豐氏最早公開發表的兩幅漫畫。但《春暉》是校內的刊物，並無對外發行。從嚴謹的角度來看，豐氏第一幅發表在全國性刊物上的畫作，應是 1924 年發表在朱自清和俞平伯所主編的《我們的七月》〔註3〕上的〈人散後，一鈎新月天如水〉（圖 4-3）。這是一幅寥寥數筆的簡筆畫，加上古詩句的題詞，給人耳目一新的感覺，鄭振鐸對此幅畫評價甚高，他曾說：

> 〈人散後，一鈎新月天如水〉，立刻引起我的注意。雖然是疏朗的幾
> 筆墨痕，畫著一道卷上的蘆簾，一個放在廊邊的小桌，桌上是一把
> 壺，幾個杯，天上是一鈎新月，我的情思卻被他帶到一個詩的仙
> 境，我的心上感到一種說不出的美感，這時所得的印象，較之我讀
> 那首《千秋歲》（謝無逸作，詠夏景）為尤深。實在的，子愷不惟複
> 寫那首古詞的情調而已，直已把它化成一幅更足迷人的仙境圖了。
>
> 〔註4〕

〔註3〕　《我們的》是文學研究會寧波分會的同仁刊物，由朱自清主編，俞平伯、葉
　　　　聖陶、劉延陵助編，豐子愷則為之設計封面及插圖。
〔註4〕　鄭振鐸：〈子愷漫畫序〉，《豐子愷漫畫全集》第一卷，前頁頁21。

圖4-1：〈經子淵
先生的演講〉

圖4-2：〈女來賓——
寧波女子師範〉

圖4-3：〈人散後，
一鉤新月天如水〉

（圖4-1、圖4-2）1922 年 12 月 16 日發表於《春暉》上的〈經子淵先生的演講〉和〈女來賓——寧波女子師範〉是豐氏最早公開發表的兩幅漫畫作品。

（圖4-3）這是豐氏第一幅發表在全國性刊物（1924 年《我們的七月》）上的畫作。這是一幅寥寥數筆的簡筆畫，加上古詩句的題詞，給人耳目一新的感覺，鄭振鐸對此幅畫評價甚高，於是透過朱自清積極地向豐氏邀畫稿，刊登在其主編的《文學周報》上。

　　這幅畫運用了西洋畫中表現光線的手法，筆墨畫出的蘆簾是透明的，桌面是白的，廊柱的一側也抹上了白色的月光，一切都靜靜地籠罩在銀色的月輝之下，顯得那麼寧靜、美麗。豐氏這種帶有濃濃詩意、淡淡抒情的文人畫作，很快就在文學圈引起了迴響。

　　之後鄭振鐸就積極地向豐氏邀畫稿，從 1925 年 5 月起，鄭氏就將豐氏的簡筆畫作品以專欄的形式刊載在文研會的會刊——《文學周報》上，並為其專欄命名為「子愷漫畫」。1925 年的秋天，鄭振鐸邀胡愈之、葉聖陶，一起到江灣立達學園豐氏住處去看畫，並於當年十一月由文學周報社出版了《子愷漫畫》。隨後因印刷裝訂不夠精美，由開明書店再行出版一次。這就是豐氏的第一本漫畫集，也是中國第一本漫畫集。白馬湖作家群中的夏丏尊、朱自清、鄭振鐸分別為之作序，俞平伯寫跋。

　　夏丏尊可說是「子愷漫畫」的慫恿者，當時他的「好！好！再畫！」大大鼓舞了豐氏，所以他在《子愷漫畫》的序中寫道：「子愷的畫這類畫，實由於我的慫恿。」〔註5〕他依題材內容將《子愷漫畫》分為兩大類：

　　　　一是寫古詩詞名句的，一是寫日常生活的片斷的。古詩詞名句，原

────────────

〔註5〕夏丏尊：〈子愷漫畫序〉，《豐子愷漫畫全集》第一卷，前頁頁 16。

是古人觀照的結果，子愷不過再來用畫表出一次，至於寫日常生活
的片斷的部分，全是子愷自己觀照的表現。前者是翻譯，後者是創
作了。畫的好歹且不談，子愷年少於我，對於生活，有這樣的咀嚼
玩味的能力。和我相較，不能不羨子愷是幸福者！〔註6〕

如第二章所言，夏丏尊認為文學的創作應該是作者對生活週遭進行深刻地
「觀察」，並有所「感動」產生「不得不」創作的衝動，進而「具象」地將
其寫下來。他用同一標準來審視豐氏的漫畫作品，認為「自己觀照的表現」
才是創作、才有生命力，所以他較偏愛子愷「寫日常生活的片斷的」作品，
而讚賞其敏銳的觀察力。這正如豐氏自己在〈談自己的畫〉時所述，他創
作的動機及題材是「把日常生活的感興用『漫畫』描寫出來——換言之，
把日常所見的可驚可喜可悲可哂之相，就用寫字的毛筆草草地圖寫出來。」
〔註7〕

　　若說夏丏尊是子愷漫畫的慫惠者，那麼朱自清則是子愷漫畫的發掘者。
朱自清不但主動將〈人散後，一鈎新月天如水〉刊登在《我們的七月》上，
1924 年 12 月，朱自清出版的第一本詩與散文合集《蹤跡》也特別邀請豐氏為
之畫封面。他在〈子愷漫畫代序〉中力讚：

我們都愛你的漫畫有詩意：一幅幅的漫畫，就如一首首的小詩——
帶核兒的小詩。你將詩的世界東一鱗西一爪地揭露出來，我們這就
像吃橄欖似的，老咂著那味兒。〔註8〕

朱自清詩人的特質，被《子愷漫畫》中的「古詩詞名句」那部分所深深吸引，
他看著子愷的畫就像在品詩、嚼橄欖一般，愈品愈入味。但畫集中較具現實
人生氣味的如〈病車〉（圖4-4），朱氏就覺得這種畫攙了胡椒味，有了人生的
鞭痕，似乎不若「古詩詞名句」動人心弦。

　　若說朱自清是子愷漫畫的發掘者，那麼鄭振鐸就是子愷漫畫的催生者。
當初「子愷漫畫」的專欄就是鄭氏為其命名的，而後鄭氏又熱心積極地建議
豐氏出版畫冊，所以《子愷漫畫》的成書，鄭氏是功不可沒。鄭氏對子愷的
畫情有獨鍾，他在為《子愷漫畫》所寫的序中開頭寫道：

中國現代的畫家與他們的作品，能引動我的注意的很少，所以我不

〔註6〕 同上。
〔註7〕 〈談自己的畫〉，《豐子愷文集》（五），頁462。
〔註8〕 朱自清：〈子愷漫畫代序〉，《豐子愷漫畫全集》第一卷，前頁頁20。

常去看什麼展覽會，在我的好友中，畫家也只寥寥的幾個。近一年來，子愷和他的漫畫，卻使我感到深摯的興趣。〔註9〕

這些畫作帶給鄭氏新鮮的趣味，使他在展閱時竟能暫時忘卻了現實生活中的苦悶。他除了喜歡豐氏詩意濃厚的畫作外，也欣賞他高超的寫實手段，如〈買粽子〉（圖 4-5）這幅上海生活斷片的寫眞畫，也引起了他的會心一笑。

圖 4-4：〈病車〉　　　　　　　　圖 4-5：〈買粽子〉

（圖 4-4、圖 4-5）是豐氏《子愷漫畫》中寫日常生活的作品。朱自清覺得〈病車〉這幅畫，攙了胡椒味，有了人生的鞭痕，似乎不若「古詩詞名句」動人心弦；而鄭振鐸則欣賞他高超的寫實手段，〈買粽子〉這幅上海生活斷片的寫眞畫，引起了他的會心一笑。

　　值得一提的是，當時遠在北平與豐氏素未謀面的著名文學評論家俞平伯，也因爲喜歡豐氏的畫而請他爲其詩集《憶》繪製封面及插圖。他在〈子愷漫畫跋〉中讚道：

您是學西洋畫的，然而畫格旁通於詩。所謂「漫畫」，在中國實是一創格；既有中國畫風的蕭疏淡遠，又不失西洋畫法的活潑酣恣。雖是一時興到之筆，而其妙正在隨意揮灑。譬如青天行白雲，卷舒自如，不求工巧，而工巧始無以過之。〔註10〕

俞平伯也同朱自清一般，以詩人的角度來「讀」子愷的畫，並以中國傳統畫論的角度——重視「意在筆先」的寫意精神，來欣賞豐氏的作品，所以豐氏的多幅畫作在俞平伯看來都像是「含蓄著人間的情味」的片片落英，可見他對子愷漫畫評價之高。

　　不過，這些爲《子愷漫畫》寫序作跋的白馬湖文友們，雖然對《子愷漫

〔註 9〕　同上，第 21 頁。
〔註 10〕　俞平伯：〈子愷漫畫代跋〉，《豐子愷漫畫全集》第一卷，前頁頁 17～18。

畫》讚譽有加，但也不乏真心的期許，尤其是對「古詩詞名句」部分，他們更是提出了積極的建議。如前所述夏丏尊認為《子愷漫畫》中的「古詩詞名句」是「翻譯」，而不是具有獨創性的主動創作；葉聖陶也指出：「詩詞是古代人寫的，畫得再好，終究是古代人的思想感情」〔註11〕。俞平伯則更是在〈關於《子愷漫畫》的幾句話〉一文中直接的指出：「就古詩作畫，處處替他人設想，猶八股文之代聖人立言，尤覺束縛。斷章取義原無不可。惟新造解釋總要不比舊的壞，方過得去。若差得太多，就沒多大意味了。」〔註12〕他在文中舉出了箇中十幅畫的缺失，如〈馬首山無數〉（圖4-6），原詩的意思是暗喻雲山千疊，前路迢遙，而非具象的描寫馬前有無數的山嶺，俞氏認為此畫實在「太著實」了；而〈臥看牽牛織女星〉（圖4-7）則「顯然有一大漏洞，即不得於明燭下觀星月是。且桌上有時鐘，窗間有鐵格子，尤與所謂銀燭畫屏不相調和。返觀牧之原詩，迥與畫境不同。」〔註13〕豐氏的這些文友們，因對中國古典詩詞有深厚的修養及理解，所以當他們在看到畫題時，原詩的詩境早已不由自主的潛入腦中。也就是說他們是帶著預設立場來看畫地，所以當豐氏只「譯」出其中某一句時，畫作的內容會讓他們覺得單薄甚至破壞了詩境。

圖4-6： 圖4-7：
〈馬首山無數〉 〈臥看牽牛織女星〉

豐氏的文友們除了給《子愷漫畫》肯定與鼓勵之外，也有一些善意的建議。如俞平伯就曾指出豐氏所繪的〈馬首山無數〉「太著實」了；而〈臥看牽牛織女星〉不但有違常情，而且有失牧之原詩的畫境。

〔註11〕 葉聖陶：〈子愷的畫〉，《豐子愷漫畫全集》第一卷，前頁頁27。
〔註12〕 俞平伯：《俞平伯全集》第二卷，頁105。
〔註13〕 同上，頁103～105。

鑑賞若是以觀賞者爲主體，這些觀點確實是其眞實的感受，且具有相當高的參考價值；但若是以創作者爲主體，這些作品似乎又並無不妥。如只要將〈臥看牽牛織女星〉改爲〈月夜思〉，其畫面一樣能使人產生少女青春閑愁的聯想；或是觀賞者不具備古典詩詞的深厚修養，只從畫題望文聯想，則這些畫題似乎又對畫作起著加分的作用。不過若從這些文友們的起初用心來看，他們的這些「批評」與建議主要是鼓勵豐氏能由被動的「翻譯」轉向主動的「創作」，葉聖陶就直說：「現實生活中可畫的題材多得很，尤其是子愷，他非常善於抓住瞬間的感受，正該從這方面舒展他的才能。」〔註14〕豐氏理解這些文友們的用心及期許，之後他隨即將繪畫的重心轉向描繪天眞爛漫的兒童及浮世百態的社會相上。

畢克官在《中國漫畫史》中曾分析過《子愷漫畫》在二〇年代會受到當時社會重視的原因，主要是因爲它取材新穎、表現手法別緻，他從藝文界及美術界兩方面切入還原《子愷漫畫》創作的歷史背景：

> 《子愷漫畫》出現的 1925 年前後，新文學陣營與復古派和鴛鴦蝴蝶派進行著激烈論戰。「五卅」事件前夕，文藝界彌漫著一種感傷和苦悶的氣氛。當時上海的美術界，除了少數報刊的時事畫和政治諷刺畫外，大量是美人畫和各種庸俗的東西，中國畫和西洋畫也都脫離現實生活。〔註15〕

如 1918 年沈泊塵〔註16〕在上海創辦中國第一個專門的漫畫刊物——《上海潑克》（又名《泊塵滑稽畫報》）月刊，其政治色彩濃厚，內容主要是「於世道人心痛加針砭」的政治及社會生活的諷刺畫。《上海潑克》第一期的封面——〈十年老女猶畫娥眉〉（圖 4-8），就是在諷刺當時就任大總統的徐世昌等人。

〔註14〕葉聖陶：〈子愷的畫〉，《豐子愷漫畫全集》第一卷，前頁頁 27。
〔註15〕畢克官、黃遠林編著：《中國漫畫史》，頁 85。
〔註16〕沈泊塵（1889～1920），原名沈學明，浙江桐鄉人，他是五四時期具有代表性的漫畫家。早年曾學習中國傳統繪畫，既能畫簡筆寫意，也能畫工筆線描，其戲劇人物畫寥寥數筆神情畢現，在當時很負盛名。他不僅畫漫畫和中國畫，也畫油畫、水彩畫，並對雕刻、建築很有興趣。他先後在上海《大共和日報》、《民權畫報》、《申報》、《神州畫報》、《新申報》、《時事新報》等報紙先後發表了上千幅的諷刺畫。

圖 4-8：沈泊塵〈十年老女猶畫娥眉〉

中國第一個專門的漫畫刊物——《上海潑克》，其政治色彩濃厚，內容主要是「於世道人心痛加針砭」的政治及社會生活的諷刺畫。第一期的封面——〈十年老女猶畫娥眉〉，就是在諷刺當時就任大總統的徐世昌等人。〔註17〕

　　1927 年，由張光宇、黃文農、葉淺予、魯少飛……等十一人，在上海成立了中國第一個漫畫團體「漫畫會」，他們想「正式地把漫畫這個名稱介紹到中國來，在理論與技巧上從事探討，以資提高漫畫藝術的標準。」〔註 18〕由「漫畫會」所籌辦的《上海漫畫》周刊於 1928 年 4 月 21 日創刊，是一份八開大彩色石印，每期四頁八面，發行三千份，是當年最風光的漫畫雜誌。與沈泊塵不同的是「漫畫會」的成員多半是兼畫商業廣告和時尚仕女，處於美術和商業交集的位置，所以他們所辦的《上海漫畫》政治色彩不重，不以社會責任爲目標，而是定位爲休閒娛樂刊物。它不僅提供漫畫創作者發表作品的園地，同時也把「漫畫」這名稱與概念推廣至普羅大眾，讓漫畫成爲反映城市文明、大眾文化不可或缺的載體，對三〇年代的漫畫起了很大的引導作用。如葉淺予長篇連環漫畫——〈王先生〉系列（圖 4-9），就是以當時上海小市民的生活爲摹寫範本，利用誇張戲謔的趣味和連環漫畫的形式，詼諧的表現出主人翁——王先生平凡但卻極具韌性的生命力。這種以現實爲範本、以戲謔爲生命、以娛樂爲主旨的作品，在當時廣受上海市民的歡迎。又如《上海漫畫》第十七期（1928 年）由魯少飛所繪的封面（圖 4-10），就是當時上海所流行的「抒情畫」，其內容以表現青年男女精神上的苦悶及對生活不健康的慾求爲主，而非中國文人式的抒情寫意畫。

〔註17〕轉引自《中國漫畫史》，頁 61。
〔註18〕王敦慶語，轉引自《中國漫畫史》，頁 97。

圖4-9：葉淺予〈王先生〉系列之一

《上海漫畫》政治色彩不重，不以社會責任為目標，而是定位為休閒娛樂刊物。
如〈王先生〉系列，就是以當時上海小市民的生活為摹寫範本，利用誇張戲謔
的形式，表現出主人翁——王先生平凡但卻極具韌性的生命力。這種以現實為
範本、以戲謔為生命、以娛樂為主旨的作品，在當時廣受上海市民的歡迎。

圖4-10：魯少飛《上海漫畫》　　　圖4-11：黃文農〈大權在握〉
　　　　第十七期封面

（圖 4-10）是當時上海所流行的「抒情畫」，
內容是在表現青年男女精神上的苦悶，而非中
國文人式的抒情寫意作品。〔註19〕

與豐氏同時期的漫畫家黃文農，擅長以辛辣諷
刺的手法表現其意義美，畫作中充滿了愛國的
熱情及批判的精神。如〈大權在握〉黃氏就是
在諷刺蔣中正的無謀、獨裁及陰沈。〔註20〕

〔註19〕 轉引自《中國漫畫史》，頁 101。
〔註20〕 轉引自《中國漫畫史》，頁 92。

　　值得特別一提的是與豐氏同時開始漫畫創作，並同時聞名於社會的漫畫家——黃文農，原則上他的創作理念與豐氏的「曲高和眾」是相合地。他重視漫畫的通俗性，認為好的漫畫要讓大眾能一目了然；他也認為好的畫作其意義美更勝於造形美。但他們倆在表現的手法則大不同，黃氏擅長以辛辣諷刺的手法表現其意義美，故以諷刺漫畫揚名於當世〔註21〕；而豐氏則善於用詩意的畫面委婉地傳達其意義美，故以抒情漫畫留名於後世。如黃文農的〈大權在握〉（圖 4-11），畫中的蔣中正身披一件大斗篷、頭戴一頂銅盆帽，握著一顆與腦袋不成比例的大拳頭，背後則是一片漆黑，黃氏意在嘲諷蔣氏的無謀、獨裁及陰沈。黃氏的筆鋒帶著沈重的嘲諷味，畫作中充滿了愛國的熱情及批判的精神。

　　我們將豐子愷的漫畫作品放回二、三〇年代上海蓬勃發展的漫畫環境中，不難發現他作品的視角、題材、風格、情趣乃至價值取向，都有他自己獨特的選擇和面貌，與時代風潮距離十分遙遠，甚至是格格不入的。當時在報刊雜誌上所刊載的漫畫，大部分是關注社會、揭露黑暗、反映悲慘的時事題材，或是帶著商業色彩、庸俗媚人的抒情美人畫。在這種社會背景下，當豐氏向人們展示出像〈阿寶兩隻腳，櫈子四隻腳〉這種率真而動人的兒童漫畫、像〈買粽子〉這樣充滿生活情趣的生活漫畫、像〈人散後，一鈎新月天如水〉等耐人尋味的古詩新畫，使人耳目一新，感到十分親切。

　　豐子愷以古典詩詞和天真爛漫的兒童生活為題材的抒情漫畫創作，其濃郁的傳統文人情趣及對兒童無盡的愛，使他的作品大受文學界人士的喜愛。所以他的漫畫作品大都刊登在文學或教育性的刊物上，如《文學周報》、《我們的七月》、《小說月報》、《教育雜誌》，而與當時上海漫畫的主流刊物，如《時代畫報》〔註22〕則無緣。

　　綜合上述，我們可以理解為什麼豐氏這群在社會上早已知名的文友們會這麼欣賞《子愷漫畫》，而樂意為他寫序作跋了。這情形在當時中國的出版界可說是罕見的。《子愷漫畫》帶著其獨特的中國式文人的抒情風貌，再加上這些知

〔註21〕黃文農於 1927 年出版了第一本個人畫集《文農諷刺畫集》，這本畫集以漫畫會名出版，書中全是政治諷刺漫畫。除了自序外，另有季小波、王敦慶、徐蔚南、李金發等人為之作序。參見《中國漫畫史》，頁 95。

〔註22〕1930 年，《上海漫畫》與《時代畫報》合併，《時代畫報》雖非漫畫刊物，但由於主要的編輯者多為「漫畫會」的成員，所以以較多篇幅來發表漫畫作品。

名文友們的力薦，很快地豐氏的漫畫走出了朋友的圈子、走出了文化界，成功的走入了社會、走入了群眾，成為一位知名的漫畫家。另外，因為《子愷漫畫》的廣受歡迎、深入民心，使得「漫畫」〔註23〕在中國正式成為一種大家普遍知道的畫種名稱，這讓豐氏得到了「中國漫畫之父」的美稱〔註24〕。

貳、豐子愷漫畫風格

　　豐氏曾潛心研究東西洋畫派，他既重視西洋畫的構圖、寫生及透視，又注意中國畫的氣韻說和線條美。他融東西畫風為一爐，用毛筆作畫，以西洋的構圖為基礎，表現具有自己民族風味的抒情畫；他以簡練的線條，清麗的佈局，準確地反映感動自己事物的瞬間美。中國漫畫史研究者畢克官曾說，豐氏的漫畫是「抒情漫畫」，黃遠林也說豐氏是「中國文人抒情漫畫」的開創者，從中國近代漫畫的發展來看，清末民初的漫畫是背負著批判政治、諷刺時事的功能，而後則是加入商業娛樂、廣告宣傳的功能。豐氏在一九二〇年代以「詩詞相」及「兒童相」在漫畫界一舉成名，他這種帶有濃厚的中國文人抒情風的畫作，不但與當時的漫畫界大異其趣，也是其漫畫的主要風格與特色。

　　豐氏一生漫畫創作的時間很長，創作的數量非常可觀且取材廣泛，所以在探討豐氏漫畫的風格之前，我們先來為豐氏的漫畫分類，然後以其漫畫的類別，分析其漫畫的特色。

　　豐氏曾從內容思想上，將漫畫分成「感想漫畫」、「諷刺漫畫」和「宣傳

〔註23〕　網路維基百科，對漫畫所下的定義為：「漫畫，又稱連環圖、連環畫或公仔書。漫畫一詞在中文中有兩種意思。一種是指筆觸簡練，篇幅短小，風格具有諷刺、幽默和詼諧的味道，而卻蘊含深刻寓意的單幅繪畫作品；另一種是指畫風精緻寫實，以黑白或彩色筆觸、線條、圖面、文字所集合繪製，內容寬泛，風格各異，運用分鏡式手法來表達一個完整故事的多幅繪畫作品。兩者雖然都屬於繪畫藝術，但不屬於同一類別，彼此之間的差異甚大。但由於語言習慣已經養成，人們已經習慣把這兩者均稱為漫畫。為了區分起見，把前者稱為傳統漫畫，把後者稱為現代漫畫。」本文中所討論的漫畫，當屬於其中的「傳統漫畫」，而非「現代漫畫」。

〔註24〕　在清末民初時「漫畫」的名統尚未統一，當時有「諷刺畫」、「寓意畫」、「諷喻畫」、「時畫」、「諧畫」、「笑畫」、「滑稽畫」等名稱。據陳星《豐子愷漫畫研究》一書中所載，在中國首先將「漫畫」當做一種畫種來稱呼，大約是始於1904年的上海《警鐘日報》上的「時事漫畫」；而若以「諷刺」與「幽默」為漫畫的藝術特點與功能來看，中國的漫畫之實，則早在漢代的石刻畫像上就已出現。

漫畫」三類，並且認爲「感想漫畫」才是漫畫藝術的本體。他也曾依創作時間的先後將自己的畫作分爲：「古詩句時代」、「兒童相的時代」、「社會相的時代」、「自然相的時代」〔註25〕，但又因交互錯綜，不能判然劃界，所以這種以時間來橫斷的分類法似乎不太妥當。但若是以創作者的心路歷程來看，這種有意識的選擇創作的題材，正足以反映出創作者善於深思的人格特質，及對生活週遭事物的解讀與態度。

　　本節擬從風格、思想內涵及題材內容等次序來爲豐氏的漫畫作品做分類。先以風格來分，將豐氏的作品分爲常格與變格二大類；再依思想內涵來分，豐氏常格的作品主要是指他的「感想漫畫」——豐氏認爲的漫畫藝術的本體，而變格作品則是指他的「諷刺漫畫」和「宣傳漫畫」。

表4-1：豐子愷漫畫分類表

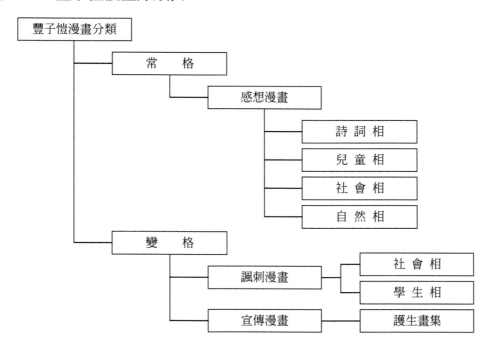

豐子愷將漫畫分爲「感想漫畫」、「諷刺漫畫」、「宣傳漫畫」三大類，並依自己創作的歷程以題材內容將自己的作品分爲：「古詩句時代」、「兒童相的時代」、「社會相的時代」、「自然相的時代」四期。現以其漫畫分類爲基礎，以其風格分成常格與變格二大類，本文以豐氏認爲的漫畫藝術的本體——「感想漫畫」爲常格，在其下再細分成「詩詞相」、「兒童相」、「社會相」、「自然相」四類；而以斥妄性強的「諷刺漫畫」和目的性強的「宣傳漫畫」爲其變格。

〔註25〕參見《豐子愷文集》（四），頁387～391。

所謂「感想漫畫」就是將自己見聞思想所及，心中感動不已的圖像，用筆描寫出來，以舒展自己的胸懷。豐氏認為這種發自內心真實的感受所創作出來的作品，才具有藝術的價值，才是漫畫藝術的本體。所以本文以此為豐氏漫畫創作的常格。而所謂「諷刺漫畫」則是對於社會上不合理的現象以比喻的方式來加以批評、指斥。這種畫對豐氏而言是在「斥妄」，而非「顯正」，所以本文將之歸為變格；而「宣傳漫畫」是先有一種意見或主張，欲宣告或勸誘他人來相信，其目的性高於藝術性，所以在歸類上也將之歸為變格。

豐氏的常格漫畫──「感想漫畫」最能代表豐氏漫畫作品的藝術本色與風格，是本節所欲探討的重點，現依其題材內容分為「詩詞相」、「兒童相」、「社會相」、「自然相」。「諷刺漫畫」和「宣傳漫畫」雖屬豐氏的變格之作，但其中仍有可觀之處，尤其是「諷刺漫畫」中的教育相關主題，和「宣傳漫畫」中的護生畫。現就依其常格與變格，分別來探討豐氏的漫畫風格。

一、豐子愷常格漫畫風格

豐氏的「感想漫畫」其創作動機是出自藝術家的真情實感，當藝術家發現「美的感動」時，接下來自然就會產生表達的欲望及衝動，這也就是「情動於中，不得不發」。這種發自內心真實的感受所創作出來的作品，對豐氏而言才具有藝術的價值，才是漫畫藝術的本體。所以豐氏的作品中，在質與量上都是以感想漫畫居冠，後來的研究者在探討豐氏漫畫作品的風格時，也都是以他的感想漫畫為探討的主體，而將他的諷刺漫畫類和宣傳漫畫類淡化處理。現在我們就從「象徵性」及「文學性」二方面來探討他常格「感想漫畫」的文人抒情風格。

（一）象徵性

豐氏認為漫畫是簡筆而注重意義的一種繪畫，所以在繪製漫畫時必須先立意，後用筆。他深受中國古典畫論的影響，十分注重寫神氣，講求「氣韻生動」，這一點與西洋畫的注重寫實是截然不同地。他在〈漫畫創作二十年〉一文中說道：「作畫意在筆先。只要意到，筆不妨不到，非但筆不妨不到，有時筆到了反而累贅。」〔註26〕而此「意到筆不到」的繪畫美學思想在中國古代就已經有了。唐代著名美術理論家張彥遠在他的《歷代名畫記》裡就提出

過「意存筆先，畫盡意在」的藝術觀點；清代畫家查禮也曾說過：「畫像寫意，必須有意到筆不到處，方稱逸品。」〔註27〕豐氏自身就有此體會：

> 有時眼前會現出一個幻象來，若隱若現，如有如無。立刻提起筆來寫，只寫得一個概略，那幻想已經消失。我看看紙上，只有寥寥數筆的輪廓，眉目都不全，但是頗能代表那個幻象，不要求加詳了。有一次我偶然再提起筆加詳描寫，結果變成和那幻象全異的一種現象，竟糟蹋了那張畫。〔註28〕

這個經驗讓他在進行漫畫創作時，常常留心要「遺貌取神」而不求「工細肖似」。再加上他認爲意義含蓄是漫畫的一大特點，作品如果讓人一目了然，那就缺乏餘韻而令人索然，所以豐氏曾將漫畫比擬成詩中的絕句——字少而精，但卻含意深長。他常拿「言簡而意繁」來準繩自己的漫畫，利用寥寥數筆來畫出具有普遍象徵性的作品，希望能以簡馭繁、捨形求神，以達意在言外的含蓄韻致。他所謂的含蓄決不是故意讓人看不懂，而是在含蓄中留有隱隱的線索讓觀賞者在思索之後有所領悟。所以他作品中的人物常常沒畫眼睛，有些非但不畫眼睛連耳鼻都省略了，但卻神態畢出。

他這意義含蓄的觀點與朱光潛在 1924 年所寫的〈無言之美〉中所提出的論點可說是如出一轍。朱光潛所謂「無言之美」就是「含蓄暗示，若即若離」，就是「言有盡而意無窮」，在文中朱氏舉了許多例子來說明無言之美，最後他歸結出一個公式就是：

> 拿美術來表現思想和情感，與其盡量流露，不如稍有含蓄；與其吐肚子把一切都說出來，不如留一大部分讓欣賞者自己去領會。因爲在欣賞者的頭腦裡所生的印象和美感，有含蓄比較盡量流露的還要更加深刻。換句話說，說出來的越少，留著不說的越多，所引起的美感就越大越深越真切。〔註29〕

這也就是美術作品的美，不只是美在已表現的一部分，在未表現而含蓄無窮的一大部分，其實是更有滋味、更美的，豐氏稱此爲「言簡而意繁」。這與廚川白村「自我發現的喜悅」論調也非常相似，白村認爲藝術的觀賞者其成就感來自於「自我發現的喜悅」，也就是創作者用象徵的手法創作其作品，而觀

〔註27〕 轉引自丁秀娟：《感悟豐子愷》，頁 21。

〔註28〕 〈漫畫創作二十年〉，《豐子愷文集》（四），頁 388。

〔註29〕 朱光潛：〈無言之美〉，《朱光潛全集》第一卷，頁 66。

賞者在鑑賞的過程中發現了「與作者所欲借爲象徵的具有刺激性、暗示性的媒介物」〔註30〕的內涵而與之產生共鳴，這象徵的手法就是暗示，而其目的是要刺激觀賞者引發聯想，進而得到「自我發現的喜悅」。

　　要達到用簡筆而能傳神的境界，除了要先「立意」外，「用筆」的功夫也是很重要地。因爲簡筆，所以筆筆都很重要，下筆前也需更加地謹愼。豐氏是用中國書法筆法入畫，中國本有書畫同源之說，所以每次他畫畫遇到瓶頸時，就會去練書法以求用筆的突破，據豐氏的學生錢君匋憶述：「子愷先生當年曾道：『讀碑宜多，以廣見聞，臨帖則需有所側重，以免風格雜沓』〔註31〕，而朱光潛則憶述：「他近來告訴我，他在習章草，每遇在畫方面長進停滯時，他便寫字，寫了一些時候之後，再丟開來作畫，發現畫就有長進。」〔註32〕他的書法糅合了魏碑和章草的筆法，外柔內剛、姿逸形美，所以他用筆儘管疾如飄風，而筆筆穩重沈著，像箭頭釘入堅石似的。

　　其中最有名的代表作應該是他爲自己長女阿寶所畫的〈阿寶赤膊〉（圖4-12）了，畫中的三歲小女孩頭部低垂、雙手護胸，雖沒畫眉目口鼻，但小女孩嬌羞的神態卻顯露無遺。而在〈人造搖線機〉（圖 4-13）畫中的鄉村婦人正在打綿線，因需要用嘴來輔助咬住綿線，所以畫中婦女只畫一張嘴而省略了其他，衣服也只用幾筆簡淨的線條來表現，而無任何的裝飾。這種簡筆的寫實畫，因省略了個人的特徵，而讓此形象更具象徵性和普遍性，像〈阿寶赤膊〉一圖中所傳達的是所有三歲小女孩的嬌羞，而〈人造搖線機〉也不是在畫某一特定的婦人，而是在描繪當時鄉村婦女的共同形象。欣賞他的這些畫，常常令人產生無盡的聯想，有一種情義深長、回味無窮的感覺。

　　像〈德菱小妹妹之像〉（圖 4-14），雖談不上是工筆畫，但其「寫眞」的意圖卻很明顯，豐氏不但細細描繪出她的五官，還花了少許筆墨來描繪她所穿的衣服，像這類「取貌」、「寫眞」的作品，其個別性強於普遍性，在豐氏的作品中誠數少數。

〔註30〕　廚川白村：〈鑑賞論〉，《苦悶的象徵》，頁 49。
〔註31〕　參見邱士珍（2003）：《豐子愷繪畫藝術之研究》，頁 141。
〔註32〕　朱光潛：〈豐子愷的人品與畫品──爲嘉定豐子愷畫展作〉，《朱光潛全集》第九卷，頁 155。

圖 4-12：	圖 4-13：	圖 4-14：
〈阿寶赤膊〉	〈人造搖線機〉	〈德菱小妹妹之像〉

豐氏簡筆的寫實畫重「捨形求神」，因省略了個人的特徵，而讓畫中人物的形象更具象徵性和普遍性。像〈阿寶赤膊〉一圖中所傳達的是所有三歲小女孩的嬌羞，而〈人造搖線機〉也是在描繪當時鄉村婦女的共同形象。但在〈德菱小妹妹之像〉一圖中，豐氏「寫真」的意圖明顯，不但細細描繪出德菱的五官，還花了少許筆墨來描繪她所穿的衣服，像這類「取貌」、「寫真」的作品，其個別性強於普遍性，在豐氏的作品中誠屬少數。

（二）文學性

豐氏是力倡藝術大眾化地，所以他的漫畫大都是「文學的繪畫」，而少有「純粹的繪畫」。如他在〈音樂與文學的握手〉一文中寫道：

> 我的畫雖然多偏重內容的意味，但也有專為畫面的布局的美而作的。我的朋友，大多數歡喜帶文學的風味的前者，而不喜歡純綷繪畫的後者。我自己似乎也如此，因為我歡喜教繪畫與文學握手，正如我歡喜與我的朋友握手一樣。以後我就自稱我的畫為「詩畫」。
>
> 〔註33〕

從他的「詩畫」中，我們可以看出豐氏深厚的中國傳統文化底蘊和紮實的藝術訓練，並從中體味出他中國文人式的審美情趣。豐氏文學與繪畫的結合可表現在二方面：一是畫中含有「詩趣」；二是標題主導畫意。

1. 畫中含有詩趣

豐氏曾分析中國畫的特色之一就是「畫中有詩」，而中國畫中所含有的「詩趣」，可從兩方面來探討：

第一種是詩詞圖像化。也就是用畫來描繪詩文中所述寫的意境或事象，

〔註33〕 〈音樂與文學的握手〉，《豐子愷文集》（三），頁 52～53。

或者直接就在畫面題上詩句，使詩意與畫義、書法與畫法作有機的結合。我們從豐氏的漫畫全集中可以發現，豐氏這類的作品爲數不少，他曾自述：

> 從小喜歡讀詩詞，只是讀而不作。我覺得古人詩詞，全篇都可愛的極少。我所愛的，往往只是一篇中的一段，甚其一句。這一句我諷詠之不足，往往把他抄寫在小紙條上，粘在座右，隨時欣賞。〔註34〕

豐氏早期的「古詩新畫」系列就是在此動機下畫成地。其後他更於1943年出版了《畫中有詩》〔註35〕畫集，全書是以古詩詞爲題，進行創作。但他這類的作品，因爲受限於觀賞者原先對詩的認知與解讀，所以引起的爭議也較大。如俞平伯就曾於〈關於《子愷漫畫》的幾句話〉一文中說出自己對《子愷漫畫》中十幅以古詩詞爲題畫作的負面感想，例如他指出〈翠拂行人首〉一圖只有畫出「翠拂人首」而沒有畫出「行」字的感覺來。俞平伯此一觀點應是許多對古詩詞有深厚修養的文人共同的感受。夏丏尊也認爲畫古詩詞名句是一種「翻譯」而非創作。

但我們把時間軸拉長來看，就會發現豐氏這類的畫不單是「翻譯」古詩詞或是將其現代化而已，而是這些他所喜愛的詩句已經入駐到他的思維中，陪著他一路成長。就拿俞平伯批評過的〈翠拂行人首〉來看，此一畫題是取自北宋宋祁的《錦纏道·春遊》：「燕子呢喃，景色乍長春晝。睹園林，萬花如繡。海棠經雨胭脂透。柳展宮眉，翠拂行人首。向郊原踏青，恣歌攜手。醉醺醺，尚尋芳酒。問牧童，遙指孤村道，杏花深處，那裡人家有。」〔註36〕在這闋詞中，作者以輕快的筆調描寫春日園林之美，及郊遊踏青之樂。豐氏曾在不同的年紀畫了數次〈翠拂行人首〉這富有詩意的漫畫，雖然豐氏的作品與宋祁的詞意不盡相合，但其內容選材卻是與他的生命歷程緊緊相扣地。現在我們就以其中三幅爲例，看看這詞句是如何陪伴著豐氏從青春浪漫走過戰亂歲月，再走向沉穩的暮年。

第一幅（圖4-15）是作於1924年左右，青年人的豐氏在這幅畫中以兩位小姑娘爲主角，他不畫小姑娘的正面而是以其背影示人，上有條條垂柳輕拂其首，再以畫框來壓縮空間，讓人感受到那屬於年輕女孩們所特有的少女情懷與淡淡閒愁。第二幅（圖4-16）則是作於抗戰期間，邁入不惑之年的豐

〔註34〕〈漫畫創作二十年〉，《豐子愷文集》（四），頁388。
〔註35〕重慶文光書店，1943年4月初版。
〔註36〕參見《豐子愷漫畫全集》第八卷，頁248。

氏，畫的是一家四口倉皇逃難途經柳樹下的情形。畫中父揹子、母攜幼，困頓之情與題目的優雅形成強烈的對比，這讓此畫的人生味更濃、現實感也更強。第三幅（圖 4-17，原圖彩色）則是同題的彩色漫畫，這幅畫完成的時代最晚，應是畫於 1949 年之後。進入知天命之後的豐氏，對人生又有了另一番的體會。畫中的五人閒適地漫步著，二個較大的女孩逕自走在前頭似乎正在聊著少女們感興趣的話題；而後面的少婦則牽著一位紅衣小女孩與另一婦人開心地聊著，頭上的柳條隨意地輕拂其首。整幅畫面給人閒適溫馨的感受，也是最合宋祁「春遊」題旨的一幅。

圖 4-15：〈翠拂行人首〉　　圖 4-16：〈翠拂行人首〉　　圖 4-17：〈翠拂行人首〉

豐氏在不同的年紀前後曾畫了數次〈翠拂行人首〉。（圖 4-15）作於 1924 年左右，青年人的豐氏以兩位小姑娘為主角，畫出那屬於年輕女孩們所特有的少女情懷與淡淡閒愁。（圖 4-16）則是作於抗戰期間，畫中父揹子、母攜幼，困頓之情與題目的優雅形成強烈的對比，使得這幅畫的人生味更濃、現實感也更強。（圖 4-17）這幅畫畫於 1949 年之後，進入知天命之後的豐氏，對人生又有了另一番的體會，整幅畫面給人閒適溫馨的感受。這三幅同題漫畫，創作於三個時期，反映出豐氏人生三個不同階段對同一詞句所產生不同的解讀。

　　這三幅同題漫畫，創作於三個時期，反映出豐氏人生三個不同階段對同一詞句所產生不同的解讀，頗為耐人尋味。

　　第二種是畫面詩意化。即畫的設想、構圖、形狀、色彩的詩化〔註 37〕。豐氏的感想畫作幾乎全都具有此一特色，他這一特色主要是受日本畫家竹久夢二的啟發。此一認知讓他有意識地要營造畫面的詩意化，讓他的畫能透出一股清幽的詩情、詩趣，讓觀賞者產生浪漫抒情的感受。這也是為什麼豐氏

〔註37〕　參見〈中國畫的特色〉，《豐子愷文集》（一），頁 39。

圖4-18：〈阿寶兩　　圖4-19：〈被寫　　　圖4-20：　　　　圖4-21：
隻腳櫈子四隻腳〉　　生的時候〉　　　〈漫畫原稿〉　　　〈初讀〉

在（圖4-18～圖4-21）中，我們可以看出豐氏許多「兒童相」的作品中都具有濃濃的抒情風和優雅的詩情。

的漫畫會被冠上「抒情漫畫」的主要原因了。

　　豐氏的作品中最具浪漫抒情風的應屬兒童相及古詩詞相了。如兒童相中的〈阿寶兩隻腳櫈子四隻腳〉（圖4-18）、〈被寫生的時候〉（圖4-19）、〈漫畫原稿〉（圖4-20）、〈初讀〉（圖4-21）等，全都是在父愛的渲染下所經營出的童真及詩趣；而古詩詞相則更不用說了，在豐氏的成名作──〈一鈎新月天如水〉一圖中，即已展現出其濃厚的抒情風及刻意營造的詩趣。兒童相部份，我們將留待第六章再來進行深入的探討；古詩詞相部分其用心顯著，我們可從畫題中直接領略其用心。所以現在我們就以社會相部分為例，看看其畫面中所含的詩趣。

　　如〈三娘娘〉（圖4-22）、〈雲霓〉（圖4-23）是當時農村生活的速寫，豐氏用簡筆來省略雜蕪的枝節，只簡單地鈎勒出主角及其動作，畫面呈現出閒適的抒情的氛圍。但若是配合豐氏的隨筆一起閱讀，我們將可發現豐氏除了敬佩〈三娘娘〉和〈雲霓〉中農夫村婦的辛勞外，同時也為他們的所得鎖眉嘆息。其實他是抱著悲憫與不平的心情，畫著這些寫意抒情的圖像。

　　在同題的〈三娘娘〉一文中豐氏提到：

　　　　像三娘娘這樣勤勞地一天扭到晚，所得不到十個銅板。但我想，假
　　　　如用「勤勞」的國土裡的金錢來定起工價來，這樣純熟的技能，這
　　　　樣忍苦的勞作，定他每天十個金鎊，也不算過多呢。〔註38〕

────────────

〔註38〕　〈三娘娘〉，《豐子愷文集》（五），頁370。

圖 4-22：〈三娘娘〉　　圖 4-23：〈雲霓〉

豐氏在〈三娘娘〉和〈雲霓〉這類帶有社會意含的「社會相」中，仍是以詩化的畫面來展現其委婉的社會批判。

而〈雲霓〉一圖則是描繪農夫抗旱的一景，他們腳踏著水車，眼望著天空薄薄的雲霓，希望老天能趕快結束這連續兩三個月的大熱大旱，下場雨來滋潤田中的稻禾。豐氏當時看到的情景是：

> 這是天地間的一種偉觀，這是人與自然的劇戰。火一般的太陽赫赫地照著，猛烈地在那裏吸收地面上所有的水；淺淺的河水懶洋洋地躺著，被太陽越曬越淺。兩岸數千百踏水的人，儘量地使用兩腿的力量，在那裏同太陽爭奪這一些水。太陽升得越高，他們踏得越快：「洛洛洛洛⋯⋯」響個不絕。後來終於戛然停止，人都疲乏而休息了；然而太陽似乎並不疲倦，不須休息；在靜肅的時候，炎威更加猛烈了。〔註39〕

這人與天爭的一景讓豐氏觸目驚心，強烈地衝擊著豐氏文人的良知和悲憫的心。但他在落筆描繪此景時，仍以「顯正」的優雅方式來表達農民深沉而卑微的心願。

可見豐氏就算是在畫〈三娘娘〉這類帶有社會批判意味的寫實作品時，仍以暗喻、委婉的方式來呈現其意含，而以詩化的畫面呈現出文人的抒情風味，讓讀者在看畫時不自覺地產生美的聯想和審美的愉悅，而不會產生厭惡、激烈的情感。

2. 畫題主導畫意

豐氏希望自己的畫作能如絕句般的「畫簡意繁」，他一方面在繪畫時利用簡筆來做到「意到筆不到」，另一方面則是借重畫題的力量來加強其畫意。他

〔註39〕　〈肉腿〉，《豐子愷文集》（五），頁354。

在分析漫畫與詩的表現力後，認為漫畫的表現力不及詩，再加上從竹久夢二的作品中，體悟出了畫題對畫意的加分作用，於是他在創作時有意識運用畫題來擴展其畫意、增加其意義美，豐氏稱此種繪畫為「文學的繪畫」。

在豐氏的作品中，有些畫題只是純粹點題，如〈觀棋不語〉（圖 4-24）、〈梳頭〉（圖 4-25）、〈棄嬰〉（圖 4-26）等，只是單純的指陳事件本身，而無添加其他的內涵意蘊；有些則是利用畫題與圖像的落差，拉出一個讓讀者想像的空間，以增加其意義美。如在（圖 4-27）中我們很清楚看出，畫中兩人的關係是鄰居，只是鄰近的兩家是以醜惡刺目的鐵扇骨來區隔，讓人感受到兩戶

圖 4-24：〈觀棋不語〉　　圖 4-25：〈梳頭〉　　圖 4-26：〈棄嬰〉

豐氏在創作時常有意識地運用畫題來擴展其畫意，畫題下得巧妙與否，常左右著作品意義美的深淺。如在（圖 4-24～圖 4-26）中，這些畫題只是純粹的點題、單純的指陳出事件本身，而沒有擴展其畫意。

圖 4-27：〈鄰人〉　　圖 4-28：〈鄰人〉

同題為〈鄰人〉之作，在（圖 4-27）中豐氏利用文字（親）與圖像（隔）間的落差，為畫作添增了嘲諷及感嘆的意味；而在（圖 4-28）中，雖無圖文間意象的落差，但若是與（圖 4-27）並列同觀，我們可以發現在早期的斥妄之後，豐氏仍是渴望回歸顯正的詩意之作。

圖 4-29：
〈人散後，一鉤新月天如水〉

圖 4-30：
〈月亮等我們〉

（圖 4-29～圖 4-30）的題材內容相近，但因所下的標題不同，使讀者在看畫時產生了雅、俗二種不同的感受，可見豐氏的畫題對主導畫意的走向起著多大的功效。

人家之間的隔閡與疏遠，所以當畫題「鄰人」一出，文字與圖像間產生了意象上的落差，使得此畫添增了嘲諷及感嘆的意味；而在另一幅〈鄰人〉（圖4-28）作品中，雖無此對比的落差，但豐氏從景來寫情，使得整幅畫作予人和樂溫馨之感，若是與前圖並列同觀，我們可以發現在早期的斥妄之後，豐氏仍是渴望回歸顯正的詩意之作。

另外像〈人散後，一鉤新月天如水〉（圖4-29）與〈月亮等我們〉（圖4-30）的題材內容相近，但讀者在看這兩幅畫時，卻產生了雅與俗二種不同的感受。〈人散後〉這幅作品具備了前述的二種詩趣，讀者因畫題的引導而產生歡聚過後的孤清感受，這讓讀者在享受形式美的同時也能獲得意義美的感動。在〈月亮〉一圖中，畫面更形具像、題目也更加口語化了，它只備具了前述第二種的詩趣，讀者在觀看此畫時會因擬人的命題而產生趣味的聯想，會不自覺地在腦中編寫出一個故事來。〈人散後〉一圖帶有文人的浪漫詩趣，而〈月亮〉一圖則帶有率直天眞的童趣，可見豐氏的畫題對主導畫意的走向起著多大的功效。

豐氏利用古詩詞爲題來主導畫意是明顯可見地，這在上節已經分析過了，現在我們就豐氏畫中一般的命題，來分析討論此一由畫題主導畫意的特色，是如何地在豐氏作品中發揮其「點睛」的作用，主導整幅畫的意境走向及增添畫作的意義美。

〈我們所造的〉（圖 4-31），此畫前景畫了
二位席地而坐的工人，他們看似正在討論著眼
前的屋宇。這幅畫豐氏若是沒有為其命題，我
們看不出畫中二人和屋宇間的關聯，也不容易
興起感嘆的念頭。但畫題一出，我們便知道了
他們是建造此屋的建築工人，他們辛辛苦苦地
添磚加瓦讓這屋宇從無到有，但當房子造好時
也就是他們退場的時候到了，讓這屋子真正的
主人登場。坐在地上的兩人談些什麼，我們不
得而知，這是豐氏留給我們的想像空間，但看
了畫題後，讓我們會不自主的興起「為他人作
嫁衣裳」的惆悵來。我們若把題目改為「華屋」
或「有錢真好」，那麼這幅畫的畫意將隨之轉
向，而且也變得庸俗、平凡，不但沒起點睛之
效，反而還削弱了此畫的藝術效果，足見畫題
影響畫意之鉅。

圖 4-31：〈我們所造的〉

豐氏利用畫題點出畫中席地而
坐的二人與遠方華屋間的關
聯，讓人興起「為他人作嫁衣
裳」的惆悵來。若將畫題改為
「華屋」或「有錢真好」，那麼
這幅畫的畫意將隨之轉向，藝
術效果也隨之大為削減，足見
畫題影響畫意之鉅。

　　〈鑼鼓響〉是透過畫題讓人了解畫中的小
男孩為何而急切、不耐。在豐氏的家鄉有「鑼鼓響，腳底癢」的說法，在早
期的中國，每當有節慶或活動的場合，都是以敲鑼打鼓的方式來慶祝及招徠
客人，所以畫中的小男孩一聽到「鑼鼓響」便知道又有熱鬧可看了。於是他
頭也不回地往聲音來源處前進，並且用他那小手拉扯著行動較為遲緩的祖
母；那張著的小嘴，似乎正在不耐地催促著他那和藹的祖母——腳步加快
些，好戲就要開鑼了。而豐氏的另一幅作品——〈巷口〉（圖 4-33），其題材
和構圖都與〈鑼鼓響〉十分相似，但圖中祖母的背脊較為挺直，腳跟似乎釘
在地上似地，兒童的臉孔則轉身面對著祖母，似乎正在央求她移往他處，而
嚴肅的祖母不肯，兩人正僵持著。這幅畫的情景在日常生活中更是尋常可
見，它是日常生活中巷口常見的一景，不需有任何特別的誘惑來吸引兒童的
注意，反正兒童要去的方向總是和大人不同，所以這情景在巷口總是不斷地
上演著。

　　另外像〈去年的先生〉（圖 4-34）就是經由畫題讓人感嘆時局艱難，使人
斯文掃地；〈到上海去〉（圖 4-35）則是藉由畫題讓人感知當時鄉下人對繁華

都市的嚮往。同樣是棄嬰，在〈笑渦〉（圖 4-36）一圖中豐氏藉由畫題讓人深切地感受到，畫中貧窮的父親對他手中孩子萬般地不捨與依戀，這幅畫若改名爲「棄嬰」或「接嬰處」，則讀者想像的空間馬上就被壓縮了。

圖 4-32：〈鑼鼓響〉　　　　　　　　圖 4-33：〈巷口〉

（圖 4-32、圖 4-33）題材和構圖都十分相似。在〈鑼鼓響〉中，豐氏透過畫題讓讀者了解畫中小男孩因爲被「鑼鼓響」所吸引，所以腳底不由得癢了起來，而急切地拉著祖母朝聲音的來源處前進。但在〈巷口〉一圖中，豐氏卻傳達出不同的意含。他一方面以畫中人物的肢體來傳達祖孫間僵持的關係外，一方面也利用畫題來點出這是日常生活中「巷口」常見的一景，不需有任何特別的誘惑來吸引兒童的注意，反正兒童要去的方向總是和大人不同。

圖 4-34：〈去年的先生〉　　圖 4-35：〈到上海去〉　　圖 4-36：〈笑渦〉

豐氏經由畫題讓人感嘆時局艱難，使人斯文掃地。

豐氏藉由畫題讓人了解當時鄉下人對繁華都市的嚮往。

豐氏藉由畫題讓人感受到畫中貧窮的父親對他手中孩子萬般地不捨與依戀。

這些主導畫意，提升意象美的點睛畫題，讓豐氏的畫作能同時兼具形象美和意義美，讓我們在看畫時「不僅用感覺欣賞其形色的美；看了畫題，又可用思想鑑賞其意義的美，覺得滋味更加複雜。」〔註40〕這些特色在豐氏早期（1937 年以前）的畫作中屢見不鮮。

二、豐子愷變格漫畫特色

（一）諷刺漫畫

「諷刺漫畫」是「對於人類社會的不合理發生反感，想加以批評；不用直言指斥，而想出一種適當的比喻來，或是找出一種適當的事象來，描成一幅漫畫，以顯示這不合理。」〔註41〕諷刺漫畫與感想漫畫有時界限很難劃分，豐氏認為可從形狀上做區分：「形狀自然或美觀的，為感想漫畫。形狀怪異或醜惡的，為諷刺漫畫。」〔註42〕例如同樣是在畫養蠶，在〈三眠〉（圖4-37）一圖中呈現出豐氏特有的抒情風，養蠶人點著蠟燭照看蠶兒，小貓則蜷臥在一角慵懶地睡著，畫面中流動著一股溫馨之情；而在〈甘美的桑葉後面有炮烙〉（圖 4-38）則明顯地是在指責人們的功利用心，人們養蠶的目的只是

圖 4-37：〈三眠〉　　　　　圖 4-38：〈甘美的桑葉後面有炮烙〉

諷刺漫畫與感想漫畫豐氏認為可從形狀上做區分：「形狀自然或美觀的，為感想漫畫。形狀怪異或醜惡的，為諷刺漫畫。」例如同樣是在畫養蠶，在〈三眠〉一圖中呈現出豐氏特有的抒情風，畫面中流動著一股溫馨之情，是屬於「感想漫畫」；而在〈甘美的桑葉後面有炮烙〉則明指人們的功利用心，其諷刺意味十足，畫面觸目醜惡，是屬於「諷刺漫畫」。

〔註40〕　〈繪畫與文學〉，《豐子愷文集》（二），頁 491。
〔註41〕　〈漫畫的種類〉，《豐子愷文集》（四），頁 277。
〔註42〕　同上，頁 278。

爲了要取絲紡紗，而與蠶之間無任何情感的交涉，其諷刺意味十足，畫面觸目醜惡。以豐氏的標準來看，〈三眠〉是屬於「感想漫畫」，而〈甘美的桑葉後面有炮烙〉則是屬於「諷刺漫畫」。

這種缺少文學、抒情的趣味，而帶有批判、諷刺味道的畫作，原本豐氏是不忍描寫的，但他想到就算是佛菩薩在說法也有「顯正」和「斥妄」兩途。西諺也有「漫畫以笑語叱吒人間」之說，於是他決定「當面細看社會上的苦痛相、悲慘相、醜惡相、殘酷相，而爲它們寫照。」〔註43〕他在1938年11月14日所寫的《教師日記》中也寫到：「我的畫集《人間相》所描的實在是地獄相，非人間相。明知諷刺乃小道，但生不逢辰，處此末劫，而根氣復劣，未能自撥於小道，愧恨如何！」〔註44〕可見諷刺漫畫對豐氏而言是爲了要「斥妄」所行的方便法門，所以豐氏雖認爲它是「小道」，但仍行之。在1930年代以後豐氏所畫的社會相和學生相中，曾經一度密集的出現過這類帶有批判、諷刺的作品，尤其是他在1931年由上海開明書店出版的《學生漫畫》中與教育相關的作品，豐氏直接諷刺的用意更是明顯可見。

如〈升學機〉（圖4-39）就是豐氏在〈漫畫的種類〉一文中所舉的例子，圖中大刺刺的指出「銀洋」才是能否升學的決定因素。雖然豐氏後來覺得這諷刺太辛辣了點，也希望這圖能失卻其時效性，但在現今日形嚴重的M型社會中，這現象似乎又有了復甦的跡象。又如在〈某種教師〉（圖4-40）中，這種教師像個留聲機似的，只是重複地播放同樣的內容，一點都不在意學生是否理解，也缺乏與學生的互動和對學生的關愛；〈某種學校〉（圖4-41）像是在要猴戲般，譁眾取寵以吸引學生（消費者）的注意、獲得足夠的辦學經費，而整齣戲則由校長所主導；在〈某種教育〉（圖4-42）中，豐氏沉痛的指出，「填」、「壓」式的教育不是在開發學生的潛能，而是拿一個模型在大量複製同一式樣、缺乏個性、缺乏獨立思考能力的泥人；在〈教育二〉（圖4-43）中則更直露的表現出學生對此種模型式教育的痛苦感受，但他們被壓抑的悲鳴並沒有獲得施教者的同情；〈程度〉（圖4-44）則是嘲諷當時教育的「年級」制度是如何的不尊重學生的個別差異，而造成齊頭式的假平等。這些種種教育的相關問題在經過多次教改、七十年後的今天看來，其「斥妄」的效力似乎並沒有完全的消退。

〔註43〕〈漫畫創作二十年〉，《豐子愷文集》（四），頁390。
〔註44〕〈教師日記——十一月十四日〉，《豐子愷文集》（七），頁27。

圖 4-39：〈升學機〉　　圖 4-40：〈某種教師〉　　圖 4-41：〈某種學校〉

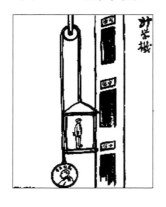　　

圖 4-42：〈某種教育〉　圖 4-43：〈教育〉（二）　圖 4-44：〈程度〉

（圖 4-39～圖 4-44）豐氏主要是在諷刺當時的教育現狀。身為教師及父親的豐氏對於教育問題特別關心，他看到當時教育現場種種不合理、不合人性的教育方法及制度，於是沉痛的繪製了多幅諷刺教育的漫畫作品，希望能以斥妄的方式引起大眾對教育現況的省思。

　　另外如〈某父子〉（圖 4-45），圖中穿著入時的兒子一派輕鬆優雅、自顧自的往前走，而其年邁的老父則背著沉重的行囊緊隨在後，這畫面雖不似〈教育（二）〉般讓人覺得醜惡，但這「某父子」標題一出，也讓人不禁唏噓長嘆了起來。在〈社會運動〉（圖 4-46）一圖中，豐氏是在自嘲像自己這種拿筆桿的讀書人，在劇烈的社會運動中殿後，遠遠不及掌斧頭和拿鏈刀的農、工階級。

　　如前章所述，豐氏這類諷刺漫畫主要是受日本北澤樂天的影響，是其三類漫畫作品中數量最少的。這主要是因為豐氏的人格特質偏向仁厚和悲憫，再加上他認為藝術創作是要美化人心、提高人的心靈境界，讓人可以從塵世的苦悶中得到解脫。所以諷刺漫畫對豐氏而言，是斥妄而非顯正、是變格而

圖 4-45：〈某父子〉　　　圖 4-46：〈社會運動〉

〈某父子〉主要是在諷刺洋化的年輕兒子對待中國傳統父親的方式。而在〈社會運動〉中，豐氏自嘲像自己這種拿筆桿的讀書人，在劇烈的社會運動中遠不及掌斧頭和拿鏈刀的農、工階級。

非常態；他的諷刺漫畫不論是在質或量上都較其「感想漫畫」及「宣傳漫畫」貧乏許多。

（二）宣傳漫畫

「宣傳漫畫」：目的性比諷刺漫畫更強、更直接。它是先有一種意見或主張，欲宣告或勸誘他人來相信，所以在表現上較直露，這類漫畫廣泛用在政治、文教宣傳和商業廣告上。在豐氏的創作中，他除了爲愛國抗日和宣揚社會主義美好的一面畫過宣傳畫外，像是爲出版品所繪製的封面、插圖和護生畫等也屬之，其中以護生畫的數量最多影響也最廣。現在我們就對豐氏宣傳漫畫的代表作——護生畫集，來做進一步的說明。

　　1927 年豐氏從弘一師法皈依佛門，當時他畫了一些戒殺的漫畫送給李圓淨居士，李圓淨看了大爲歡喜贊嘆，於是「堅請」豐氏繼續繪製此類畫作以發揚佛教護生眞理。1929 年爲了慶祝弘一大師五十大壽，於是豐氏畫了五十幅護生畫出版《護生畫集》爲其師祝壽。這畫集主要是「以藝術作方便，以人道主義爲宗趣」〔註 45〕來宣傳佛教戒殺護生的理念，如馬一浮在第一集序言中寫道：

> 子愷製畫，圓淨撰集，而月臂（弘一法師）爲之書。三人者，蓋夙同誓願，假善巧以寄其惻怛，將憑茲慈力，消彼獷心，可謂緣起無礙，以畫說法者矣。〔註 46〕

〔註 45〕《護生畫選集》，頁 205。
〔註 46〕馬一浮：〈《護生畫集》第一集序言〉，《護生畫選集》，頁 204。

他們三人主要是希望藉由此畫集來去除人們殘忍之心以長養慈悲之心，然後拿此心來待人處世，所以雖名之為「護生」其實是要「護心」。豐氏自己也曾寫到：

> 「護生」就是「護心」。愛護生靈，勸戒殘殺，可以涵養人心的「仁愛」，可以誘致世界的「和平」。故我們所愛護的，其實不是禽獸魚蟲的本身（小節），而是自己的心（大體）。換言之，救護禽獸魚蟲是手段，倡導仁愛和平是目的。再換言之，護生是「事」，護心是「理」。〔註47〕

可見豐氏在繪製護生畫時，其目的很明顯是在宣傳佛教戒殺護生的教義。

此畫集「以藝術作方便」主要是為了有別於其他「陳舊式之勸善圖畫」，而欲藉由豐氏嶄新的畫法來吸引「新派智識階級（即高小畢業以上之程度）」及「不信佛法的人」使其能對此書「研玩不釋手」而自然產生戒殺放生之念頭及行為，廣植善根。為了達到此目的，弘一與豐氏師生倆頗費了一番心思，這點我們可以從他們往返的書信中得到印證。如 1929 年 8 月 14 日弘一寫給豐氏的信中寫到：

> 朽人之意，以為此書須多注重於未信佛法之新學家一方面，推廣贈送，故表紙與裝訂，須極新穎警目。俾閱者一見表紙，即知其為新式之藝術品，非是陳舊式之勸善圖畫。倘表紙與尋常佛書相似，則彼等僅見《護生畫集》之簽條，或作尋常之佛書同視，而不再披閱其內容矣。〔註48〕。

這是弘一在此書的裝幀上給予豐氏明確的指導方向。另外在圖畫內容方面，弘一也給了豐氏不少的指導，如對於〈今日與明朝〉（圖 4-47）一圖，弘一給了此意見：

> 此原畫，意味太簡單，擬乞重畫一幅，題名曰「今日與明朝」〔註49〕。將詩中「雙鴨泛清波，群魚戲碧川」之景補入，與「繫頸陳市廛」相對照，共為一幅。則今日歡樂與明朝悲慘相對照，似較有意味。〔註50〕

豐氏依從老師的指導，將「雙鴨泛清波」和「繫頸陳市廛」二景畫在同一畫

〔註47〕　〈一飯之恩〉，《豐子愷文集》（五），頁 656。
〔註48〕　《弘一大師文集・書信卷》（一），頁 304。
〔註49〕　原題為〈懸樑〉。
〔註50〕　弘一法師寫於 1929 年 8 月 22 日，《弘一大師文集・書信卷》（一），頁 306。

面上，讓今明相對、生死相襯，使人看了後不禁心生同情與不忍。這幅畫形義兼美，情生其中，是一幅形、情、義俱佳的護生畫。

弘一也曾給豐氏〈倒懸〉一圖美學方面的指導：

> 畫集中「倒懸」一幅，擬乞改畫。依原配之詩上二句，而作景物畫一幅（即是「春來霜露……芥有孫」之二句），畫題亦須改易，因原畫之趣味，已數見不鮮，未能出色，不如改作爲景物畫，較優美有意味也。〔註51〕

我們檢閱收錄在《豐子愷漫畫全集》第五卷護生畫集中的《護生畫集第一集》，發現了一幅名爲〈倒懸〉（圖 4-48）的作品，但它不是景物畫而是一位屠夫左右手各執雞、鴨一隻，其題詩爲：「始而倒懸，終以誅戮。彼有何辜，受此荼毒。人命則貴，物命則微。汝自問心，判其是非。」〔註52〕圖意與詩意非常切合，且畫面帶有豐氏一貫的抒情風。可見護生畫集第一集的內容是由他們三人共同討論、溝通而決定地，並非由弘一單方面來主導。

圖 4-47：〈今日與明朝〉　　　圖 4-48：〈倒懸〉

在護生畫集的裝幀及圖畫內容上，弘一曾給豐子愷多方面的指導。如〈今日與明朝〉豐氏就是依從老師的指導而加以改製；但弘一的指導並非唯一的原則。有時經過討論後，仍是以豐氏的想法來傳達他對護生的解讀，如〈倒懸〉即是一例。

　　從這些書信中我們可以了解到他們雖是以宣傳佛教教義爲目的，但卻是以藝術創作的態度在「釀製」《護生畫集》，所以豐氏的護生畫雖然是屬於宣傳畫，但仍具有相當高的藝術價值，尤其前二集是弘一在世時所繪製地，其藝術價值與傳教功能可說是旗鼓相當，但到第四集以後，則有傳教目的凌駕藝術價值之上的傾向。現在我們就以《護生畫集》前二集的作品來探討豐氏

〔註51〕 弘一法師寫於 1929 年 8 月 24 日，《弘一大師文集・書信卷》（一），頁 309。
〔註52〕 《豐子愷漫畫全集》第五卷，頁 38。

護生畫的特色。

在第一集中〈！！！〉〔註53〕（圖 4-49）一圖，主要是要提醒人們，就算是在走路時也要注意到腳下的生靈。李圓淨爲其配上的白話詩爲「麟爲仁獸，靈秀所鍾，不踐生草，不履生蟲；緊吾人類，應知其義，舉足下足，常須留意；既勿故殺，亦勿誤傷，長我慈心，存我天良。」。在〈我的腿〉〔註54〕（圖 4-50）一圖中，豐氏雖幽默的化身爲豬隻，但卻對被美味薰心的人類發

圖 4-49：〈！！！〉　　　圖 4-50：〈我的腿〉　　　圖 4-51：〈刑場〉

圖 4-52：〈開棺〉　　　圖 4-53：〈屍林〉　　　圖 4-54：〈示眾〉

（圖 4-49～圖 4-54）爲《護生畫集》第一集中的作品。（圖 4-49、圖 4-50）是以幽默的方式呈現護生的思想；而（圖 4-51、圖 4-52）豐氏則是直接利用怵目的畫題，來引起人們的省思；在（圖 4-53、圖 4-54）中，不但畫題驚悚，連畫面都讓人產生殘忍、不舒服的感覺。弘一認爲此類怵目驚心的護生畫在長養慈悲心上有所不妥，實應少之。

〔註53〕《豐子愷漫畫全集》第五卷，頁 10。
〔註54〕《豐子愷漫畫全集》第五卷，頁 21。

出悲淒的哀鳴──「我的腿！」。此圖援引明陶周望的詩為其配詩：「挾弩隱衣袂，入林群鳥號，狗屠一鳴鞭，眾吠從之囂；因果苟無徵，視斯亦已昭，與其噉群生，寧我吞千刀。」陶周望詩中的含意與豐氏圖像中所呈現出來的意象似乎不太切合，但弘一在 1929 年 8 月 24 日寫給豐氏的信中曾寫過一首與圖像更為貼近的白話詩：「我的腿，善行走。將來不免入汝手，鹽漬油烹佐春酒。我欲乞哀憐，不能作人言。願汝體恤豬命苦，毋再殺戮與熬煎。」〔註 55〕這首詩也是以豬的角度來寫作，在輕俏的節奏中傳達豬隻深沉的願望，這不但與豐氏圖中所呈現的內容相符，也與此畫的命題有著相同的趣味。但不知何故，最後竟然決定以陶周望的詩為此圖的配詩。

在〈刑場〉（圖 4-51）及〈開棺〉（圖 4-52）中，豐氏更是直接利用怵目的畫題，來引起人們的省思。而〈屍林〉（圖 4-53）與〈示眾〉（圖 4-54）則不但畫題驚悚，連畫面都讓人產生殘忍、不舒服的感覺，李圓淨為〈示眾〉所題的字為「景象太悽慘，傷心不忍覰；夫復有何言，掩卷淚如雨。」在〈我的腿〉中所呈現的幽默，在這類直斥的畫作中已蕩然無存。弘一認為此類怵目驚心的護生畫在長養慈悲心上有所不妥，所以在《續護生畫集》（護生畫集第二集）中，這類的作品就少了很多。夏丏尊在〈續護生畫集‧序一〉中就提到：

> 初集取境，多有令人觸目驚心不忍卒睹者。續集則一掃淒慘罪過之場面。所表現者，皆萬物自得之趣與彼我之感應同情，開卷詩趣盎然，幾使閱者不信此乃勸善之書。蓋初集多著眼於斥妄即戒殺，續集多著眼於顯正即護生。戒殺與護生，乃一善行之兩面。戒殺是方便，護生始為究竟也。〔註 56〕

如在第二集中〈燕子飛來枕上〉（圖 4-55）、〈好鳥枝頭亦朋友〉（圖 4-56）、〈溪邊不垂釣〉（圖 4-57）、〈老牛亦是知音者，橫笛聲中緩步行〉（圖 4-58）就是著眼於顯正，表現萬物自得、充滿詩意的護生畫。由這些畫作中，我們可以看出豐氏的護生畫雖屬宣傳畫，但其藝術的表現及人文的思考，則遠遠超出一般宣傳畫之上。

〔註 55〕《弘一大師文集‧書信卷》（一），頁 308～309。
〔註 56〕夏丏尊：〈《護生畫集》第二集序言一〉，《豐子愷護生畫集選》，頁 206。

圖 4-55：〈燕子
飛來枕上〉

圖 4-56：〈好鳥
枝頭亦朋友〉

圖 4-57：〈溪邊
不垂釣〉

圖 4-58：〈老牛
亦是知音者，橫
笛聲中緩步行〉

（圖 4-55～圖 4-58）是《續護生畫集》中的作品。相較於（圖 4-51～圖 4-54），我們可以
發現《護生畫集》中較多斥妄的作品，而《續護生畫集》則著眼於顯正，表現萬物自得、
充滿詩意的護生畫。

　　事實上 1929 年出版《護生畫集》時，弘一師生二人並沒有打算要出續
集，但到了弘一大師六十大壽時，豐氏又主動畫了六十幅護生畫以爲弘一的
壽禮，並於 1940 年出版了《續護生畫集》，這時弘一才寫信給豐氏要求豐氏
續畫護生畫，信中寫道：

> 朽人七十歲時，請仁者作護生畫第三集，共七十幅；八十歲時，作
> 第四集，共八十幅；九十歲時，作第五集，共九十幅；百歲時，作
> 第六集，共百幅。護生畫功德於此圓滿。〔註57〕

而豐氏則應允「世壽所許，定當遵囑。」1949 年第三集在豐氏的努力下如期
出版。1949 年後，中國在中共政權的統治下，人民不再擁有信仰宗教的自
由，所以要再出版護生畫集是不可能地，第四集以後護生畫集能順利出版，
全都是因爲得到當時在星加坡主持蕃葡院的廣洽法師〔註58〕的鼎力支持，
1960 年、1965 年第四、五集在星洲出版，1979 年在豐氏去世四年後，第六集

〔註57〕　豐子愷：〈《護生畫集》第三集自序〉，《豐子愷護生畫選集》，頁 215。
〔註58〕　廣洽法師，1900 年生。1921 年出家於廈門南普陀普照寺。1931 年經弘一法師
　　　　介紹給豐子愷認識。1937 年赴新加坡，1948 年回廈門時首次與豐子愷會晤，
　　　　1965 年又在上海重逢。兩人魚雁往來達 43 年之久，並給予豐子愷極大資助。
　　　　1975 年豐子愷去世後，廣洽於 1978 年重來滬上祭奠。參見《豐子愷文集》
　　　　（五），頁 190。

也在香港出版了。廣洽法師在《護生畫集》第六集序言中寫道：

> 居士（豐氏）處此逆境突襲之期間，仍秉其剛毅之意志，眞摯之感
> 情，爲報師恩，爲踐宿約，默默的篝火中宵，雞鳴早起，孜孜不息
> 選擇題材，悄悄繪就此百幅護生遺作的精品，以待機緣。〔註59〕

可見，爲了完成弘一法師的囑託，豐氏是如何地全力以赴。當時中共的政權
原是打壓、批鬥這類帶有宗教色彩的作品，認爲宗教違反科學，是迷信、是
毒草，所以要加以拔除。這點我們可在豐氏寫給廣洽法師的信中得到印證，
1973 年當豐氏知道廣洽已在星洲出版他所翻譯的《大乘起信論》時，特地寫
信告訴廣洽法師：

> 此稿系弟廿餘年前舊譯，今法師在海外出版，原望不署我姓名，而
> 寫「無名氏」。發行範圍亦請局限於宗教界，並勿在報上宣傳。再者：
> 國內不需要此種宣傳唯心之書，故出版後請勿寄來。〔註60〕

由此可知，中共當局對於宗教的打壓，已經讓豐氏對於與宗教相關的事物都
更加的謹言愼行了。在這種政治氛圍中，豐氏的護生畫如果被中共當局查到
的話肯定是要挨批鬥的，他曾對朱幼蘭〔註61〕說：「繪《護生畫集》是擔著很
大風險的，爲報師恩，爲踐前約，也就在所不計了。」〔註62〕但爲了實踐與
弘一的宿約以報師恩，豐氏乃排除萬難地在暗中進行著此一不可能任務，可
見弘一與佛教帶給豐氏的力量，遠勝於政治的壓迫。

　　豐氏從 1927～1973 年四十七年間共創作了六集四百五十幅護生畫作。這
六集護生畫集的出版，不但在藝術的表現上（尤其是前二集）得到了廣大的
肯定，在宣傳佛教的護生觀上也起了實質的功效，但其中最爲人所動容的仍
是弘一法師和豐子愷的這段難得的師生情緣，與豐子愷和廣洽法師間這段生
死不渝的佛教情緣。他們三人間生死不移的誓約和情誼，其意義遠大於護生
畫集本身。這也正體現了弘一告誡豐氏的：「應使文藝以人傳，不可人以文藝
傳」，以人格爲重的「先器識而後文藝」的文藝觀。

〔註59〕釋廣洽：〈《護生畫集》第六集序言〉，《豐子愷護生畫選集》，頁 225。

〔註60〕〈致廣洽法師一八五〉，此信寫於 1973 年 12 月 21 日，《豐子愷文集》（七），
頁 358。

〔註61〕朱幼蘭居士爲《護生畫集》第四、六集文字的書寫者。在文革期間提供《動
物鑑》給豐氏當《護生畫集》第六集的題材，對《護生畫集》第六集的出版
有積極的貢獻。

〔註62〕朱幼蘭：〈豐子愷和他的護生畫集〉，轉引自陳星：《豐子愷年譜》，頁 156。

第二節　《緣緣堂隨筆》及其隨筆特色

壹、緣緣堂隨筆

　　西洋學者在論及藝術的起源時，有「模仿說」、「遊戲說」、「表現說」、「裝飾說」、「美欲及藝術衝動說」等理論，其中豐氏最認同的是「美欲及藝術衝動說」。他認爲這理論最能夠說明藝術的起源，因爲一切藝術的共通點其實就是「美的感情的發現」。所以每當豐氏有創作的靈感或衝動時，他認爲宜於用文字表達的就寫隨筆，宜於用形象表達的就作漫畫，所以「漫畫」和「隨筆」對他而言是一對雙胞胎，只是或用線條或用文字，表現的工具不同而已。

　　豐氏的散文創作與漫畫創作幾乎是同步進行，也是始於春暉時期。在此之前豐氏曾於 1914 年時在《少年雜誌》的「兒童創作園地」發表〈獵人〉、〈懷夾〉、〈藤與桂〉、〈捕雀〉等四則文言寓言故事，在由吳夢非任總編輯的《美育》雜誌上刊載過〈畫家之生命〉（1920）、〈忠實之寫生〉（1920）、〈藝術教育的原理〉（1922）等藝術理論的文章。若以抒發其生活感興的角度而言，他第一篇公開發表的文學性散文是爲春暉學生所寫的〈青年與自然〉，刊登在 1922 年 12 月 1 日的《春暉》上，這篇文章豐氏是以教師的身份來寫作地，所以通篇文章說理重於抒情，具有夫子味，與其日後隨筆的文風仍有段距離。但他在 1923 年 6 月 1 日的《春暉》上所登載的〈山水間的生活〉一文則已具有豐氏散文創作平實雋永的風格，這可看作是豐氏散文創作的處女作。如他在結語中寫道：

> 愛一物，是兼愛它的陰（明？）暗兩方面〔註63〕。否，沒有暗的明是不明的，是不可愛的。我往往覺得山水間的生活，因爲需要不便而菜根更香，豆腐更肥。因爲寂寥而鄰人更親。且勿論都會的生活與山水間的生活孰優孰劣，孰利孰弊。人生隨處皆不滿，欲圖解脫，唯於藝術中求之。〔註64〕

這種帶有詩意又兼具哲思的文筆，使得〈山水間的生活〉一文成爲白馬湖作家群的代表作之一。

　　1925 年，豐氏被聘爲《文學周報》的特約執筆者，從此豐氏便更加努力

〔註63〕　筆者以爲「陰暗」應爲「明暗」的誤植。
〔註64〕　〈山水間的生活〉，《豐子愷文集》（五），頁 15。

地從事散文的創作。之後他的散文源源不斷地在《一般》〔註65〕、《文學周報》、《宇宙風》、《人間世》、《小說月報》〔註66〕、《東方雜誌》、《太白》、《論語》、《中學生》、《新少年》……等刊物上和讀者見面。1931年1月豐氏將其在《一般》和《小說月報》上發表過的散文二十篇結集成《緣緣堂隨筆》一書，由上海開明書店出版，其中刊載在《小說月報》上的達十七篇之多。

　　書中有對人生哲理、生命意義的思考，如〈剪網〉、〈漸〉、〈大帳簿〉、〈秋〉、〈阿難〉、〈晨夢〉等，文中充滿了豐氏對無常的感嘆及對人生究竟的疑惑，帶有濃厚的宗教情味。如他在〈晨夢〉一文中寫到：

> 「人生如夢」，這話是古人所早已道破的，又是一切人所痛感而承認的。那麼我們的人生，都是──同我的晨夢一樣──在夢中曉得自己做夢的了。這念頭一起，疑惑與悲哀的感情就支配了我的全體，使我終於無可自解，無可自慰。往往沒有窮究的勇氣，就把它暫擱在一旁，得過且過地過幾天再說。〔註67〕

另外也有對童真美善的歌頌，如〈兒女〉、〈從孩子得到的啟示〉、〈華瞻的日記〉等，這類描寫兒童的作品可說是他隨筆中情趣最濃、感情最真、滋味最純也是最引人入勝的作品了。如他在〈兒女〉一文中描寫到全家於一個炎夏的黃昏在小院中吃西瓜的情形：

> 最初是三歲的孩子的音樂的表現，他滿足之餘，笑嘻嘻搖擺著身子，口中一面嚼西瓜，一面發出一種像花貓偷食時候的「ngamngam」的聲音來。這音樂的表現立刻喚起了五歲的瞻瞻的共鳴，他接著發表他的詩：「瞻瞻吃西瓜，寶姊姊吃西瓜，軟軟吃西瓜，阿韋吃西瓜。」這詩的表現又立刻引起了七歲與九歲的孩子的散文的、數學的興味：他們立刻把瞻瞻的詩句的意義歸納起來，報告其結果：「四個人吃四塊西瓜。」〔註68〕

這平常的生活事件，卻引來豐氏獨到的感興，他認為三歲阿韋音樂的表現最為深刻而完全地傳達出吃瓜的喜悅，五歲瞻瞻詩的表現已把歡喜的感情打了一個折扣，而軟軟與阿寶的散文的、數學的表現，則又更遜一籌。但不管如何，他們全部的精神都放在吃西瓜這一件事上，這讓豐氏覺得他們明慧

〔註65〕《一般》為立達學會的會刊，後改名為《中學生》。
〔註66〕《小說月報》為文學研究會的會刊。
〔註67〕〈晨夢〉，《豐子愷文集》（五），頁150。
〔註68〕〈兒女〉，《豐子愷文集》（五），頁113～114。

的心眼，比大人們所見的完全地多，於是讚嘆道：「天地間最健全的心眼，只是孩子們的所有物，世間事物的真相，只有孩子們能最明確、最完全地見到。」〔註 69〕

當然也有談美論藝的作品，如〈自然〉、〈顏面〉、〈閒居〉、〈藝術三昧〉等，他從生活中提取一、二片斷，再從審美的角度切入來談生活的藝術。如他在〈閒居〉中談到他如何改造自家的自鳴鐘，讓這鐘改頭換面：

> 有一天，大概是閑日月中的閑日，我就從牆壁上請它下來，拿油畫顏料把它的臉皮塗成天藍色，在上面畫幾根綠的楊柳枝，又用硬的黑紙剪成兩隻飛燕，用漿糊黏住在兩隻針的尖頭上。這樣一來，就變成了兩隻燕子飛逐在楊柳中間的一幅圓額的油畫了。〔註 70〕

這些文章不但顯露出豐氏深厚的藝術修養，也體現了他文人般閒適的趣味取向。

這些散文的題材，都是豐氏從自己熟悉的生活中取其所感的片斷，用最樸質的文字坦率地表達出來，此後「緣緣堂隨筆」就成了豐氏優美小品散文的統稱和豐氏獨特散文風格的代稱，他之後又陸續出了《隨筆二十篇》〔註 71〕、《車廂人生》〔註 72〕、《緣緣堂再筆》〔註 73〕、《漫文漫畫》〔註 74〕、《子愷近作散文集》〔註 75〕、《率真集》〔註 76〕、《新緣緣堂隨筆》〔註 77〕、《緣緣堂續筆》〔註 78〕等散文集。

貳、隨筆特色

豐氏的隨筆內容題材平凡而多元，早期主要是人生根本問題的思考、兒童生活的寫照、憶人詠物的刻劃，後來也加入民胞物與的觀照、齊物護生的

〔註 69〕 同上，頁 114。
〔註 70〕 〈閒居〉，《豐子愷文集》（五），頁 118。
〔註 71〕 〔上海〕天馬書店，1934 年 8 月初版。
〔註 72〕 〔上海〕良友圖書印刷公司，1935 年 7 月初版。
〔註 73〕 〔上海〕開明書店，1937 年 1 月初版。
〔註 74〕 〔漢口〕大路書店，1938 年 7 月初版，此書屬戰時文學，宣傳愛國抗日意味甚濃，與豐氏其他的隨筆作品相較，情趣大不相同。
〔註 75〕 〔成都〕普益圖書館，1941 年 10 月初版。
〔註 76〕 〔上海〕萬葉書店，1946 年 10 月初版。
〔註 77〕 人民文學出版社，1962 年初版。
〔註 78〕 原名《往事瑣記》是豐氏在「十年浩劫」期間利用凌晨時分悄悄寫成，生前未曾發表過。

宣傳和社會批判，1937 年後再加入戰時逃難點滴、故園鄉情的描繪，1948 年後則創作了多篇的遊記，1971 年開始寫《往事瑣記》憶述其家鄉石門灣的人情與風物。現在我們就以：富於哲思、清雋平淡、親切率真、具圖像性等四個角度來探討豐氏隨筆的特色。

一、富於哲思

豐氏早期（1937 年以前）的隨筆創作裡，有大量思考人生根本問題的文章，他自述從小就「歡喜讀與人生根本問題有關的書，歡喜談與人生根本問題有關的話，可說是我的一種習性。」〔註 79〕可見豐氏對人生根本問題的哲學性思考是一種天生的習性。在這些作品中深具哲學的興味，最能表現出豐氏性格中哲人的特質與思考模式。

如他在 1928 年所寫的〈漸〉和 1936 年所寫的〈大人〉〔註 80〕二文，就是對人與自然間大小比例的懸殊差距所產生哲學性的思考。他對「漸」這一「大自然的神祕的原則，造物主的微妙的功夫」深有體感，他認為「漸」的作用「就是用每步相差極微極緩的方法來隱蔽時間的過去與事物的變遷的痕跡，使人誤認其為恆久不變。」而這「漸」就是造物者利用時間的緩步進行來欺騙人類的手段，它會使人「迷真而莫返」。豐氏認為人之所以會被造物者所欺，主要是因為人與自然的比例支配大小相差太遠所致，人生時間太短、人身所占的空間太小、人心的智力太小、人生的物力也太小。所以人若要超脫此一既定的局限，走出「漸」所設下的迷障，就必須具有「收縮無限的時間並空間於方寸的心中」的能力——如佛家能納須彌於芥子中，如此才有辦法了解大自然這造物者變化的神祕原則，才能了解人生宇宙的真相，這樣也才堪稱為「大人格」者。

除了天生好思考宇宙人生問題的習性外，豐氏年紀輕輕就數度經歷了與親友的生離死別，這些經歷更助長了他深感世事無常、造化弄人之嘆。如豐氏在兒童時期祖母與父親就已去世；二十一歲時（1918 年）他的精神導師李叔同在虎跑寺出家；二十三歲時（1920 年）與他感情甚篤的弟弟——豐浚也在十八歲時死於肺病，他在〈憶弟〉一文中細數他們手足間的過往，憶述道：「母親常說他『吃了笑藥』，但我們這孤兒寡婦的家庭幸有這吃笑藥的人，天

〔註79〕〈談自己的畫〉，《豐子愷文集》（五），頁 468。
〔註80〕〈漸〉，《豐子愷文集》（五），頁 96～99；〈大人〉，《豐子愷文集》（五），頁 590～595。

天不缺乏和樂而溫暖的空氣。」〔註 81〕豐浚之死，讓豐子愷因過度悲慟而大病了一場。豐氏育有十位子女，其中 1924 年女兒三寶夭折、1925 年尚未成形的阿難也在「一跳」中結束了他的一生、1926 年五歲上下的奇偉也離世了；1926 年他在立達的同事白采、1929 年他的學友伯豪也因染惡疾而陸續謝世；影響他最深也最沉痛的應該是 1930 年時母親的辭世，爲此豐氏開始蓄起了鬍鬚。這些後天的經歷再加上他先天的人格特質，使得他在成長的過程中常常被「究竟」所困、被「無常」所苦，而無法安心地做人。

　　如在〈大帳簿〉（1929）一文中，豐氏記述自己在幼年時，有一次坐了船到鄉間去掃墓。在行船時不小心將手中的不倒翁掉落到河中。於是便開始感傷地想著不倒翁的結局：

> 我曉得這不倒翁現在一定有個下落，將來也一定有個結果，然而誰能去調查呢？誰能知道這不可知的命運呢？這種疑惑與悲哀隱約地在我心頭推移。終於我想：父親或者知道這究竟，能解除我這種疑惑與悲哀。不然，將來我年紀長大起來，總有一天能知道這究竟，能解除這疑惑與悲哀。〔註 82〕

年少的豐氏對這種不可知的命運，感到疑惑與悲哀，他是這麼地想知道事情的「究竟」，並將希望寄於未來——長大。但當他長大後，他發現這種疑惑與悲哀，非但不能解除，反而還隨著年紀的增長而增多加深了。他自嘲自己的這種癡態「明明曉得這些是人生中惜不勝惜的瑣事；然而那種悲哀與疑惑確實地充塞在我的心頭，使我不得不然！」〔註 83〕這種人格特質使然的「不得不然」，讓豐氏年輕的心不絕如縷地受此疑惑與悲哀的襲擊，而且年紀越大、知識越豐，它襲擊的力道也越大。他爲了能安頓自己那顆受襲擊的心，於是只好相信世間存有詳細記載著宇宙間一切物類事變的過去、現在、未來三世因因果果的大帳簿。這會兒，他將希望寄託於這本大帳簿上，相信這大帳簿能爲他解疑排悲，這思想讓他漸漸地往宗教信仰靠近。

　　在 1933 年寫的〈兩個「？」〉〔註 84〕一文中，我們可以看到豐氏被人在「時間」和「空間」中的定位所困，他憤慨地想：「我身所處的空間的狀態都不明白，我不能安心做人！世人對於這個切身而重大的問題，爲甚麼都不說

〔註 81〕　〈憶弟〉，《豐子愷文集》（五），頁 213。
〔註 82〕　〈大帳簿〉，《豐子愷文集》（五），頁 157。
〔註 83〕　同上，頁 158。
〔註 84〕　〈兩個「？」〉，《豐子愷文集》（五），頁 277～281。

起？」、「我的生命是跟了時間走的。『時間』的狀態都不明白，我不能安心做人！世人對於這個切身而重大的問題，爲甚麼都不說起？」他的憤慨是起於他週遭的人（世人）皆可不被「時間」與「空間」所困，而他卻深陷其中無法安心地做人，爲了一探究竟，豐氏就被它們引誘入佛教中了〔註85〕。

而豐氏這凡事想知究竟、求眞相的性格，早在他1927年所寫的〈剪網〉一文中就已經出現過：

> 我仿佛看見這世間有一個極大而複雜的網，大大小小的一切事物，都被牢結在這網中，所以我想把握某一種事物的時候，總要牽動無數的線，帶出無數的別的事物來，使得本物不能孤獨地明晰地顯現在我的眼前，因之永遠不能看見世界的眞相。〔註86〕

豐氏爲了認識這世界的眞相，於是找到了「藝術」和「宗教」這兩把剪刀來剪破這「關係」的網線，使得事物能以其本來的面貌呈現其眞正的價值。

這種從小就有的困惑與苦思，一直要到他在佛教的義理中得到了啓發，並經馬一浮「無常便是常」的點撥後，他才覺得能安安心心的做人，不再被「究竟」、「無常」所困。豐氏於1927年從弘一法師皈依佛門，從此佛教義理和弘一的言行一直引導著豐氏的精神向上提升，但對於究竟的問題、人生的無常，豐氏都只是知識性的理解，而無法獲得心靈上的解脫，這讓他仍無法安心做人，尤其是1930年母親鍾氏謝世對他打擊尤大，他深感「痛恨之極，心中充滿了對於無常的悲憤和疑惑。」〔註87〕在他自覺無力解除這悲和惑後，他便讓自己墮入了頹唐的狀態——不再去思考人生根本的問題。而弘一的好友——國學大師馬一浮〔註88〕看出了豐氏被「無常」所困，於是對豐氏說：「無常就

〔註85〕 在《豐子愷文集》（五），頁277〈兩個「？」〉的第一段爲：「我從幼小時候就隱約地看見兩個『？』。但我到了三十歲上方才明確地看見它們。現在我把看見的情況寫些出來。」而在楊牧編的《豐子愷文選》（I）頁127中卻是：「『兩個？』，從幼小時候就隱約地出現在我的眼前。但我到了三十歲上方才明確地看見它們。我想捉住它們來一看究竟，就被它們引誘入佛教中。現在我把被引誘的經過寫些出來。」豐子愷在1957年出版的《緣緣堂隨筆》中，其文章有部分略做修改，故有此出入。

〔註86〕 〈剪網〉，《豐子愷文集》（五），頁94～95。

〔註87〕 〈陋巷〉，《豐子愷文集》（五），頁204。

〔註88〕 馬一浮（1883年4月2日～1967年6月2日），原名浮，字一佛，幼名福田，號諶翁、被揭，晚號蠲叟、蠲戲老人，浙江紹興（今浙江紹興上虞）人。1899年（16歲），應科舉鄉試名列第一，之後曾到上海同文館學習英文、法文。1903年，到美國清政府留學生監公署工作。1904年在日本待了半年，學習了德文。

是常。」就這一句話，將豐氏從無常的火宅中救出，讓他覺得無限清涼。

　　像這類思考人生根本問題、富於哲思的文章還有〈阿難〉、〈晨夢〉、〈秋〉、〈夢耶真耶〉、〈梧桐樹〉、〈實行的悲哀〉等，在這些文章中我們可以看出豐氏之所以會親近宗教的先天因子，和走入佛教的後天機緣了。

二、清雋平淡

　　豐氏的散文創作受其師夏丏尊的影響極深，具有「白馬湖作家群」散文的藝術特色，朱惠民曾評析：

> 「白馬湖派」散文的藝術特色，屬於清淡之體，即清雋平淡是也，
> 這並非平鋪直敘，這「淡」亦非玄言詩那樣「淡乎寡味」，這種平淡
> 是鉛華落盡後的天然風姿，是絢麗燦爛之極後的反璞歸真，是合乎
> 天地萬物節律的天籟。此種韻味雋永的清淡美大抵是白馬湖派散文
> 的藝術共性。〔註89〕

白馬湖作家群在文學主張、藝術見解、創作風格、美學特徵上都很相近，其「文格潔淨，文味清淡得如白馬湖的湖水」〔註90〕是其共通的特點，但因性格、學養的關係又存在著個別差異。如，豐氏的性格較為超脫所以他的文筆較為瀟灑，且富有藝術家審美的情趣；而夏氏一生悲天憫人，又以教育者自居，所以他的文筆較為深沉；朱自清才情洋溢，把詩情融入散文之中，因此文筆較為優雅。現在，我們從兩個角度來探討豐氏作品中清雋平淡的特色：一是在平淡中透顯出瀟灑之清氣，二是在平常中提鍊出雋永之思考。

回國後潛心修習國學，成為近代新儒家學派的代表人物之一，與梁漱溟、熊十力齊名，有「一代儒宗」之稱。

1905 年寓居杭州後，廣交高僧大德，通讀三藏十二部，提出了「儒佛互攝說」，後來他發起在家居士成立「般若會」，杭州各大叢林的方丈也都成了他的座上客。故此，馬一浮在眾人的心目中除了是國學大師外，也成了佛學大師。

李叔同早在 1902 年至 1903 年間就與馬一浮相識，但直到民國初年，李叔同到浙一師任教時，與馬一浮的交往才頻繁了起來。李叔同對馬一浮極為推崇，曾多次與他討論有關佛教的義理，並在馬一浮處請回不少經書閱讀。1918 年李叔同正式出家，到靈隱寺受戒時，馬一浮親自到靈隱寺去看望，並以《靈峰毗尼事義集要》、《寶華傳戒正範》相贈。

豐氏就是經由李叔同的引介才認識馬一浮的。有關這段殊勝的因緣，豐氏在《陋巷》一文中有詳細的記載。（資料主要援引自陳星：〈馬一浮：生平・佛緣・佛心〉）

〔註89〕　朱惠民：〈論現代散文「白馬湖派」〉，收於《白馬湖文學研究》，頁 4。

〔註90〕　同上，頁 1。

（一）平淡中顯清氣

在平淡中透顯出瀟灑之清氣的作品，最能表現出豐氏性格中的文人特質與生活情趣。正如趙景深所說，豐氏的散文「只是平易的寫去，自然就有一種美，文字的乾淨流利和漂亮，怕只有朱自清可以和他媲美。」〔註91〕

例如，有一次豐氏與女兒到西湖山中遊玩忽逢細雨而避雨山中，這可說是件掃興而尋常的事，但這時豐氏卻被「山中阻雨的一種寂寥而深沉的趣味」〔註92〕牽引出感興來，反覺得「山色空濛雨亦奇」的情味比晴天遊山趣味更好些。這一轉折讓事件呈現出清幽玄妙的意味來，接著他因胡琴而與村人結緣：「一個女孩唱著《漁光曲》，要我用胡琴去和她。我和著她拉，三家村裏的青年們也齊唱起來，一時把這苦雨荒山鬧得十分溫暖。」〔註93〕在這荒山苦雨中以這種「和眾」的方式與音樂邂逅，這對當時已擔任過七八年音樂教師的豐氏而言，別具意義，他雖然「曾經用 Piano 伴奏過混聲四部合唱，曾經彈過 Beethoven 的 Sonata。但是，有生以來，沒有嘗過今日般的音樂的趣味。」〔註94〕這趣味來自於鉛華落盡後的天然風姿、來自於反璞歸真後合乎天地節律的感動。

再如，〈湖畔夜飲〉〔註95〕是在描寫豐氏與鄭振鐸在經歷戰爭浩劫，闊別十年之後再相見的情景。其「可驚可喜，可歌可泣的話，越談越多。」但他在文中並沒有多寫這可歌可泣、令人感嘆的過往，而是從西湖「皓月當空，湖水如鏡，花影滿堤」的夜景帶入，寫到他們相見時的興奮「我肚裡的一斤酒，在這位青年時代共我在上海豪飲的老朋友面前，立刻消解得乾乾淨淨，清清醒醒。」最後才在回憶往事中點出鄭氏豪爽、不佔人便宜的人格特質。這一個老友來訪的平淡題材，因為豐氏加入了西湖美景的點染、「話舊」佐酒的醺染，而使得兩人的情誼得到了詩意的美化，於濁亂的局勢中透顯出其清揚之姿。在這篇情景交融的文章中，豐氏用瀟灑自在的筆寫出了酒味、詩味及醇厚的人間味。

而一般鄉居的春景，到他筆下也成了：「庭中的柳樹正在駘蕩的春光中搖曳柔條，堂前的燕子正在安穩的新巢上低徊軟語。」〔註96〕在經過他詩化的

〔註91〕趙景深：〈豐子愷和他的小品文〉，轉引自陳星：《豐子愷年譜》，頁63。
〔註92〕〈山中避雨〉，《豐子愷文集》（五），頁559。
〔註93〕同上，頁560。
〔註94〕同上。
〔註95〕〈湖畔夜飲〉，《豐子愷文集》（六），頁380～384。
〔註96〕〈作父親〉，《豐子愷文集》（五），頁259。

描寫後，霎時間，春的形象便由抽象的概念具象化了，而形成了一幅柳條搖、燕低喃的動態畫面，給人一股清新舒暢的感受。

（二）平常中思雋永

在平常的題材中提煉出雋永之思考的作品，最能表現出豐氏「小中見大」及「弦外有餘音」的創作理念。在他的隨筆中，處處可見在其細微地觀照下，日常平凡的人、事、物無一不寄寓或暗示著人生的哲理和生活的情趣，他的這類作品常於淺顯中見深意，疏放中顯機趣。

如他在〈山水間的生活〉〔註97〕寫道：「我覺得上海雖熱鬧，實在寂寞，山中雖冷靜，實在熱鬧，不覺得寂寞。就是上海是騷擾的寂寞，山中是清靜的熱鬧。」他從樸實平淡的寂寞和熱鬧的對比中，提煉出「上海是騷擾的寂寞，山中是清靜的熱鬧」清新雋永的句子來。從比較都會的生活與山水間的生活，而產生：「愛一物，是兼愛它的陰（明？）暗兩方面。否，沒有暗的明是不明的，是不可愛的。我往往覺得山水間的生活，因為需要不便而荣根更香，豆腐更肥。因為寂寥而鄰人更親。」的體會，這種從不便（暗）中所體味出的荣根香（明），深具中國安貧樂道、寧靜致遠的淡泊思想。

在〈肉腿〉一文中，豐氏本來是帶著人文悠閒自在、無所為而為的視角來解讀人世間的事情。所以當他於暮春時雇「寫生畫船」悠閒的「聽憑船主人搖到哪個市鎮靠夜，便上岸去自由寫生」時，便感到無限的舒暢快意；不過這回他「為了必要的人事」而搭船出門，再加上天氣炎熱，便讓他心情非常不快，看什麼事都覺不稱心。但當他看到運河兩岸僅著短褲的農民，連綿不斷地在烈日下踏水車與天爭水的情形，讓豐氏不由得心生慚愧及悲憫之情。他自慚於自己起初的不快，而悲憫這些辛苦的鄉農們：

> 以前為了我的旅行太苦痛而不快，如今為了我的旅行太舒服而不快。我的船棚下的熱度似乎忽然降低了；小桌上的食物似乎忽然太精美了；我的出門的使命似乎忽然太輕鬆了。〔註98〕

豐氏能有此自省已屬難得，其宗教的情懷凌駕在其文人的風雅之上，文章至此本可結束了，但文末豐氏又神來一筆的述及：

> 住在都會的繁華世界裏的人最容易想像，他們這幾天晚上不是常在舞場裏、銀幕上看見舞女的肉腿的活動的帶模樣嗎？踏水的農人的

〔註97〕〈山水間的生活〉，《豐子愷文集》（五），頁12～15。
〔註98〕〈肉腿〉，《豐子愷文集》（五），頁356。

> 肉體的帶模樣正和這相似，不過線條較硬些，色彩較黑些。近來農
> 人踏水每天到半夜方休。舞場裏、銀幕上的肉腿忙著活動的時候，
> 正是運河岸上的肉腿忙著活動的時候。〔註99〕

這次他又從宗教的角度跳出，而從社會主義者的角度切入來批評此不合理的社會現象。同樣都是肉腿，農夫勤奮踏水車的瘦勁黑腿和舞女性感撩人的白嫩玉腿，豐氏將之兩相比對，使得「肉腿」的形象更加鮮明，全文的意含也更爲深沉雋永，讓人讀後覺得餘韻繚繞。

又如，他雖以崇拜的心情去訪問伶王梅蘭芳，但前後二次卻能產生極端不同且深刻的感想：

> 我去春帶了宗教的心情而去訪梅蘭芳，覺得在無常的人生中，他的
> 事業是戲裡戲，夢中夢；曇花一現，可惜得很！今春我帶了藝術的
> 心情而去訪梅蘭芳，又覺得他的藝術具有最高的社會價值，是最應
> 該提倡的。〔註100〕

宗教與藝術一直是豐氏生命中的二大基石，他們時而合體時而分離。合體時宗教統攝著藝術，他們共同引領著豐氏朝著提升自我的精神生活與靈魂生活前進。分離時宗教則帶著無常之相，引領著豐氏朝四大皆空的境界走去；而藝術則帶著動人的魅惑，牽引著豐氏走向美的饗宴。

另外，他在〈參觀夏聲平劇學校〉〔註101〕一文中，也從自己女兒與劇校生平常無奇的練戲中，引發出「戲」與「眞」的深思。豐氏女兒在參觀劇校時，一時興起要求也要練戲，但在練習的過程中頻頻笑場；而反觀劇校學生的練戲，則是個個嚴肅認眞不苟言笑。於是豐氏興起：「這笑與不笑之別，便是非專門與專門之別，便是認眞與不認眞之別。」的感慨，進而得出「誰知專門的『戲』比『眞』還認眞！」這玄妙雋永的哲理來。

這種於平常中見雋永、於小中見大的藝術手法，如果使用得當，會讓作品產生深刻的思想內涵，讓人讀後引發深層的省思，產生「弦外餘音」繞樑不絕的審美興味。但若是連想太過或目的性過強，則會流於「說教」的淺露，而失去其繚繞的「餘音」。如，〈生機〉一文，主要是在描述一球水仙花在連續遭受旱災、水災、凍災，最後仍生機勃發、開花向榮的經過。這原是一篇

〔註99〕　同上。
〔註100〕　〈再訪梅蘭芳〉，《豐子愷文集》（六），頁388。
〔註101〕　〈參觀夏聲平劇學校〉，《豐子愷文集》（六），頁391〜393。

描寫萬物有情的感性文章，但最後的結語卻是「人間的事，只要生機不滅，即使重遭天災人禍，暫被阻抑，終有抬頭的日子。個人的事如此，家庭的事如此，國家、民族的事也如此。」〔註102〕這結語說教意味濃厚，剝奪了讀者的思考空間，使得全篇文章的藝術性也隨之下滑。或許生在那兵荒馬亂、天災人禍不斷的年代裡，要想隨時保持一顆具有哲學思辨及審美趣味的心來解讀人世，是有其困難地。在被迫害、壓抑的環境中求生存，對光明的追求、對希望的渴望，才是人們心中最深的嚮往吧！

三、親切率真

豐氏的隨筆仿佛信手拈來不帶刻意的鑿痕，讓人感到分外的平易親切，他常常把自己融入作品中以第一人稱來寫作，並且坦率、真誠地將自己的感情注入其中。豐氏曾在 1946 年時應錢君匋之邀，選輯了自己的隨筆舊作出版《率真集》一書，並在序言中宣稱：「此等文稿，雖無足觀，但皆出於率真。」〔註103〕。文如其人，豐氏此一率真的人格特質在他的隨筆中隨處可見，朱光潛就曾用「胸中灑落如光風霽月」來形容豐氏的清直與率真。如他在〈湖畔夜飲〉一文中就寫道：

> 有些專家的詩，我不愛讀。因為他們往往愛用古典，蹈襲傳統；咬文嚼字，賣弄玄虛；扭扭捏捏，裝腔做勢；甚至神經過敏，出神見鬼，而非專家的詩，倒是直直落落，明明白白，天真自然，純正樸茂，可愛的很。〔註104〕

可見豐氏對「真」有極大的追求與嚮往。這「真」對豐氏而言，是天真自然、是真實無偽，這「真」既帶著宗教的真諦又帶著人間的情味。這對「真」的嚮往決定了豐氏隨筆語言的質樸自然、不事雕琢，也讓他在寫憶人詠物的作品時，讓人讀來備感親切。

如在〈養鴨〉一文中，他寫到對鴿子的觀感是：「至於鴿子呢，新近友人送來的，養得不久；我雖久仰他們的敏捷和信義，但交情還淺，尚未領教，也只得派在不歡喜之列。」〔註105〕他用第一人稱及擬人的寫法，寫出他對鴿子的好惡，語言樸素自然，再加上口語般的行文，讓讀者覺得自己好像坐在他的對面，正在聽他娓娓道來生活中的感興。

〔註102〕〈生機〉，《豐子愷文集》（五），頁551。
〔註103〕〈《率真集》序〉，《豐子愷文集》（四），頁333。
〔註104〕〈湖畔夜飲〉，《豐子愷文集》（六），頁382。
〔註105〕〈養鴨〉，《豐子愷文集》（六），頁79。

在〈憶兒時〉〔註106〕一文中，他寫到了兒時的三件樂事：一是祖母養蠶；二是父親就蟹喝酒；三是與童伴去釣魚。這是當時農家孩子大都經歷過的事，但這題材一到了他的筆端，便顯得趣味橫生、饒富情趣。讀他這篇作品，不但讓我們與豐氏一起回到他的過去，分享他童年的種種樂趣，還能在他的娓娓敘述中，引發我們對自己童年生活的回想。

在〈作父親〉一文中，他藉由「買小雞」此一平常生活的瑣事，來描述自己與子女互動的情形，文中大量運用對話的方式，讓人讀來備感親切，如文中描述豐氏與雞販討價還價的過程：

> 「小雞賣幾錢一隻？」
>
> 「一塊洋錢四隻。」
>
> 「這樣小的，要賣二角半錢一隻？可以便宜些否？」
>
> 「便宜勿得，二角半錢最少了。」
>
> 他說過，挑起擔子就走。大的孩子脈脈含情地目送他，小的孩子拉住了我的衣襟而連叫「要買！要買！」挑擔的越走得快，他們喊得越響。我搖手止住孩子們的喊聲，再向挑擔的問：
>
> 「一角半錢一隻賣不賣？給你六角錢買四隻吧！」
>
> 「沒有還價！」
>
> 他並不停步，但略微旋轉頭來說了這一句話，就趕緊向前面跑，「咿喲，咿喲」的聲音漸漸地遠起來了。〔註107〕

在這段平易淺近的對話中，不但展現了大人們的機巧，也同時顯現出兒童天真爛漫的執著。但真正展現豐氏率直真摯情感的是在結語處，他警覺到自己已變成了一位自己向來所不認同的人——虛偽巧詐，以「鬥智」的方式與人相處，而不是以誠相待。他自省道：

> 我不說下去了。因為下面的話是「看見好的嘴上不可說好，想要的嘴上不可說要。」倘再進一步，就要變成「看見好的嘴上應該說不好，想要的嘴上應該說不要」了。在這一片天真爛漫光明正大的春景中，向那裏容藏這樣教導孩子的一個父親呢？〔註108〕

這層的省思讓這篇文章更具深度也更具親和力，豐氏在讀者面前坦承了自己

〔註106〕〈憶兒時〉，《豐子愷文集》（五），頁135～140。
〔註107〕〈作父親〉，《豐子愷文集》（五），頁258～259。
〔註108〕同上，頁260。

的缺點，而這一直率的展露也拉近了作者與讀者間的距離。

〈陋巷〉一文，主要是描述豐氏三次造訪馬一浮先生的情形，文中他真誠不諱的自我剖白，把自己的不足公開地攤在讀者眼前，讓讀者能一探其不設防的內心世界。如在第二次造訪一浮時，因為當時母親剛過世，豐氏心中充滿著喪親的苦痛與淒惶，他說：

> 痛恨之極，心中充滿了對於無常的悲憤和疑惑。自己沒有解除這悲和疑的能力，便墮入了頹唐的狀態。我只想跟著孩子們到山巔水濱去 picnic，以暫時忘卻我的苦痛，而獨怕聽接觸人生根本問題的話。〔註109〕

他的苦痛與迷惘就這麼毫無遮掩的攤開在讀者的面前，讓讀者在走進他的內心世界時，也心疼這位朋友處在生命低潮期時所受的精神折磨。經由他在文中真誠率直的展露及層層的剖析，讓我們似乎也親身走訪了居於陋巷的馬一浮三趟，並從中得到了「無常就是常」的啟發與點撥。

豐氏一生站在居士的立場，飽含深情地注視著世間人事。讀他的隨筆，隨時都能感受到他毫無芥蒂的最本真的真心、真性與真情。

四、具圖像性

豐氏從小就喜歡觀察萬物。豐氏的觀察，不單是一般兒童對變化產生好奇的動態觀察，更是具有圖像趣味的靜態觀察。他憶述：「以前我閑時注視眼前的物件，例如天上的雲，牆上的苔痕，桌上的器物，別人的臉孔等，我的心會跟了這種線條和濃淡之度而活動，感到一種說不出的情趣。」〔註110〕到了浙一師從李叔同學繪畫後，他曾有一段時光沉浸在寫生的樂趣中，而對於自然界的靜物、風景、人物，都作別開生面的看法。他獨自優游於這圖像世界，把眼前森羅萬象都當作是自己寫生的模特兒。這先天的習性及學生時代寫生訓練出來的眼力，後來都內化成豐氏觀察事物的思考模式，甚至成為一種直覺反應。例如有一次他離家求學半年後歸家：「看見母親覺得異樣了。母親對我說話時，我把母親的臉孔當作石膏頭像看，只管在那裡研究它的形態及畫法。」〔註111〕可見豐氏對圖像的敏銳度極高，其圖像思考的能力更甚於一般人。

豐氏用這種寫生的眼、藝術的心來觀察生活、體驗人生的態度，漸漸變

〔註109〕　〈陋巷〉，《豐子愷文集》（五），頁204。
〔註110〕　〈舊話〉，《豐子愷文集》（五），頁183。
〔註111〕　〈寫真世界〉（下），《豐子愷文集》（二），頁601。

成一種習慣，如豐氏曾在文中自述他喜歡「置陳」屋內的擺設：「把幾件粗陋的傢俱搬來搬去，一月中總要搬數回。搬到痰盂不能移動一寸，臉盆架子不能旋轉一度的時候，便有很妥帖的位置出現了。」〔註 112〕這樣不辭煩瑣的改變室內陳設，只爲了能有「妥貼」的構圖來滿足他對視覺美的要求，如此他才會覺得舒心快意。可見他在繪畫上寫生、構圖等的訓練，已內化進他的審美觀了。這使得他的藝文創作具有明顯的圖像特質，這一特質不單是在漫畫中呈現，連在隨筆創作中也隨處可見。

如前述的〈山中避雨〉：

> 在山中小茶店裏的雨窗下，我用胡琴從容地（因爲快了要拉錯）拉
> 了種種西洋小曲。兩女孩和著了歌唱，好像是西湖上賣唱的，引得
> 三家村裏的人都來看。一個女孩唱著《漁光曲》，要我用胡琴去和她。
> 我和著她拉，三家村裏的青年們也齊唱起來，一時把這苦雨荒山鬧
> 得十分溫暖。〔註 113〕

這仿佛就像一幅風格淡雅的水墨寫意畫，有全景的濛濛細雨、遠景的湖光山色、中景的茶店、近景唱歌的人們及特寫的胡琴。豐氏將山色、茶肆、雨景、琴聲、歌音、人情，統一融入了作品之中，給人鮮明的印象、抒情的感受，讓人讀後產生餘韻無窮的回味。

又如在〈我的母親〉一文中，他就形象生動的描寫出母親生前的坐像：

> 母親生前沒有攝取坐像的照片，但這姿態清楚地攝入在我腦海中的
> 底片上，不過沒有曬出。現在就用筆墨代替顯影液和定影液，把我
> 母親的坐像曬出來吧：我的母親坐在我家老屋的西北角裏的八仙椅
> 子上，眼睛裏發出嚴肅的光輝，口角上表出慈愛的笑容。〔註 114〕

在空間上，他從老屋寫到八仙椅，再寫到坐在椅子上母親的眼神及嘴角的笑容，這像是攝影時所使用的「Zoomin」效果，讓讀者由遠至近慢慢地將視覺焦點集中在豐氏母親帶著微笑的嘴角上。在時間的推展上，豐氏也是由遠拉近，他從四歲時父親中了舉人、九歲時父親去世、十七歲時離鄉求學、二十二歲時轉赴他鄉工作，到他三十三歲時母親過世，母親此一「坐在八仙椅子上，眼睛裏發出嚴肅的光輝，口角上表出慈愛的笑容」形象在文中不斷反覆的出現，最後終於定影出豐氏母親慈母兼嚴父的樣貌來。

〔註 112〕〈閑居〉，《豐子愷文集》（五），頁 117～118。
〔註 113〕〈山中避雨〉，《豐子愷文集》（五），頁 560。
〔註 114〕〈我的母親〉，《豐子愷文集》（五），頁 640。

在〈作父親〉一文中，這圖像性的特質更是明顯：

> 他停下擔子，揭開前面的一籠。「咿喲，咿喲」的聲音忽然放大，但見
> 一個細網的下面，蠕動著無數可愛的小雞，好像許多活的雪球。五六
> 個孩子蹲集在籠子的四周，一齊傾情地叫著「好來！好來！」〔註115〕

從這段描述中，我們似乎可以看到一群帶著濃烈興味的兒童們，正圍繞在小雞
籠的旁邊興奮地手舞足蹈看著那雪球般的小雞，而在這歡鬧圈外的雞販，則帶
著喜色觀察著這眼前的一切。這是一幅帶有強烈寫實風格的兒童生活相。不
但如此，文中還加入了詩意的風景畫：「庭中的柳樹正在駘蕩的春光中搖曳柔
條，堂前的燕子正在安穩的新巢上低徊軟語。」〔註116〕豐氏大量的運用了圖
像的元素，將這篇文章編織成一篇帶有抒情、記述及漫畫味十足的隨筆，而在
「一片天眞爛漫光明正大的春景中」對比出兒童的純眞與成人的巧詐。

在〈市街形式〉〔註117〕一文中，豐氏比較上海及杭州兩地的市街形式，
他用直線、橫線來做比擬，他認爲上海的市街形式是直的，讓人有嚴肅、階
級、危險不安的感覺；而杭州的市街形式是橫的，讓人有和平、平等、安定
可親的感覺。在〈舊地重遊〉一文中，他用顏色來對比「白領階級」及「藍
領階級」的差別——「這樣想來，我們和小白臉，金牙齒，仁丹鬚的清福，
全是那紫銅色的臉，翡翠色的臉和憤恨不平的話聲所惠賜的。」〔註118〕這些
生動的描寫，全都帶有濃厚的圖像思考。這圖像化的語言，讓豐氏的文章更
形具像生動、親切近人。

豐氏這一特質還表現在「以文寫圖」中。如〈野外理髮處〉〔註119〕是豐
氏搭船泊岸時，躺在船榻上將船窗當成畫框，觀察岸上剃頭活動的情景：

> 這圖中的人物位置時時在變動，有時會變出極好的構圖來，疏密勻
> 稱，姿勢集中，宛如一幅寫實派的西洋畫。有時微嫌左右兩旁空地
> 太多太少，我便自己變更枕頭的放處，以適應他們的變動，而求船
> 窗中的妥貼的構圖。〔註120〕

此時豐氏的行動、思維幾乎全被圖像所左右。後來他動筆寫生，畫了幅構圖

〔註115〕　〈作父親〉，《豐子愷文集》（五），頁258。
〔註116〕　同上，頁259。
〔註117〕　〈市街形式〉，《豐子愷文集》（五），頁362～363。
〔註118〕　〈舊地重遊〉，《豐子愷文集》（五），頁264。
〔註119〕　〈野外理髮處〉，《豐子愷文集》（五），頁364～367。
〔註120〕　同上，頁364。

妥帖的同名漫畫來（如圖 4-59），同時還在文中詳細述寫他取景構圖、用筆用色的苦心經營，如：

圖 4-59：〈野外理髮處〉

> 我又在凳腳的旁邊，白布的下端，擅自添上一朵墨，當作被剃頭者的黑褲的露出部分。我以爲有了這一朵墨，白布愈加顯見其白；剃頭司務的鞋子的黑在畫的下端不致孤獨。〔註121〕

像這類具體圖像的描寫，在他的同一題材而圖文並呈的作品中，如〈窮小孩的蹺蹺板〉、〈三娘娘〉、〈鼓樂〉等，隨處可見。

豐氏散文中圖像性的思考，除了用圖像來形容景物外，還「以文寫圖」。〈野外理髮處〉就是豐氏搭船泊岸時，躺在船榻上將船窗當成畫框，觀察岸上剃頭活動的情景。

豐氏在隨筆中所呈現的這類圖像化思考，不是受到文藝理論的啓發，而是豐氏凡事認眞的結果。他一方面認眞的從事漫畫創作，一方面認眞的進行隨筆抒寫。這認眞讓豐氏的漫畫創作具有濃厚的文學味，也讓豐氏的隨筆創作有明顯的圖像性。它不但自然地結合了豐氏的圖與文，也巧妙地連結了豐氏散文家和漫畫家的雙重身份。

小　結

豐氏的文藝創作始於 1920 年代，當題材適合用圖像表現時，他就選用漫畫來呈現；當圖像的說明性不夠時，他就會以隨筆的方式來表現。不過這二者對豐氏而言常常交織在一起，所以他常以圖文並呈的方式互爲補充，一起呈現。

他的第一本漫畫集《子愷漫畫》於 1925 年出版，當時豐氏這帶有詩意的漫畫作品，不但得到白馬湖文友們的高度評價而爲之作序寫跋外，也得到一般社會大眾的熱烈迴響。因爲《子愷漫畫》的廣受歡迎，使得「漫畫」這個名稱在中國逐漸普及，而統一了當時眾說紛紜的「諷刺畫」、「寓意畫」、「時畫」、「諧畫」、「滑稽畫」等名稱，這讓豐氏得到「中國漫畫之父」的美名。但從中國漫畫的發展史來看，豐氏這種充滿中國傳統文人的寫意與抒情風的

〔註121〕同上，頁 366。

漫畫,與當時漫畫界主流大不相同。當時在報刊雜誌上所刊載的漫畫,大部分是關注社會、反映不公的時事題材,或是帶著商業色彩、庸俗媚人的抒情美人畫。在這種環境背景下,當豐氏向人們展示出率真而動人的兒童漫畫、充滿生活情趣的生活漫畫和耐人尋味的古詩新畫時,讓人有耳目一新之感。所以《子愷漫畫》一出,便奠定了他在當時藝文界的地位。

豐子愷曾將漫畫分類為:「感想漫畫」、「諷刺漫畫」和「宣傳漫畫」三大類,觀之於豐氏的漫畫作品,這三大類的作品豐氏皆有繪製。但豐氏認為「感想漫畫」才是漫畫藝術的本體,所以本文以情動於衷的「感想漫畫」為其漫畫創作的常格,而以斥妄的「諷刺漫畫」和目的性強的「宣傳漫畫」為其變格。

豐氏的「感想漫畫」其主要風格表現在「象徵性」和「文學性」兩方面。豐氏常用寥寥數筆畫出具有普遍象徵性的作品,以簡馭繁、遺貌取神,以達到意在言外的含蓄韻致。另外,力倡藝術大眾化的豐氏,認為繪畫要普及須帶有文學性,這樣才能讓對藝術有興味而無深造的人也能看得懂畫,於是他有意識的將文學帶入他的漫畫作品中。他漫畫中文學性的表現,主要是表現在「畫中含有詩趣」和「畫題主導畫意」上。在「畫中含有詩趣」方面豐氏是以「詩詞圖像化」及「畫面詩意化」來呈現;而其「畫題主導畫意」則是利用畫題與圖像的落差,拉出一個讓讀者想像的空間,以增加其意義美,這點主要還是受日本竹久夢二的影響。

「諷刺漫畫」原是豐氏所不忍寫的,但他想佛菩薩在說法時也有「顯正」和「斥妄」兩途,於是他也畫起了諷刺漫畫。在 1930 年代以後,豐氏所畫的社會相、學生相中,曾經一度密集的出現過這類缺乏文學、抒情趣味,而帶有批判、諷刺味道的畫作。但「諷刺漫畫」的精神實在有違豐氏仁厚的人格特質,所以豐氏的「諷刺漫畫」不論在質或量上都較其「感想漫畫」及「宣傳漫畫」貧乏許多。

「宣傳漫畫」的目的性太強,有違豐氏興到筆落的創作理念,但因受大環境的影響,豐氏曾不由自主的為抗日宣傳而畫,也曾身不由己的為宣傳社會主義而畫;但除此之外,他還有意識的為宣傳佛教護生觀而畫出了護生畫。護生畫可說是豐氏宣傳畫的代表作,他從 1927～1973 年四十七年間,共創作了六集四百五十幅護生畫作。豐氏創作護生畫的動機主要有二:一是宣傳佛教的護生觀,二是為其精神導師──弘一法師祝壽。其創作理念主要是「以藝術作

方便，以人道主義為宗趣」〔註 122〕，希望藉由具有「形式美」的畫作，來傳遞護生觀以長養慈悲心，達到「護心」的目的。所以豐氏的護生畫不但負有宣傳佛教護生觀的重大目的，而且也兼具了表裡如一的形式美和意義美。

豐氏的第一本散文集《緣緣堂隨筆》於 1931 年出版，在書中有豐氏對生命意義的思考、對童真美善的歌頌，也有談美論藝的作品。這些散文的題材，都是豐氏從自己熟悉的生活中取其所感的片斷，用最樸質的文字坦率地表達出來，此後「緣緣堂隨筆」就成了豐氏優美小品散文的統稱。

豐氏的隨筆創作，題材平凡而多元、質佳量多、時間長。他直到 1971 年後，仍常常利用凌晨時分家人還在熟睡時，悄悄憶述家鄉石門灣的人情與風物，寫成《往事瑣記》一書，可見他對文學的喜愛，至老不渝。其隨筆的特色主要是表現在：富於哲思、清雋平淡、親切率真、具圖像性等四方面。

在「富於哲思」方面，豐氏從小就「歡喜讀與人生根本問題有關的書，歡喜談與人生根本問題有關的話」〔註 123〕，這種先天的人格特質，造成他在早期（1937 年以前）的隨筆創作中，出現了為數頗多思考人生根本問題的文章，這些作品深具哲學的興味，最能表現豐氏性格中哲人的特質與思考模式。

在「清雋平淡」方面，豐氏一方面在平淡中透顯出瀟灑之清氣，以表現其文人特質與生活情趣；另一方面在平常的題材中提鍊出雋永之思考，以表現其「小中見大」及「弦外有餘音」的創作理念。

在「親切率真」方面，他喜愛「直直落落，明明白白，天真自然，純正樸茂」〔註 124〕的詩，他也以此準則自己的隨筆創作。他的隨筆語言質樸自然、不事雕琢，再加上口語般的行文，讓人讀來備感親切，而感受到他那毫無芥蒂的真心、真性與真情。

在「具圖像性」方面，豐氏從小就喜歡觀察萬物，再加上學生時代經由寫生所訓練出來的眼力，使得圖像式觀察已然內化成豐氏的一種思考模式，甚至成為一種直覺反應。豐氏用這種寫生的眼、藝術的心來觀察生活、體驗人生，漸漸變成一種習慣，此一特質不但反應在豐氏隨筆「圖像化的語言」，還表現在他「以文寫圖」的獨特觀察。這圖像化的思考，正是豐氏凡事認真的結果，它不但自然地結合了豐氏的圖與文，也巧妙地連結了豐氏散文家和漫畫家的雙重身份。

〔註 122〕 弘一大師：〈《護生畫集》第一集識語〉，《護生畫選集》，頁 205。
〔註 123〕 〈談自己的畫〉，《豐子愷文集》（五），頁 468。
〔註 124〕 〈湖畔夜飲〉，《豐子愷文集》（六），頁 382。

第五章　豐子愷早期的童心思想

　　在一九三〇年代中國近代藝文創作者中，豐氏以他帶有宗教情味、哲學思辨及藝術審美的童心思想，形成了他獨特的藝術風格和人格魅力。

　　豐氏早期的童心思想，主要是在一九二〇年代末期形成，除了傳承中國傳統「本初之心」的觀點外，也深受近代西方「個人主義」兒童觀的影響。綜觀豐氏的一生，其兒童觀隨著時間的流轉而有略做調整及修正，尤其是 1949 年中共執政後，豐氏兒童相關創作的內容甚至與其早期的童心思想大相逕庭。本章所欲探討的是豐氏早期的童心思想及其產生的時代背景，至於豐氏兒童觀的調整及轉變，我們將放在下一章中，與他的兒童相關創作一起深究。

　　本章擬先從中國「五四兒童熱」討論起，以了解民國初年近代西方個人主義兒童觀的引入及其在中國所產生的影響，以還原豐氏早期童心思想產生的時空背景，進而了解其兒童相關創作在當時引起藝文界〔註1〕熱烈迴響的原因。接著，將從「本眞童心」、「絕緣說」、「黃金時代說」、「反映時代的兒童教育觀」四個面向來深入剖析豐氏早期童心思想的主要內涵。

第一節　五四兒童熱：豐子愷童心思想產生的時代背景

　　在中國傳統封建統治下，三綱五常的倫理道德，箝制了人權思想的發展，臣子成了君主的附屬品、妻子成了丈夫的附屬品，而子女也成了父母的

〔註 1〕　當時的藝文界與學術界之間的分界很模糊，因爲當時許多學界的人也都投入藝文創作的行列，例如文學研究會的成員大都兼具此二者的身份。

附屬品，人的獨立價值不存在，平等、自主的權利也被剝奪。這種情形到了明清時期與西方文化進行接觸後才逐漸改變，尤其是到了清末，中國人開始意識到西方文化在民主與科學方面的優勢，於是先覺的知識份子想要通過開啟民智達到「新民」的啟蒙理想，進而達成改造社會的政治目的。這時他們將眼光投射在青年人身上、將希望寄託於兒童，於是兒童搖身一變，變成是國家民族未來的希望。如梁啟超在 1900 年《清議報》上所刊載的〈少年中國說〉一文所述：「少年強則國強，少年獨立則國獨立，少年自由則國自由，少年進步則國進步，少年勝於歐洲，則國勝於歐洲，少年雄於地球，則國雄於地球。」〔註2〕可見在嚴重的民族危機和救亡圖存的需求下，兒童變成國家未來的主人翁，他們肩負著振興民族、國家的重任，被視為是「未來的成人」。這種兒童觀雖然已較傳統的附庸觀進步許多，但它其實是源於對國家前途的考量，而並非對兒童生命特質的尊重，故它仍是以成人為本位的觀點來看待兒童。

從 1917 年胡適與陳獨秀發動「以白話文代替古文」的新文學運動開始，五四學生運動、新文化運動等各種求新求變的運動接踵而至，它以前所未有的姿態，對以儒家為核心的封建傳統文化發起了激烈的批判，帶給中國社會、政治、思想等各方面劇烈的撼動，此時受西方教育或文化影響的新知識份子，紛紛用現代西方的標準來重新審視中國傳統文化的價值。在此新文化運動之前，中國的婦女和兒童是被當成男性和父母的附庸、所有品，而不被當作是真正意義上的人——具有獨立人格的完全的個體來看待，正如周作人在〈小孩的委屈〉中所述：「以前人們只承認男人是人，（連女人們都是樣想！）用他的標準來統治人類，於是女人與小孩的委屈，當然是不能免了。」〔註3〕而在這新文化運動中，「個人主義」聲勢高揚，「人的意識」覺醒，使得「人的解放」成為時代的新思維，婦女和兒童問題的被發現也成了熱門的議題。

在中國，首先有意識地接觸西方兒童學並引進介紹的是魯迅和周作人兄弟。在周作人的〈兒童研究導言〉〔註4〕、〈人的文學〉〔註5〕、〈兒童的文學〉

〔註2〕 轉引自王黎君（2004）：《兒童的發現與中國現代文學》，頁 10。
〔註3〕 周作人：〈小孩的委屈〉，原載於 1921 年 10 月《晨報副鐫》，收入《周作人文類編・上下身》，頁 610。
〔註4〕 原載於 1913 年 12 月《紹興縣教育會月刊》第 3 號。
〔註5〕 原刊載於 1918 年 12 月《新青年》第 5 卷第 6 號上。

〔註6〕和魯迅的〈我們現在怎樣做父親〉〔註7〕等文章的推廣宣導下，以心理的角度來肯定兒童作為人的發展階段、肯定兒童精神和社會地位的「兒童本位」現代新型兒童觀，才在中國逐漸受到重視。另外，美國著名教育家杜威，也在 1919 年來到中國進行長達兩年的巡迴講學，在此之後，以兒童為本位的「尚自然、展個性」的新型兒童教育觀，終於在中國確立成型。再加上文學研究會成員們，如茅盾、鄭振鐸、葉聖陶、冰心等，也都「把目光投向了兒童，發現了兒童作為人的生命階段的獨特性質，對兒童本能和本性的普遍尊重成為了時代的共識」〔註8〕，因而形成了五四新文化運動中這股令人矚目的「兒童熱」。

　　現在我們就從周氏兄弟、「尚自然、展個性」的兒童教育觀和「文學研究會」三個向度切入，來探討影響豐氏早期兒童觀產生的時代背景——五四兒童熱。

壹、周氏兄弟引介西方兒童學

　　在傳統封建思想下，人權的觀念被隱沒在倫理、階級中，個人主義的甦醒——人的被發現，一直要到十六世紀才在歐洲興起。一般認為，西洋在十六世紀發現了人、十八世紀發現了婦女、十九世紀發現了兒童〔註9〕。而日本在二十世紀初，受到這股新思潮的影響，掀起了一股「兒童學」的熱潮，魯迅、周作人兄弟在日本留學時〔註10〕正好趕上這股熱潮而深受其影響，於是他們非常認真的吸收有關西方兒童學的知識，回國後更是大力的加以倡導與譯介。

　　所謂「兒童學」，周作人在〈兒童研究導言〉中指出：「以研究兒童身體精神發達之程序為事，應用於教育，在使順應自然，循序漸進，無有扞格或過不及之弊。」〔註11〕而「兒童學」帶給中國最大的震撼，應是它顛覆傳統

〔註6〕1920 年 10 月 26 日在北平孔德學校的講演內容，並刊登在《新青年》第八卷第四號上。
〔註7〕原刊載於 1919 年 11 月《新青年》第 6 卷第 6 號上。
〔註8〕王黎君（2004）：《兒童的發現與中國現代文學》，頁 13。
〔註9〕參見周作人：〈論「救救孩子」——題李長之文學論文集後〉，原載於 1934 年 12 月 8 日《大公報》，收入《周作人文類編・上下身》，頁 729。
〔註10〕魯迅於 1902～1909 年在日本留學；周作人於 1906～1911 年在日本留學。
〔註11〕周作人：〈兒童研究導言〉，原載於 1913 年 12 月《紹興縣教育會月刊》第 3 號，收入《周作人文類編・上下身》，頁 586。

「抑制」兒童本性的教養觀念，而採「順應」兒童本性的教育方式。現在我們就分別來探討魯迅和周作人兄弟在引介西方兒童學方面的貢獻。

魯迅（1881～1936）是中國近代最具反省及批判能力的文化人。他深受進化論的影響，相信「將來必勝於過去，青年必勝於老年。」〔註12〕；他認爲國家要富強，「其首在立人，人立而後凡事舉；若其道術，乃必尊個性而張精神。」〔註13〕於是他高舉個人主義的旗幟，強調自我意識、個性的價值和人的尊嚴，提出「人的解放運動」。身在那國弱民昧的時代，他一心只想要救中國。他從進化論的角度來解讀「人的解放」，於是自然地將眼光投注到「兒童」身上，關注兒童的解放與兒童教育。他透過〈狂人日記〉傳達出孩童對傳統吃人禮教的控訴及「救救孩子」的呼籲，希望社會大眾能重視兒童獨立的性格和精神的需求。

魯迅早在 1910 年代，就從日文譯介了多篇有關兒童學的論文，如日本上野陽一的《藝術玩賞之教育》（1913 年 8 月）、〈社會教育與趣味〉（1913 年 10 月）、〈兒童之好奇心〉（1913 年 11 月），還有從日本高島平三郎的〈兒童學綱要〉中節譯的〈兒童觀念界之研究〉（1914）。魯迅還利用在教育部任科長的機會，組織了全國兒童藝術展覽會並主持編輯了《全國兒童藝術展覽會紀要專刊》（1915 年 3 月）。1919 年 11 月，魯迅在《新青年》雜誌上發表了〈我們現在怎樣做父親〉這篇重量級的文章，文中他明確地指出「孩子的世界，與成人截然不同，倘不先行理解，一味蠻做，便有礙於孩子的發達。所以一切設施，都應該以孩子爲本位。」〔註14〕他認爲生命繼續的目的是爲了要發展和進化，所以爲人父母者應該用引導的方式來教育子女，使其具有「能在世界新潮流中游泳，不被淹沒的力量」〔註15〕，成爲一位「爲己所有」的獨立個體，而不是視他們爲縮小的成人，用傳統綱常來抑制他們的成長。他呼籲「覺醒的人」「對於子女，義務思想須加多，而權利思想卻大可切實核減，以準備改作幼者本位的道德。」〔註16〕這種「以幼者爲本位」的道德觀，不僅直接挑戰了傳統「以長者爲本位」及「父爲子綱」的倫理觀，更爲五四時期「以兒童爲本位」的新型兒童觀奠定了廣泛的社會與思想

〔註12〕 魯迅：〈三閒集・序言〉，《魯迅全集》第四卷，頁 5。
〔註13〕 魯迅：〈文化偏至論〉，《魯迅全集》第一卷，頁 57。
〔註14〕 魯迅：〈我們現在怎樣做父親〉，《魯迅全集》第一卷，頁 135。
〔註15〕 同上，頁 136。
〔註16〕 同上，頁 132。

基礎。

周作人（1885～1967）很早就開始接觸兒童學和兒童文學，據他在《我的雜學之十》中回憶道：

> 我在東京的時候得到高島平三郎編《歌詠兒童的文學》及所著《兒童研究》，才對於這方面感到興趣，其時兒童學在日本也剛開始發達，斯丹萊賀耳博士在西洋為斯學之祖師，所以後來參考的書多是英文的，塞來的《兒童時期之研究》雖已是古舊的書，我卻很是珍重，至今還時常想起。〔註17〕

可見周作人早在日本留學時，就接受了從歐洲傳來的兒童學。他除了努力為文推廣兒童學和兒童文學理論外，也曾寫過《兒童雜事詩》來紀錄家鄉──浙東一帶與兒童生活和兒童故事有關的風俗習慣，甚至到了晚年他還在編選紹興的兒歌，可見他對兒童的重視。

他提出當時成人們對兒童的迷失：「對於兒童多不能正當理解，不是將他當作小形的成人，期望他少年老成，便將他看作不完全的小人，說小孩懂得什麼，一筆抹殺，不去理他。」〔註18〕呼籲成人應理解「兒童在生理心理上雖然和大人有點不同，但他仍是完全的個人，有他自己內外兩面的生活。」〔註19〕周作人認為要救孩子，就應從兒童學的角度出發才有可能。為了要讓大人們了解兒童和成人在心理、生理上的不同，他特意將日、英文有關兒童教育的文章譯介給中國的讀者們，並試著將西方兒童學「以兒童為本位」的理論運用於了解中國兒童上，可說是中國最早引介兒童心理、生理科學研究的人。

對於勿將兒童視為縮小成人而應正視兒童身心發展的狀況，他在1913年所寫的〈兒童研究導言〉就已提出：

> 蓋兒童者，大人之胚體，而非大人之縮形……世俗不察，對於兒童久多誤解，以為小兒者，大人之具體而微者也，凡大人所能知能行者，小兒當無不能之，但其量差耳。〔註20〕

〔註17〕 原載於1944年7月9日《華北新報》，原篇名為〈我的雜學之十〉，收入《周作人文類編五·上下身》時，編者鍾叔河為其加上〈兒童學〉之篇名。參見《周作人文類編五·上下身》，頁581～582。

〔註18〕 同上，頁582。

〔註19〕 同上。

〔註20〕 周作人：〈兒童研究導言〉，《周作人文類編·上下身》，頁586。

這呼籲比魯迅在 1918 年〈狂人日記〉中所提出的「救救兒童」來得更早，只不過他的呼籲在當時沒有得到太大的迴響，直到魯迅「救救孩子」的吶喊一出，才引起社會大眾對兒童問題的關切。

周作人以《紹興縣教育會月刊》為陣地，譯著了十多篇關於兒童教育的論文，1913～1914 年間主要發表了：〈兒童研究導言〉、〈兒歌之研究〉、〈玩具研究〉、〈兒童問題之初解〉、〈古童話釋義〉、〈家庭教育一論〉、〈成績展覽會意見書〉〔註21〕、〈學校成績展覽會雜記〉等論文；翻譯了日本黑田朋信〈遊戲與教育〉、日本新井道太郎〈小兒爭鬥之研究〉、英國加伐威爾〈外緣之影響〉等。在這些文章中，周作人大力鼓吹尊重兒童的獨立人格與順應自然人性發展的兒童觀，其中特別值得重視的是〈成績展覽會意見書〉和〈學校成績展覽會雜記〉，這兩篇是周作人將他的兒童學知識與教育實踐結合起來，在中國教育史上第一次提出「以兒童為本位」的教育思想。如他在〈成績展覽會意見書〉中提出「兒童教育，本依其自動之性，加以激勵，引之入勝，而其造詣所及，要仍以興趣之淺深為導制」、「今對於徵集成績品之希望，在於保存本眞，以兒童為本位。」〔註22〕由此可看出，周作人當時對兒童教育所採取的觀點與盧梭在《愛彌兒》中所提出的自然主義論調十分切合，在 1914 年的中國，這「以兒童為本位」的教育思想可說是開時代之先鋒。

從日本留學到回國從事教育文化事業，魯迅、周作人兄弟走的是同一條路。在 1910 年代初的中國，連「個人」與「女子」都還未發現的時代，他們為國人譯介了西方兒童學知識，將西方「以兒童為本位」的新型兒童觀引進中國，他們不但超越了自己生活的時代，也為接下來五四兒童熱暖身，對中國近代新型兒童觀的奠立有著重大的貢獻。

貳、「尚自然、展個性」的新型教育觀

魯迅、周作人努力提倡重視兒童的獨立性，強調不要再將兒童視為小形的成人，而是要把兒童視為一個有別於成人的完全個體。這種以兒童為本位的新型兒童觀在五四之後更加受到重視，加以個人主義和自由主義推波助瀾的影響，從教育界到文學界紛紛提出解決兒童問題的辦法。1910 年代末期

〔註21〕 1914 年 7 月，周作人受其兄魯迅在北京籌辦全國第一次兒童藝術展覽會的啓示，也親自主持了紹興縣小學校成績展覽會。參見蔣風、韓進（1998）：《中國兒童文學史》，頁 54。

〔註22〕 參見蔣風、韓進：《中國兒童文學史》，頁 53～54。

至 1920 年代初期的中國，便瀰漫了這股以兒童爲中心的教育理念，強調兒童學習的自主性，讓他們能夠自己安排、自由學習而產生有「興味」的學習。當時在中國影響最廣泛的兩大兒童教育思潮，一是盧梭（Jean-Jacques Rousseau，1712～1778）的自然主義思潮，一是杜威的實用主義思潮。

1762 年，法國教育家盧梭（Jean Jacques Rousseau，1712～1778）出版了以「歸於自然」和「發展天性」爲主軸的教育經典鉅著——《愛彌兒》。在《愛彌兒》一書中，他提出了「要尊重兒童」的觀點，並且宣稱：「兒童不是一個具體而微的成人」、「兒童在心理和生理上都與成人很不相同」。他認爲「上帝創造萬物都是善的，一經人手便變成邪惡的了」〔註 23〕，所以兒童教育的內容應以天性爲師而不是以人爲師，並且應先離開社會到自然中去學習；教育兒童的方式應順著兒童自然的天性來加以引導，並且在兒童學習的過程中，不該使用禁止或體罰，要讓兒童在不受外力干擾的情況下，成爲主動的探索者。盧梭認爲這樣才能培養出一個自然的、愉悅的、自由的「新人」；而以這種教育方式所培養出的「新人」不會做「壞事」，並且可以建立一個合乎自然法則的社會來。另外，他也提出，一位理想的教師應該具有赤子之心，並且要成爲學生的伙伴，這樣他才能在分享學生歡樂的過程中贏得學生的信任。

這種標舉兒童個性、強調兒童天性的兒童觀及教育觀，日漸爲大家所接受，並成爲西方近代兒童教育觀的主旋律。當《愛彌兒》被翻譯成中文時，這種新型的兒童觀馬上引起了當時有心於教育改革者的重視，1913 年時夏丏尊就曾翻譯部分的《愛彌兒》，在經過魯迅校閱後於《教育周報》上連載三期；1923 年魏肇基則根據英文節譯本將之譯成中文，由商務印書館出版。

1919 年 5 月至 1921 年 7 月，美國實用主義教育家杜威（John Dewey，1859～1952）受陶行知、胡適等人的邀請，來中國進行爲期兩年的巡迴演講，使得其教育主張得以在中國廣爲傳播，這大大加速了西方新型教育理論在中國推廣的進程。杜威在 1916 年寫成的《民本主義與教育》一書中，提出了以「兒童本位論」爲核心的西方現代兒童觀，堅決要求教育者把兒童當作兒童來看待，而非「未來的成人」。他認爲傳統教育最大的毛病「是把學科看作教育的中心，不管兒童的本能經驗如何，社會的需要如何」〔註 24〕，只要

〔註 23〕　〔法〕盧梭著，李平漚譯：《愛彌兒》，頁 1。
〔註 24〕　杜威著、胡適譯：《杜威五大講演》，頁 104。

是成人認為好的知識，便一股腦地硬塞給兒童。所以他呼籲教育者必須設身處地的站在兒童的立場來理解事情，提出「在整個教育中，兒童是起點，是中心，而且是目的」〔註 25〕的論點，力倡以兒童的身心發展為出發點，將教育的一切措施圍繞著他們而組織起來。〔註 26〕這一論點與傳統教育視教師、教科書為中心的觀念大相逕庭，對中國傳統的教育觀產生很大的衝擊。杜威在中國長達兩年的巡迴演講期間，足跡遍及京、滬等大城市及十餘省，再加上當時有許多報刊雜誌刊載了他演講的內容，如 1919 年 6 月《每周評論》連續出刊了兩期《杜威演講錄》專號、《新教育》也將一卷三期設為「杜威號」、2 卷 1 號的《新潮》登載了羅家倫的〈杜威博士的「學校與社會」〉、《晨報》則幾乎連載了杜威全部重要演講的記錄稿〔註 27〕。在這些報刊雜誌的推波助瀾之下，使得當時中國凡是對兒童學及兒童教育感興趣的人幾乎都受到了此一學說的影響。至此，傳播兒童學、倡導「以兒童為本位」的新型教育觀在中國蔚為一股風潮。

這種新型的兒童教育觀是建立在個人主義及自由主義思想之上，重視人本的精神。它主張教育應順從兒童的本性及趣味，以適性、展性的方式來培育之，使兒童能保有其至真、至善、至美的童心。這種新型的兒童教育觀傳入中國後，許多有志於教改的志士便努力將它中國化，如蔡元培在〈新教育與舊教育之歧點〉便提出了「與其守成法，毋寧尚自然；與其求劃一，毋寧展個性。」〔註 28〕之說。事實上，蔡元培提出的這種「尚自然、展個性」的新型教育觀，很能涵括當時社會普遍支持的兒童教育態度，這觀點不但適用於兒童教育，且適用於所有的教育。現在我們就以與豐子愷關係密切的二所中學——春暉中學及立達學園為例，來看看當時有心於教育的改革者對此新型教育理念的實踐。

1922 年，經亨頤即是以這新型的教育理念在家鄉——浙江上虞白馬湖畔創辦了春暉中學。他特地延請同鄉的老同事——夏丏尊為其聘請學校所需的師資，夏丏尊憑藉他清直的人品、古道的性格和廣泛的交遊，很快就陸續邀請到匡互生、朱自清、朱光潛、劉薰宇、王任叔、劉延陵、張同光、豐子愷

〔註 25〕 參見王泉根（2004）：《現代中國兒童文學主潮》，頁 24。
〔註 26〕 《杜威教育論著選》，上海：華東師範大學出版社，1981 年。
〔註 27〕 參見王黎君（2004）：《兒童的發現與中國現代文學》，頁 16。
〔註 28〕 蔡元培，〈新教育與舊教育之歧點〉，《蔡元培文集——卷二‧教育》（上），頁 466。

等具有教育熱忱、改革理想又兼具人文素養的青年學者來春暉中學任教。朱自清在〈教育家的夏丏尊先生〉〔註29〕一文中回憶當時，春暉中學給學生一個有詩有畫的學術環境，讓他們按著個性自由發展。所以當朱自清到春暉任教時，感到一種平靜親和的氛圍，是別的學校沒有的。

　　春暉中學創校的歷史背景及建校理念，在夏丏尊所執筆的〈春暉的使命〉一文中有清楚的記載：

> 你（春暉中學）是一個私立的，不比官立的凡事多窒礙。當現在首
> 都及別省官立學校窮得關門，本省官立中等學校有的為了競爭位
> 置、風潮疊起、醜穢得不可向邇的時候，豎了真正的旗幟，振起純
> 正的教育，不是你所應該做的事嗎？〔註30〕

春暉中學是一所沒向軍閥立案、不受政府管制的私立中學，是一所注重情感教育勝過智能教育的全人中學。在輔導管教方面，「任何形式的體罰和不尊重人格的管理方式都被廢除。學校提倡發展個性，思想自由，很早就實行學生自治。」（豐一吟，1998，頁89）春暉老校友黃源就曾憶述道：「教師都是有真才實學，對待學生，有一個共同特點，不以訓斥而以感化為主，頗受學生擁護。」〔註31〕學務主任匡互生更是堅持：

> 決不主張用記過、開除等懲罰辦法，至於體罰更是嚴屬禁止使用。
> 他主張跟學生以談心的方式，互相交換意見，務必使犯錯誤的學生
> 自己認識到錯誤，決心痛改前非。〔註32〕

這裡有一實例，可以看出當時春暉中學的教師是如何實施感化教育：有一次，有人向朱自清報告有學生聚賭，朱自清在與其他教師商量後，決定將此事交由學生協治會處理；學生協治會最後決定處罰聚賭的同學寫大字和打掃學生宿舍一個月；而身為學務主任的匡互生認為學生犯錯與自己監管不力有關，於是自罰一個月薪俸並每天和學生一起做勞務。由此可見這臺有心於教育改革的教師們，他們對感化教育的努力不懈與堅持；這種以身作則的身教，實遠勝於殷殷叮囑的言教及記過的處罰。

〔註29〕　朱自清，〈教育家的夏丏尊先生〉，收入朱喬森編，《朱自清散文全集》（下），頁457～458。

〔註30〕　轉引自盛興軍編：《豐子愷年譜》，頁127。

〔註31〕　黃源：〈「最使我感激、給我鼓勵的」老師匡互生〉，《匡互生與立達學園》，頁144。

〔註32〕　斯而中：〈匡互生在春暉中學〉，《匡互生與立達學園》，頁150。

　　在教學方面，春暉中學既重視文理各科，也注意學生體育和美育方面的均衡發展；除了必修課外，也開設多門選修課以兼顧學生的特殊興趣。另外，校方也經常邀請校內外的教師、學者不定期的在校園舉行專題講座，以提升學生的人文素養及擴展學生的文化視野。如校內的教師豐子愷就曾主講〈藝術的創作與鑑賞〉，而蔡元培、郭沫若、葉聖陶、俞平伯、陳望道、劉大白……等校外的賢達名流也曾到春暉中學進行專題演講。據春暉老校友魏風江的描述：

> 春暉有著一系列不同於別地學校的措施，具體的表現是師生感情融合，學生自治活動廣泛開展，學生的代表參加校務會議，各種集會上人人踴躍發言，毫無顧慮。校內的文學藝術氣氛，特別濃厚，走廊裡貼滿著各班級的壁報，圖文並茂，表露著學生們渴求進步的思想。〔註33〕

由此可見當時春暉中學校園內濃厚的人文氛圍及學生旺盛的活動力。在這自由的學風中，學生們接受了這些博學多聞的文化名人及學有專精的教師們的長期薰陶，使得當時春暉的學生對文學和藝術的欣賞力和表現力都頗受肯定，辦學的成功讓春暉中學與位於天津的南開中學並有「北有南開，南有春暉」之美譽。

　　之後因校長經亨頤長年奔波在外，校長職位由其親戚代理後，這些帶著教育改革理念的教師與校方的治校理念漸行漸遠，導致 1924 年底以匡互生為主的春暉中學教師如朱光潛、夏丏尊、豐子愷等「因為不滿春暉中學當局的獨裁的作風，相約退出，由匡互生領導，在上海江灣自己創辦了一個學校，叫做立達學園。」〔註34〕

　　立達中學〔註35〕的創辦者除了來自春暉中學的教師外，還有部分是來自

〔註33〕　魏江風：〈從春暉中學到立達學園的匡互生先生〉，《匡互生與立達學園》，頁152。

〔註34〕　朱光潛：〈敬悼朱佩弦先生〉，《朱光潛全集》第九卷，頁 487。

〔註35〕　1925 年建校之初名為「立達中學」，後更名為「立達學園」。1932 年淞滬抗戰時，位於江灣區的校舍在戰火中化為廢墟。1947 年學校搬遷到松江邱家灣。1953 年由松江縣人民政府接管，易名為松江三中。為恢復松江師範，1985 年遷入現址——上海市松江區松匯西路 1260 號。2002 年 7 月，為了學校的發展，區委、區府將薄弱學校松江三中實行轉制，由區教師進修學院承辦，並改名為「松江區教師進修學院附屬立達中學」。2007 年 9 月，學校又重歸公辦。（資料引自：上海市松江區教師進修學院附屬立達中學／學校簡介網頁，

於以陶載良爲首的中國公學教師。這群教師們的經濟條件都不寬裕，爲了籌措創校經費，「豐子愷賣去了白馬湖畔的小楊柳屋，約得 700 餘元。別的志同道合者大家湊一點錢，一共得 1000 餘元。」〔註 36〕，於是 1925 年 2 月 1 日，立達中學在這非常拮据及克難的情況下掛牌上課了。這群立達學園的創辦者可說「是一群從依賴官辦教育的迷夢中警醒，絕計脫離圍城，另闢新境，自由自在地去實現新型教育理想的志士仁人。」〔註 37〕他們「想針對中等教育的流行的弊病加以糾正」〔註 38〕，於是這群具有高度熱育熱忱的教師們帶著全人及感化教育的理念從春暉來到立達。在匡互生授意、朱光潛執筆的〈立達學園旨趣〉中，我們可以一窺立達建校的用心：

> 我們的學校純粹由同志的教師、信仰的學生組成，一方面要具有社會的組織和互助的精神，一方面要充滿了家庭的親愛。大家都欣合無間，極力求由敬愛而發生人格感化。……我們師生大家都極力求以至誠相見，免除一切虛僞，要使社會對於立達的師生所得最深刻的印象，就是誠懇的態度。〔註 39〕

可見人格感化仍是他們輔導學生的方式，而待人誠懇則是他們教育的內容，他們「所懸的理想是自由式的教育，特別著重啓發與感化」〔註 40〕，所以立達的教師們支持「愛的教育」，主張：

> 對學生實行「說服主義」，採用情感教育方式，師生住同樣的宿舍，同桌吃同樣的飯菜。用說服、感化的方式來教育學生。在行政上採用「教導合一」的教育制度，不設校長、主任等職。〔註 41〕

這理念可說是延續了當年春暉中學辦學的精神，只是他們記取了春暉後來行政人員獨大的教訓，於是更進一步的廢除了校長、主任等行政職務，讓學校的運作能透過更公開的討論來決定。

「立達」這名字是取《論語》「己欲立而立人，己欲達而達人」之意，朱光潛曾爲此二字做出如下的解釋：「『立』指腳跟站得穩，或立場堅定，『達』

網址：http://www.ldzx.sjedu.cn/xxxxgk/xxgk/xxgl/xxjj/index.shtml）。
〔註 36〕豐一吟（1998）：《瀟灑風神──我的父親豐子愷》，頁 91。
〔註 37〕趙海洲、趙文健（2001）：《匡互生傳》，頁 121。
〔註 38〕朱光潛：〈敬悼朱佩弦先生〉，《朱光潛全集》第九卷，頁 487。
〔註 39〕匡互生、朱光潛：〈立達學園旨趣〉：《匡互生和立達學園教育思想教學實踐研究》，頁 108。
〔註 40〕朱光潛：〈敬悼朱佩弦先生〉，《朱光潛全集》第九卷，頁 487。
〔註 41〕盛興軍主編：《豐子愷年譜》，頁 145。

指通情達理，行得通。」〔註42〕由此可見立達教師們辦學的教育理念及對學
生殷殷的期許，他們希望立達的學生們不但要站得穩還要能走得出去，不但
要自己能立而且還要助人以達。名之為「學園」主要是與一般的「學校」做
區隔，他們希望透過「學園」這個名稱，讓人「聯想到希臘的『柏拉圖學
園』的自由討論的風氣，但是更切實的意義是把青年當作幼苗來培養和愛
護，使他們得到正常的健康的成長。」〔註43〕由此可見他們不但重視自由討
論的學風，同時也以園丁辛勤耕耘的態度來培育、愛護這些期待茁壯成長的
幼苗。立達學園的教育目標我們可從豐子愷為它設計的校徽中看出：立達的
校徽上方有一個赤身的幼童張開雙臂擁抱紅心，紅心的中央有一篆體反白的
人字，立達二字分立在心的兩側，下方則有二位赤身童子將這「人」「心」高
高舉起。在這校徽中不但透露出立達創校的教師們高舉及擁抱以愛為出發點
的人本教育精神，更傳達出立達以培育出擁有「赤」子「童」心的「人」為
其教育目標。

　　像春暉中學和立達學園等以「尚自然，
展個性」的新型教育觀所創辦的學校，在當
時確實培育出不少具有進步思想、開放胸襟
的人才；而其自由的學風和開放的思想也在
當時軍閥專制的歷史背景下，像是一股清新
的空氣，流入了追求進步、尋求改革的人們
心中。

圖 5-1：立達中學校徽

豐子愷 1925 年為立達中學所設計
的校徽沿用至今。

參、文學研究會與兒童文學運動

　　在魯迅和周作人的大聲疾呼之下，「以兒
童為本位」的新型兒童觀在中國逐漸展開，尤其是文學研究會成員，他們不
但承襲了此一兒童觀，而且也承襲了清末將兒童視為光明的象徵、國家未來
的希望的兒童觀。

　　1920 年 11 月，鄭振鐸、耿濟之等人計劃出版一本文學雜誌，擬藉由文學
的力量來啟發人們的新思維、提高人們欣賞純文學的趣味，後來演變為成立
一個純文學的團體以聚合文學同好。同年十二月，他們推周作人為起草人，

〔註42〕 朱光潛：〈回憶上海立達學園和開明書店〉，《朱光潛全集》第十卷，頁521。
〔註43〕 同上。

以周作人、朱希祖、蔣百里、鄭振鐸、耿濟之、瞿世英、郭紹虞、孫伏園、沈雁冰（茅盾）、葉紹鈞（葉聖陶）、許地山、王統照十二個人的名義發起，正式成立了以聯絡感情、增進知識、建立著作工會基礎〔註44〕為宗旨的「文學研究會」，初時以商務印書館的《小說月報》為其會刊，後來另創《文學周刊》取代之，並出版了《文學研究會叢書》一百二十五種。

圖 5-2：《小說月報》　　圖 5-3：《文學週報》
　第 17 卷第 4 號封面　　　第 232 期內封

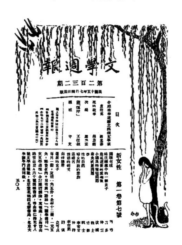

（圖 5-2）豐子愷為《小說月報》第 17 卷第 4 號（1926 年 4 月）所繪製的封面。當時《小說月報》由鄭振鐸主編。
（圖 5-3）豐子愷為《文學周報》第 232 期（1926 年 7 月）所繪製的內封。

文學研究會是在「人生化」、「現實化」思想盛行的風氣下所組成的中國現代文學史上第一個純文學社團，它的組織鬆散，只是一群文友們想運用文學來改變人們的思想、提高人們的文化修養。他們在文學上的主張只有遵循「為人生而藝術」的寫實主義信念，他們認為：「文學應該反映社會的現象，表現並且討論一些有關人生一般的問題。」〔註45〕另外，他們承襲了魯迅和周作人的兒童觀，致力於中國近代兒童價值標準和理念的探討，提倡「以兒童為本位」的兒童觀，反對傳統視小孩為縮小成人的態度。

在這股「以兒童為本位」的兒童熱中，文學研究會的成員們投入了相當的精神與心力在兒童文學的改革上，與同時期的其他文學社團相比，他們「大都有著一種或隱或顯的『兒童崇拜』傾向，其中冰心、葉聖陶、鄭振

〔註44〕參見周作人：〈文學研究會宣言〉，《周作人散文》第二集，頁 194。
〔註45〕茅盾：〈中國新文學大系・小說一集導言〉，《中國新文學大系・小說一集》，前頁頁 1。

鐸、豐子愷、俞平伯、許地山以及周作人似乎尤爲明顯。」〔註 46〕他們不但
將兒童視爲具有獨立人格的完整個體，並且也將兒童視爲光明的意象，歌頌
兒童善良天眞的本性，以傳達身處成人虛僞世界中的他們對兒童純眞世界無
限地嚮往。

他們認同「尙自然、展個性」的教育觀，強調應順應兒童遊戲的趣味
觀，給予適合兒童發展歷程的生活環境、學習方式、閱讀刊物，以涵養他們
的童心和趣味之心。於是他們企圖透過各種文學形式，改變人們的對兒童的
觀點，以期塑造具有獨立人格、有趣味、能自立的新兒童。因此文學研究會
成員們特別重視兒童讀物，紛紛翻譯世界各國兒童讀物、研究童話、創作童
話，他們「以《兒童世界》、《小說月報》爲陣地，譯介、研究、編輯同步發
展」〔註47〕，形成了二十世紀二〇年代的「兒童文學運動」。

在理論宣傳方面，1920 年 10 月 26 日，周作人在北平孔德學校進行了一
場以「兒童的文學」爲題的演講，隨後其演講稿刊載在《新青年》上。在這
篇重量級的文章中，周作人對兒童文學做了更具體、系統的闡述：文中他再
度提出「以兒童爲本位」的兒童觀，並且肯定兒童對文學的需求、堅持兒童
文學必需兼具「兒童的」及「文學的」雙重特質，最後再依兒童學上的分
期，將兒童文學分爲幼兒前期（1～3 歲）、幼兒後期（3～10）、少年期（10
～15）三個層次來逐一說明。此文一出，兒童文學立刻在中國受到前所未有
的重視。

隨後，葉聖陶在 1921 年《晨報》副刊所發表〈文藝談〉的系列文章中，
也多次談到創作兒童文學的重要性與必要性；1921 年嚴既澄在上海國語講習
所暑假專修班上，向來自全國十五個省五百多位教師作了「兒童文學在兒童
教育上之價值」的演講；1922 年鄭振鐸在浙江寧波暑假教師講習所演講《兒
童文學的教授法》；1922 年趙景深與周作人以書信的形式在《晨報》副刊展開
了一場童話討論，這場討論更是擴大了童話的地位與影響。

另外在兒童文學創作方面更是豐富而多元，如兒童詩、童話、兒童故事、
兒童小說、兒童劇、兒童散文無一不有；而黎錦暉的《葡萄仙子》兒童歌舞
劇（1922 年）、冰心的《寄小讀者》兒童散文集（1922 年）、葉聖陶的《稻草
人》童話集（1923 年）、俞平伯的《憶》兒童生活新詩集（1925 年）可說是

〔註46〕 王泉根（2004）：《現代中國兒童文學主潮》，頁 54。
〔註47〕 同上，頁 43。

其中的代表作。在研究理論方面，則有趙景深的《童話論集》（1927 年）、《童話概論》（1927 年）、《童話學 ABC》（1929 年）等著作。正如王泉根（2004）所言：

> 歷史的實踐已經雄辯地證明：正是文學研究會的作家們，最為熱忱地響應魯迅「救救孩子」的時代號令，積極投身於服務兒童、墾闢兒童文學的光榮事業，用自己切切實實的努力尤其是在兒童文學創作方面的卓越成績，徹底改變了中國幾千年來兒童文學的落後面貌，加速了現代兒童文學的發展步伐；他們所開闢的現實主義兒童文學道路，不僅成為二○年代中國兒童文學的創作主潮，而且對三四○年代乃至 1949 年以後的當代中國兒童文學都產生了深刻的影響。〔註48〕

大體而言，文學研究會作家的兒童文學創作，大都秉持著現實主義的精神，堅持兒童文學直接面對人生、反映社會生活的特點，並且直接把人生百態引入創作中，使兒童文學具有時代的意義和情感，直接或間接地揭示出中國社會有關人生一般的問題。現在我們就其中三位與豐氏有直接接觸交往的鄭振鐸、葉聖陶與俞平伯為對象，進行深一層的探討。

鄭振鐸（1898～1958），筆名西諦、郭源新等。不但對中國新文學的發展有重大貢獻，在考古、俗文學、中國藝術史方面也有超凡的表現，是一位博學多識學者型的作家。在兒童文學方面，他不僅編輯童話、譯述童話、創作童話，還是兒童文學理論的探討者、建設者〔註49〕，是中國現代兒童文學辛勞的拓荒者和耕耘者。鄭氏主張兒童文學不但應「以兒童為本位」，而且也要「以文學為本位」並且兼顧教育性，因此他明確地指出兒童文學的創作要以兒童為核心，作者不僅要注意到兒童不同年齡的性格特點，更要注意到兒童身心發展的規律，他強調兒童的精神糧食與物質糧食同樣重要。

他曾在〈中國兒童讀物的分析・上篇　從三字經到千字文到歷代蒙求〉一文中，深入分析中國歷代兒童讀物的發展並指出中國傳統兒童教育的缺失；他認為在舊式的科舉制度下，中國根本談不上有所謂的「兒童」教育，即使有也不過是注入式的教育，是順民或忠臣孝子的教育而已，他直言「中國舊式的教育，簡直是一種罪孽深重的玩意兒，除了維持傳統的權威和倫理

〔註48〕　同上，頁 57。
〔註49〕　參見蔣風、韓進：《中國兒童文學史》，頁 121。

觀念（或可以說是傳統的社會組織）以外，別無其他的目的和利用。」〔註50〕
這些論點可以相當程度的反映出當時文研會成員們及有志於教育改革者的
心聲。

　　有鑑於當時把兒童看作是「縮小的成人」而將教育成人的材料和方法整
個套用到兒童身上的缺失，於是鄭氏在他所主編《時事新報》的副刊上，開
闢了〈兒童專欄〉，刊載適合兒童心智發展閱讀的童話、兒歌。在此基礎下，
他於1922年1月為商務印書館籌辦了中國第一本兒童文學雜誌——《兒童世
界》，這是一本以初小二、三年級及高小一、二年級程度的學生為主要對象的
新型兒童讀物。它曾經刊載了包括葉聖陶、鄭振鐸、趙景深等人創作的童話
和幼兒圖畫故事，胡愈之、謝六逸、耿濟之等人編譯的外國童話，與俞平伯、
許地山、嚴既澄等人的兒童詩及兒歌，這些幾乎清一色都是文研會的成員（王
泉根，2004，頁44）。鄭氏在〈《兒童世界》宣言〉中就以麥克‧林東對兒童
文學的主張為其雜誌編輯的宗旨：（一）使他適宜於兒童的地方的及其本能的
興趣及愛好。（二）養成並且指導這種興趣及愛好。（三）喚起兒童已失去的
興趣與愛好。〔註51〕這三個主張皆指向「興趣及愛好」，可見以趣味為導向、
讓兒童讀有「趣味」的讀物、喚起兒童本能的興趣及愛好、讓兒童成為一個
有「趣味」的小孩是鄭振鐸編輯《兒童世界》的基本態度。

　　《兒童世界》初時內容包括：插圖（以照片介紹動植物）、歌譜、詩歌童
謠、故事、童話、戲劇、寓言、小說、格言等，以純文學為主要的內容，以
涵養兒童的「趣味」為主要的導向，並提供兒童創作的發表空間。鄭氏在《兒
童世界》第一卷第五期的〈兒童創作的募集〉中寫道：「我們除歡迎學校教師
們的稿件外，對於兒童自己的創作尤為熱忱的承受。」〔註52〕第三卷以後更
是加入自然科學和手工遊戲等材料，讓兒童可以從遊戲中去做、去學，以玩
的方式來增加其理科方面的「知識」。

　　在〈《兒童世界》‧第三卷的本志〉中，鄭氏說到：

　　　　本志（兒童世界）所抱的宗旨，一方面固是力求適應我們的兒童
　　　　的一切需要，在別一方面卻決不迎合現在社會的——兒童的與兒童
　　　　父母的——心理。我們深覺得我們的工作，決不應該「迎合」兒童

〔註50〕　鄭振鐸：〈中國兒童讀物的分析‧上篇　從三字經到千字文到歷代蒙求〉，《鄭
　　　　　振鐸全集》第十三卷，頁46。
〔註51〕　鄭振鐸：〈《兒童世界》宣言〉，《鄭振鐸全集》第十三卷，頁4。
〔註52〕　鄭振鐸：〈兒童創作的募集〉，《鄭振鐸全集》第十三卷，頁76。

的劣等嗜好，與一般家庭的舊習慣，而應當本著我們的理想，種下新的形象，新的兒童生活的種子，在兒童乃至兒童父母的心裡。
〔註53〕

可見鄭氏在編輯《兒童世界》時，不是以市場為走向，而是帶著知識分子的理想與熱情來經營此雜誌。他不但不迎合當時市場上讀者的劣等嗜好，並且抱著教育及指導的立場，要來改變讀者的興趣及提升其品味，他不但要教育兒童也同時要教育家長。鄭爾康在為其父寫傳記時也提到：

在他主編的這個刊物裡沒有古板的說教，而是盡量採用淺顯易懂、生動活潑、適合兒童趣味的內容，通過詩歌、童話、圖畫故事、科學遊戲、做手工等形式，潛移默化地使孩子們幼小的心靈懂得什麼是假惡醜，什麼是真善美，培養他們自幼對科學、文化藝術的興趣。〔註54〕

可見他在編輯《兒童世界》時是帶著多大的使命感及社會責任在進行的。這些觀點不但是《兒童世界》的編輯方針，並且也深深影響著豐氏。豐氏於1930年代之後為兒童所寫的故事集，所持的觀點與此幾乎是完全相同的。

葉聖陶（1984～1988）原名紹鈞，字聖陶，現代作家、兒童文學作家、教育家，也是中國藝術童話的奠基者。他年輕時曾在江蘇鄉鎮當過十年的小學教師，長期生活在孩子們中間，深諳兒童心理、了解兒童的心理需求。他在〈文藝談〉系列文章中提出「小孩有勇往無畏的氣概，於一切無所懼怯。這該善為保育，善為發展。」〔註55〕並要求為人父母者不但要讓兒童自由發展他們的本能，而且還要盡可能的幫助他們發展。他在1920年代寫了許多的兒童詩及童話，他的兒童詩取材於兒童生活，充滿著他對兒童的愛，體現了他對兒童及兒童教育的理解。

他的童話創作是在受鄭振鐸之邀，為《兒童世界》寫稿才開始創作地。他的童話雖然受到安徒生、格林、王爾德等人的影響，但更多是由現實人生中所激發出的反思，這使得他在創作時會不由自主地把「童話」作為批判現實人生的工具。

葉聖陶的童話不同於以改寫為主的茅盾童話和以譯述為主的鄭振鐸童

〔註53〕 鄭振鐸：〈《兒童世界》‧第三卷的本志〉，《鄭振鐸全集》第十三卷，頁87。
〔註54〕 鄭爾康（2001）：《鄭振鐸》，頁18。
〔註55〕 轉引自王黎君（2004）：《兒童的發現與中國現代文學》，頁16。

話，他的童話創作全是來自於現實人生的全新創作。他從 1921 年 11 月開始應鄭振鐸之邀爲《兒童世界》寫童話，至 1922 年 6 月共創作了童話二十三篇，隨後於 1923 年集結出版了《稻草人》童話集。《稻草人》被學者視爲我國現代童話創作的處女作，它的出版可說開闢了中國現代童話的蠻荒之地，爲中國的現代童話立下了新的里程碑。魯迅曾從兒童文學發展的角度對它做過這樣的評價：「十來年前，葉紹鈞先生的《稻草人》是給中國的童話開了一條自己創作的路。」〔註 56〕魯迅的評價肯定了葉聖陶在童話文學上的開創意義，他結束了模仿、改編外國童話的時代，開創中國自覺地爲少年、兒童創作童話的時代，讓中國童話具有時代的特徵和民族的特性。

葉聖陶在寫《稻草人》童話時，其教育的目的性並不強，原本只是想要描繪出兒童天眞的故事，正如本書在《開明少年文學叢刊》中的廣告所述：

> 《稻草人》收集葉先生早期的童話二十三篇：有的敘説世界上的慘
> 悲故事，激發起孩子們的同情心；有的敘述大自然的美，讓孩子們
> 看了會愛好自然；有的寫孩子們天眞的想像，把孩子們引導到理想
> 的世界去。〔註 57〕

可見，他的起初用心是想激發兒童的同情心、誘發兒童去愛好自然、引導兒童到理想世界去。鄭振鐸也在《稻草人》的序中指出，葉聖陶動手寫童話的目的是爲了「想把自己沉浸在孩提的夢境裡，又想把這種美麗的夢境表現在紙上」〔註 58〕，使得他能在成人的灰色雲霧裡重現兒童的天眞。葉聖陶希望兒童藉由閱讀童話，能了解自己所擁有的「眞、善、美」，並將此特質呈現出來。但他寫著寫著，不自覺地就呈現自己對眞實生活的感受，而使得著作情調不自覺地改變了方向，走上了寫實及批判的道路。1931 年葉聖陶再出了《古代英雄的石像》童話集，這本童話集是由豐子愷爲其繪製封面與插圖，其寫實及批判的意味更加濃厚。在《稻草人》中葉聖陶想把孩子引到「理想世界」，但到了《古代英雄的石像》，他又把孩子們帶回到「現實世界」來。

鄭振鐸充分肯定了葉聖陶這條寫實主義創作之路：「把成人的悲哀顯示給兒童，可以說是應該的。他們需要知道人間社會的現狀，正如需要地理和博

〔註 56〕 魯迅：〈表‧譯者的話〉，《魯迅全集》第十卷，頁 396。
〔註 57〕 轉引自蔣風、韓進：《中國兒童文學史》，頁 349。
〔註 58〕 鄭振鐸，〈《稻草人》序〉，《鄭振鐸全集》第十三卷，頁 36。

圖 5-4：葉聖陶《古代英雄的石像》童話集插圖

豐子愷爲葉聖陶《古代英雄的石像》童話集，所繪製的插圖（1931 年）。

物的知識一樣，我們不必也不能有意地加以防阻。」〔註 59〕他認爲葉聖陶的童話是情動於衷不得不發的創作、是來自於眞心實情的創作。葉聖陶如實地把成人的悲哀顯示給兒童，是因爲他覺得兒童也需要知道人間社會的現狀，所以無需特意掩飾現實生活中醜惡的一面。他希望藉由這些童話，「告訴孩子們這世界上有許多醜惡的事，使孩子們深深地厭惡這些；他告訴孩子們這世界是不能滿意的，使孩子們想要改造這世界。」（蔣風、韓進，1998，頁 349）。這條爲人生而鋪陳的寫實創作之路，葉聖陶可說是其中最佳的代言人了。

　　王泉根曾從中國現代童話創作發展的歷史角度來評述葉聖陶童話的成就：

　　　　第一，直面人生，擴大題材，把現實世界引進童話創作的領域。
　　　　第二，著眼兒童，發揚幻想，注重兒童情趣，不斷探索和完善童話
　　　　　　　創作的藝術形式。
　　　　第三，鮮明濃郁的中國風格與中國氣派。〔註60〕

葉聖陶在這三方面的成就，其實就是文學研究會成員們所認同的「爲人生而藝術」理念的實踐。就整個童話發展史的角度來看，這些成就很難歸爲是葉聖陶個人的，這些特色的形成與整個時代的氛圍和其文友的交互影響有直

〔註 59〕同上，頁 40。
〔註 60〕參見王泉根：〈現代童話的雙子星座：葉聖陶、張天翼合論〉，《現代中國兒童文學主潮》，頁 252～262。

接而密切的關聯。這種著眼兒童、直面人生而帶有濃郁的現實感的童話作品，事實上可視為文學研究會作家們，在創作兒童文學時所具備的共同特色。豐子愷在 1930 年代以後為兒童所創作的故事作品，也具有這些特色。事實上豐氏在創作兒童故事前，曾於 1932 與 1934 年和葉聖陶一起合作編繪開明書店出版的國小用國語課本，這二套課本是由葉聖陶編著、豐子愷繪圖，這次的合作對豐氏日後創作寫給兒童看的故事影響深遠，這一部份的影響我們將留待下一章〈為兒童而寫——開明國語課本〉一節中再進行深入的探討。

　　一般研究者常拿豐氏的兒童故事與葉聖陶的童話相比，認為葉聖陶把成人的悲哀赤裸裸地顯示給兒童看太過沉重了；而豐氏用兒童「絕緣」的眼來觀看現實人生，這使得他的兒童故事在寫實中帶著天真的興味。關於此差異，楊牧在〈豐子愷禮讚〉一文裡曾提出其獨到的見解：

> 我們若將豐子愷的童話〔註61〕和葉紹鈞的《稻草人》拿來比較，就難免覺得前者的坦蕩樂觀，終於才是我們生命的追求和嚮往；而葉紹鈞的苦心用力，往往使我們覺得委頓和困厄。童話是否必須像《稻草人》這樣挾帶如此鉅大的委厄，筆下是否必須如此尖銳，到底還是一個值得探討的問題。〔註62〕

豐氏以「絕緣」的視角來報導現實生活中的艱辛與黑暗，缺少對殘酷現實的批判，呈現出坦蕩樂觀的情懷；而葉聖陶則對人民的不幸與苦難投以關切的目光、傾注自己深切的同情而無法自拔，於是不由自主地藉著文章及童話來控訴社會的不公。楊牧的論點是站在學者的觀點，討論「童話」該怎麼寫才符合我們生命的追求和嚮往；而鄭振鐸則是以創作者的角度，來評述葉聖陶的忠於自我——寫自己的真情實感。像這類發自內心真實感受的創作，很難比較優劣、好壞，若硬要並列比較，我們也只能比較出其中的個別差異，而選擇喜愛與自己情味相近的作品。

　　俞平伯（1900～1990）名銘衡，字平伯，出生於蘇州的文學世家，曾祖俞樾、父親俞陛雲都是清末著名的學者。他在新舊詩詞、散文、古典文學研究領域皆有卓越的表現，尤其是《紅樓夢辨》（後來改版稱為《紅樓夢研究》）

〔註61〕 楊牧所稱豐子愷的「童話」，豐氏自稱「兒童故事」。至於豐子愷的兒童故事是否該稱為「童話」，至今學界仍有爭議，在本篇論文中仍以「兒童故事」稱之。

〔註62〕 楊牧：《豐子愷文選》（一），頁 8。

更是「新紅學」派的代表作之一。他雖然與豐氏不熟稔，但透過朱自清接觸到豐氏的漫畫，對豐氏的漫畫評價頗高，所以他於 1925 年 12 月出版描寫兒童的新詩集——《憶》，就是請豐氏爲其繪製封面與插圖。俞氏的《憶》是中國第一部描寫兒童生活的新詩集，它不是專門爲兒童所創作的詩歌，而是以描述兒童心理、兒童生活爲目的的新詩創作。

這本詩集是俞氏成年後追憶往昔、捕捉童趣的一系列詩作。他藉由新詩來表達對童心的歌頌，正如他自己在《憶》的自序中所說：

> 童心原非成人所能體玩的，且非成人所能回溯的。憶中所有的只是
> 薄薄的影罷哩。啊，即使是薄影罷——只要它們在依黯的情懷裡，
> 不知怎地歷歷而可畫，我由不得搖動這沒奈何的眷念。〔註63〕

俞氏以他詩人的感性眷戀著那薄影似的童心，然後再以他詩人的筆憶述那無邪的童年。在《憶》三十六首新詩當中，其中多首是用兒童天眞爛漫的口吻寫成地，這在當時似乎還沒有別人嘗試過。例如第一首：

> 有了兩個橘子，
> 一個是我底，
> 一個是我姐姐底。
>
> 把有麻子的給了我，
> 把光臉的她自己有了。
>
> 「弟弟，你底好，
> 繡花的呢。」
>
> 眞不錯！
> 好橘子，我吃了你吧。
> 眞正是個好橘子啊！〔註64〕

在這首詩中，我們可以看到俞氏以天眞無邪的「弟弟」的眼光來看這世界，解讀這世間的事物。在詩中，「弟弟」是那麼的信任他親愛的「姐姐」，他純稚的心靈是多麼容易感到滿足和喜悅，而年紀稍長的「姐姐」則已具備了成人初級的巧詐，知道如何巧妙的獲得自己所想要的東西，同時也能讓純眞的弟弟滿心歡喜。

〔註63〕 俞平伯：《俞平伯全集》第一卷，頁 299。
〔註64〕 同上，頁 302～303。

又如第十一首：

圖 5-5：俞平伯《憶》

爸爸有個頂大的斗篷。

天冷了，它張著大口歡迎我們進去。

誰都不知道我們在哪裡，

他們永找不著這樣一個好地方。

斗篷裏得漆黑的，

又在爸爸底腋窩下，

我們格格的笑：

「爸爸眞個好，

怎麼會有了這個又暖又大的斗篷呢？」

〔註65〕

第十一首的插圖，豐子愷繪。

在這首詩中，俞氏也是擬小兒語以第一人稱來敘述，把小孩子羨慕爸爸能擁有件又大又暖斗篷的心情細膩地呈現出來，其中「它張著大口歡迎我們進去」這一句，更是生動地描寫出兒童以擬人的方式看世界的特色。就這一點而言，這首詩已經具備現代童詩的特質了。

不過，近代學者對於俞平伯這本《憶》的寫作形式有不同的看法。如，張之偉認為俞平伯雖然能以一顆跳躍的童心將兒童平凡的生活生動細膩的表現出來，但是因為詩歌寫得比較含蓄，所以對兒童影響不大〔註 66〕；而王泉根卻認為，俞平伯擬小兒語所寫成的《憶》，最能代表文學研究會這場兒童文學運動的兒童文學代表作品之一〔註67〕。持平而言，《憶》這本詩集原本就不是為兒童所創作，而是俞氏受當時兒童熱潮的影響所創作出帶有童趣的詩作，俞氏意在歌頌童心，向兒童的世界尋找美的感動與詩的芬芳。若將此詩集視為「兒童文學」的創作，則有失俞氏創作的原意。朱自清在《中國新文學大系‧詩集》導言中曾評說：「《憶》是有趣的嘗試，童心的探求，時而一中，教人歡喜讚嘆。」〔註 68〕此評說最貼近俞氏創作的初衷，也給了《憶》一個符合時代意義的歷史評價。

〔註65〕 同上，頁 307～308。
〔註66〕 轉引自高小雯（2006）：《五四時期文學研究會與現代兒童觀的塑造》，頁 84。
〔註67〕 同上，頁 70。
〔註68〕 朱自清：〈《中國新文學大系》詩集導言〉，《自清散文全集》下集，頁 366。

　　當時北京樸社在出版這本詩集時所刊載的廣告為：「這是他回憶幼年時代的詩篇，共三十六篇。仙境似的靈妙，芳春似的清麗，由豐子愷先生吟咏詩意，作為畫題，成五彩圖十八幅，附在篇中。」〔註69〕俞氏的詩加上豐氏的畫，使得《憶》在當時有「雙美」之譽，非常受到文化界的矚目。豐氏在1927年發表的〈華瞻日記〉也是以「擬小兒語」所寫成地，這可能是受到俞平伯的啟發；但豐氏〈華瞻日記〉主要是描寫兒童的純真、自然並由此反襯成人世界的虛偽，與俞平伯想藉由《憶》來留住自己童年美好的回憶，其起初用心相去甚遠。

小　結

　　綜合上述，我們知道「五四兒童熱」讓中國兒童的生命形式、內在精神、獨立人格和社會地位，終於在學理上獲得了該有的重視及尊重，他們不再是具體而微的成人，也不是成人的預備，他們與成人平等並立，是一個具有獨立人格的完整個體。對兒童教育的觀念也從以前以教師為本位、知識為主體對學生施行鸚鵡學舌似的填鴨教育，進步到以學生為本位、以趣味為主體的「尚自然、展個性」的適性教育。

　　在周氏兄弟及文研會成員們的努力推廣下，不但使「以兒童為本位」的新型兒童觀普及於一般大眾，更讓兒童文學在中國得到了開創性發展。他們以這新型的兒童觀辦雜誌、出書，不但推波助瀾激化這股兒童熱潮，更讓這股熱潮發揮了實質的效益——讓兒童能接受「尚自然、展個性」的學校教育。

　　由於「兒童」背後隱含著全新、不曾受過任何污染的精神，成為文研會寄寓未來新希望的象徵。他們將兒童視為光明的意象，一方面歌頌兒童的純真本性，期待成年人也能擁有童心，以真善美的態度去面對萬事萬物；另一方面他們更期待為人父母者也能有此認知，才能以正確的態度教育兒童，培養出具有健全人格的未來新國民。

　　身為文研會的成員，豐氏早期以兒童為題材的創作，也是抱持著這一觀點。但1920年代中葉以後，國內紊亂的政局和一觸即發的中日關係，使得文研會的知識份子們再次陷入苦悶徬徨之中，早期歌頌兒童的主張，轉而以培養「戰鬥兒童」為目標。生活在這歷史氛圍中，豐氏1930年代後期為兒童所

〔註69〕轉引自陳星（2006）：《新月如水：豐子愷師友交往實錄》，頁117～118。

創作的作品中，也隱約帶有這「培養」的用心。1949 年中共執政後，豐氏作品中的兒童更是樣板味十足，與其早期歌頌兒童純眞的本性相去甚遠。所以我們下節所欲探討豐氏的童心思想，將鎖定在 1937 年以前豐氏深受五四兒童熱潮影響且具有濃厚個人主義色彩的兒童觀。

第二節　豐子愷早期的童心思想

在民國初年兒童學的熱潮中，身爲教師及文研會成員的豐子愷也深受其影響，如上節所述，在豐氏的交遊中，也有多位積極參與這文化運動。在這有形無形的交互影響中，使得豐氏在創作以兒童爲題材的作品時，得到其文友們的支持鼓勵與大眾廣大的迴響，這促使他的「童心」思想得以深化。

豐氏這位崇拜兒童的「老兒童」，由於「熱愛」和「親近」兒童，所以他能深入地了解孩子的心理，進而發現了「一個和成人世界完全不同的兒童世界」。〔註70〕1926 年左右，豐氏被自家孩子們以「絕緣」的眼及「自然」的心所建構出的童「眞」世界所吸引，他在兒童沒有受到過多禮儀教化的自然舉止間，覓出了「眞」的喜悅，並在這「眞」的喜悅中尋求到「美」的眞諦。對於這絕美純眞的童心，豐氏是打從心底推崇與讚嘆，自然地，他的創作內容也由柳條、燕子、欄杆和帶著淡淡幽情的少女，轉而爲摹寫天然、純眞、不造作的兒童了。他的童心思想，不單是從學理的角度來認知兒童的身心發展，更是從藝術家審美的眼光和佛教居士的「護心觀」來建構他的童心思想。

現在我們就從「本眞童心」，來探討中國傳統童心思想對豐氏的影響；從「絕緣說」，來探討豐氏童心思想所蘊含的哲學內涵；從「黃金時代說」，來回溯豐氏童年對其保有赤子之心的影響及其對本眞童心易逝的感傷；最後從「反應時代的兒童教育」來探討豐氏以兒童爲本位的教育觀及對童心的培養。

壹、本眞童心

明代李贄有「童子者，人之初也；童心者，心之初也。」之說，而豐氏也認爲童心是「從世外帶來的，不是經過這世間的造作後的心。」〔註71〕也

〔註70〕　《子愷漫畫選》自序〉，《豐子愷文集》（四），頁 546。
〔註71〕　〈告母性〉，《豐子愷文集》（一），頁 79。

就是那顆帶有「痴呆」面貌、未受世智所沾染的那顆本初的心。豐氏這種本
真童心的思想與李贄的童心觀可說是一脈相傳。在〈華瞻的日記〉、〈給我的
孩子們〉、〈兒女〉、〈談自己的畫〉等作品中，隨處可見豐氏對本真童心「清
淨」、「無塵」的讚美，他讚美兒童是「身心全部公開的真人」、「有著天地間
最健全的心眼」、「世間的人群結合永遠沒有像你們這樣的徹底真實而純潔」。
豐氏珍視、讚美這健全、本真的童心，主要是因為這心能讓我們認識千古的
大謎、看清宇宙人生的真相以及得到人生最高的法悅。

　　但在這「本初」、「本真」的童心觀背後，似乎也預告著：隨著時間的流
轉，「本初」將會失去其「初」意，而「本真」也隨之失真。對於本真童心的
喪失，李贄在〈焚書〉一文中提到：

　　然童心胡然而遽失也？蓋方其始也，有聞見從耳目而入，而以為主
　　於其內而童心失。其長也，有道理從聞見而入，而以為主於其內而
　　童心失。其久也，道理聞見日以益多，則所知所覺日以益廣，於是
　　為又知美名之可好也，而務欲以揚之而童心失；知不美之名之可醜
　　也，而務欲以掩之而童心失。〔註72〕

李贄認為人們因為接觸的「道理聞見」愈多就愈容易產生分別心，進而想要
揚美掩醜，於是就在這「所知所覺日以益廣」中，這初始的童心也就逐漸的
消失了。豐氏也認為成人的心眼，已被世智塵勞所蒙蔽、所斲喪，而這被蒙
蔽心眼的成人則被名所牽、被物所役、被禮所縛，所以無法細嚼人生的滋味、
看清事物的真相。這顆能認識千古大謎的心，也就因此逐漸喪失其「識謎」
的功能了。而八指頭陀也有詩曰：「吾愛童子身，蓮花不染塵。罵之唯解笑，
打亦不生嗔。對境心常定，逢人語自新。可慨年既長，物欲蔽天真。」可見
他們皆認為，因時間的侵蝕與世智的浸染，使得人們逐漸失卻這顆明慧本真
的童心。為此豐氏還曾特地將八指頭陀的詩刻在香煙管的邊上，以時時提醒
自己不要被物欲蒙蔽，要常保不染塵埃的明淨之心。

　　所以豐氏在讚揚兒童本真童心的同時，其實常常是在暗寫、反襯成人社
會的醜惡。他不直接控訴或揭露成人世界的虛偽，而是從孩子們日常生活中
的點滴趣事著手，藉由描繪兒童的天真爛漫和完整人格，從反面來詛咒成人
社會的虛偽愚蠢和不合理的作為，這使得他所抒寫兒童生活的篇章，有了更
深沉的思想內容。他曾在多篇的隨筆中寫到：

〔註72〕李贄：〈焚書・卷三〉，轉引自張斌（2007）：《豐子愷詩畫》，頁132～133。

我看見世間的大人都爲生活的瑣屑事件所迷著，都忘記人生的根本；只有孩子們保住天眞，獨具慧眼，其言行多是供我欣賞者。〔註73〕

天地間最健全的心眼，只是孩子們的所有物；世間事物的眞相，只有孩子們能最明確、最完全地見到。我比起他們來，眞的心眼已經被世智塵勞所蒙蔽，所斲喪，是一個可憐的殘廢者了。〔註74〕

這種對成人的否定及對兒童的珍視，也是當時文研會成員們共同的認知，如鄭振鐸就曾創作過〈小孩子〉一詩，對比孩提時與成人後的差異，其中第三段寫道：

如果我還是一個小孩子——

終日不擔心地在草地上游逛。

有許多自由的天地，

隨便我們的意思行止。

我們用網來捉蝴蝶，

用泥沙來蓋房子，

也採摘了許多花，

坐下來編打花圈。

這是多少自由的生活呀！

但是現在的我是成人了，

一層層的世網，已經牢牢的纏住我們的周身，不准我們自由行動

了。〔註75〕

鄭振鐸艷羨小孩子能自由地生活著，但成人卻因被世俗的網牢牢纏住而喪失了自由，這感觸與豐氏的「成人的世界，因爲受實際的生活和世間的習俗的限制，所以非常狹小苦悶。孩子們的世界不受這種限制，因此非常廣大自由。」〔註76〕如出一轍。這種對現實生活無奈與對本眞童心的嚮往，使得豐氏也同文研會的友人們一般，將解決現實困境的希望寄於恢復童心之上。他

〔註73〕　〈談自己的畫〉，《豐子愷文集》（五），頁468。

〔註74〕　〈兒女〉，《豐子愷文集》（五），頁114。

〔註75〕　鄭振鐸：〈小孩子〉，《鄭振鐸全集·詩歌、散文》第二卷，頁34。原收入《雪朝》一書，此書是《文學研究會叢書》之一，於1922年上海商務印書館出版，是鄭振鐸和葉紹鈞、朱自清等八人的詩歌合集。

〔註76〕　〈談自己的畫〉，《豐子愷文集》（五），頁467。

欲藉由童心的培養來促使人們返璞歸真，使成人盡可能地保留一些童年時代純真、自在的天性。他相信，天真是人類的本性，歸返本性才能擁有兒童「大無畏的丈夫氣概」，否則終將沉淪於成人世界的卑怯、虛偽與冷酷中。

貳、絕緣說

　　豐氏認為成人因為「打算利害」、「巧運智謀」，所以編織出「因果」相因、「關係」相連的世網。在這相因相連的世網中，事物失卻了其真實本來的絕對面目，而呈現出在「因果」、「關係」中的相對意義。成人被客塵所染的心眼被困在這世網中，看不見事物的真實本相。在〈剪網〉一文中，豐氏為成人「找」到了藝術和宗教這兩把剪刀來剪破世網；而在〈從孩子得到的啟示〉一文中，豐氏體認到兒童具有一雙絕緣的眼，而這雙絕緣的眼就具有剪破世網的功能。

　　豐氏所謂的「絕緣」，就是在看待一件事物的時候，能夠解除它在世間的一切關係、因果，而孤立絕緣的解讀它。豐氏發現兒童從「世外」帶來、不經造作的本初童心，和藝術的超現實性、宗教的無功利性都具有此一「絕緣」的特質。而透過這種絕緣的觀點，「可以看出事物的本身的美，可以發現奇妙的比擬」，而進入一個廣大自由的美感天地中。「絕緣說」可說是豐氏童心思想的重心，現在我們就從宗教和藝術兩個角度來解讀豐氏的絕緣之說。

　　就宗教而言，佛教的佛性論認為「心性本淨，客塵所染」，認為眾生先天就具有一顆「清淨心」，而這顆清淨無染的心即具「佛性」。道家思想則特別崇尚「真」，有「返璞歸真」、「如保赤子」、「能嬰兒乎」之說。豐氏認為兒童的心絕美純真，沒有被虛偽所腐蝕、沒有被名利所羈絆、沒有被妒忌所扭曲，所以具有一雙「絕緣的眼」，能保持最初一念之本心，沒有受到世俗塵埃的蒙翳，是最能照見世間萬物本相的人，是最能體現「佛心」的人。

　　就藝術而言，豐氏在二○年代中期，曾受到康得的超功利論美學觀影響。康得把審美活動當作一種超功利、超利害關係的活動，受此影響，豐氏認為學藝術者首先應該懂得「絕緣」，也就是「看到一個物象的時候，斷絕了這物象對外界（人事社會）的一切關係，而孤零零地欣賞這物象本身的姿態（形狀色彩）。」〔註77〕解除事物在世間的一切關係、因果，還它獨立、本來

〔註77〕　〈西湖春游〉，《豐子愷文集》（六），頁520。

的面目。只有這樣，才能洞見「美的眞相」，才能彰顯出藝術的價值。如成人看到錢幣，想到的是它的效用和價值，並不會仔細地去欣賞它的造型、紋路或設計，但幼兒不懂其價值、作用，只當它是一幅畫或如見一塊渾圓浮雕般欣賞著。〔註78〕以「絕緣」的眼來看世界「這種態度，與藝術的態度是一致的」〔註79〕。這種審美觀在二○年代的文藝界十分流行，如他的老師夏丏尊和好友朱光潛、陳望道等，當時也都曾以此爲自己美學思想的理論依據。

在豐氏的心中，「童心」可直指「佛心」，也可直通「藝術心」，它們可說是三位一體。藉由此三位一體絕緣的心，可以讓我們超現實、破功利、斷因果、明眞相，而進入一個純眞至善絕美的境界中。所以具有絕緣之眼的兒童，在豐氏心中所佔的地位，是與神明、星辰、藝術等量齊觀地。

參、黃金時代說

童年的生活經驗對人的影響重大而深遠，方衞平在〈童年：兒童文學理論的邏輯起點〉一文中討論到童年的意義時，提出三個面向：

（一）從生命傳遞和文化延續的角度看童年的初始狀態，我們會發現，童年的初始狀態不是「白板」一塊，而是包含著豐富歷史文化內容的生命現象。

（二）從未來的發展的角度來考察童年狀態，我們可以發現，童年狀態並非只具有單純的「現在時態」的意義，而是蘊含著無限的生長可能，並會對未來產生巨大的影響。

（三）從作爲現實的社會存在實體的角度加以考察。……意味著我們不能脫離特定的社會現實背景來看待兒童，而應該充分認識到童年所可能具有的廣泛而深刻的社會學內容。〔註80〕

童年所蘊含的文化內容、「未來進行式」特質及社會性，使得童年不單只是人生的起點，更起著基石的效力。所以在探討豐氏的童心思想時，不得不回溯豐氏的童年生活；豐氏保有比一般人更爲強烈的童稚之情，這絕對與他童年的成長環境有直接的相關。

豐氏是家中盼了好久才終於盼到的第一個男孩，這使他一出生便得到兩

〔註78〕 參見〈曲高和眾　雅俗共賞──論豐子愷的藝術觀及其漫畫特徵〉，頁133。
〔註79〕 〈關於兒童教育〉，《豐子愷文集》（二），頁250。
〔註80〕 參見方衞平：〈童年：兒童文學理論的邏輯起點〉，《兒童文學新視野》，頁108～113。

代長輩和六位姐姐對他的疼愛，在這充滿愛的環境下長大的豐氏，從小在石門灣的鄉間與大自然為伍、與童伴嬉戲，有著一段快樂無憂的童年時光。如他在 1927 年寫成的〈憶兒時〉一文中，就寫到當年家裡的大人們正在為養蠶而忙時，年幼的他就以走跳板為樂，並且常常失足壓死了許多蠶寶寶。不過他的祖母並沒有因此而對他加以斥責，只是叫家中的長工將他抱起，並告知不許再如此玩鬧了，但備受疼愛的小豐潤〔註81〕不把這話當一回事，仍舊樂此不疲。養蠶這年度盛事，對小豐潤而言除了玩還有吃：

> 蔣五伯每天買枇杷和軟糕來給採繭、做絲、燒火的人吃。大家認為
> 現在是辛苦而有希望的時候，應該享受這點心，都不客氣地取食。
> 我也無功受祿地天天吃多量的枇杷與軟糕，這又是樂事。〔註82〕

從這些描述中我們不難看出，童年在他的記憶中是如何地溫馨、有趣，也難怪他要說：

> 現在我回憶這兒時的事，真是常常使我神往！祖母、蔣五伯、七娘
> 娘和諸姊，都像童話裏的人物了。且在我看來，他們當時這劇的主
> 人公便是我。何等甜美的回憶！〔註83〕

有這快樂的童年當基底，使得豐氏對兒童的理解不單是學理上的認知，更是在得到印證後的認同。童年在豐氏心目中，是人一生中最寶貴、最真誠、最黃金的時代。在〈夢痕〉一文中，豐氏在說明自己額上傷疤的來由時說：「這是我的兒時歡樂的佐證，我的黃金時代的遺跡。」〔註84〕童年對豐氏而言，具有非凡的意義，它是歡愉的源泉、是美好的象徵、是幸福的代名詞，這使得他對童年是如此地戀戀不捨。但當童年隨著時光如夢幻泡影一般地消散時，這道額頭上的疤就成了他通往童年的金鎖：

> 只有這個疤，好像是「脊杖二十，刺配軍州」時打在臉上的金印，
> 永久地明顯地錄著過去的事實，一說起就可使我歷歷地回憶前塵。
> 彷彿我是在兒童世界的本貫地方犯了罪，被刺配到這成人社會的「遠
> 惡軍州」來的。這無期的流刑雖然使我永無還鄉之望，但憑這臉上
> 的金印，還可回溯往昔，追尋故鄉的美麗的夢啊！〔註85〕

〔註81〕　豐潤為豐子愷幼時的名字。
〔註82〕　〈憶兒時〉，《豐子愷文集》（五），頁136。
〔註83〕　同上。
〔註84〕　〈夢痕〉，《豐子愷文集》（五），頁276。
〔註85〕　同上。

經由這道傷疤，被刺配到成人社會的豐氏，可以回溯到他生命中的黃金時代。豐氏的黃金時代說，揉合了喜、悲兩個層面：喜的是童年期的「任眞自然」，悲的是童年的「短暫難返」。這複雜的情感，豐氏在〈送阿寶出黃金時代〉一文中表露無遺。

豐氏的長女阿寶原是豐氏兒童文藝創作的首席模特兒，她天眞、自然、不做作的一舉一動都牽動著父親的心。三歲時以雙手遮掩赤膊上身的嬌羞神情、六歲時與弟弟玩買票的有趣身影、七歲時認眞埋頭摺紙的專注表情⋯⋯都一一進入豐氏的畫中；但當她到了十三、四歲讀中學時，豐氏慢慢意識到她的轉變：

> 這個一味「要黃」而專門欺侮弱小的搗亂分子，今天在那裏犧牲自己的幸福來增殖弟妹們的幸福，使我看了覺得可笑，又覺得可悲。
> 你往日的一切雄心和夢想已經宣告失敗，開始在遏制自己的要求，忍耐自己的欲望，而謀他人的幸福了；你已將走出惟我獨尊的黃金時代，開始在嘗人類之愛的辛味了。〔註86〕

看著阿寶由惟我獨尊變成善體人意、由調皮搗蛋變成乖巧懂事、由天眞無邪變成克己復禮，豐氏心中溢滿的不是看著女兒長大的喜悅和爲人父的驕傲，而是爲女兒即將告別童年、離開「任天而動」的黃金時代而感傷。他以過來人的身分向阿寶說道：

> 你們的黃金時代有限，現實終於要暴露的。這是我經驗過來的情形，也是大人們誰也經驗過的情形。我眼看見兒時的伴侶中的英雄、好漢，一個個退縮、順從、妥協、屈服起來，到像綿羊的地步。我自己也是如此。「後之視今，亦猶今之視昔」，你們不久也要走這條路呢！〔註87〕

童年的短暫與有限，讓童年「黃金」的色彩更加鮮明及珍貴，在豐氏看來那一味要、一定能、毫無退縮、毫不妥協的執著態度，眞具有英雄豪傑的氣概、大丈夫的本色。但童年的短暫與易逝也預告著這一切的美好即將幻滅，這黃金的光芒即將黯淡，現實馬上就要遞補而上，妥協成了無可逃避的必然。這層悲哀，讓豐氏無法沉浸在「常人」父母的喜慰之中：

> 常人撫育孩子，到了漸漸成長，漸漸盡去其痴呆的童心而成爲大人

〔註86〕〈送阿寶出黃金時代〉，《豐子愷文集》（五），頁448～449。
〔註87〕〈給我的孩子們〉，《豐子愷文集》（五），頁256。

　　模樣的時代，父母往往喜慰；實則這是最可哀的現狀！因為這是盡
　　行放失其赤子之心，而為現世的奴隸了。〔註88〕

長大成人意味著告別童年，告別童年意味著現實即將暴露、美夢即將停止，
而生活的奮鬥則即將開始。他為子女即將長大成為「現世的奴隸」而感到哀
矜；為他們不再做著「眠床裏種花草的夢」、不再是「快活的勞動者」而深感
惋惜；更為他們「為分數而勞動，為名譽而勞動，為知識而勞動，為生活而
勞動。」〔註89〕心疼不已。

　　這傷感是屬於一位愛子的父親，是屬於一位善感的文人，為了留住這短
暫的黃金時代，豐氏癡心地紀錄下他們天真的行為及真誠的童言童語，「然
這真不過像『蜘蛛網落花』，略微保留一點春的痕跡而已。」〔註90〕雖然這對
豐氏而言如「蜘蛛網落花」般無奈，但對讀者而言卻是一帖「返真」的最佳
良方。

肆、反映時代的兒童教育觀

　　五四時期的兒童熱，引起學界廣泛地研究兒童學和討論兒童的相關議
題，處在這時代狂潮中，再加上對兒童的熱愛，使得豐氏也非常重視「以兒
童為本位」的新型兒童觀，並強調以趣味為中心培養童心的兒童教育。在這
方面他為文、作畫，想要提醒成人試著從兒童的眼光及角度來看世界，從而
了解成人如何地「錯待」兒童，而使兒童生活在壓抑、苦悶當中，無法發展
自己的潛能。他希望能經由改變成人對兒童的看法，注意兒童的生理、心理
特徵及精神生活需求，從而使兒童獲得較理想的成長環境。

　　他曾對當時的兒童教育做了省思，並在〈關於兒童教育〉一文中提到兩
個進行兒童教育時所要注意的重點，第一是必須先正視兒童是具有獨立人格
的完整個體，他們是「兒童」而非「小大人」，他認為常見的「兒童大人化」
是一般兒童教育的病根。第二應該培養其童心，因為這童心「是人生最有價
值的最高貴的心，極應該保護、培養，不應聽其泯滅。」〔註91〕，所以他力
主要對兒童進行藝術教育。

　　成人要將兒童視為兒童，要懂得兒童的心理特徵。什麼是兒童的心理特

〔註88〕　〈告母性〉，《豐子愷文集》（一），頁79。
〔註89〕　〈談自己的畫〉，《豐子愷文集》（五），頁470。
〔註90〕　〈給我的孩子們〉，《豐子愷文集》（五），頁256。
〔註91〕　〈關於兒童教育〉，《豐子愷文集》（二），頁250。

徵呢？豐氏認爲「痴呆」、「天眞的相信其所見所聞」和「爲趣味而生活」是其主要的心理特徵。他告誡兒童教育者：

> 切不可斥兒童的癡呆，切不可盼望兒童的像大人，切不可把兒童大人化，寧可保留、培養他們的一點癡呆，直到成人以後。這癡呆就是童心。童心，在大人就是一種「趣味」。〔註92〕

他也特別提醒母親們，在對幼兒說故事時，必須走進他們的世界，用他們理解的語彙來說故事，並且感受幼兒眞實的感受：「切不可以爲橫是瞎造，不妨隨便亂講。例如可怕的事，或獎勵殘忍的事，不道德的事，均不宜取作材料。因爲孩子是十分認眞地相信故事中的事實的。」〔註93〕幼兒是這麼的眞心相信他們的所見所聞，所以這時成人們也應以眞心回應，要特別注意自己的言教和身教，而不是胡謅瞎掰、逗弄他們，傷害了他們小小的心靈還不自知。

他在 1927 年所寫的〈兒童苦〉〔註94〕一文中，就從兒童的觀點來控訴這個由成人所主宰的世界是如何無禮地對待和「虐待」兒童，他指出：

> 我近來深感於世間爲兒童者的苦痛。這是明顯的事實：試看現在的家庭裡，桌子都比小孩子的頭高，椅子都是小孩子所坐不著的，門都是小孩子開不著的，談的話與做的事都是小孩子所聽不懂又感不到興味的。設身處地想來，假如我們大人到了這樣一個設備不稱身而言行莫名其妙的異人的家庭裡去生活，我們當感到何等的苦痛！這是兒童苦的證據，也是大人虐待小孩子的證據。〔註95〕

這個以大人爲本位，把小孩子當作附屬品的思考模式，漠視孩子的意見和想法、輕忽兒童的感受與欲求，使得兒童有苦而無法暢言，更甚者還體罰孩子：「小孩子的主張、意見與大人衝突的時候，大人不講理地拒絕、斥罵，甚至毆打。」、「二三十年前的私塾先生看見小孩子折紙、弄泥，要打手心，固然豈有此理；然而二三十年後的今日，也難得有幾個家庭注意於小孩子的精神生活。」豐氏常常試著從兒童心理發展的程度來設想兒童對其所處環境的感知，所以他能感受到兒童玩遊戲時專注的快樂，也能感受到「物不稱體」的苦痛。

〔註92〕同上，頁 254。
〔註93〕〈幼兒故事〉，《豐子愷文集》（五），頁 58。
〔註94〕〈兒童苦〉，《豐子愷文集》（五），頁 37～39。
〔註95〕同上，頁 37。

　　對此痛苦他忍不住要代兒童申訴，說給成人們聽，希望成人能設身處地的為兒童著想，尊重兒童真實的感受。如〈我們設身處地，想像孩子們的生活〉系列漫畫，大人的步伐太大（圖 5-6）、餐椅的高度太矮（圖 5-7）、大門的門把太高（圖 5-8）、階梯的高度太高（圖 5-9），這些顯然對兒童的生活已產生了困擾，但大人卻從沒想過要為其改善，因為「成人們大都認為兒童是準備做成人的，就一心希望他們變為成人，而忽視了他們這準備期的生活。」〔註 96〕這種視兒童為成人的準備期的思想，普遍存在當時的社會中，這不但反映在器物、設施的尺寸上，更甚的是反映在衣著打扮、行為態度上，兒童常常被「大人化」、被打扮成成人的「縮小版」。豐氏〈父型〉（圖 5-10）和〈母型〉（圖 5-11）二幅漫畫就是在指斥這種不重視兒童的獨特性，而將兒童大人化的畸形現象。他曾在文中自述當他看到：「六七歲的男孩子被父母親穿上小長袍和小馬褂，戴上小銅盆帽，教他學父親走路；六七歲的女孩子被父母親帶到理髮店去燙頭髮，在臉上敷脂粉，嘴上塗口紅，教他學母親交際。」〔註 97〕這種情景時，覺得非常可怕並認為這簡直是畸形發育的怪人。

　　所以豐氏提醒大人們，在對兒童施行教育時，一定要先正視兒童之所以為兒童的事實，不要再視其為成人的準備或小大人了，要真正的去了解兒童身心發展的特徵，及尊重其獨立存在的價值。

圖 5-6：〈我們設身處地，想像　　　　圖 5-7：〈我們設身處地，想像
　　孩子們的生活〉（其一）　　　　　　孩子們的生活〉（其二）

〔註 96〕　〈《子愷漫畫選》自序〉，《豐子愷文集》（四），頁 547。
〔註 97〕　同上。

圖 5-8：〈我們設身處地，想像
孩子們的生活〉（其三）　　　圖 5-9：〈我們設身處地，想像
　　　　　　　　　　　　　　　孩子們的生活〉（其四）

（圖 5-6～圖 5-9）〈我們設身處地，想像孩子們的生活〉這系列的漫畫作品，豐
氏主要是為孩子申訴，請大人們設身處地為孩子們想想，身處在如此不稱體的環
境中，生活將是如何的不方便，籲請成人們正視這個問題，尊重孩子真實的感受。

圖 5-10：〈父型〉　　　圖 5-11：〈母型〉

（圖 5-10、圖 5-11）每當豐
氏看到打扮得如父母的「小
大人」時，心中都會覺得非
常可怕並認為這簡直是畸形
發育的怪人。

　　第二要培養童心。「小孩子的生活，全是趣味本位的生活。他們為趣味而
遊戲，為趣味而忘寢食。」〔註 98〕這種的遊戲觀是在以人為本位的思潮中產
生的，如在廚川白村《苦悶的象徵》一書中就引用了席勒的遊戲觀：「所謂遊
戲，是勞動者的意志和義務完全調和時的活動。人只有在遊戲的時候，才是
真正的人」〔註 99〕，而朱光潛也以孟子的「大人者不失其赤子之心」為題，

〔註98〕〈關於兒童教育〉，《豐子愷文集》（二），頁 254。
〔註99〕轉引廚川白村：《苦悶的象徵》，頁 16，豐氏本人可能沒讀過席勒的《美學教育
　　　　論》，但其美學觀點有許多是來自於他所譯的第一本日文書《苦悶的象徵》。

討論藝術與遊戲間的關係，文中說道：

> 藝術的雛型就是遊戲。遊戲之中就含有創造和欣賞的心理活動。人
> 們不都是藝術家，但每一個人都做過兒童，對於遊戲都有幾分經驗。
> 所以要了解藝術的創造和欣賞，最好是先研究遊戲。〔註100〕

因爲兒童在遊戲的過程中不完全是模仿，它也常伴隨著豐富的想像力和創造
力，並且態度是那麼的鄭重、那麼的認眞。豐氏非常重視遊戲和趣味的觀點，
認爲這是反映時代的潮流。

　　兒童這種以趣味爲導向的生活，豐氏認爲是十分可貴且合於宗教與藝術
的精神，他指出：「他們爲遊戲而遊戲，手段就是目的，即所謂『自己目的』，
這眞是藝術的！他們不計利害、不分人我，即所謂『無我』，這是宗教的！」
〔註101〕所以豐氏認爲能拿來培養童心的，也只有「宗教」及「藝術」了，他
指出：

> 從小教以宗教的信仰，出世的思想，勿使其全心固著於地面，則眼
> 光高遠，志氣博大，即爲「大人」，否則至少從小教以藝術的趣味。
> 音樂，繪畫，詩歌，能洗刷心的塵翳，使顯出片刻的明淨。即藝術
> 能提人之神於太虛，使人得看清楚世界的眞相，人生的正路，而不
> 致沉淪，摸索於下面的暗中了。〔註102〕

可見豐氏認爲宗教可使人眼光高遠、志氣博大，而藝術則能洗刷心胸的塵翳、
使人看清世界的眞相，所以唯有此二者才有資格來保護兒童這尊貴的赤子之
心。宗教是形而上的最高指導原則，在這方面豐氏的論述不多，主要是以齊
物的觀點來長養兒童慈悲、仁愛之心；但在以藝術培養童心方面，豐氏則有
詳細的論述，並爲兒童撰寫了系列的藝術故事。

　　豐氏所謂的培養，並不是教條式的教導，而是啓發式的引導。他指出
在十三歲以前，是人格的養成階段，所以兒童教育者應該把握這段時期「乘
機助長，修正他們的對於事物的看法。助長其適宜者，修正其過分者。」
〔註103〕以幫助兒童健全的成長。而豐氏所謂的培養童心就是「涵養趣味」，

〔註100〕　朱光潛：〈大人者不失其赤子之心——藝術與遊戲〉，《朱光潛全集》第二卷，
　　　　　頁55。
〔註101〕　〈告母性〉本篇是1927年11月上海明書店出版《孩子們的音樂》（日本田邊
　　　　　尚雄著，豐子愷譯）的序言，《豐子愷文集》（一），頁77。
〔註102〕　同上，頁79～80。
〔註103〕　〈關於兒童教育〉，《豐子愷文集》（二），頁245。

也就是保持對人生自然的藝術的態度。他認爲這趣味來自於絕緣的眼且常與遊戲相結合，所以豐氏肯定兒童在遊戲中學習成長的論點，他認爲玩遊戲對兒童的學習有其正向的幫助，而不是在浪費時間，因此他很看重兒童玩具。豐氏了解「遊戲是兒童的職務，玩具是遊戲的工具。」〔註104〕而玩具這「工具」對兒童的意義，與木工的斧頭、商人的算盤、畫家的畫箱，意義等重。1927 年他曾節譯日本關寬之的《兒童的年齡性質與玩具》〔註105〕一書，就是要推廣以兒童爲本位、以「趣味」爲中心、以「想像」爲要素的兒童玩具。

他認爲一個好的兒童玩具，第一必須符合兒童的年齡以助其成長，第二必須具有「想像」以啓發兒童的創作力。他指出：

> 「想像」，是兒童的一切感情之母。凡審美、同情、信仰、愛慕等，都因想像的發達而進步起來。所以製造玩具，須一面求形式的美好，一面給以引起想像的機會。〔註106〕

所以製作精美、寫實、具體而微等無法激發兒童想像空間的實物縮小模型，對豐氏而言是蠢笨的玩具。這主要是因爲想像能「無限」的延伸，能讓人在操作時產生「希望」的喜悅；而具體則是「有限」的呈現，讓人在擁有後容易產生輕忽的心理。這也就是爲什麼每當豐氏看到兒童自製玩具時，都不禁要歡喜讚嘆了。如〈瞻瞻底車（二）腳踏車〉（圖 5-12）、〈抬轎〉（圖 5-13）等就是在讚美兒童豐富的想像力及創作力，這些具有豐富想像力的玩具在豐氏心目中，實是藝術在生活中最佳的實踐。

豐氏提出以趣味培養童心的動機，主要是因爲童年的黃金時代易逝，所以他希望藉由童心的培養，讓兒童成年後仍能以作畫、看畫的態度來面對世界，仍能以純潔的心來領受這世間的事物，然後在現實的世界、理智的世界、密佈因果網的世界裡，不爲物所誘——「能動地觀看這世間，而不受動地盲從這世間。」〔註107〕找到心靈的慰安，而重返自己奔放自由的生命狀態。

〔註104〕〈兒童苦〉，《豐子愷文集》（五），頁 38。
〔註105〕《兒童的年齡性質與玩具》，日本關寬之著，豐子愷譯。參看《豐子愷文集》（五），頁 37。
〔註106〕〈關於兒童教育〉，《豐子愷文集》（二），頁 245。
〔註107〕〈告母性〉，《豐子愷文集》（一），頁 79。

圖 5-12：〈瞻瞻底車（二）腳踏車〉　　　　圖 5-13：〈抬轎〉

（圖 5-8、圖 5-9）豐氏主要是在讚美兒童豐富的想像力及創作力，這些具有豐富想像力的玩具在豐氏心目中，實是藝術在生活中最佳的實踐。

綜合上述，我們可以知道，豐氏早期的童心思想充滿著宗教及藝術的情懷，除了繼承中國傳統本初童心的思想外，同時也反映了「以兒童為本位」的時代兒童觀。他由靜觀「人生」出發，進而體悟出兒童、宗教與藝術間的相互交涉。當兒童與宗教相遇時，他們交織出任自然、無功利的至善境界；當兒童與藝術相遇時，他們激盪出絕因果、斷關係的審美視角；當宗教與藝術相遇時，他們共振出齊萬物、化虛偽的任真情懷。三者間彼此相互振盪，進而呈現出一片真善美互融的兒童世界，這使得豐氏的童心思想充滿宗教的人生情味及藝術的審美趣味。

圖 5-14：豐氏童心思想結構圖

豐氏的童心思想從人生出發，宗教、藝術、兒童為其三要素。兒童與宗教交織出任自然、無功利的至「善」境界；兒童與藝術激盪出絕因果、斷關係的審「美」視角；宗教與藝術共振出齊萬物、化虛偽的任「真」情懷。

小　結

在近代中國，首先有意識地接觸西方兒童學並進行介紹的是魯迅和周作人兄弟，在周氏兄弟的努力下，西方近代的新型兒童觀被引入中國。隨後美國實用主義教育家杜威來中國講學及文研會成員們熱烈地論述、推廣，形成

了五四時期的兒童熱潮。這股兒童熱加速了「以兒童爲本位」的新型兒童觀在中國的推展，使得「尙自然、展個性」的新型教育觀在中國發酵。「春暉中學」及「立達學園」就是本著「尙自然、展個性」的教育觀點所創辦的新式學校，豐氏不但曾在這兩所中學任教，更是立達學園創校的發起人之一。另外在文研會成員們的努力下，兒童文學在中國得到長足的進展，他們有些人致力於兒童文學相關理論的推展、譯介異邦兒童文學的作品，有些人更是直接從事兒童文學的創作，爲近代中國的兒童文學做出重大的貢獻。其中鄭振鐸所籌辦主編的《兒童世界》雜誌，提供了當時兒童文學創作者發表的園地，對於中國新型兒童讀物的推展，具有劃時代的意義。而葉聖陶《稻草人》童話集的出版，更是爲中國的現代童話立下了新的里程碑。

豐氏早期的童心思想就是在這環境背景下產生的。他一方面受到近代西方「個人主義」兒童觀的影響，對兒童獨立存在的價值多所肯定，也給予兒童更多的理解及尊重；另一方面他也傳承了中國傳統「本初」童心的觀點，而對童心無塵無染的絕美絕眞大加禮讚與推崇。豐氏 1937 年以前與兒童相關的藝文創作皆可視爲是其本眞童心的體現，這些作品帶有濃厚的宗教情懷及藝術的審美趣味。他一方面力讚童年是人生的黃金時代，一方面感嘆童年的短暫易逝，所以他提出兒童教育應以趣味爲中心，以藝術與宗教來維護童心，讓兒童純淨的心眼不受世間習俗的浸染，長大後仍能以絕緣審美的角度來看事物、過生活，以提升其精神生活的品質。

豐氏將童心架構在藝術及宗教之上，他們互激互盪進而交織出一片眞善美互融的兒童世界。在 1930 年代中國社會劇烈變動的時空背景下，豐氏這種非功利、尙自然的童心思想顯得格外的耀眼醒目，而在藝文界得到眾多的迴響與讀者廣大的支持。

第六章　豐子愷圖文創作中的兒童世界

　　豐子愷作品中的童心思想，具有文人憂思、宗教情懷及藝術審美，他始終以一顆赤誠之心面對兒童、面對人世，不僅創作了許多栩栩如生的兒童漫畫，而且也創作了不少別具一格的兒童故事和散文。1984 年大陸學者周小波〔註1〕就曾把豐氏的兒童文學創作大致分為兩類：一是寫兒童的，二是為兒童而寫的。在 1989 年由張美妮等所編寫的《童話辭典》中，也認同此一分類：

> 一部分是寫兒童的，也就是以兒童為主人公，抒發對兒童的深情厚
> 愛，對世態人情的感觸。……另一部分作品是完全為兒童創作的，
> 包括童話、故事、音樂、美術知識趣談等。〔註2〕

2000 年台灣學者林文寶在《試論我國近代童話觀念的演變：兼論豐子愷的童話》一書中討論豐子愷的兒童文學作品時，也沿用此一分類。此一分類不但呈現出豐氏兩種不同的創作用心，同時也暗藏其創作動機背後童心思考的轉變，故本文也擬用此一分類，來探討豐子愷圖文中所呈現的兒童世界。

　　寫兒童的部分，也就是以兒童為模特兒進行觀察及摹寫，這類作品我們可依社會局勢的變遷，分成三個時期進行探討：一是 1937 年日軍大舉侵華以前生活安定的早期創作，二是 1937～1949 年逃難時期的中期創作，三是 1949 年中共執政以後的後期創作。豐氏的創作儘管個人色彩濃厚，但仍離不開時代和社會發展的因素。在這三個階段中，豐氏早期的創作最具個人特色及代

〔註 1〕　周小波：〈豐子愷與中國現代兒童文學〉，《浙江師範學院學報》1984 年第 4
　　　　期，頁 47。
〔註 2〕　張美妮等編輯：《童話辭典》，頁 74。

表性，多從藝術、宗教的角度出發，間有社會批判的意味，主要是寫給成人看地，貫穿其中的是他對「真」的嚮往、對成人虛偽的反諷及對兒童深切的「愛」。

為兒童而寫的部分，主要是寫給兒童看地，教育性較強。這部分作品主要是創作於一九三〇年代末期和一九四〇年代。豐氏從「兒童本位」的兒童觀出發，以趣味為中心，創作出一系列適合兒童閱讀的故事。他寫藝術故事來培養兒童的「藝術心」並維護其「童心」；寫「茯苓糕」〔註3〕式的兒童故事來帶領兒童認識現實社會，幫助其成長。

第一節　寫兒童

1920 年豐氏長女陳寶出世，接著次女麟仙（後改名林仙、宛音，1921 年生）、三女寧馨（義女，小名軟軟，1922 年生）〔註4〕、長子華瞻（後改名華瞻，1924 年生）、次子奇偉（1926 年生，五歲時夭折）、三子元草（1927 年生）、么女一寧（後改名為一吟，1929 年生）陸續出生，這讓豐氏在二十來歲時就被成群的子女所圍繞。有著快樂幸福童年的豐氏，面對這群如小燕子般的子女們時，他是熱切的張手擁抱，不但親近他們而且還「崇拜」他們。

1937 年以前，豐氏最初的兒童文藝創作，就是從描寫自家的兒童生活開始地。他自述當時自己的心全被家中的兒童們所佔據了，他常從觀察兒童的生活中獲得感興，並且玩味這種感興、描寫這種感興，成了他當時的生活習慣〔註5〕，並從中得到哲理般的啟示。接著他將對自家兒童的愛，推及至關心「普天下的孩子們」，他用慈父的心來體貼窮孩子們的苦，他用藝術的眼來描繪他們純真的天性。這時期豐氏的兒童相關創作，表面上是對兒童的天真進行禮讚（顯正），其實背後還蘊藏著對成人虛偽的反諷（斥妄）。

〔註3〕「茯苓」是一種中藥，具有利水滲濕，健脾安神的功效。在豐氏的家鄉有以「茯苓」摻入糕餅中，作為點心零食，豐氏小時候母親常買「茯苓糕」給他吃。豐氏在他《博士見鬼》一書的代序——〈吃糕的話〉中寫道：「茯苓糕不但甜美，又有滋補作用，能使身體健康。」他以此為榜樣，期許自己所寫的兒童故事，也能同時兼具形式美和教育作用，讓兒童在讀了他的兒童故事後能使其精神健康。

〔註4〕寧馨是豐子愷姐姐——豐滿的女兒，但自小在豐氏家出生、成長，認舅舅豐子愷為義父。

〔註5〕參見〈談自己的畫〉，《豐子愷文集》（五），頁 468。

　　1937 年日軍侵華，使得豐氏原本穩定安逸的生活受到劇烈的衝擊。他攜家帶眷一行十人開始向西南逃難，在這顛沛流離間除了吃了不少苦頭、歷經許多危難外，也讓生長在江南的他得以瀏覽中國西南的山水之勝。這使得豐氏在 1937 年以後的圖像創作中，常加入山水風景，並以相當的篇幅來呈現人物所處的環境背景，這與他早期重主題而略背景的畫法大不相同。這時期豐氏家中的子女多已步出了他們的「黃金時代」而成爲中學生或大學生了，這時年過四十的豐氏意外地又生了一子──新枚，並升格爲外祖父，這種雙重身份所引發出來的趣味，也成爲他這時期創作的特色之一。升格爲大學生的父親及外祖父後，豐氏對兒童言行的解讀，不似早期的以兒童爲本位來思考，而是以一位慈藹的長者帶著興味的角度，來欣賞兒童的「稚」與「憨」，並從中得到生活的樂趣。此時期豐氏兒童相關的藝文創作，內容比早期更加地生活化、大眾化，而且也少了早期對兒童的禮讚及對成人的反諷。

　　這轉變我們可從豐氏曾多次畫作的「初步」中看出。〈初步〉是豐氏最喜歡畫的題目之一，他因爲十分喜愛米勒的同題畫作，所以仿其意而改以簡筆畫的方式呈現。米勒（Jean Franc ois Millet 1814～1875）是豐氏最敬仰的畫家之一，他不但喜歡米勒的畫作更景仰其人格。他在研究米勒的生平和作品後，歸結出米勒藝術靈感的泉源有二，一是日常生活，二是聖經。米勒藉由宗教的支持，讓他得以坦然面對現實生活中的不公與苦楚，深得豐氏的共鳴；而米勒對人生苦難的深刻理解及對窮苦大眾的眞摯同情，也深深地打動了具有宗教情懷的豐氏。米勒 1858 年所繪製的〈初步〉（圖 6-1，原圖彩色）是以田園爲背景、親情爲主題的畫作，畫中母親帶著蹣跚學步的小孩，來探視正在田裡耕作的父親，父親一看到小兒的出現，馬上將鋤頭扔在一旁，蹲下身來張開雙臂迎接自己的小寶貝，這幅畫作洋溢著家庭親情、農家生活氣息與成長的喜悅。

　　這帶有濃厚溫馨家庭氣息的題材及象徵新生、自立、希望的意涵，深深牽動著豐氏的心，所以此一畫題豐氏在第一本畫集──《子愷漫畫》中就已經出現，而在他晚年最後的畫作──《敝帚自珍》中仍然有它，可見此一題材是如何牽動、吸引著豐氏。豐氏以「初步」爲題材的作品其立意大致相同，但其構圖、取景、用筆繁簡則頗有出入。現舉其中四幅爲例，前三幅爲黑白畫，後一幅則爲彩色畫。（圖 6-2）及（圖 6-3，原圖彩色）的構圖及立意極爲相近，只是用筆由簡變繁，顏色由黑白變彩色。與米勒的原作相較，豐

圖 6-1：
米勒〈初步〉

圖 6-2：豐子愷
〈FIRST STEP〉

圖 6-3：
豐子愷〈初步〉

圖 6-4：
豐子愷〈初步〉

圖 6-5：豐子愷
〈嬌兒真命薄，初步即崎嶇〉

米勒的〈初步〉（圖 6-1）是豐氏最喜歡的畫作之一，豐氏曾多次以此為題目和內容，仿
其意而改以簡筆畫的方式呈現，如（圖 6-2～圖 6-5）。豐氏的這些畫作雖然題目和內容
大致相近，但不同時期的創作，仍呈現出豐氏不同的兒童觀。（圖 6-2）是豐氏最早期的
創作，豐氏在創作時，集中筆觸描寫兒童學步時的熱切；而中年後所創作的（圖 6-5）
畫意有了明顯的轉向，豐氏一方面加入時局艱難的現實困境，一方面也加入了親情的護
持。由此可以發現，豐氏對待兒童的方式已逐漸由旁觀、禮讚轉為介入、護持了。

氏的畫面顯然簡化了許多，他抽離了田園和親情互動，減少了畫面的故事
性，而將筆墨集中在描寫「幼兒」及「第一步」上。（圖 6-2）〈FIRST STEP〉
出現在豐氏的第一本漫畫集《子愷漫畫》中，而豐氏在晚期所繪製的（圖 6-3）
中更直接點出了「法國畫家 MILLET 曾寫此題，今仿其意另成一圖」。在（圖

6-4）中，豐氏在幼兒的前方加入了一位邁步向前走的小哥哥，藉以強調幼兒學步的動機：一來是模仿哥哥的行為，二來是想加快腳步隨哥哥一起去玩、去探險。這幅畫已脫離了模仿米勒的框架，並添加了豐氏生活的觀察。而（圖 6-5）改編版的〈嬌兒眞命薄，初步即崎嶇〉，則更加入了豐氏對亂世的感慨。此畫於 1947 年畫成，這顛簸崎嶇的石子路比喻連年的戰亂，而在亂世出生的兒童，其生命的開端是如此的崎嶇坎坷，讓爲人父母者深感不捨與疼惜。所以在豐氏早期畫中沒有現身而居旁觀、欣賞者的父親，此時也加入了護攜幼兒的行列，陪伴嬌兒走過這起初的崎嶇。

1949 年中共執政後，由於重獲安定的生活，讓許多人爲之歡欣鼓舞，於是創作出許多讚美新中國、新社會的作品來，豐氏也不例外。但因政治風氣的關係，使豐氏對創作的熱情驟減，而將其精力放在學習俄文及翻譯上。此時期他所畫的兒童相，主要是重製他早期的畫作並爲其上色，另外就是表現新時代新氣象的新兒童──經過教化後乖巧又懂事的勤奮兒童。這「新兒童」與他早期的兒童觀可說是大相逕庭。他不再禮讚兒童的「天眞」，而是表揚兒童的「乖巧」；他不再描繪兒童「無功利」的勞動，而是鼓勵兒童「效法」燕子的努力工作。在探究過豐氏早期童心思想的形成及內含後，再看到這些陽光般燦爛的兒童，讓我們忍不住要聯想，在顯正的背後所隱藏的斥妄，在陽光背後所隱匿的陰影。

壹、早期創作（1937 年以前）

豐氏早期「寫兒童」的作品，內容主要是描繪兒童的「天眞」，並抒發其對兒童的崇拜及深情厚愛，從而反襯出成人世界的屈服、詐僞和卑怯的一面。他說：「那時，我初嘗世味，看見了當時社會裏的虛僞驕矜之狀，覺得成人大都已失本性，只有兒童天眞爛漫，人格完整，這才是眞正的『人』。」〔註6〕所以他變成了兒童的崇拜者，並且在隨筆、漫畫中，處處讚揚兒童。事後他回想自己以兒童爲題材的創作動機，實在是想「從反面詛咒成人社會的惡劣。」〔註7〕

現在我們就從「展現兒童的天眞無邪」、「讚美兒童豐富的想像力和創造力」、「描寫兒童眞摯的同情心」、「從孩子得到的啓示」、「留戀快樂幸福的童

〔註 6〕　〈漫畫創作二十年〉，《豐子愷文集》（四），頁 389。
〔註 7〕　同上。

年」和「關心普天下的兒童」等六個向度，來分析豐氏早期圖文中兒童的多元面貌。

一、展現兒童的天真無邪

二十三歲就當父親的豐子愷，是一位非常「親近」孩子的慈父：

> 我常常抱孩子，餵孩子吃食，替孩子包尿布，唱小曲逗孩子睡覺，描圖畫引孩子笑樂；有時和孩子們一起用積木搭汽車，或者坐在小凳上「乘火車」。我非常親近他們，常常和他們共同生活。這「親近」也是這些畫材所由來。〔註8〕

從這段文字我們可以看到，豐氏與一般中國傳統的嚴父形象不太一樣，他是一位慈父，一位把子女視為珍寶捧在手中的慈父，他的愛常表現在「親近」上，而這「親近」觸發了他創作的動機。

在〈兒女〉一文中，豐氏寫到他為了想獨自留在上海專心寫稿，於是把子女從上海的租寓送回鄉間，但子女回鄉後他卻又產生嚴重的失落感：

> 只有四雙破舊的小孩子的鞋子（不知為甚麼緣故），我不送掉，拿來整齊地擺在自己的床下，而且後來看到的時候常常感到一種無名的愉快。直到好幾天之後，鄰居的友人過來閒談，說起這床下的小鞋子陰氣迫人，我方始悟到自己的癡態，就把它們拿掉了。〔註9〕

豐氏對子女的真情摯愛及依戀，在此段文字中展現無遺。文章的最後他更是直接道出：

> 近來我的心為四事所占據了：天上的神明與星辰，人間的藝術與兒童，這小燕子似的一群兒女，是人世間與我因緣最深的兒童，他們在我心中占有與神明、星辰、藝術同等的地位。〔註10〕

從這我們可以看出，豐氏對於兒童純真的世界是多麼的留戀、推崇和讚美。他以藝術家「絕緣」的眼光，欣賞著這些如小燕子般子女的一言一動，他或用漫畫描繪出他們天真的姿態，或用文字記錄下他們的童言童語，其作品中流露出濃濃的父愛。

在〈給我的孩子們〉一文中，豐氏細述其創作自家兒童相漫畫的因由及過程，並一再強調兒童「真」的可貴，他讚嘆兒童出肺肝相示於人，是這樣

〔註8〕 〈《子愷漫畫選》自序〉，《豐子愷文集》（四），頁546。
〔註9〕 〈兒女〉，《豐子愷文集》（五），頁112。
〔註10〕 同上，頁115～116。

的徹底地眞實而純潔。〔註11〕他對當時只有二、三歲的瞻瞻這麼說：

> 瞻瞻！你尤其可佩服。你是身心全部公開的眞人。你甚麼事體都像
> 拚命地用全副精力去對付。小小的失意，像花生米翻落地了，自己
> 嚼了舌頭了，小貓不肯吃糕了，你都要哭得嘴唇翻白，昏去一兩分
> 鐘。〔註12〕

這一般家長會爲之氣惱的孩子哭鬧場面，經過豐氏的「絕緣」眼一瞧，居然
成了「眞」的至高表現。因爲豐氏認爲正常健全的兒童，以鬧禍、貪玩、不
肯用功爲常態，而「兒童能循規蹈矩，終日埋頭讀書，眞是爲父母者的家
門之不幸了。」〔註13〕他視這種「循規蹈矩」的兒童爲「殘廢」的兒童，所
以每當他見到這種乖巧的兒童時，就會爲他們感到濃烈的悲哀。因此瞻瞻
這種以「眞心」哭鬧的情形，在他看來是幼兒「主客不分」、「自我中心」等
心理特質的正常表現，沒什麼可氣惱地。更甚的是，豐氏還因這眞率、自
然的表現，而對瞻瞻感到萬分「佩服」呢！現在我們就從豐氏早期的創作
中，來探討豐氏是如何以兒童爲本位來思考，用絕緣的眼來欣賞兒童的天眞
無邪。

　　在〈花生米不滿足〉（圖 6-6）中，他將瞻瞻那爭多嫌少的神氣，透過皺
眉噘嘴的表情將之顯露無遺。而〈穿了爸爸的衣服〉（圖 6-7）的瞻瞻，帶著
陽光般的笑容，搖搖晃晃地走了過來，他那剛學會走路的喜悅全展現在他天
眞無邪的小臉上。在（圖 6-8）中那備受家人疼愛、抱在手中的小娃兒，看見
天上的月亮，直嚷「要！要！」，雙手也往月亮的方向伸去，他構不著、摸不
到時便哭鬧了起來，這順任本性的欲望，在豐氏看來乃是「眞」的表現。在
（圖 6-9）中，心愛的妮娃娃摔破了，兩個還在穿圍兜的幼兒，傷心地盡情放
聲大哭，形成了刺耳的〈二部合唱〉，但這在豐氏看來不但不惱反而還頗覺有
趣。三歲的小孩不耐久坐，不一會兒注意力就被其他的事物所吸引，豐氏在
〈被寫生的時候〉（圖 6-10）將瞻瞻想動又不能動的神態，畫得十分逼眞傳神。
在〈誘惑〉（圖 6-11）一圖中，孩子被賣小雞的攤販所吸引，孩子的眼睛直盯
著小雞看，可是卻也謹愼地保持了一段距離不敢靠得太近，豐氏把孩子面對
新奇事物誘惑時的情態，表現地絲絲入扣。

〔註11〕〈給我的孩子們〉，《豐子愷文集》（五），頁256。
〔註12〕同上，頁253。
〔註13〕〈關於兒童教育〉，《豐子愷文集》（五），頁237。

圖 6-6：　　　　　　　圖 6-7：　　　　　　　圖 6-8：
〈花生米不滿足〉　　　〈穿了爸爸的衣服〉　　　〈要！〉

圖 6-9：　　　　圖 6-10：　　　　圖 6-11：　　　　圖 6-12：
〈二部合唱〉　　〈被寫生的時候〉　〈誘惑〉　　〈快樂的勞動者〉

豐氏早期的兒童相創作，開始是以自家的子女爲模特兒進行摹寫。在（圖 6-6～圖 6-12）中我們可以看到，豐氏以他藝術家絕緣的眼，欣賞、紀錄著這些小燕子般子女的一言一動，作品中展現出兒童的天眞無邪，也流露出豐氏濃濃的父愛。

　　豐氏他貼近兒童，並且仔細觀察兒童的生活，發現他們每天做火車、辦酒、請菩薩……等所有的活動，全是自動的而且具有創造性。如在〈快樂的勞動者〉（圖 6-12）中，我們可以看到孩子們在搬竹凳時，所表現出的那種快意的認眞，他們不辭勞苦且沈浸在這勞動的興味中。這是因爲他們的勞動一不爲錢，二沒有交換條件，純粹只是爲了趣味而專心地勞動著，因爲有了趣味也就不覺得是在勞動了。豐氏讚美他們：「幹無論什麼事都認眞而專心，把身心全部的力量拿出來幹，哭的時候用全力去哭，笑的時候用全力去

笑，一切遊戲都用全力去幹。」〔註 14〕孩子這種凡事認眞、全力以赴的態
度，深深吸引著豐氏的目光。其他如〈注意力集中〉（圖 6-13）、〈阿寶〉（圖
6-14）、〈爸爸不在的時候〉（圖 6-15）、〈建築的起源〉（圖 6-16）、〈漫畫原稿〉
（圖 6-17）、〈初讀〉（圖 6-18）、〈興味〉（圖 6-19）等作品，豐氏把兒童沈浸
在手邊工作時認眞的神情描繪得入木三分，讓人不禁被其定靜之美所吸引而
想多看兩眼。

圖 6-13：〈注意力集中〉	圖 6-14：〈阿寶〉	圖 6-15：〈爸爸不在的時候〉

圖 6-16：〈建築的起源〉	圖 6-17：〈漫畫原稿〉	圖 6-18：〈初讀〉	圖 6-19：〈興味〉

兒童無功利的行爲和凡事認眞的態度，也深深吸引著豐氏的目光。在（圖 6-13～圖 6-19）
中，豐氏把兒童沈浸在手邊工作時認眞的神情描繪得入木三分，讓人不禁被其定靜之美所
吸引而想多看二眼。

〔註 14〕　〈談自己的畫〉，《豐子愷文集》（五），頁 466。

　　另外描寫兒童間眞摯的情感，也是豐氏此時期創作的重點。如在〈十二歲與五歲〉（圖 6-20）中，十二歲的阿寶抱哄著五歲的元草坐在椅子上小睡，阿寶的臉上帶著慈母般的溫柔，而幸福的小元草則安然入眠。在炎熱的夏天，瞻瞻和阿寶二人快樂地依偎在一張藤躺椅中〈納涼〉（圖 6-21），但二人膩在一起的溫度，肯定比藤椅能帶來的涼意還高上許多，所以納涼雖是行爲的出發點，但姐弟倆能親膩地擠在一塊才是這行爲的樂趣所在。〈姐妹〉（圖 6-22）二人共坐一條凳、共看一本書，雖然畫中的二人低首看書，我們看不到她們的表情，但從她們手指的比劃中，我們似乎可以看見她們認眞閱讀的神情。夏天時，吃片瓜解解暑、止止渴是多麼愜意的事啊！但年幼的弟弟自己還不會削瓜，只好懇求姐姐〈你給我削瓜，我給你打扇〉（圖 6-23），畫中打扇的弟弟和削瓜的姐姐都露出滿意的笑容，樂在這場公平地交易中。

圖 6-20：　　　　圖 6-21：　　　　圖 6-22：　　〈你給我削瓜，
〈十二歲與五歲〉　〈納涼〉　　　　〈姐妹〉　　　我給你打扇〉

圖 6-23：

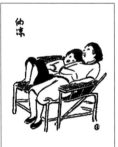

在（圖 6-20～圖 6-23）中，豐氏主要是描寫兒童間眞摯的情感。

　　豐氏除了以大人的角度來觀察兒童的生活外，他也試著以兒童的高度來解讀兒童所看到的世界。如〈華瞻的日記〉豐氏就是以擬小孩語所寫成地，在這篇童話般的文章裡，豐氏化身爲自己三歲的兒子——華瞻，以日記形式記錄了兒童生活的兩個小場景，描寫華瞻和隔壁鄰居小女孩鄭德菱之間兩小無猜的純潔友誼。

　　在文中豐氏試著以三歲兒童未受塵染的心來解讀成人的行爲。如他對大人世界的「禮貌」很不能理解：「大人們常常不怕厭氣，端坐在椅子裏，點頭，彎腰，說甚麼『請，請』，『對不起』，『難爲情』一類的無聊的話。」

〔註15〕這種成人社會裡所重視的禮儀、規範，對兒童而言，是不能順著本性、虛偽做假的行為。又如在成人世界中不足為奇的剃頭和按摩，在三歲兒童的眼中看來，卻是一件駭人的事：「明明是爸爸被割項頸、割耳朵，又被用拳頭打，大家卻置之不問，任我一個人恐怖又疑惑。唉！有誰同情於我的恐怖？有誰為我解釋這疑惑呢？」〔註16〕這篇用兒童的目光和純潔的心理來掃視成人社會的文章，不但寫出了兒童的天真無邪，同時也反襯出成人社會的虛偽、隔閡。

在〈瞻瞻底夢〉系列畫中，豐氏又再度化身為瞻瞻，為瞻瞻畫出他的美夢。在第一夜的夢中，對瞻瞻而言太高的桌子沒了，而他感興趣的東西全都放在他垂手可得的地板上。在第二夜夢中，對瞻瞻而言不重要的被褥也不見了，媽媽的床上種滿了他所感興趣的花草，而蝴蝶也飛舞其間。在第三夜的夢中，對瞻瞻而言，阻礙他觀天的屋頂不見了，在屋中他可以盡情的觀察他所感興趣的鳥、飛機、月亮和鷂。在第四夜的夢中，家門前聚集了瞻瞻所喜愛的各式攤販，愛看熱鬧的瞻瞻只要一出門，隨時都可以感受到熱鬧的氣氛。在這些作品中，豐氏掌握了幼兒的心理特質。他們的自我意識很強，凡事都是以自我為中心來解讀，在他們的眼中只有他們感興趣的東西才存在，而對他們不感興趣的東西則視若無睹。

圖 6-24：〈瞻瞻底夢──第一夜〉　　圖 6-25：〈瞻瞻底夢──第二夜〉

〔註15〕〈華瞻的日記〉《豐子愷文集》（五），頁 143。
〔註16〕同上，頁 145。

圖 6-26：〈瞻瞻底夢——第三夜〉　　　圖 6-27：〈瞻瞻底夢——第四夜〉

在〈瞻瞻底夢〉系列畫中，豐氏化身為他那仍在襁褓中的幼兒——瞻瞻，以幼兒的心理畫出瞻瞻那缺乏客觀邏輯但卻充滿主觀想像的夢中世界。在這些作品中，豐氏掌握了幼兒的心理特質，他們的自我意識很強，凡事都是以自我為中心來解讀，在他們眼中只有他們感興趣的東西才存在，而對他們不感興趣的東西則都視若無睹。這點很能體現豐氏「以兒童為本位」的兒童觀。

　　這些家庭生活場景和兒童瞬間情趣的把握與表現，傾注了豐氏大量的心血和感情，以至於二十年後豐氏回頭再看時，他那一腔熱血還能再沸騰起來，而當時種種的憧憬，依然活躍在他的心中〔註 17〕。這種因兒童天真無邪所帶來的幸福感覺，就算到了晚年豐氏也依然能深刻領受。如豐氏在 1960 年所寫〈南穎訪問記〉中，就記述到華瞻的小女兒南穎回家與他小住時，所帶給他幸福的感受：「有時我屏絕思慮，注視著她那天真爛漫的臉，心情就會迅速退回到六十多年前的兒時，嘗到人生的本來滋味。這是最深切的一種幸福，現在只有南穎能給我。」〔註 18〕

二、讚美兒童豐富的想像力和創造力

　　創作與發明，除了需要敏銳的觀察外，還需要豐富的想像力和創造力。豐氏本身是一位藝文創作者，所以他非常珍視兒童豐富的想像力和創造力，而且還從中得到許多的創作靈感與感動。關於這點他在〈給我的孩子們〉一文中，有詳細的記述：

　　　　你們的創作力，比大人真是強盛得多哩：瞻瞻！你的身體不及椅子

〔註 17〕　參見〈漫畫創作二十年〉，《豐子愷文集》（四），頁 389。
〔註 18〕　〈南穎訪問記〉，《豐子愷文集》（六），1960 年，頁 482。

的一半，卻常常要搬動它，與它一同翻倒在地上；你又要把一杯茶橫轉來藏在抽斗裏，要皮球停在壁上，要拉住火車的尾巴，要月亮出來，要天停止下雨。在這等小小的事件中，明明表示著你們的弱小的體力與智力不足以應付強盛的創作欲、表現欲的驅使，因而遭逢失敗。〔註19〕

這些幼兒特有不合理的想望，在一般大人看來，不是發噱就是斥其幼稚。但在豐氏看來卻是他們豐沛創作力的表現，是他們比大人更接近自由的原因，因爲他們全不受大自然的支配、不受人類社會規範的束縛。

　他漫畫中的〈研究〉系列就是描寫兒童不受人類社會的束縛，而憑著天生的想像力與好奇，所進行的一連串探索生活的活動。〈研究一〉（圖 6-28）中的小娃兒好奇地將手探入痰盂裡摸索，一點兒也不怕髒、不嫌汙；〈研究二〉（圖 6-29）中的小娃兒被火焰的燦亮所吸引，他認眞、熱切地在玩「美孚燈」〔註20〕，一點兒也意識不到玩火所潛藏的危機；〈研究三〉（圖 6-30）中的小男孩正在測試自來水筆的功能，就這麼輕輕一拉，墨水就弄污了爸爸寶貝的線裝書了；〈研究四〉（圖 6-31）中的小孩則將牙膏條中的牙膏全部擠出，看看這牙膏能擠多長。這些一般大人認爲是調皮搗蛋、禁止孩子做的

圖 6-28：〈研究〉（一）	圖 6-29：〈研究〉（二）	圖 6-30：〈研究〉（三）	圖 6-31：〈研究〉（四）

豐氏〈研究〉系列的漫畫主要是在描寫兒童不受成人社會的拘束，聽任著天生好奇心的驅使，所進行的一連串探索生活的活動。這些一般大人認爲是調皮搗蛋的事，在豐氏看來這不過是兒童認識世界的方式罷了！不但不該被責備而且還值得被鼓勵呢！

〔註19〕　〈給我的孩子們〉，《豐子愷文集》（五），頁 254。
〔註20〕　圖中的燈在豐氏家鄉稱爲「洋油手照」，正式的名稱是「美孚燈」，參見豐陳寶、豐一吟：《爸爸的畫（三）》，頁 91。

事，到了豐氏的眼中全成了「這不過是兒童認識世界的方式罷了！」而且若是從兒童行為的動機來看，這種深具探索、研究的行為，不但不該被責備而且還值得被讚美、誇獎呢！

兒童的本職就是遊戲。而兒童為了要讓遊戲更好玩，所以常在遊戲當中產生許多的創意，如〈瞻瞻底車〉系列就是在紀錄瞻瞻無窮的創造力。當瞻瞻把兩把芭蕉扇往胯下一放，這扇子便成了他特製的腳踏車。拉著小童車的他，馬上搖身一變成了黃包車夫，開始「沿街」做起生意來了。而〈拉黃包車〉（圖 6-34）中的小男孩年紀再大些，直接將藤椅變成了車，貪玩的車夫逕自拉著乘客的腳便出發了，也不管「乘客」是否願意！在〈抬轎〉（圖 6-35）中，兒童將一把長板凳轉翻過來，再加上兩根竹竿就成了一頂舒適的轎子了。豐氏就曾描述過當時家中的情景：

> 我家沒有一個好凳子，不是斷了腳的，就是擦了漆的。它們當凳子
> 給我們坐的時候少，當遊戲工具給孩子們用的時候多。在孩子們，
> 這種工具的用處真真廣大：請酒時可以當桌子用，搭棚棚時可以當
> 牆壁用，做客人時可以當船用，開火車時可以當車站用。〔註21〕

在豐氏看來，孩子為了遊戲的需要而運用豐富的想像力來創作「玩具」，這種具有創作思考的活動就是最佳的兒童教育了。

另外他也有以長女——阿寶為模特兒所進行的描繪。小女孩喜歡玩扮家家酒的遊戲，在〈辦公室〉（圖 6-36）裡，阿寶和軟軟在雙人藤椅上煞有介事

圖 6-32：〈瞻瞻　　圖 6-33：〈瞻瞻　　圖 6-34：　　　　圖 6-35：
底車（二）腳踏車〉　底車（一）黃包車〉　〈拉黃包車〉　　〈抬轎〉

〔註21〕　〈談自己的畫〉，《豐子愷漫畫全集》第五卷，頁 465～466。

圖 6-36：
〈辦公室〉

圖 6-37：
〈軟軟新娘子，瞻瞻新
官人，寶姊姊做媒人〉

圖 6-38：
〈阿寶兩隻腳
橙子四隻腳〉

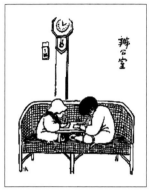  

兒童的本職就是遊戲，而兒童為了要讓遊戲更好玩，所以常在遊戲當中產生了許多的創意，這創意代表著兒童無限的想像力和生命力。從（圖 6-32～圖 6-38）中，我們可以看見兒童那豐富的想像力和創造力是如何吸引豐氏的注意，而讓他情不自禁地將他們逐一畫下。

地伏案工作。一天阿寶參加親戚娶親後，回來後也依樣畫葫蘆，將兩個小小弟妹拉來結親，兩歲的小新官人瞻瞻戴上父親的銅盆帽，四歲的小新娘軟軟蒙上母親的紅包袱巾，六歲的媒人寶姐姐牽拉著他們參拜天地，形成這〈軟軟新娘子，瞻瞻新官人，寶姊姊做媒人〉（圖 6-37）的畫面。看著赤腳的橙子，阿寶靈機一動，隨手拿起自己和妹妹的新鞋為這光腳橙穿上，並得意地叫「阿寶兩隻腳，橙子四隻腳」（圖 6-38）。這些逗趣可愛的畫面，讓人看了不禁會心一笑。

上述這些帶有模仿意味又具創意的遊戲，大多是沒有危險的，是一般家長都能哂笑接受地。但兒童的創意無限，他們為了趣味和取得所欲，常置身於危險中而義無反顧，這些事可就令一般家長頭痛不已了。如：閒來無事把燈泡當風箏，而玩起〈放風箏〉（圖 6-39）的遊戲，這真是創意十足的遊戲，但後果則令人擔憂。為了〈取蘋果〉（圖 6-40），身高不及書桌高度的小孩，將抽屜拉出成階梯狀，並打算循階爬上桌子拿取美味的蘋果來享用。我們不得不稱讚這小孩聯想力強、創造力佳，但這踏上去的後果，肯定會出乎這聰明小孩的意料之外。頭上留著一撮毛的小男孩，為了取得桌上的餅乾而拿椅子來墊腳，結果人太矮不但餅乾沒拿到，連腳下的椅子都踢翻了，這下懸在半空〈兩失〉（圖 6-41）的機靈小孩，也只好放聲求救了。

圖 6-39：〈放風箏〉　　圖 6-40：〈取蘋果〉　　圖 6-41：〈兩失〉

（圖 6-39～圖 6-41），兒童因為創意無限，想像力又不受邏輯的束縛，所以常常為了趣味和取得所欲，而將自己置身於危險之中。

豐氏除了讚美兒童在遊戲方面所發揮的創造力外，在繪畫方面，豐氏對兒童畫也是給予極大的肯定。他認為兒童的任意塗抹窗門牆壁，「這是兒童的繪畫本能的發現，筆筆皆從小小的美術心中流出，幅幅皆是小小的感興所寄託。」〔註 22〕而這發自本能、出於自動，不勉強、不做作，始終伴著熱烈興趣的壁畫塗鴉，其畫面往往新奇、大膽活潑，比在學校美術課中所繪的圖畫更富於藝術的價值。在〈創作與鑑賞〉（圖 6-42）一圖中，小小的創作者正在牆上認真地畫著他的傑作，而旁邊的小花貓則是他的忘機友、他作品最初的鑑賞者。這幅畫除了表現兒童無拘無束的創意外，同時也展現了兒童與小動物間心照不宣的「友情」。

圖 6-42：〈創作與鑑賞〉

豐氏認為兒童的任意塗抹窗門牆壁是兒童的繪畫本能的發現，其畫面往往新奇、大膽活潑，比在學校美術課中所繪的圖畫更富於藝術的價值。

豐氏不單是為文作畫來讚美兒童豐富的想像力和創造力，他更是用行動來證明兒童可貴的創造力——他讓他未成年的子女來繪製書本的封面。1927年豐氏的第二本畫集《子愷畫集》的封面（圖 6-43），就是由當年只有五歲的

〔註 22〕　〈兒童畫〉，《豐子愷文集》（二），頁 592。

圖 6-43：豐寧馨　　　　圖 6-44：豐林先　　　　圖 6-45：豐新枚
　《子愷畫集》封面　　　　《從軍日記》封面　　　　《教師日記》封面

（圖 6-43～圖 6-45）是豐氏未成年的子女爲書籍所畫的封面，這是豐氏以實際行動來證明
兒童創造力的可貴。豐寧馨畫《子愷畫集》封面時只有五歲；豐林仙畫《從軍日記》封面
時只有八歲；而豐新枚畫《子愷畫集》封面時只有六歲。

三女軟軟——豐寧馨所繪。1929 年謝冰瑩特地寫信給豐氏，請他爲其散文集
《從軍日記》「畫」封面（圖 6-44），豐氏一口答應了。但他沒爲謝冰瑩「畫」
封面，而是「設計」了一個讓她非常喜歡的封面，那就是他讓當時才八歲大
的次女林仙爲《從軍日記》畫封面。這封面畫的是五個像孩子的軍人，手裡
拿著「武器」和旗子準備從軍去。左邊算來的第二個人騎了一匹像狗的馬，
這「馬」看起來很兇猛，但「軍人」們卻看起來都很快樂。豐氏運用兒童畫
的稚拙趣味來裝飾封面，帶給讀者出乎意料、耳目一新的審美情趣。《子愷畫
集》和《從軍日記》皆賣得很好，顯然此一策略是成功地。豐氏 1944 年出版
的《教師日記》文集，其封面（圖 6-45）則是由當年才六歲的幼兒新枚所畫，
畫面中長臉的爸爸戴了副圓眼鏡，蓄了把長鬍鬚，口中還叼了根煙，正在桌
前寫日記。雖然只有稚嫩簡單的幾筆，但卻非常生動傳神地將豐氏的樣貌形
象描繪出來，最妙的要算是那裊裊上升的煙尾巴，正好連到爸爸二字的尾巴
上，煞是有趣。

三、描寫兒童真摯的同情心

　　豐子愷認爲佛教的本質就在於對眾生懷有深切的同情心，而這正是孩子
的天性，再加上佛教護生觀念的影響，豐氏在教養子女時，也很著重長養其
仁愛之心。

　　如在某一天的〈清晨〉〔註23〕，豐氏與阿寶一起觀看螞蟻如何克服萬難搬運糧食的過程，因為觀察得太認真了，以致父女二人忘卻了現實，彷彿進入了螞蟻的世界，而成為這抬糧運食中的一份子。所以當螞蟻遭逢災厄時，他們也能感同身受地為其焦急與憂心。藉由這物我一體的感受，豐氏引導女兒要有戒殺護生的觀念，並告訴她：「我們所惜的並非螞蟻的生命，而是人類的同情心。」〔註24〕事後豐氏也畫了幅旨趣相同的〈螞蟻搬家〉（圖6-46）護生畫，並題詩曰：「牆根有群蟻，喬遷向南崗；元首為嚮導，民眾扛餱糧；浩蕩復迤邐，橫斷路中央；我為取小凳，臨時築長廊；大隊廊下過，不怕飛來殃。」〔註25〕圖中年紀較小的男孩正勤奮地搬凳築廊來保護那正在扛糧的「民眾」們，而他的小姐姐則似乎正在告訴路過的人：「小心足下，不要踩傷了螞蟻。」

　　類似這類的引導，在〈蝌蚪〉〔註26〕一文中，也曾出現過。豐氏家中的眾子女，有一天將捉來的蝌蚪養在洋瓷面盆裡。豐氏看了之後覺得這洋瓷面盆像蝌蚪的沙漠，這對被養的蝌蚪而言是一件殘酷、悲慘的事，是苦悶的象徵。在經過豐氏的引導後，孩子們已由初時對蝌蚪的好奇，慢慢轉為對蝌蚪

| 圖6-46： | 圖6-47： | 圖6-48： | 圖6-49： |
| 〈螞蟻搬家〉 | 〈欣賞〉 | 〈清明〉 | 〈蝶之墓〉 |

（圖6-46～圖6-49）主要是在描繪兒童真摯的同情心。其中（圖6-48）和（圖6-49）雖然都是在畫蝶之墓，但在（圖6-48）中呈現的是小姐妹天生的同情心與痴情；但（圖6-49）中，除了傳達出葬蝶的憐惜之情，也增加了植樹愛物的護生意含。

〔註23〕　〈清晨〉，《豐子愷文集》（五），頁634～639。
〔註24〕　同上，頁638。
〔註25〕　《豐子愷漫畫全集》第五卷，頁79。
〔註26〕　《豐子愷文集》（五），頁245～252。

的理解、同情，最後把蝌蚪遷居到牆角新開的池塘裡了。為此豐氏也畫了幅
〈欣賞〉（圖 6-47），畫中六個小孩團團圍在洋瓷面盆邊觀察，並七嘴八舌熱
烈地討論著觀察的心得。

　　在〈清明〉（圖 6-48）一圖中，我們可以看到兩位小姐妹，因不忍死去的
蝴蝶無葬身之所，所以在自家的庭院中為其造墓、立碑。在小姑娘手中忙著
堆冢時，低垂的雙首正透出一股淡淡的憂傷來。而類似「蝶之墓」的題材，
在護生畫集中也有出現過，如（圖 6-49），只不過葬蝶的地方改成郊外，而主
角也由二位小姑娘改成一位蹲在墓前的婦人和一位拿著鋤頭鬆土的小女孩，
這幅畫的題字為「小小蝴蝶墓，左右種冬青；莫作兒戲想，猶存愛物情。」
〔註27〕其教養、宣導的意味較〈清明〉更為鮮明。

　　在豐氏護生畫集的前二集中，也有多幅是以兒童為題材所畫成地。〈雀
巢可俯而窺〉（圖 6-50）、〈幸福的同情〉（圖 6-51）、〈銜泥帶得落花歸〉（圖
6-52）也都是在表現兒童與萬物和諧共處的情形及其真摯的同情心，但兒童的
天真好玩有時是殘忍的，如〈兒戲其一〉（圖 6-53）、〈兒戲其二〉（圖 6-54）
及〈方長不折〉（圖 6-55）則是表現兒童因無知而傷害了其他的生物。在〈兒
戲其一〉一圖中，整幅畫面呈現出一股天真爛漫的抒情風，乍看，只見在美
麗的春光中兒童與蝴蝶共舞，小女孩背著手一派悠閒的抬頭欣賞翩翩舞蝶，

<table>
<tr><td>圖 6-50：
〈雀巢可俯而窺〉</td><td>圖 6-51：
〈幸福的同情〉</td><td>圖 6-52：
〈銜泥帶得落花歸〉</td></tr>
</table>

（圖 6-50～圖 6-52）出現在豐氏的護生畫集中，他以兒童為主角，表現兒童與萬物和諧共
處的情形。

〔註27〕《豐子愷漫畫全集》第五卷，頁72。

圖 6-53：〈兒戲其一〉　　圖 6-54：〈兒戲其二〉　　圖 6-55：〈方長不折〉

（圖 6-53～圖 6-55）也是出現在護生畫集中。畫中的兒童看似天眞爛漫，但事實上卻是在從事破壞的行爲。豐氏畫出這些在生活中隨時可見的畫面，主要是提醒爲人父母者：從小就要教養兒童勿傷物命的觀念，以長養其慈悲愛物之心。

而小男孩則禁不住飛蝶的誘感而俯身撲蝶，這景該是一幅多美好的春天佳景！但，其中卻暗藏著殘暴之氣。這殘暴之氣，在〈兒戲其二〉中就直露的呈現出來了，畫中調皮的小男孩以線牽綁住蜻蜓，把蜻蜓當作玩物般玩耍，以掌控蜻蜓的自由爲樂。這殘忍之心是如何產生的，豐氏並沒有加以討論或指斥，只是希望爲人父母者「教訓子女，宜在幼時，先入爲主，終身不移；長養慈心，勿傷物命，充此一念，可爲仁聖。」〔註 28〕〈方長不折〉也是基於此一論調所畫出的作品。

　　豐氏的護生觀，在其子女身上產生了潛移默化的影響。在〈蝌蚪〉一文中，豐氏的子女是經過父親的引導後才對蝌蚪產生理解與同情，但在〈放生〉〔註 29〕一文中，護生的觀念已深植阿寶和軟軟的心中，對護生——放生的實踐已成了不須思考的直接反應。有一次豐氏與學生鮑慧和及阿寶、軟軟一起去西湖坐船，過程中忽然有一隻大魚跳入船內，這時豐氏的二位女兒看到這魚在滴血，於是心生不忍，要求鮑氏將這魚放生，而舟子則要求鮑氏將這魚放到後艙裡，這二方的「聲勢」旗鼓相當，最後鮑氏仍是將魚拋回西湖中放生。此時「船艙裡的四人大家歡喜地連叫『好啊！放生！』」，但這條大魚對以擺渡爲生的舟子而言，是「抵得兩三次從裡湖划到白雲庵的勞力的代

〔註 28〕　弘一法師爲此畫所做的題詩。《豐子愷漫畫全集》第五卷，頁 12。
〔註 29〕　《豐子愷文集》（五），頁 396～399。

價。」這歧異的價值觀使得船上的氣氛頓時凝結了起來。若從護生是「長養仁愛之心」的角度來看，這樣的結果有「顧魚而失人」之虞。但情節的發展一轉而為豐氏馬上設法安慰舟子說：「這是跳龍門的鯉魚，鯉魚跳進你的船裡，你──（我看看他，又改了口）你的兒子好做官了。」就這一句話，化解了船裡剛才沉悶的氣氛，使得笑聲再度盈滿這渡湖的船。豐氏對子女的護生教育，在此得到了更深一層的推展。

四、從孩子得到的啟示

在「喪失了美麗的童年時代，送盡了蓬勃的青年時代，而初入黯淡的中年時代」〔註 30〕的豐氏，對於現實世界的虛偽深感不適。於是，他選擇了進入子女們天真的兒童世界中來重溫自己童年的幸福、覓得那已失的童心。在這過程中，豐氏不但受兒童「真」的吸引，也受其「美」、「善」的啟發。他說「我每每拋棄了書卷或停止了工作，費良久的時光來仔細吟味他們的說話或行為的意味，終於得到深的憧憬的啟示。」〔註 31〕他有一篇隨筆的篇名就叫〈從孩子得到的啟示〉。文中豐氏四歲大的長子瞻瞻居然最喜歡「逃難」，因為逃難在他心目中「就是爸爸、媽媽、寶姊姊、軟軟……娘姨，大家坐汽車，去看大輪船。」〔註 32〕在大人們驚慌失措尋找避難場所的時候，孩子們體驗到的是逃難途中的花草之美、乘車之樂，好似全家突然出門旅遊一樣，這揭示了他們不諳世事的天真心理。但這出人意料的答案卻帶給豐氏──「他能撤去世間事物的因果關係的網，看見事物的本身的真相。」〔註 33〕的啟示，這種以「絕緣」的眼來看世界的視角，「含有一種很深大的人生意味」〔註 34〕。為此豐氏對兒童觀察事物的方式深表艷羨，覺得孩子們都有大丈夫氣，所以他讚美四歲的瞻瞻是創造者，是藝術國土的主人，並認為「人世間各種偉大的事業都是具有孩子們似的大丈夫氣的人所建設的」〔註 35〕，而企慕他們天真自由、豔羨他們的世界廣大的豐氏，自認得向兒童們學習！

在這些子女中，以最苦澀的方式給他最深刻的啟示，應該算是「阿難」了。1925 年豐氏的妻子小產，胎兒尚未分化成形就結束了生命。這像肉塊的

〔註 30〕　〈談自己的畫〉，《豐子愷文集》（五），頁 465。
〔註 31〕　〈關於兒童教育〉，《豐子愷文集》（二），頁 248。
〔註 32〕　〈從孩子得到的啟示〉，《豐子愷文集》（五），頁 120。
〔註 33〕　同上。
〔註 34〕　〈關於兒童教育〉，《豐子愷文集》（二），頁 250。
〔註 35〕　〈談自己的畫〉，《豐子愷文集》（五），頁 465。

胎兒，就是豐氏的第五個孩子——阿難。在那之前，與豐氏感情甚篤的弟弟豐浚於 1920 年去世、1924 年年僅三歲的三女也夭折了，這些親人的離世對二十來歲的豐氏而言實是生命中難以承受的痛！這使得他意欲撥開「無常」的迷霧，來看清人生的真相。

豐氏在其 1927 年所寫的〈阿難〉〔註36〕一文中，就從道家和佛家的角度來試著解讀人生的無常。他試著跳脫「時」、「空」對人的限制，將自己的高度向上提升，以期能用更寬的視野、更廣的角度來檢視人的生命，從而解讀在「一跳」中就結束了一生的阿難與自己的父子情緣。豐氏初時對於阿難是如此的不捨，不禁悲慟的自問——「阿難！一跳是你的一生！你的一生何其草草？你的壽命何其短促？我與你的父子的情緣何其淺薄呢？」之後他隨即認為這是妄念，他將人的生命放回宇宙中來檢視，發覺「我即使活了百歲，在浩劫中，與你的一跳沒有什麼差異。今我嗟傷你的短命，真是九十九步笑百步。」接著豐氏就試著從正面的角度來看待這短暫生命的意義，他讚美阿難未入世的生命是完全的天真、自然、清白、明淨。而世間的人，只要「一入人世，便入了亂夢，得了狂疾，顛倒迷離，直到困頓疲斃，始倉皇地逃回生命的故鄉。」這顛倒迷離的一遭，正顯示著人的昏昧與愚痴，而阿難以一跳了生死，絕不攖浮生之苦，正是其保持「天真」明慧的表現。最後豐氏推演出「世間一切現象，皆是宇宙的大生命的顯示。」文章結束時，他對阿難已不再戀戀不捨，而是將阿難與自己合而為一——「阿難！你我的情緣並不淡薄，你就是我，我就是你：無所謂你我了！」至此，豐氏似乎已較能以平常心看待人生的無常了。

在受兒童啟發的方面，豐氏常用反襯的方式來呈現。如在〈兒女〉一文中，他用夾敘夾議的筆法，讚美了兒童天真純潔的心靈和自然流露的言動，並從中反思自己的行為、思想，進而引發了無窮的感慨。他說：

> 天地間最健全的心眼，只是孩子們的所有物；世間事物的真相，只
> 有孩子們能最明確、最完全地看到。我們比起他們來，真的心眼已
> 經被世智塵勞所蒙蔽，所斲喪，是一個可憐的殘廢者了。〔註37〕

這對兒童的任天而動、任真而行的推崇完全溢於言表，而相對於此的成人，在豐氏的心中則像個殘廢者。

〔註36〕《豐子愷文集》（五），頁 146～148。
〔註37〕〈兒女〉，《豐子愷文集》（五），頁 114。

反襯成人社會的虛僞、不眞誠，這也是豐氏以兒童當作創作題材的原因之一。如在〈作父親〉一文中，小雞販子因見孩子們吵著要買小雞便不肯讓價，豐氏於是決定放棄這場交易，沒買到小雞的孩子們哭哭啼啼回屋裡去，這時豐氏一面爲小元草揩拭眼淚，一面對孩子們說：「你們大家說『好來，好來』，『要買，要買』，那人便不肯讓價了！」〔註38〕大小孩聽了這話似乎若有所悟，所以不再吵鬧了，但小元草一點兒都不理解這話背後的意含而繼續唏噓著。豐氏本想繼續撫慰他們，但卻說不下去了：

> 因爲下面的話是「看見好的嘴上不可說好，想要的嘴上不可說要。」
> 倘再進一步，就要變成「看見好的嘴上應該說不好，想要的嘴上應
> 該說不要」了。在這一片天眞爛漫光明正大的春景中，向那裏容藏
> 這樣教導孩子的一個父親呢？〔註39〕

從兒童純眞世界過渡到成人巧詐世界這過程是逐漸演變地，兒童的直率逐漸流失而漸向成人的智巧靠近，所以大一點的孩子聽了父親的話會若有所思，但豐氏欣賞、認同地並不是那若有所思的孩子，而是那仍在唏噓不休的幼兒元草。豐氏在子女純淨無垢如明鏡的言行中，照見了自己機巧的用心，這讓在子女面前進行成人機心鬥智的豐氏覺得羞愧，自慚不配「作父親」。

五、留戀快樂幸福的童年

豐氏是在家人的呵護下快樂、無憂地長大，他曾在〈夢痕〉一文中記述自己童年時曾因玩鬧跌倒而在左額上留下一道疤痕：

> 相面先生說這是破相，這是缺陷。但我自己美其名「夢痕」。因爲這
> 是我的夢一般的兒童時代所遺留下來的唯一的痕跡。由這痕跡可以
> 探尋我的兒童時代的美麗的夢。〔註40〕

這在一般人看來是缺陷的疤痕卻讓他珍視不已，他珍視這疤痕背後所暗藏的無憂的過往，在那時空中，他盡情享受著被人疼愛、受人呵護的幸福。這疤痕是他兒時歡樂的佐證，當過去的一切都如飛鴻雪泥般的無跡無影時，只有這疤留存了下來，像把金鎖匙讓他可以開啓心中那歡樂前塵的大門。

童年的美好深植豐氏的心中，對他而言童年是無價的「黃金時代」，所以他的童年生活常在他的隨筆創作中出現。在他童年的生活中，有兩位調皮

〔註38〕〈作父親〉，《豐子愷文集》（五），頁260。
〔註39〕同上。
〔註40〕〈夢痕〉，《豐子愷文集》（五），頁272。

搗蛋的大哥哥——王囡囡和樂生，是他童年時最佳的玩伴，也是他心目中的
英雄。

　　1927 年寫成的〈憶兒時〉是豐氏第一篇記述自己童年往事的隨筆，文中
他首次提到他兒時的重要玩伴——王囡囡。王囡囡是豐家隔壁豆腐店老板的
獨子，他從小失去了父親而備受母親、祖母和大伯的疼愛，他們不但「給他
很多的錢和玩具，而且每天放任他在外遊玩。」〔註 41〕所以王囡囡對玩要特
別在行，也常帶著豐氏一起玩樂。豐氏憶述：

> 他的年紀比我大，氣力比我好，生活比我豐富，我們一道遊玩的時
> 候，他時時引導我，照顧我，猶似長兄對於幼弟。我們有時就在我
> 家的染坊店裏的榻上談笑，有時相偕出遊。〔註 42〕

而這如兄長般的王囡囡，到了豐氏晚年時，仍鮮明地活在他的記憶中，所以
在豐氏最後一本隨筆——《緣緣堂續筆》〔註 43〕中，王囡囡又被再次提起。

　　在〈憶兒時〉中，豐氏只是單純地寫王囡囡如何帶領著他進入釣魚的世
界，讓年幼的他得到極大的趣味及成就感。但在〈王囡囡〉一文中，除了細
寫王囡囡如何會玩耍，一天到晚精神勃勃、興高采烈外，也寫到他們長大後
的差異。小時候王囡囡親切的稱豐氏爲「慈弟」，但他們倆在多年後再相見
時，王囡囡已改以禮貌的口吻稱他一聲「子愷先生」。就這一聲「子愷先
生」，把他們童年的親近疏遠了，也讓童年的純眞染塵了。這因時空變遷所產
生的距離感，讓豐氏感到唏噓不已，但他仍珍惜著那段「從王囡囡學得種種
玩藝」的日子，而王囡囡那釣魚、擺擂臺、放紙鳶、爬樹等活潑生動的形象，
也被豐氏永遠細心珍藏著。

　　在 1934 年寫成的〈夢痕〉中，豐氏形象化地重現了備受疼愛而又活潑調
皮的小小豐潤，和他那兒時最親近而又調皮搗蛋的伙伴——五哥哥。

　　他記述四、五歲時，家中女眷們在忙著做米粉包子時，他在旁嘻鬧玩耍
的情形：

> 在準備做包子時，我得先吃一碗甜甜的豆沙。做的時候，我只要噪

〔註41〕 〈憶兒時〉，《豐子愷文集》（五），頁 139。
〔註42〕 同上。
〔註43〕 原名《往事瑣記》，是豐氏在「十年浩劫」期間（1971～1973）利用凌晨時間
　　　　 悄悄寫成。共 33 篇，豐氏生前未曾發表過。他在 1971 年 4 月 23 日寫給幼子
　　　　 新枚的信中寫道，雖然「解放」的問題仍在拖延，「管自寫我的《往事瑣記》，
　　　　 很像《緣緣堂隨筆》，頗有興味。」

鬧一下子，母親們會另做一只小包子來給我當場就吃。新鮮的米粉
和新鮮的豆沙，熱熱地做出來就吃，味道是好不過的。我往往吃一
只不夠，再嚷鬧一下子就得吃第二只。〔註44〕

童年時的豐氏也同一般小孩般，會用嚷鬧的方式取得自己想要的東西，而且
也會在必要時耍耍小聰明：「倘然吃第二只還不夠，我可嚷著要替她們打壽字
印子。」這打壽印會影響最後成品的美觀與否，所以他母親便會和他商量：

把做圓子收口時摘下來的一小粒米粉給我，叫我「自己做來自己
吃。」這正是我所盼望的主目的！開了這個例之後，各人做圓子收
口時摘下來的米粉，就都得照例歸我所有。〔註45〕

在此我們可以看見小豐潤是多麼受到家中女眷們的疼愛。在這備受呵護疼惜
環境下成長的豐氏，自然地發展出屬於幸福小孩所擁有的小聰明，這種小聰
明大人們看一眼就了然於心，但因為疼愛這平日就討人歡喜的小淘氣，所以
大人們總是會屈服在「愛」之下，而讓小豐潤的詭計得逞。豐氏快樂、幸福
的童年，在此展露無遺。

　　而文中的五哥哥，是豐氏老家染店裏的學徒，是一位聰明大膽而又戲謔
頑皮的男孩，文中歷歷細述這位五哥哥調皮的「豐功偉業」，如他將蜈蚣摘去
了毒鉤，拿去嚇人：

他有時偷偷地把這條蜈蚣放在別人的瓜皮帽子上，讓它沿著那人的
額骨爬下去，有時懷著這條蜈蚣去登坑，等候鄰席的登坑者正在拉
糞的時候，把蜈蚣丟在他的褲子上，使得那人扭著褲子亂跳，累了
滿身的糞。又有時當眾人面前他偷把這條蜈蚣放在自己的額上，假
裝被咬的樣子而號淘大哭起來，使得滿座的人驚惶失措，七手八腳
地為他營救。正在危急存亡的時候，他伸起手來收拾了這條蜈蚣，
忽然破涕為笑，一縷煙逃走了。〔註46〕

這戲謔頑皮的行為，在小豐潤看來是項「熱心地創作」，深深吸引著他的注意，
使他也「熱心地欣賞」這創作，而常常跟隨在五哥哥身後。另外這五哥哥也
會製作許多小玩意兒，如「蠶豆水龍」、「豆梗笛」等，其中最讓豐氏覺得有
興味的是利用洋蠟燭的油來作種種的澆造和塑造，或利用芋艿、番薯等雕刻

〔註44〕〈夢痕〉，《豐子愷文集》（五），頁273。
〔註45〕同上。
〔註46〕同上，頁274。

出種種的印版。這些小玩意兒的製作讓豐氏從小就領略到藝術的趣味,它不但豐富了豐氏童年的精神生活,也讓成年後的他回味不已,在他日後創作給兒童少年看的「少年美術故事」和「音樂故事」系列故事中,這些童年的小玩意兒又再次重現在小讀者的面前。

比對〈夢痕〉和〈樂生〉〔註47〕兩篇文章,五哥哥很可能就是豐氏遠房的堂兄——樂生。這兩個人都調皮搗蛋且喜歡捉弄他人,在〈夢痕〉中的五哥哥:

> 他的行為的頑皮,我現在想起了還覺吃驚。但這種行為對於當時的我,有莫大的吸引力,使我時時刻刻追隨他,自願地做他的從者。……現在回想他這種玩耍,實在近於為虐的戲謔。〔註48〕

而在〈樂生〉中,「樂生的玩法,異想天開,與眾不同,還帶些惡毒性,但實際上並不怎麼危害人。我對他有些嚮往,就因為愛好這種惡毒性。」〔註49〕再從二文都舉利用蜈蚣來捉弄人的例子看來,樂生是五哥哥的可能性相當高。若如此,樂生也如王囝囝般,除了是豐氏兒時主要的玩伴外,與他們共創的童年美好回憶,已鋪陳為他精神世界的基底,一路陪伴著豐氏長大、變老。

六、關心普天下的兒童

在 1930 年代,豐氏就開始把對兒女的「關心與懸念」擴及至「普天下的孩子們」,他越是熱愛兒童的天真無邪,就越是痛感人間的不平等和窮孩子的不幸,因而舊社會兒童悲慘的生活,在他的圖文中也常常有所反映。這類作品充滿著豐氏悲憫的情懷及對社會間接的批評,雖然兒童的純真相仍在,但殘酷的現實已入侵到兒童的生活中了,他們的樂中摻著苦,他們的苦中和著悲。如他在 1934 年所創作的〈鼓樂〉(圖 6-56)和〈窮小孩的蹺蹺板〉(圖 6-57)等就是這樣的作品。

在〈鼓樂〉一文中,豐氏在坐船旅途中,受到鼓樂喧闐的歡樂氣氛影響,而想上岸去看燈會,但當他看到這歡樂的節奏居然是由一個十歲左右的孩子背著鼓讓後方的鼓手一路用力的敲打所造成地,心中很是驚異。想到這孩子細嫩的皮肉和正在發育的骨骼,在經過「這樣劇烈地敲到半夜,這副嫩骨頭

〔註47〕 〈樂生〉,收錄在《緣緣堂續筆》中。
〔註48〕 〈夢痕〉,《豐子愷文集》(五),頁 274~275。
〔註49〕 〈樂生〉,《豐子愷文集》(六),頁 752。

可被敲散，回家去非找他母親重新編穿過不可呢。」〔註 50〕這孩子身體上所受的苦，已讓豐氏爲之心疼，但這孩子卻漠視了他的苦，而將全副的精神放在口中的芝麻餅上：

> 孩子背後受人痛打，前面管自吃芝麻餅。餅上的芝麻跟著鼓「同、
> 同、同、同」而紛紛地落下，他伸手接住了芝麻，慢慢地用舌舔
> 食。〔註 51〕

芝麻餅這小小的甜頭居然就能補償小孩身上所受的痛，這種不對等的補償讓豐氏更爲之惻然。至此他已無心再看熱鬧了，因爲歡樂的鼓樂聲中似乎夾帶著令人不忍的淒慘之氣。

圖 6-56：〈鼓樂〉　　　　　　圖 6-57：〈窮小孩的蹺蹺板〉

（圖 6-56、圖 6-57）豐氏雖意在反映舊社會兒童悲慘的生活，但畫面皆予人溫馨、愉快的視覺感受，若不看其同題的隨筆，讀者不易感受到豐氏對社會不公的批判。

這種身在苦中而不知苦的無智之悲，對豐氏而言是天下之至慘。在〈窮小孩的蹺蹺板〉中，豐氏一方面爲孩子的創意喝采──利用二張長凳就創造出一個蹺蹺板來，但另一方面他也憐憫貧童的不幸，居然能滿足於這簡陋的遊戲。豐氏在解讀這場景時，不似在描寫自家子女時用藝術絕緣的眼在欣賞兒童的「純眞」，而是以宗教慈悲的眼在憐惜貧童的「侷促」與「無智」。豐氏認爲窮小孩的歡笑是由無知所支撐起地，所以在他看來這歡笑雖有著純眞的本質，但卻也帶著無知的悲哀。他認爲：

〔註 50〕〈鼓樂〉，《豐子愷文集》（五），頁 378。
〔註 51〕同上。

在這社會裡，窮的大人固然苦，窮的小孩更苦！窮的大人苦了，自
己能知道其苦，因而能設法免除其苦；窮的小孩苦了，自己還不知
道，一味茫茫然地追求生的歡喜。這才是天下之至慘！〔註52〕

上述二幅畫作，畫面皆予人溫馨、愉快的視覺感受，若不看其同題的隨筆，讀
者不易感受到豐氏對社會不公的批判。但在另外一些作品中，豐氏雖仍保持著
其特有的抒情風，但對這社會的不公及貧童的不幸，則給予直接地揭露。

　　如在〈貧民窟之冬〉（圖 6-58）中的貧童，穿著他父親多處補釘的破棉
襖，他一臉的愁苦相怕是雖然身子暖和了但肚子仍在飢餓中；若再進一步的
想，他父親把這破棉襖給他穿了，那他父親的冬天該如何挨呢？在〈最後的
吻〉（圖 6-59，原圖彩色）和〈笑渦〉（圖 6-60）中，貧窮的父母無力撫養自
己的嬰兒，只好將自己的親骨肉送到育嬰堂去，看著孩子無邪的笑容，不捨
地再親吻他一回，最後將他放置到接嬰處的抽斗中，而在一旁的母狗卻反而
能哺育自己的小狗，這真是人不如狗，悲慘之情讓人為之動容。另有一幅〈小
弟弟的出殯〉（圖 6-61）也是讓人看了不勝唏噓，在這幅畫中，豐氏用了較多
的筆墨來描寫主角所處的空間背景──一個大城鎮，圖中的父親抱著小弟弟
的棺木沉重地向前行，而身高不及父親腰部的小哥哥，則不斷抽泣拭淚地跟
著父親的腳步，父子兩（三？）人占全畫面的九分之一弱，顯示在這麼一個
偌大的城鎮中，他們是如何的渺小及被邊緣化。在〈父與女〉（圖 6-62）一圖
中，小女兒在前面牽引著盲眼的父親沿街彈琴賣藝，腳下的路雖然不平坦，
但為了生活，父女倆仍要一步步的向前進。同樣是一個大男人和一個小女
孩，在〈賣品〉（圖 6-63）一圖中，則更為悲慘。在〈父與女〉中，生活儘管
不富裕，但父女仍能生活在一起；但在〈賣品〉中，小女孩已被「非人」的
對待，成為待價而沽的「貨品」了。這個情景讓豐氏感到悲哀，但畫中的小
女孩卻好像對自己的未來一點都不擔心似地，將全副精神放在口中及手中的
糕餅上，這種悲哀又呼應了上述的無智之悲。在〈高櫃檯〉（圖 6-64）中那踮
起腳跟、舉直臂膀仍搆不著當舖櫃檯的小小身子，努力地想要引起櫃檯後面
那位「看高不看低」的店員的注意，但他人小貨賤，終究引不起那店員的青
睞。這幅畫作可說是豐氏這類作品的代表作，雖然是正面、直接的描寫社會
上的不幸與貧困相，但畫面中仍帶有豐氏特有的抒情風，不但具有造形美也
深含意義美。

〔註52〕　〈窮小孩的蹺蹺板〉，《豐子愷文集》（五），頁350。

圖 6-58：〈貧民窟之冬〉　　圖 6-59：〈最後的吻〉　　　圖 6-60：〈笑渦〉

圖 6-61：　　　　圖 6-62：　　　　圖 6-63：　　　　圖 6-64：
〈小弟弟的出殯〉　〈父與女〉　　　〈賣品〉　　　　〈高櫃檯〉

在（圖 6-58～圖 6-64）這些作品中，豐氏雖對社會的不公及貧童的不幸給予直接地揭露，但這些作品仍保有豐氏特有的抒情風，讓人看來不覺怵目醜惡。

　　豐氏在這類作品中表現最為直露的，應屬叫化子系列，如〈母親，他為什麼肯做叫化子？〉（圖 6-65）、〈布施〉（圖 6-66）、〈求食不求醫〉（圖 6-67）及〈練習週〉（圖 6-68）。

　　在〈母親，他為什麼肯做叫化子？〉一圖中，豐氏藉由兒童純真的口提出如此直率而真誠的問題，但這直率的提問令人心驚也令人心痛，驚的是兒童天真美善的世界即將被現實所戳破，而痛的是現實生活中居然存在這些不幸的人們。〈布施〉圖中，全身包裹密實而溫暖的小女孩，正大方地將自己的玩具小號送給叫化子背上伸長手臂的幼兒。豐氏雖正面描寫兒童的純真及同情心，但叫化子母親所面對的現實困境，才是豐氏所欲側寫的主題。〈求食不

求醫〉也是同一旨趣，圖中小叫化子看見眼科似乎心生歡喜想要入內求醫，但需憑藉他協助才能前行的盲父則似乎正在告誡他：「兒子，求生存的第一要事是要求溫飽啊！」在肚子都填不飽的時候，醫治眼疾成了不切實際的奢望。〈練習週〉是在描繪一位老叫化子帶著二位小叫化子跪在地上向人行乞的情形，孩子模仿著大人的神情及動作——苦著張臉向上仰視，伸手張口向人乞討。在那教育不普及、人權不被重視的年代，叫化子要翻身真得很不容易，叫化子之子為了要繼承「家業」，只好從小就跟在父母身邊實習了。「練習週」這畫題起了點睛的效用，為這幅畫增添了悲苦與無奈的情愁，使得這幅畫的意義美又往上推進了一層。

圖 6-65：〈母親，
　他為什麼肯做　　圖 6-66：　　　　圖 6-67：　　　　圖 6-68：
　叫化子？〉　　　〈布施〉　　　〈求食不求醫〉　　〈練習週〉

（圖 6-65～圖 6-68）叫化子相關的漫畫創作，是豐氏關心普天下兒童系列作品中，最直露、最讓人不忍辛睹的作品。尤其是（圖 6-68），讀者光看畫面已覺不忍，再加上平凡但卻含意深遠的畫題——〈練習週〉，使得畫意更形悲苦與無奈。

　　叫化子系列早期主要是集中在漫畫圖像的描寫，在隨筆方面則不見記錄，唯一一篇對叫化子有深入描寫的隨筆是他在 1948 年所寫的〈新年憶舊年〉，文中他對大人利用小孩來行乞的行為有深刻的描寫，現在我們就將此文併入此節中一併討論。文中一位六七歲大的小叫化子，在元旦時穿著單衣，被他父親逼迫在街頭持續哭了兩三個鐘頭來行乞，這事讓豐氏的惻隱之心又起：

　　　我初見這孩子時，覺得可憐。為了他小小年紀沒有溫暖的家庭，而
　　　在元旦的早上跪在路上向人號哭求乞。我再見這孩子時，覺得更可

> 憐了。無衣無食而向人求乞，還是尋常的可憐；被強迫繼續號哭兩
> 小時，而以此爲求食的手段，才眞是特殊的可憐了！〔註53〕

這畫面在他心頭縈繞許久，以致一年後他在大家都習慣展望未來的新年元旦，卻提筆道出這件讓他掛心的舊事，可見豐氏悲憫的情懷和人道主義的精神，是其性格的底蘊，是持久而長存的。他關心普天下兒童的心並不只存在於早期而已，而是他這類的創作多集中在早期。

貳、中期創作（1937～1949 年）

在此時期，豐氏「畫題主導畫意」的圖像創作特色已稍顯褪色，其線條的使用也較早期少了些率性而爲的流暢感，而內容也由以人物爲主的小幅單色簡筆漫畫轉變成山水人物並重的大幅彩色繁筆畫。豐氏此一畫風的轉變，主要原因有二：一是在向西南逃難時，沿途所見的大山大水觸動他的創作動機。豐氏曾在 1942 年舉辦的畫展自序中寫到生長在江南的他，平日放眼望去多是平原沃野和人烟稠密之景，而這趟西南之行卻讓他領略了崇山峻嶺之美：

> 抗戰軍興，我暫別江南，率眷西行。一到浙南，就看見高山大水。
> 經過江西湖南，所見的又都是山。到了桂林，就看見所謂「甲天下」
> 的山水。從此我的眼光漸由人物移注到山水上。我的筆底下也漸漸
> 有山水畫出現。我的畫紙漸漸放大起來，我的用筆漸漸繁多起來。
> 最初是人物爲主，山水爲背景。後來居然也寫山水爲主人物點景的
> 畫了。最初用墨水畫，後來也居然用色彩作畫了。〔註54〕

另外一個原因與其恩師夏丏尊的建議有關。夏氏自己雖然沒有作畫，但其藝術學養極豐，不但具有高度的藝術鑑賞力，對畫論也有精闢獨到的見解。他在 1940 年 11 月寫給豐氏的信中提到，中國人物畫有兩種，「一是以人物爲主的（如仕女、如鍾進士、佛像等），一是以人物爲副的（如山水畫中之人物）。」〔註55〕他建議豐氏可以另闢蹊徑，畫背景與人物並重的人物畫。這種畫以自然風景爲最主要，但畫中的人物「比第一種可潦草些（不必過於講究面貌與衣褶），比第二種須工整些（眼睛不能只是一點）。」〔註56〕豐

〔註53〕　〈新年憶舊年〉，《豐子愷文集》（六），頁 245。
〔註54〕　〈畫展自序〉，《豐子愷文集》（四），頁 257。
〔註55〕　〈讀丏師遺札〉，《豐子愷文集》（六），頁 85。
〔註56〕　同上。

氏早期的畫作以人物爲主，常常省去背景以突顯主題，而主題又是以「意到筆不到」具有高度象徵性的簡筆畫成，所以畫成的作品畫幅較小。夏氏認爲：

> 由漫畫初改圖畫，純粹人物和純粹山水，一時恐難成就（大幅更甚），如作人物背景並重之畫，雖大幅當亦不難。且出路亦大，可懸諸廳堂，不比漫畫之僅能作小幅，十九以鋅版印刷在書報中也。
> 〔註 57〕

觀之豐氏此一時期的畫作的確有此一轉變，而且因爲山水入畫及畫幅的擴大，使得豐氏的作品具有更高的實用裝飾性，這使得他在中期以後，常在各地舉行畫展並賣畫，尤其是在抗日勝利返鄉復員的時期，賣畫更是他主要的經濟來源。

　　在這觸目破敗及離亂顛簸的流亡歲月中，豐氏的妻子意外的又懷孕，豐氏對這新生命的到來充滿了喜悅與期待，他將此解讀爲：「十年不孕，忽然懷胎，事情有點稀奇。一定是這回的抗戰中，黃帝子孫壯烈犧牲者太多；但天意不亡中國，故教老妻也來懷孕，爲復興新中國增添國民。」〔註 58〕於是他根據自己在 1937 年爲慶祝臺兒莊勝利所寫的絕句：「大樹被斬伐，生機並不絕，春來怒抽條，氣象何蓬勃」之意，而將此新生兒取名爲「新枚」。豐氏對新枚的到來所做的解讀及聯想，現在看來或許會覺得迂腐可笑，但若是將時空還原到那不知國家將存將亡、戰爭何時能停的戰亂年代裡，人們生活朝不保夕心中充滿了不安與無助，在這種歷史環境下，也難怪豐氏會如此過度解讀一個新生命的到來了。

　　這位戰時出生的幼兒，爲豐氏逃難中的生活帶來了「生」的氣象與「新」的希望，再加上阿寶、瞻瞻等較長的子女此時均已步出了「黃金年代」，所以豐氏對兒童的熱愛此時幾乎全落在新枚的身上，他以新枚爲模特兒，創作了大量的作品。如在〈小夢〉（圖 6-69）一圖中，拿著小花入眠的新枚，他那紅潤稚嫩的小臉在熟睡中透出無邪滿足的笑容，讓人看了不禁升起一股充滿希望的幸福之感。豐氏的長女阿寶在 1999 年出版的《爸爸的畫》第二集中，曾對此幅畫加以文字說明：

> 趁他午睡，爸爸在趕工作；媽媽在忙家務；哥哥姐姐正在讀書看

〔註 57〕 同上。
〔註 58〕 〈未來的國民——新枚〉，《豐子愷文集》（五），頁 667。

報。等他一醒，姐姐們會搶著來抱他。這個給他洗臉、洗手，那個
給他餵粥、吃糖。爸爸媽媽早已等在一旁，準備抱他到外面去看野
景呢！〔註59〕

從這段文字中，我們不但看到了豐氏子女間深厚的手足之情及新枚的備受寵
愛，也看到了就算是在逃難期間，豐氏的家庭生活仍是這麼地親密和樂、仍
是這麼地有滋有味。

在此時期的創作中，最具有早期畫風的應屬〈搬凳〉（圖 6-70）和〈自立〉
（圖 6-71）這二幅作品了。在〈搬凳〉中，三歲的新枚熱心地搬著凳子要往
熱湯鍋裡放，為這鍋湯加些菜料。這全憑想像與模仿，不受「理性」支配的
行為是兒童特有的表現，他們任天而動不受理性邏輯所左右，自成一個與成
人世界完全不同的兒童天地。

圖 6-69：〈小夢〉　　　　圖 6-70：〈搬凳〉　　　　圖 6-71：〈自主〉

（圖 6-69～圖 6-71）畫中的主角是豐氏於 1938 年所生的幼兒——豐新枚，新枚的生出為豐
氏逃難中的生活帶來了生的氣象與新的希望，他是豐氏中期創作的主要模特兒。

在〈自立〉中，一歲半的小新枚剛學會站立，穿著件過大的外衣高興地
舉手向人示意，好像在為自己學會站立而感到高興及驕傲，他的「自立」像
是一個好兆頭、一個光明的希望，撫慰了逃難中大人們苦悶的心靈。類似的
題材及畫面，豐氏早在十四年前，也曾為長子瞻瞻畫了幅〈穿了爸爸的衣服〉，
我們可從這二幅作品的命題上，約略看出豐氏兒童觀轉變的軌跡。〈穿了爸爸
的衣服〉是側重在描寫兒童因穿了爸爸的衣服而感到新鮮的喜悅，而〈自立〉

〔註59〕《爸爸的畫》第二集，頁 61。

則是寄寓著大人的期待與盼望。豐氏早期以兒童爲本位的思想，至此已有明顯的改變了。

　　新枚稍長，與鄰家女童兩小無猜、牽手並行一同去玩耍的情景（圖6-72），讓豐氏感受到純淨、幸福、甜美的滋味，他們手攜著手、肩並著肩，踩著同樣節奏的步伐朝著同一方向前進。到了〈豁然開朗〉（圖6-73）一圖時，又加進了攜手共同闖天涯的共患難情感。這兩位幼童攜手同行的背影，後來成爲豐氏複製最多次的「公關」圖像。這類作品畫面溫馨、畫意討喜，只要再將背景稍加美化修飾後，就成了一幅具有裝飾性質的畫作，所以日後有慕名者託人向豐氏求畫時，豐氏常以此主題的畫作滿足之。如〈翠拂行人首〉（圖6-74，原圖彩色）就是豐氏送給夏宗禹〔註60〕的畫作，他在畫中題上錦纏道的原詞：

　　　　燕子呢喃，景色乍長春晝。睹園林、萬花如繡。海棠經雨臙脂透。
　　　　柳展宮眉，翠拂行人首。　　向郊原踏青，恣歌攜手。醉醺醺、尚
　　　　尋芳酒。問牧童、遙指孤村道。杏花深處，那裏人家有。

並說明：「此詞第三行可題此畫。畫靜人閑，窗明几淨，遂將全詞寫入，並供宗禹仁弟欣賞。」〔註61〕可見，這影像帶給他的聯想及想像空間實遠勝於其他。

圖6-72：〈踏青歌〉　　圖6-73：〈豁然開朗〉　　圖6-74：〈翠拂行人首〉

（圖6-72～圖6-74）畫中的二位主角是新枚與鄰家的女童，他們兩小無猜、牽手並行一同去玩耍的情景，讓豐氏感受到純淨、幸福、甜美的滋味。這兩位幼童攜手同行的背影，後來成爲豐氏複製最多次的公關圖像，如（圖6-74）就是豐氏送給晚輩好友夏宗禹的畫作。

〔註60〕　夏宗禹，豐子愷的晚輩好友，爲新聞工作者，1988年爲豐氏編輯出版了一冊《豐子愷遺墨》。
〔註61〕　《豐子愷漫畫全集》第八卷，頁248。此畫集中目次以〈燕子呢喃〉爲題，似不合豐氏原意。

　　在此時期，他以兒童為主要描述對象的畫作，除了複製他早期的「兒童相」外，幼子豐新枚（1938 年生）及長外孫宋菲君（1942 年生，豐氏二女林先之子）成了他此時期主要的模特兒，這些畫作他於 1947 年整理出版了《幼幼畫集》。另外這時期最特別的作品應屬《畫給幼子新枚看的畫》系列畫作，這是幼子新枚的生活寫真照，其畫風及創作動機，與豐氏其他兒童相的作品差異極大，這系列的畫作是以畫代替攝影及日記，來為新枚所做的成長紀錄畫冊，其紀錄及紀念價值極高但藝術性較低，並沒有出版單行本。

一、《幼幼畫集》

　　在當了二十年的父親後，豐氏仍是喜歡描寫純真無邪的兒童，只是當初家中那些燕子般的子女已長大成人，所以此時他改以幼子新枚、外孫菲君及親友家的小孩為模特兒，而此時這些小小模特兒大多稱豐氏為「公公」，所以豐氏特將此中年所創作的兒童生活畫命名為《幼幼畫集》。除了有「幼吾幼，以及人之幼」之義外，還有因為這些模特兒都是「第二代的幼兒」所以也含有「幼兒的幼兒」之義。而此書封面上的題字則是由當時才八歲的新枚所寫的。

　　豐氏在《幼幼畫集》中描繪了較多家庭和樂、親子互動的圖像，而不像早期將畫筆集中在描寫兒童任天而動的純真上。另外此畫集中作品的故事性也變得更為具體了，畫題「說明」的性質取代了以往作品中所預留給「感受」的留白。如〈凳子是桌，桌子是屋，餅乾罐頭是凳子，花瓶是煙囪〉（圖 6-75）和〈車即船船即是車〉（圖 6-76）等題字，將畫意說明得十分清楚，而早期〈辦公事〉、〈快樂的勞動者〉則是以概念式的命題來引發讀者對畫面的聯想。兒童讓人苦惱的頑皮行為，在此時也得到了豐氏的正視，他不再只是以「天真」來解讀兒童頑皮搗蛋的行為，像早期的〈阿寶兩隻腳，凳子四隻腳〉讓人感受到兒童的天真純淨與大人的不近人情，但讀者在看了此時期所畫的〈星期日是母親的煩惱日〉（圖 6-77）、〈母親說：「兩個都不好！」〉（圖 6-78）以後，大概都會同情那位出聲喝斥、怒氣沖沖拿著棍子疾走而來的母親，而不是欣賞那些製造混亂、拳腳相向的頑童吧！

　　另外，豐氏大量的運用童言童語來營造畫面的童趣，這也與豐氏早期的兒童相作品大不相同。〈我是媽媽生的，姐姐是爸爸生的〉（圖 6-79），是一幅家庭和樂的生活照，再加上幼兒的童言童語，讓這幅作品充滿了童趣。〈飛機高，飛機低〉（圖 6-80）也同樣是呈現天倫之樂圖，只是這畫面是在凸顯父親

（或祖父）的慈愛和小女兒的快樂，表現出親子互動的樂趣，這類作品在豐氏早期的畫作中是不曾出現過地。

〈媽媽不要歡喜這不認識的団団〉（圖 6-81）和〈「你小，叫我外公，小娘舅大，叫我爸爸」「將來我同小娘舅一樣大了，也叫你爸爸？」〉（圖 6-82）就是標準的童言童語的作品。兒童這類直線型邏輯思考的語言讓大人聽了不

圖 6-75：〈凳子是桌，桌子是屋，
　　餅乾罐頭是凳子，花瓶是煙囪〉

圖 6-76：
〈車即船船即是車〉

圖 6-77：
〈星期日是母親的煩惱日〉

圖 6-78：
〈母親說：兩個都不好！〉

（圖 6-75～圖 6-78）是豐氏《幼幼畫集》中的畫作。在這本畫集中，畫題說明的性質取代了豐氏早期作品中所預留給讀者感受的留白，如（圖 6-75、圖 6-76）；而兒童讓人苦惱的頑皮行為，在此時也得到了豐氏的正視，如（圖 6-77、圖 6-78）。

圖 6-79：
〈我是媽媽生的，姐姐是爸爸生的〉

圖 6-80：
〈飛機高，飛機低〉

圖 6-82：〈「你小，叫我外公，小娘
舅大，叫我爸爸」「將來我同小娘舅
一樣大了，也叫你爸爸？」〉

圖 6-81：
〈媽媽不要歡喜這不認識的囝囝〉

在《幼幼畫集》中，出現了較多親子互動的溫馨畫面，和童言童語的童趣命題，
如（圖 6-79～圖 6-82）。升格為外祖父的豐氏，此時已能用較平常的心來看待成
人與兒童之別。反映在他中期兒童相的作品中，則是少了份反襯成人虛偽的用
心，而多了份笑看人世的從容。

禁要莞爾一笑，這讓已經當了外公的豐氏忍不住要為其作畫留影，與人分享
這因兒童的天真可愛所帶來的生活樂趣。不過這種思考的模式，與豐氏年輕
時以兒童為本位的思考模式已有所不同，其中最大的差異還是創作動機的不
同。豐氏早年創作兒童相的動機主要是用以反襯成人世界的虛偽巧詐，以及

對禮儀規矩束縛自然本性的反抗與掙扎；但人過中年的豐氏，在經過多次的生離死別、戰爭逃難的洗禮後，對許多事情的看法變得更入世也更圓融了。他個人主義的色彩漸消，而家庭國族的觀念漸長；對成人世界的智巧機用也漸能以平常心看待，而不再充滿掙扎、不適與矛盾的情感。所以在此時期他能以較從容的態度笑看人世、笑看兒童。

〈公公十八歲〉（圖 6-83）、〈長孫抱幼子〉（圖 6-84）等題材在豐氏早期的作品中也不曾出現過。豐氏的創作動機主要是來自於生活中的所思所感，隨著年歲的增長及生活經驗的增加，其解讀世間事物的角度也隨之流轉而有所調整。年輕時豐氏對光陰帶有一種「為賦新詞強說愁」的淡淡情懷，對「春」及「童真」的感受也特別敏銳。但年過四十的豐氏蓄了長鬚、逃難在外，對事物的感受也更貼近生活、貼近現實，他可以笑談歲月的匆匆、「秋」的飄零，所以當兒童看著照片驚訝於公公曾經年少過時，公公可以笑談他曾經擁有的俊逸，〈公公十八歲〉就是在這種心境下所產生的作品。此時在豐氏心目中兒童的「憨」帶有一種樸直的趣味，新枚和菲君這甥舅二代間只差了四歲，大大縮小了「代溝」的問題，這讓豐氏對兩代之間也有了新的解讀，前述的（「你小，叫我外公，小娘舅大，叫我爸爸」「將來我同小娘舅一樣大了，也叫你爸爸？」）就是描寫這生活一景，而〈長孫抱幼子〉這類的生活場景也引起了中年豐氏的共鳴。

圖 6-83：〈公公十八歲〉　　　　圖 6-84：〈長孫抱幼子〉

隨著年歲的增長，豐氏對光陰的解讀也從對春的輕嘆，轉而為笑談秋的飄零，〈公公十八歲〉就是在這種心境下所產生的作品。

豐氏的幼子和長外孫二人只差了四歲，這個生活經驗讓豐氏創作出如（圖 6-82、圖 6-84）這類描寫三代關係的有趣畫面。

　　在〈卅四年八月十日之夜〉（圖 6-85）和〈萬里征人罷戰歸〉（圖 6-86）則是充滿了時代的刻痕與烙印，畫中兒童的笑不是因個人的欲求被滿足，而是為親子同樂而笑、為抗戰勝利而笑。而在〈「我到過十三省，弟弟到過九省，小弟到過五省，老祖母只到過一省」復員期〉（圖 6-87）中，豐氏又再度展現了兒童的天真爛漫，以兒童的視角來笑談這場為期八年的抗日戰爭和離亂歲月。〈日前拋核處忽有幼芽生〉（圖 6-88）也與時代緊密結合，經過日本侵華戰爭的洗禮，觸目所及處處充滿了破敗的殘景、疾苦的民生，人們生活在這恐懼、灰暗及恥辱中，對象徵希望的「幼芽」有特別深刻的感觸，豐氏也不例外。像較早之前所繪的〈生機〉（圖 6-89）就是描繪在殘破的牆角，有一株不畏環境惡劣的小草從裂縫中掙扎生長出來，豐氏欲藉此畫面傳達對生命韌性的讚嘆。而〈日前拋核處忽有幼芽生〉除了同樣讚嘆生命的韌性外，還傳達出身處戰亂中的人們對新生、機會的想望。

　　在此畫集中，仍有小部分的作品是維持著早期對貧困兒童的悲憫情懷，如〈報童〉（圖 6-90）、〈為什麼不進學校〉（圖 6-91）、〈沒有制服的兩兄弟〉（圖 6-92）和〈小車〉（圖 6-93）等，都在在顯示出豐氏對弱勢兒童的不捨，及對社會公平的嚮往，這帶有佛教情懷的樸素社會主義思想，始終是豐氏性格中的底蘊情懷。

圖 6-85：〈卅四年
八月十日之夜〉

圖 6-86：
〈萬里征人罷戰歸〉

圖 6-87：〈我到過十三省，
弟弟到過九省，小弟弟到過
五省，老祖母只到過一省〉

在（圖 6-85～圖 6-87）中，充滿了戰亂歲月的時代刻痕與烙印。

圖 6-88：　　　　　　　　　圖 6-89：
〈日前拋核處忽有幼芽生〉　　　〈生機〉

 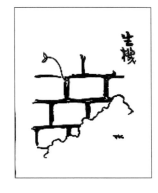

在經過戰亂的洗禮
後，豐氏對象徵希望
的幼芽有特別深刻的
感觸，如（圖 6-88、
圖 6-89）。

圖 6-90：　　圖 6-91：〈為什　　圖 6-92：〈沒有　　圖 6-93：
〈報童〉　　　麼不進學校〉　　制服的兩兄弟〉　　〈小車〉

（圖 6-90～圖 6-93）是在《幼幼畫集》中，小部分仍保有豐氏早期對貧困兒童悲憫情懷的
作品，這帶有佛教情懷的樸素社會主義思想，始終是豐氏性格中的底蘊情懷。

二、《畫給幼子新枚看的畫》

　　豐氏寫兒童的作品，主要的讀者是成人；而為兒童寫的作品，主要的對
象是兒童。但他在 1942～1943 年逃難期間所畫的《畫給幼子新枚看的畫》則
是介於二者之間。豐氏早期描寫自家子女的兒童相，畫面中除了富有天真的
童趣之外，也具有濃濃的抒情風和象徵意味，畫題也取得直率而簡明。但他
《畫給幼子新枚看的畫》系列畫作，不但敷以色彩而且畫面也加入了許多的
背景說明，讓這些畫作兼具了照片紀錄的功能。這系列作品與豐氏其他的兒
童相作品皆大不相同，其創作動機主要是紀錄幼兒的成長過程，使之長大後
可資憶往，所以在紀錄時是以事件為主，並加以詳細的文字說明。

　　如（圖 6-94，原圖彩色）與〈兩失〉的題材相仿，但其取景角度的範圍較廣，不但桌椅完整的畫出來，連來幫他拉腳以防跌倒的姐姐都畫了進來，甚至還直接在畫上詳加說明：「恩哥坐在高凳凳上，高凳凳翻倒去，阿姐拉牢恩哥的腳，恩哥沒有跌跤。」在此豐氏是以幼兒所能理解的語彙來記錄此一生活小插曲。

　　這如照片紀錄般的用意，在（圖 6-95，原圖彩色、圖 6-96，原圖彩色）中更明顯了。（圖 6-95）與早期所畫〈抬轎〉的題材也是相仿，但在〈抬轎〉中豐氏沒有交待背景，而是把筆墨集中在描寫兒童自此遊戲中所得到的樂趣

圖 6-94：〈恩哥坐在高凳凳上，
　　高凳凳翻倒去，阿姐拉牢恩哥
　　的腳，恩哥沒有跌跤〉

圖 6-95：〈山坡上許多人抬棺材，恩
　　哥和佩貞也抬棺材。桂侯還抬不動，
　　跟著喊「恩育落朵好里呀！」〉

圖 6-96：〈恩哥牙齒痛，張冠民先生來，
把棉花和藥塞在恩狗的牙齒裡。恩狗一
　聲不哭，但是兩隻手和兩隻腳發抖〉

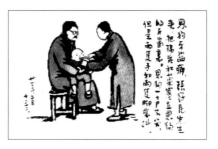

圖 6-97：
　〈挖耳朵〉

　　（圖 6-94～圖 6-96）是《畫給幼子新枚看的畫》系列作品中的其中三幅。從這三幅作品中我們可以發現，豐氏這系列畫作與他早期描寫自家子女的兒童相風格不大相同，不但敷以色彩而且畫面也加入了許多的背景說明。從（圖 6-96）和豐氏早期的畫作——〈挖耳朵〉（圖 6-97）的比對中，我們可以明顯地感受到，這系列的作品寫實紀錄的意味濃厚，而豐氏早期畫作中象徵寫意的美感則蕩然無存。

上。但在（圖 6-95）的畫面中，兒童所占的比例明顯小了許多，用來說明的背景則占了全幅畫的二分之一強，並加上文字說明「山坡上許多人抬棺材，恩哥和佩貞也抬棺材。桂侯還抬不動，跟著喊『恩育落朵好里呀！』」〔註62〕這系列的畫作仍保留了兒童天真的童趣及豐氏濃濃的父愛，但其抒情味銳減，象徵意味也蕩然無存，幾乎要變成新枚童年生活的紀錄照了。

在（圖 6-96）中我們看見一位慈藹的父親（豐氏本人）抱著小兒（新枚）給醫生看牙的一景。這三個人都沒有特別的表情與舉止，我們從新枚的臉上也察覺不出豐氏文字中所陳述的——當時新枚已緊張到「兩隻手和兩隻腳發抖」的恐懼，而畫面也缺乏早期〈挖耳朵〉（圖 6-97）具有象徵性的審美趣味，只是直接畫出父親攜幼子看牙醫的單純事件。

參、後期創作（1949 年以後）

豐氏滿心歡喜與期待迎接新中國的來臨，但共產主義的思想認為文藝是要為工農兵服務、是要用來拉近跟群眾的距離，這種創作動機及目的與豐氏向來的藝術主張和見解大異其趣。如在 1950 年 7 月，中共執政後第一次召開的上海市文學藝術工作者代表大會上，豐氏說了：

> 剛才各位同志對繪畫的方向道路，為工農兵服務都談到了，讚頌工農兵，這是必須的。但我以為，過去中國的梅蘭竹菊，還是要搞的。因為一天工作很累，晚上回家要休息，梅蘭竹菊也不可以拋棄，還有必要。為工農兵是大拳頭，「四君子」利於恢復疲勞。〔註63〕

這番言論在當場就引起了多方的批評，錢君匋〔註64〕當時坐在豐氏的旁邊看到「豐先生對這突如其來的批評，身上汗都濕透了衣衫。散會後走在路上，先生說：『我以後不談美術了，讓他們去吧！以後美術的會我也不參加了。』」〔註65〕這是在中共統治的初期，對人民思想言論的箝制尚未形成風氣之前，豐氏就有此感受了。所以 1950 年以後，豐氏對創作的熱情驟減，而將精力放

〔註62〕 恩哥：是豐氏幼子新枚的乳名；佩貞、桂侯：豐氏鄰家的小孩，新枚的兒時玩伴；「恩育落朵好里呀！」是為抬重物時喊的號子聲。《豐子愷漫畫全集》第八卷，頁 29。

〔註63〕 畢克官：〈《子愷漫畫》研究〉，轉引自陳星：《豐子愷漫畫研究》，頁 128。

〔註64〕 錢君匋：1906～1998，浙江桐鄉人，中國書籍裝幀家、書法家、篆刻家，曾任華東師範大學藝術系教授、杭州西泠印社副社長，是豐子愷在上海專科師範學校時的學生。

〔註65〕 陳星：《豐子愷漫畫研究》，頁 128。

在學習俄文及翻譯上，這點我們也可從他寫給晚輩好友夏宗禹的信中看出：

> 我對畫失卻了興味，對文學也少了興味，對音樂最愛好。──這不是從前的「任情而動」，卻是有計劃的……解放後，我來一次檢點，結果，我認爲中國最需要的是蘇聯文化和音樂。前者爲文化交流，後者爲鼓舞民氣。因此我摒絕其他，而專攻俄文及音樂，想好好地利用我的殘年來爲新中國人民服務〔註66〕。

有了此一轉折，就無怪乎豐氏後期的漫畫作品在藝術上缺乏創新的表現，而其內容亦多沿襲早期的題材和配合政令宣導的樣板畫，陳星就曾在《豐子愷漫畫研究》一書中提到：

> 在豐子愷的文化藝術活動中，他已不把主要精力投放到漫畫創作之中。對於作畫，或出於朋友所求，或自娛自樂，或出於爲保存他自己數十年來的精品漫畫而重新作畫。從現存豐子愷後期漫畫來看，他在漫畫藝術上並未求得創新，而幾乎是以往表現手法的繼續。在繪畫的內容方面，他除了表現新時代新兒童生活和對新的社會環境下的感聞外，幾乎都是往昔漫畫題材的重複；在藝術表現方法上，他偏愛對自己的畫作進行著色。〔註67〕

在此時期豐氏所創作的「新時代新兒童的生活」──描寫兒童的乖巧懂事，不但與中期的親子互動圖不同，而且還與早期兒童相的創作動機相矛盾。另外，1950 年，他還應邀爲周作人的《兒童雜事詩》作插圖，雖然繪製這些插圖的動機並非緣於「感興」而屬「屬託」之作，但因內容是在「寫兒童」，故也將此系列作品放入本章節來討論。

一、描寫兒童的乖巧懂事

豐氏早期的兒童觀是以兒童爲本位，呼籲成人們應該正視兒童眞實的情感及需求，他反對成人以長輩、先進之姿來「教導」兒童，而且還要成人反過身來向兒童學習。1927 年他在所寫的〈關於兒童教育〉一文中曾提到：

> 玩弄私塾先生，鬧禍，不肯用功，正是健全的兒童的表徵。服從、不鬧禍，終日埋頭用功，在大人或者可以做到，但這決不是兒童的常態。兒童能循規蹈矩，終日埋頭讀書，眞是爲父母者的家門之不幸了。我每見到這種殘廢的兒童，必感到濃烈的悲哀。〔註68〕

〔註66〕 此信寫於 1951 年 5 月 3 日。《豐子愷文集》（七），頁 424。
〔註67〕 陳星：《豐子愷漫畫研究》，頁 111～112。
〔註68〕 〈關於兒童教育〉，《豐子愷文集》（二），頁 237。

但他在後期的兒童相作品中，卻畫了許多經過教化後乖巧、懂事又勤奮的小大人。推其原因有二：

　　一是隨著年紀的增長，豐氏對兒童的認知也跟著調整。人的觀念會隨著年紀的增長而有所調整，豐氏對兒童的觀感也是如此，他從早期從兒童的任眞自然中得到絕緣的啓示，一變而爲從兒童的稚憨中得到生活的樂趣，再變而爲從兒童的乖巧懂事中得到光明的嚮往。這種轉變，我們可從以兒童放風箏爲題材的作品命題中察出其端倪，原本在中期題名爲〈東風穩〉（圖 6-98）的畫題，在後期則多以〈扶搖直上〉（圖 6-99～圖 6-101，原爲彩圖）名之，此時豐氏不再試著以「絕緣」的眼來看事物的本質了，而是用受過塵染的心將寄託寓放在所繪的事物上，這時放風箏已不再是單純的遊戲了，而變成一種想飛、想逃離現況的欲求。可見豐氏對兒童的看法與期待眞的已有所轉變了，兒童對他而言不再是具有獨特個性的獨立個體，而是成人寄託希望的「新生」。當人們無法扭轉現況、無力匡矯時局時，常會將希望的眼光投射到下一代身上，期望他們能突破陳舊、開創新局，實現他們未完成的心願。這時期的豐氏，心境也有此方向的轉折。

　　二是迫於政治的無奈，豐氏必需配合政策繪出具有振奮人心的宣傳畫，所以此時期豐氏登載在報章雜誌上的兒童相皆是勤奮認眞、努力向學、熱愛家國的好兒童。他在 1960 年 8 月 31 日給新加坡廣洽法師的信中寫道：「苟無

圖 6-98：〈東風穩〉	圖 6-99：〈扶搖直上〉	圖 6-100：〈扶搖直上〉	圖 6-101：〈扶搖直上〉

　　（圖 6-98～圖 6-101）皆是以兒童放風箏爲題材的作品，這類的作品豐氏從中期開始創作，到了 1949 年（後期）後大量出現。豐氏在中期時爲其命名〈東風穩〉（圖 6-98），而在後期時則多以〈扶搖直上〉（圖 6-99～圖 6-101）名之。〈扶搖直上〉暗喻著對自由的嚮往、對衝破現況的渴求，這時對豐氏而言，放風箏已不再是單純的遊戲，而兒童也不再是具有獨特個性的個體了。

政治思想問題，皆應命。有的技術不甚高明，但政治思想正確，擁護政府，不反革命，則弟亦應命，以資鼓勵。」〔註69〕廣洽法師當時要求豐氏爲其信徒題簽及繪製封面，當時豐氏審核的標準居然是要「政治思想正確」，這對年輕時一直嚮往著兒童世界、致力於藝術追求而對政治冷感的豐氏而言，這個標準顯然是出於明哲保身的考量，可見在此時期，豐氏創作的動機與精神，已失去其早期的純粹性與理想性了。

　　現在我們就從豐氏早、後期漫畫作品的比較中，來探討豐氏後期兒童相的特色。例如，同樣都是在畫清明時節的一景，在 1932 年所畫的〈清明〉（圖6-102）是畫二位小姑娘正在葬蝶，畫面中滿溢著抒情的詩意及閒愁；而在 1959年出版的《子愷兒童漫畫》中的〈清明小景〉（圖 6-103，原爲彩圖）中，則是畫四位打著紅領巾的小朋友正在快活、認眞地植樹，畫面中洋溢著蓬勃的朝氣。這種具有積極思想的兒童植樹題材，在豐氏後期的漫畫中出現頻率顏高，就如他在最後的畫作集《敝帚自珍》中也有〈努力惜春華〉（圖 6-104，原爲彩圖）、〈小松植平原，他日當參天〉（圖 6-105，原爲彩圖）等二幅類似的畫作。

圖 6-105：
〈小松植平原，他日當參天〉

圖 6-102：　　　　圖 6-103：　　　　圖 6-104：
〈清明〉　　　　〈清明小景〉　　　〈努力惜春華〉

豐氏晚期兒童相的作品中，畫面中常常洋溢著蓬勃的朝氣、奮發的精神。如在同一題材中，（圖6-102）〈清明〉是豐氏於 1932 年所畫成，畫面中滿溢著抒情的詩意及淡淡的閒愁；而1959 年所畫的（圖 6-103）〈清明小景〉，畫面則洋溢著勤奮的精神及蓬勃的生機。這種具有積極思想的兒童植樹題材，在豐氏後期的漫畫中出現頻率頗高，如出現在《敝帚自珍》的（圖 6-104、圖 6-105）即是。

〔註69〕《豐子愷文集》（七），頁 246。

　　在豐氏早期的作品中，兒童是爲了遊戲而勞動，所以豐氏稱他們的勞動爲快樂的勞動、藝術的勞動（如圖 6-106）；而在 1963 年出版的彩色版《豐子愷畫集》中，（圖 6-107，原爲彩色）畫中兒童們則是帶著愉悅的心情，正在做著有意義的勞動工作，並在畫面右上方出現了〈燕子沒有手，自己會做窠；啣泥又啣草，全不怕辛苦〉〔註70〕這類勵志的題字來，要兒童學習燕子辛苦築巢的精神。

　　其實這燕子啣泥結巢的題材豐氏在《續護生畫集》中〈啣泥帶得落花歸〉（圖 6-108）就已畫過了，雖同是具有宣傳、教育的目的，但在〈啣泥帶得落花歸〉一圖中，兒童在慈母的身旁邊玩邊看正在忙著築巢的飛燕。在這幅畫中，燕子像是舞台劇的表演者，而兒童則是最佳觀眾，畫中兩位較大的兒童將其全副精神放在觀賞這齣生動引人的表演中，年紀最長的姐姐還忍不住站起身來捕接從燕子口中掉落下來的落花。圖中的兒童仍保有其對動物好奇的天性、保有其天眞爛漫的純眞，他們是以護生、齊物的角度欣賞著自然界中築巢的飛燕，而非將之視爲辛勤的楷模。至於〈中華兒女好精神〉（圖 6-109）、〈多讀好書〉（圖 6-110）等作品，則更是趨近於樣板畫了。

圖 6-106：　　　　　　　圖 6-107：〈燕子沒有手，自己會做窠；
〈快樂的勞動者〉　　　　　　　　啣泥又啣草，全不怕辛苦〉

　　在豐氏早期的創作中，兒童是無目地勞動著，是爲了遊戲而勞動，所以是〈快樂的勞動者〉（圖 6-106）。但到了後期，豐氏不再讚美這任天而動的勞動，而是在鼓勵兒童要認眞勤奮的勞動。他在 1963 年左右所繪製的〈燕子沒有手，自己會做窠；啣泥又啣草，全不怕辛苦〉（圖 6-107），就是在教導兒童要效法燕子辛苦築巢的精神。

〔註70〕　《豐子愷漫畫全集》第八卷，頁 71。

圖 6-108：　　　　　　圖 6-109：　　　　　　圖 6-110：
〈銜泥帶得落花歸〉　　〈中華兒女好精神〉　　〈多讀好書〉

（圖 6-108）是《續護生畫集》中的作品，雖是宣傳漫畫，但圖中的兒童仍保有其天真爛漫的純真，他們是以護生、齊物的角度欣賞著自然界中築巢的飛燕，而非如（圖 6-107）中，將燕子視為辛勤的楷模。

（圖 6-109、圖 6-110）可說是豐氏後期作品中表現兒童乖巧懂事的最佳範例，但其畫意的營造則僵化到趨近樣板。嚴格說來這二幅圖應歸於豐氏的宣傳漫畫而非感想漫畫。

圖 6-111：　　　　　　圖 6-112：
〈高櫃檯〉（1934 年）　〈高櫃檯〉（1962 年）

從〈高櫃檯的今昔〉比對中，我們可以看到，在相同的命題和相似的構圖中，豐氏傳達出兩種截然不同的生活方式；但當他在畫的上方標示出解放前和解放後後，這兩種不同的生活方式馬上轉變成兩種不同的社會形態，其政治宣傳意味也隨之增溫。但若是捨去解放前和解放後的標示不看，從另一方面來說，這也正代表著具有宗教情懷的豐氏，對普天下兒童的祝福和祈願。

　　豐氏早期的經典作品〈高櫃檯〉（圖 6-111），在 1962 年他又再度畫了一次（圖 6-112），不過這次當舖變成了人民銀行；「見高不見低」的店員也變成了低首微笑、和藹可親的女職員了；而穿著破爛拿著衣物去典當的小男孩，也變成了穿著乾淨、整齊的小女孩拿著錢去儲蓄。這其中的對比性強烈、意味深厚，我們可以把它看作是帶有政治操作的宣傳畫，但另一方面，這也代表著帶著濃濃宗教情懷入世的豐氏，期望普天下兒童都能過得平安、幸福的祝頌祈願。

二、《兒童雜事詩》插圖

　　中日戰爭爆發後，周作人留在北京擔任偽職，抗戰勝利後他以漢奸之名入獄。1947～1948 年間，周作人在南京老虎橋獄中寫了七十二首浙東一帶兒童生活和兒童故事的風俗詩，總稱《兒童雜事詩》。1950 年周氏出獄暫居上海，因當時沒有經濟來源，故將此詩稿拿到《亦報》去發表以換取稿酬。當時亦報的編者唐大郎大膽地使用了這些詩稿，為了吸引讀者，還特意邀請豐氏為其配上插畫。豐氏向來對魯迅、周作人兄弟尊敬有加，就算周作人附逆引來社會上一片撻伐之聲，但豐氏對周氏的處境卻相當同情，所以就算當時他已「對畫失卻了興味」卻仍是答應了此邀稿。

圖 6-113：魯迅小說　　　　　圖 6-114：魯迅小說
《阿 Q 正傳》插圖　　　　　　《祝福》插圖

　　豐子愷在為周作人《兒童雜事詩》配畫前，曾為魯迅的小說繪製插畫，而對浙東的民情景物做了一番的研究，有了此一基礎他才慨允為《兒童雜事詩》配畫。（圖 6-113）畫的是當時浙東鄉間的小酒店，當時鄉間酒店喜掛群賢畢至或太白遺風來招徠客人。而（圖 6-114）中所畫得則是紹興水鄉特有的烏篷船。

　　這情形與豐氏於 1939 年主動爲周作人兄長魯迅的《阿 Q 正傳》作連環畫意義不同，當時豐氏是被《阿 Q 正傳》的內容所感動，所以是「任情而動」的想要在「魯迅先生的講話上，裝一個麥克風，使他的聲音擴大」〔註 71〕。正如豐一吟所述：

> 父親對魯迅先生的作品有特殊的愛好。抗日戰爭以前，他不僅自己讀，還把內容講給孩子們聽。那時我還小，輪不著聽。據我大姐回憶，1933～1937 年間我家住在緣緣堂的時期，孩子們放暑假了，在「簾捲日長人靜」的下午，父親坐在堂前躺椅上朗讀魯迅先生的作品，孩子們圍坐在他身旁靜聽。讀得最多的是《吶喊》。……父親不滿足於讀和講，他還把魯迅的小說畫成漫畫。〔註 72〕

豐氏爲魯迅的作品繪製插圖是與畫「古詩新畫」的創作動機一樣——「諷詠之不足，往往把它譯作小畫」，是一種任情而動、有感而發的內在衝動。之後豐氏又於 1949 年選了魯迅的《祝福》、《藥》……等八篇小說爲其繪製插圖，而於 1950 年出版了《繪畫魯迅小說》〔註 73〕。豐氏被動地答應爲《兒童雜事詩》配畫，主要是爲了幫助當時不被社會所諒解的周作人渡過經濟上的難關，不過豐氏也不是貿然應允此任務。豐氏的家鄉桐鄉（屬浙西）與周作人的故鄉紹興（屬浙東）雖皆位於浙江，但一個浙西、一個浙東，其風俗仍略有差異，不過豐氏在繪製魯迅小說插畫時，就已對浙東的民情景物做了一番的研究，有了此一基礎他才慨允《亦報》這邀約。

　　《兒童雜事詩》分甲、乙、丙三編，甲編是寫〈兒童生活詩〉，周氏寫這系列的詩「以七言四句，歌詠風俗人情，本意實在是想引誘讀者進到民俗研究方面去，從事於國民生活之史的研究」〔註 74〕，周氏創作此雜事詩的用意，若單憑文字，效力較小，較難引發讀者研究民俗學的興趣，但佐以豐氏的插圖後，清末民初紹興鄉下兒童的生活情景幾乎栩栩再現。如爲〈十二立夏〉所畫的插圖〈卻喜今年重幾斤〉（圖 6-115），重現了當時用來秤重物的「扛秤」及爲人秤體重的實際情形。爲〈六上學〉所畫的插圖〈關進書房耐寂寥〉（圖 6-116），在圖中我們可以看到清末民初時的服裝、髮型，及兒童上私

〔註 71〕　《豐子愷文集》（四），頁 511。
〔註 72〕　豐一吟：〈給魯迅先生的講話裝上一個麥風〉，《豐子愷漫畫魯迅小說集》代序，頁 1。
〔註 73〕　《繪畫魯迅小說》，上海萬葉書店，1950 年 4 月版。
〔註 74〕　鍾叔河箋釋（1991）：《周作人豐子愷兒童雜事詩圖箋釋》，卷首五。

塾時的情景；周氏原文爲：「龍燈蟹鷂迢迢去，關進書房耐寂寥。盼到清明三月節，上墳船裡看姣姣。」〔註75〕當時紹興鄉下有兒歌云：「正月燈，二月鷂，三月上墳船裡看姣姣。」〔註76〕所以原詩的意思是指兒童滿腦子都是在想著提燈、放風箏和上墳春遊等遊戲，但現在卻不得不「關進書房耐寂寥」，豐氏雖然畫出了「關進書房」的學生和塾師，但卻沒畫出學生「耐寂寥」的情感和思緒。

圖 6-115：〈卻喜今年重幾斤〉　　　　圖 6-116：〈關進書房耐寂寥〉

我們可以藉由豐氏爲周作人《兒童雜事詩》甲編所繪的插圖中，了解清末民初紹興鄉下兒童的生活情景，如（圖 6-115、圖 6-116）。

　　乙編是〈兒童故事詩〉，周氏「以文史中涉及小兒諸事爲材」，選了二十四位古人當作故事的題材說給兒童聽。在這系列的作品中，豐氏或是畫出故事中的主角，或是以「古詩今畫」方式，來表達周詩的意含。如爲〈四陶淵明〉所畫的〈天命苟如此，且進杯中物〉（圖 6-117），畫出陶淵明和五子共處一室的情景；爲〈八杜子美〉所畫的〈老妻畫紙爲棋局，稚子敲針做釣鉤〉（圖 6-118），畫出了杜妻及杜子畫棋盤及做釣鉤的情景。這一類依周詩表面之意而作的插圖，將景畫實了，但卻缺乏餘韻，無法讓讀者產生更多的聯想及興起嚮往的念頭，是豐氏作品中較爲失敗的作品。而爲〈十一杜牧之〉所

〔註75〕 同上，頁 28。
〔註76〕 同上，頁 31。

圖 6-117：　　　　　　　　　　　圖 6-118：〈老妻畫紙為棋局，
〈天命苟如此，且進杯中物〉　　　　　　　　稚子敲針做釣鉤〉

（圖 6-117、圖 6-118）是《兒童雜事詩》乙編的插畫。這些插畫是依周作人詩
作表面上的意思所繪，但豐氏將景畫實了而缺乏餘韻，是豐氏的《兒童雜事詩》
插圖中較失敗的作品。

圖 6-119：　　　　　　　　　　　圖 6-120：
〈共誰爭歲月，贏得鬢如絲〉　　　　　　〈畫窗涴壁誰忍嗔〉

（圖 6-119、圖 6-120）也是《兒童雜事詩》乙編的插畫。豐氏是以古詩今畫的
方式來呈現，作品中展現了兒童的天真爛漫和其特有的抒情風格，是《兒童雜
事詩》諸插畫中，最近於豐氏兒童相的作品。

畫的〈共誰爭歲月，贏得鬢如絲〉（圖 6-119）和爲〈十二陸放翁〉所畫的〈畫窗涴壁誰忍嗔〉（圖 6-120）則是以古詩今畫的方式來呈現，畫中的人物皆爲現代人，豐氏只是取其詩中的意涵爲之作畫。在這類作品中，豐氏展現了兒童的天眞爛漫及其漫畫特有的抒情風格，是《兒童雜事詩》諸插畫中，最近於豐氏創作「兒童相」的作品。

　　丙編爲〈兒童生活詩補〉是補充甲編的內容。甲編「多以歲時爲準」，丙編「則以名物分類」。在丙編中，豐氏幾乎都是以「今畫」入圖，畫中的兒童不再紮著長長的辮子，畫面的取材、構圖都更趨近其平日的漫畫風格，但卻與周氏雜詩的原意相去甚遠。如爲〈十二蟲鳥〉所繪的〈嬌兒牽我衣，樹下捉蝴蝶；老眼看分明，秋風吹落葉〉（圖 6-121）和〈鄰人〉（圖 6-122）一圖的構圖相近，但周氏原詩爲：「蝴蝶黃蜂飛滿園，南瓜如豆荬花繁。秋蟲未見園林寂，深草叢中捉綠官。」〔註77〕周氏意在描寫鄉間兒童於夏天時在草叢中捉「綠官」〔註78〕的情形，但在豐氏的插圖中，卻看不出一點夏天村童捉蟲的野趣來，只見老父及幼子因年齡的巨大差異所產生的對比趣味。又如，爲〈七歌謠〉所繪的〈夏夜星光特地明，兒歌喁唧劇堪聽〉（圖 6-123）與〈好母親講好故事〉（圖 6-124）的題材相似，是在畫夏夜庭院中母子同樂的溫馨

圖 6-121：〈嬌兒牽我衣，樹下捉
蝴蝶；老眼看分明，秋風吹落葉〉

圖 6-122：
〈鄰人〉

〔註77〕同上，頁 252。
〔註78〕周作人在文中註示：綠官狀如叫蟈蟈而稍小，色碧綠可愛。參見鍾叔河箋
　　　釋：《周作人豐子愷兒童雜事詩圖箋釋》，頁 252。

圖 6-123：〈夏夜星光特地明，
　　　　兒歌啁哳劇堪聽〉

圖 6-124：
〈好母親講好故事〉

丙編的插畫，其畫面的取材、構圖都更趨近於豐氏平日的漫畫風格，但卻與周氏雜詩的原意相去甚遠。如為丙編〈十二蟲鳥〉所繪的（圖 6-121、圖 6-122）〈鄰人〉的構圖相近，但周氏意在描寫鄉間兒童於夏天時在草叢中捉綠官的情形，不過在豐氏的插圖看到的卻是老父及幼子互動的逗趣畫面。又如，為〈七歌謠〉所繪的（圖 6-123、圖 6-124）〈好母親講好故事〉的題材相似，但周氏原詩是在講述諧韻而無意義的兒歌——一顆星，而不是夏夜親子同樂的情景。

之景，但周氏原詩為：「夏夜星光特地明，兒歌啁哳劇堪聽。爬牆琥蟻尋常有，踏殺綿羊出事情。」〔註 79〕是在講述周氏兒時所傳唱的諧韻而無意義的兒歌——「一顆星」，要畫出這童謠的內容確屬不易，但代之以夏夜親子同樂的畫面似也不妥。

　　豐氏雖好意為周氏的《兒童雜事詩》做插畫，但因其中有多幅與周詩的原意不符，故周氏對豐氏此一「雪中送炭」的行為並不太領情。他在 1963 年寫給友人鮑耀明的信中說到：

　　　　來信書所說東郭生的詩即是《兒童雜事詩》，記得報上的「切撥」訂成一冊，曾以奉贈，上邊有豐子愷為插畫，乃系報館的好意請其作畫者。豐君的畫，我向來不甚贊成，形似學竹久夢二者，但浮滑膚淺，不懂「滑稽」趣味，殆所謂海派者，插畫中可取者，覺得不過十分之一，但我這裏沒有插畫本，故只能籠統的說罷了。近來該詩原稿又已為友人借去，裏邊的詩較好者亦不甚多，但是比起插畫來，

〔註 79〕同上，頁 232。

大概百分比要較好一點罷了。〔註80〕

余連祥（2004）曾分析箇中原因，覺得周氏下此評語主要是因爲周氏的自尊心作祟：一是《亦報》沒徵得他的同意就擅自請豐氏配畫，是不尊重他的行爲；二是傳統京派文人對海派文人的輕蔑；三是漫畫的視覺效果較強勢，搶了詩作的風采。〔註81〕不過平心而論，豐氏爲《兒童雜事詩》所繪的插畫，實非豐氏作品中的佳作，而豐氏精采的作品全都是出於情動於衷而不得不發的創作，像這類有所爲而爲的畫作，就豐氏自己的標準而言也實在難入佳作之列。所以周氏此一評價或許帶有些個人的情緒在，但也不失客觀。

小　結

豐子愷寫兒童的作品，主要是因爲企慕孩子們生活的天眞。他們不受支配、不被束縛的思想，使他們的世界的更加廣大，而常能表現出飽含眞情的言談及富有創意的舉止，這些小兒女們的言談舉止中所顯露的自然與童趣，是那麼地眞實無欺、那麼地樸直可愛，以致令他每每忍不住要佩服他們、歌頌他們了。有人斥其爲逃避，笑他「故意向未練的孩子們的空想界中找求荒唐的烏托邦，以爲逃避現實之所。」〔註82〕但豐氏很清楚地知道他的「追尋」，他是在兒童身上回溯人類的本性與生命的意義，而不是鴕鳥般的逃避。

豐氏寫兒童的作品，大體而言以圖爲主文爲輔，現依豐氏圖像風格的轉變爲參考，將其寫兒童的作品分爲早、中、後三期。豐氏 1937 年以前早期的創作，充滿著理想主義的色彩，以兒童的「眞」、「善」爲美的最高表現，加以歌頌禮讚，從而反襯成人的「僞」、「詐」，帶有消極的社會批判意味。豐氏寫兒童的隨筆創作也幾乎集中在此一時期，他以展現兒童的天眞無邪和從孩子身上得到的啓示爲主要創作內容。在這些創作中，兒童不但是唯一主角，而且是以純藝術、具有宗教情懷、哲學思辨的獨特方式呈現，此一特殊視角讓豐氏於當時的潮流中獨樹一幟，並且奠定了他在藝文界的地位，此時他是一位兒童的崇拜者。

1937 年日軍侵華，使得豐氏攜家帶眷離開他安穩舒適的緣緣堂，開始了

〔註80〕鮑耀明編：《周作人晚年書信》，〔香港〕眞文化出版公司，1997 年 10 月第 1 版，第 294 頁。

〔註81〕參見余連祥：〈歷史語境中的周作人與豐子愷〉，頁 51。

〔註82〕〈談自己的畫〉，《豐子愷文集》（五），頁 468。

長達八年顛沛流離的逃難生活。在此非常時期，豐氏拿起筆墨創作一些鼓舞人心的抗日文宣和真實述寫戰時的慘狀，這時對「真」的嚮往不再是他關注的焦點，能脫離這戰爭所帶來的恥辱及苦難才是他所在意地。在此時期「新生」對他而言是勝利的好兆頭，兒童則是希望的象徵、是家庭生活的促進劑。豐氏此時從兒童的崇拜者一變而為兒童的護攜者，他以一位慈藹長者的角度，帶著興味來欣賞兒童的「稚」與「憨」。豐氏此時期兒童相的代表作非《幼幼畫集》莫屬，畫集中不但隨處可見戰爭的痕跡，而且也大量地描寫家庭親子互動的情形。與早期的作品相較，此時期兒童不再是畫中唯一的主角，被讚頌的也不再是兒童的「真」而是親子互動的「情」。早期反諷的意味也消失了，起而代之的是一心嚮往著勝利與光明。另外，在此時期，他也為其幼子新枚畫了一系列的生活紀錄畫──《畫給新枚看的畫》，從中我們可以看到豐氏濃濃的父愛及其親子互動的情形。這系列的作品與豐氏其他兒童相的作品相較，無論是在畫面的營造和創作的動機上都差異頗鉅，其紀念價值遠高於藝術價值。但此系列作品卻提供了我們研究豐氏兒童觀轉變的線索。

　　1949 年中共執政後，豐氏的創作可說是進入了冰霜期，此時的他將精力放在俄文的學習及翻譯上。1950 年間他曾應《亦報》編者之邀而為周作人的《兒童雜事詩》作插圖，此時因為他已對藝文創作失卻了興味，所以在畫插圖時因缺乏熱情而使得詩、畫間頗多意境不能相契者，這系列的作品談不上是創作，也不是豐氏畫作的精品。此時期他感想式的作品日漸稀少，甚至停產，代之而起的是一連串讚揚兒童乖巧懂事、努力進取的作品。這系列的作品帶有濃厚的宣導、教化意味，是否是出於豐氏真誠的感興之作，抑或是應景、應酬之作，頗為耐人尋味。因為這觀點不但與他早期的兒童觀大相逕庭，也與中期的兒童觀出入頗大。豐氏對兒童觀點一路的轉折，可說紀錄著豐氏向現實妥協的印記。

　　豐氏的「一變」是自然的轉變，人入中年後熱情會冷卻，而代之以沉穩；理想會消減，而代之以踏實。少了激情而多了分從容的中年豐氏，對現實世界的虛偽巧詐也能以平常心看待了，此時的他不再是位「理想主義者」而是一位「溫情主義者」。豐氏的「再變」則與政治局勢緊密相關，這時他不但必須放棄年輕時的熱情理想，也無法保有中年時的家庭溫情，而成為一位配合政令宣導的「社會主義者」以求自保。

第二節　爲兒童而寫

　　豐氏爲兒童而寫、寫給兒童看的創作具有明顯的教育目的，我們可將其分作三大類，一是藝術知識的傳授，二是爲國小課本繪製插圖，三是文學性的創作。第一類藝術知識的傳授，主要是指他在 1930 年出版的《近世西洋十大音樂家故事》及 1931 年出版的《西洋名畫巡禮》〔註83〕。這二本書主要是以故事的方式譯介西洋的音樂家及畫家，其編輯、翻譯、改寫、整理所花費的心力甚大，但若將其視爲「創作」則似乎又不甚妥當，所以本文不擬深入探討。

　　第二類爲國小課本繪製插圖，是指 1930 年代初期，豐氏爲開明書店所出版的小學生用國語課本繪製插圖。這些課本共十二冊（初等小學八冊，高等小學四冊），內容由葉聖陶編寫創作，豐氏則爲其配上活潑適切的插圖。這些作品雖屬插畫性質，創意受到文字內容的牽制，但也正好因爲這牽制，使得豐氏在畫插圖前，均先深入理解葉聖陶的文字創作，有了此一基礎，使得他日後在爲兒童創作故事時更加得心應手。故在此將深入分析此套課本的內容，以梳理出這套國語課本對豐氏日後爲兒童創作故事所產生的影響。

　　第三類文學性的創作，主要可分爲二大部分，一是指豐氏於 1936～1937 年間連載於《新少年》〔註 84〕雜誌上的「少年美術故事」和「音樂故事」等藝術系列故事，二是指 1947～1948 年間刊載於《兒童故事》雜誌上的「兒童故事」。1930 年代後期，豐氏家中阿寶、軟軟、瞻瞻等較長的子女，多已步出了「黃金時代」成爲中學生或大學生了，這使得豐氏對子女的教育觀點也有所調整。早期豐氏是以兒童爲師，在兒童的言行中覓得任眞自然的無僞、感悟絕緣接物的純美，所以他對子女們並沒有施加太多的「教導」，而是順任他們發展其自然的天性，在此時期他唯一著力的是對兒童「護生」觀念的引導及培養。但看著子女們逐漸步出純潔無僞的天眞年代，而邁入了成人機巧虛僞的世界，熱愛子女、親近兒童的豐氏，此時也不得不預先培養子女做好迎

〔註83〕　《西洋名畫巡禮》，上海開明書店，1931 年初版。本書各講曾分別發表於 1930 年 1 月～12 月《教育雜誌》第 22 卷 1 號～12 號的〈兒童藝術講話〉專欄。

〔註84〕　《新少年》1936 年 1 月 1 日創刊。半月刊，每月 10 日、25 日出版。爲紀念開明書店創辦十周年而創。由夏丏尊任社長，豐子愷、葉聖陶、顧正均、宋易等擔任編輯。豐氏的童話〈小鈔票歷險記〉、及美術故事的〈賀年〉即刊載在其創刊號上。

接成人世界的準備。他一方面創作了一系列的「兒童故事」，將成人世界的虛
偽巧詐呈現在兒童面前，教導兒童認識現實的人生；另一方面也創作了「少
年美術故事」和「音樂故事」等系列故事，以藝術來培養少年的童心，以期
長大後的他們仍能以絕緣的態度來接物。這部份為兒童而寫的作品，豐氏不
但注意其形式美和趣味性，也特別針對兒童心理發展的特質來調整文章的深
淺，這些作品不但十分適合兒童、少年來閱讀，而且也頗為有效的提升其閱
讀的興趣。但豐氏創作主要的用心是在「於兒童的成長有益」〔註85〕，所以
在《兒童故事》雜誌上發表的作品，其教育意味濃厚，使我們在看完故事時，
彷彿可以看見藏身於故事背後那位諄諄言者──「豐老師」的身影。

　　第三類的作品可說是豐氏為兒童而寫的創作中最重要的部分，尤其是
1947～1948 年間所寫的兒童故事更是其代表作。所以本節「為兒童而寫」的
部分，將側重在探討豐氏第三類文學創作的內容及旨趣。

壹、開明國語課本

　　在推行白話文的初期，要找到合適的國語課本及補充教材並不容易，開
明書店的夏丏尊與葉聖陶便在此區塊上費了不少心思。如在小學生用的國語
課本部分，開明於 1932 年出版了由葉聖陶編著、豐子愷繪圖的《開明初小國
語課本》（八冊），接著於 1934 年又出版了由二人合作的《開明高小國語課本》
（四冊）。曾任小學、中學、大學國文教師的葉聖陶，不但對國語文教學有深
入的研究，同時也非常能夠掌握不同年齡階層學生的心理發展狀況，由他來
執筆編撰小學的國語文課本實在是不二人選。而豐氏在繪畫方面的才華，此
時早已深受世人肯定，尤其是他的兒童相作品更是受到一般大眾的青睞，由
他執筆來繪製給小學生看的插圖，是再適當也不過了。他們二人都是一時之
選，這絕妙搭配所創作出來的國語課本，馬上引起了大眾的好評，從 1932 年
出版至 1937 年因抗日戰爭而停印，這期間先後共印行了四十餘版次，可見其
受歡迎的程度。

　　2005 年上海科學技術文獻出版社出版了三套老課本：商務國語教科書
（上下冊）、開明國語課本（上下冊）、世界書局國語讀本（上下冊）。它們是
以上海圖書館的館藏為底本重新製版印刷，重現了推行白話文初期小學初級
生所使用的國語課本，編者一方面保留了原書的風貌，一方面在原版面的底

────────────
〔註85〕〈博士見鬼代序──吃糕的話〉，《豐子愷文集》（六），頁259。

下加註簡體字以利不識繁體字者閱讀。現在我們就從這套《開明國語課本》
（上下冊）來探討《開明初小國語課本》的內容及特色。

葉聖陶是本著「以兒童為本位」的兒童文學觀來編寫《開明初小國語課
本》的，他曾明白表示編寫此課本的主要用心及方針：

> 給孩子們編寫語文課本，當然要著眼於培養他們的閱讀能力和寫作
> 能力，因而教材必須符合語文訓練的規律和程序。但是這還不夠。
> 小學生既是兒童，他們的語文課本必是兒童文學，才能引起他們的
> 興趣，使他們樂於閱讀，從而發展他們多方面的智慧。〔註86〕

他以兒童為本位，在編寫教材時以符合兒童的學習心理為基礎，以期兒童在
閱讀時能理解、能吸收，所以課文的「內容緊繫兒童生活，從兒童周圍開始，
逐漸拓展到社會」〔註87〕；再以文學為手段來引起兒童閱讀的興趣及動機，
最後以達到增長兒童多方面的智慧為目的。可見他是以創作兒童文學的態度
在編寫此課本的。

在創作方面，葉聖陶以兒童的生活為中心、以兒童的視角為出發點，描
寫兒童熟悉、有感的事物，尤其是寫給低年級學童看的課文更是充滿童言童
語的童稚之情。如，上冊的〈太陽〉（圖 6-125）：「太陽，太陽，你起來得
早。昨天晚上，你在甚麼地方睡覺？」〔註88〕、〈雨停了〉：「雨停了。雲散
了。太陽出來了。遠處的山、遠處的樹又看得見了。山和樹給雨洗過，都很
乾淨。」〔註89〕呈現出兒童特有的擬人化有情世界。〈大家開店〉、〈拿甚麼做
店櫃〉、〈你做買客〉、〈買東西〉等四課，葉聖陶則是直接將兒童日常生活玩
辦家家酒的情形搬到課文上來。在〈小房子〉一文中，葉聖陶呈現出兒童
豐富的創造力和想像力：「妹妹搭了八九所小房子，指著說：『那邊是田。這
邊是房子。白天，我們到田裏去種田。晚上，我們我回到房子裏睡覺。』」
〔註90〕在緊接著的〈妹妹哭了〉及〈再搭起來〉（圖 6-127），則延續〈小房
子〉一文的情節，描述小狗毀了妹妹所搭建的小屋，傷心的妹妹在經過媽媽
的寬慰後重新再搭造小房子的情形。這三課串連起來的小故事，不但描寫了
兒童在遊戲中所展現旺盛的模仿及想像力，同時也具有高度的人格教育及審

〔註86〕 葉至善：〈老開明國文課本始末〉，《開明國語課本下冊》，前頁 2。
〔註87〕 《開明國語課本下冊》，〈編後記〉。
〔註88〕 《開明國語課本上冊》，頁 18。
〔註89〕 同上，頁 30。
〔註90〕 同上，頁 33。

圖 6-125：
〈太陽〉

太陽，太陽，你起來得早。昨天晚上，你在甚麼地方睡覺？

（《開明國語課本上冊》
頁 18）

圖 6-126：
〈小貓姓什麼〉

小貓姓甚麼，你知道嗎？小貓姓小。怎麼知道他姓小？大家叫他小白小白，他不是姓小嗎？不對不對，小白兩個字是他的名字。那麼他姓甚麼？我也不知道。

（《開明國語課本上冊》
頁 44）

圖 6-127：
〈再搭起來〉

妹妹再搭起小房子來，又把十多條柳條，插在小房子前面。他拍著手說：比以前更好了。我們種田回來，可以在柳樹下坐坐。

（《開明國語課本上冊》
頁 35）

圖 6-128：
〈桃花開了〉

桃花開。柳條長。滿地菜花黃，黃菜花，大家愛。東家也來看，西家也來看。

（《開明國語課本上冊》
頁 24）

圖 6-129：
〈你做買客〉

大文寫好了招牌，貼在椅子的靠背上。幾個店主人站在椅子的旁邊。大文的弟弟說：我們開了店，該有人來買東西。哥哥你做買客吧。幾個店主人都說：不錯不錯。你做買客大家歡迎。

（《開明國語課本上冊》
頁 65）

圖 6-130：
〈等一會吧〉

米店裏堆積著白米，從地上直碼到屋樑。他們有的生在東村，有的生在西鄉，由農人運到這裏，裝相認識，和好地住在一起。米店對面有一家人家，只有一間房子，一個黃臉的後生在那裏哭，「等一會吧！」餓了一個婦人在那裏紡。

（《開明國語課本上冊》
頁 185）

（圖 6-125～圖 6-130）是《開明國語課本上冊》的內頁，文章內容由葉聖陶所撰寫，插圖則由豐子愷所繪製。其中（圖 6-125～圖 6-129）的文字是由豐子愷手書。豐子愷為了讓初小低年級的小學生能看得清楚，特別用正楷一筆一畫用心寫成；其插圖則是活潑生動、充滿了童趣，有效地引導小讀者進入到文章的情境中。在〈等一會吧〉（圖 6-130）一課中，葉聖陶以童話的方式，將現實生活中的不公與困窘呈現在小讀者的面前，這一特色深深影響豐子愷日後兒童故事的創作。

美情趣的培養。在文中葉聖陶指出遇到挫折時哭是無法解決問題的，所以當
「媽媽說：『哭甚麼呢？小狗衝坍你的小房子，你不會再搭起來嗎？』」〔註91〕
妹妹就馬上再搭起小房子來，並且在新搭的小房子前插上了十多條柳條，高
興的拍手說：「比以前更好了。我們種田回來，可以在柳樹下坐坐。」〔註92〕
這插柳條以美化環境的視覺審美及種田回來在柳樹下坐坐的心靈審美，讓這
個極短又極簡的故事，在教導學童不要用哭來解決問題的同時，也在他們的
心中埋下了美的種子。

　　而在寫給中年級生看的創作中，葉聖陶是側重在提升學生的人文素養及
科學精神，如〈小鳥的回家〉具有護生的思想、〈河神的新娘〉意在推翻迷信。
而〈破碎的瓦罐頭〉一課是在介紹商代的陶器、〈商代人的書〉一課是在簡介
甲骨文和拓印、〈從農家出來的畫家〉一課是在介紹法國畫家米勒、〈月光曲〉
則是在講貝多芬的小故事。在這些課文中，葉聖陶用淺白有趣的文筆，將這
些人文的知識傳授給初小中年級的學生。另外〈黑先生——最能幹的工人〉、
〈請黑先生出來〉是在介紹煤的功能及形成，而〈月食的一夜〉則是在說明
月蝕的原理。〈月食的一夜〉分成兩課，在〈月食的一夜（一）〉中，葉聖陶
是從迷信大眾的角度來解讀月蝕這一自然現象；隨後他在〈月食的一夜（二）〉
中，又以新型知識分子的家庭為背景，藉「哥哥」的嘴向學童解說形成月蝕
的科學原因。〈月食的一夜〉不但是以科學的角度說明月蝕形成的原因，葉聖
陶更希望經由這一對比，能為學童建立起破除迷信的觀念。

　　而葉聖陶將現實生活中的不公與困窘引入童話創作的特質，在此課本中
也時有所見，如在低年級的〈等一會吧〉和〈這裏情形就是這樣的〉二課中，
葉聖陶以童話的方式，藉由「陳米」與「新米」之間的對談，反映出當時貧
富的差距。在中年級的課文〈戽水〉中，葉聖陶以報導的方式，將農人辛苦
引水灌溉的情形詳細地報導出來，課文中寫道：「農人搖水車，踏水車是一種
辛苦的工作，全身都得用力。而且忙著戽水的時候，天空裏總掛著熱烈的太
陽。」〔註93〕〈上海來的信〉是在描寫1932年上海黃浦灘和閘北的情形，在
第一封信中寫到：「黃浦裏又有許多外國的軍艦。長長的礮前面後面都是，甲
板上還停著飛機。聽說轟炸閘北、江灣、吳淞的飛機就從軍艦上飛起來的。

〔註91〕　同上，頁34。
〔註92〕　同上，頁35。
〔註93〕　《開明國語課本下冊》，頁52～53。

我問父親：『外國軍艦停在我國的河道裏，是應該的嗎？』父親搖搖頭，看他的臉色很不高興。」〔註94〕在這課文中，葉聖陶將中國當時的窘狀，眞實的揭露在兒童的面前。

在編寫方面，葉聖陶主要是用淺顯的白話文，來重新編寫國外著名的童話故事或具有教育意義的故事。如將「揠苗助長」的故事改寫爲〈一個農人〉，將「守株待兔」改寫爲〈農人和野兔〉，〈比虎更凶猛的東西〉是「苛政猛於虎」的白話文版，〈荊軻〉是「荊軻列傳」的淺白版；〈橋上兩隻羊〉、〈龜和兔子賽跑〉、〈這個話不錯〉、〈聽獅子叫〉、〈百靈搬家〉、〈龜和狐〉等是改編自國外的寓言故事；〈我被縛住了〉、〈我餓了〉、〈人山〉、〈小人國〉四課是《小人國》的中文簡要版，〈荒島上的魯濱遜〉是《魯濱遜飄流記》的中文簡介版。

葉聖陶創作的手法及旨趣對豐氏有很大的啓發，而豐氏對護生觀的宣導及對藝術教育的推廣也對葉聖陶產生一定程度的影響，這交互的影響讓這套課本的內容更加充實而多元，其對豐氏日後創作寫給兒童們看的故事影響尤深。現在我們就從創作手法及編寫目的兩方面來討論。

圖 6-131：〈百靈搬家〉　　　　　圖 6-132：〈一封電報〉

（圖 6-131）是改編自國外的寓言故事。《開明國語課本下冊》，頁 39。

（圖 6-132）它與〈可愛的同學〉、〈生了幾天病〉、〈兩句話〉三課，是擬學童話用日記體寫成的一組劇情連續的短篇故事。這種寫作的手法，對豐子愷日後寫作藝術故事有直接的啓發。《開明國語課本下冊》，頁 47。

〔註94〕《開明國語課本下冊》，頁 34。

　　葉聖陶在這套課本的下冊中，有多篇是以類似日記的手法寫成，如〈可愛的同學〉、〈生了幾天病〉、〈一封電報〉、〈兩句話〉等連續四課，他是以擬學童語寫成，將自己化身為國小中年級學生，以中年級生的角度來紀錄其生活週遭所發生的人、事、物，每篇課文都各自獨立但又成有機的連貫，這種手法豐氏日後將它用在《少年美術故事》和《音樂故事》中。就編寫的目的來說，本套課本是希望能「發展他們（兒童）多方面的智慧」；而豐氏在創作藝術系列故事時是希望能夠培養兒童藝術審美的品味，在創作兒童故事時是希望「能使精神健康」，其創作動機及旨趣可說是完全相同的。如豐氏的〈博士見鬼〉與〈月食的一夜〉都是在教導兒童要有科學的精神、不要迷信；豐氏的〈獵熊〉和〈小鳥的回家〉都是在宣導護生的觀念；豐氏〈一簣之功〉的開頭仔細地描寫四川自流井掘井採鹽的過程，與〈黑先生——最能幹的工人〉、〈請黑先生出來〉介紹煤的功能及形成有異曲同工之妙。可見與葉聖陶合作完成這套國語課本，對豐子愷日後的兒童文學創作意義重大。

　　另外值得一提的是，葉聖陶直接面對人生，擴大題材，把現實世界引進童話創作領域的創作理念及特色，對豐氏的影響也十分深刻。雖然這種在寫給兒童看的故事中沾染現實，是當時的風尚與趨勢，但在實行上真正能創作出感人而深刻作品的人並不多，葉聖陶算是其中的佼佼者；葉聖陶不是以其理論讓豐氏折服的，而是他的創作觸動了豐氏的內心，使得豐氏有意的起而傚尤。

貳、藝術故事

　　豐氏於 1936～1937 年間連載於《新少年》雜誌上的「少年美術故事」和「音樂故事」等藝術系列故事，其篇目、刊載日期及內容概要如下表：

表 6-1：豐子愷藝術故事內容概要表

類別	篇　、　目	刊載日期（卷／期）	內　　　容　　　概　　　要
少年美術故事	賀年	1936.01.10（1/1）	利用賀卡的製作來講解構圖，並提出要同時注重形式美和意義美。
	初雪	1936.01.25（1/2）	利用新式家具來說明簡約樸素之美。
	花紙兒	1936.02.10（1/3）	指出美女月份牌和花紙兒的俗艷。

類別	篇　　目	刊載日期（卷／期）	內　容　概　要
（故事主角：小學六年級—中學一年級少女—柳逢春）	弟弟的新大衣	1936.02.25（1/4）	說明服裝是比家具更重要的一種實用美術。
	初步	1936.03.10（1/5）	利用攝影的機會來介紹米勒〈初步〉這幅畫。
	餵食	1936.03.25（1/6）	介紹米勒〈餵食〉這幅畫的形式美與意義美。
	兒童節前夜	1936.04.10（1/7）	利用「山芋版畫」來介紹版畫的製作過程及原理。
	踏青	1936.04.25（1/8）	從大自然取樣，細說印刷三原色的原理。
	遠足	1936.05.10（1/9）	講述西洋構圖原理中的「遠近法」及「消點」。
	竹影	1936.05.25（1/10）	講述中國畫重氣韻的特色。
	爸爸的扇子	1936.06.10（1/11）	藉由折扇上的國畫，指出傳統中國畫內容的「不近人情」和不合時宜。
	嘗試	1936.06.25（1/12）	講解構圖多樣統一的原理及畫題主導畫意的妙用。
	珍珠米	1936.07.10（2/1）	淺談逢春的寫生經驗。
	姆媽洗浴	1936.07.25（2/2）	利用談論「裸體」，來說明成人與兒童之別、一般民眾與藝術家之別。
	洋蠟燭油	1936.08.10（2/3）	利用洋蠟燭油來說明製模、翻塑的原理，並介紹羅丹。
	新同學	1936.08.25（2/4）	講述逢春經過寫生的訓練後，觀察力的提升。
	葡萄	1936.09.10（2/5）	講述有關繪畫肖似的趣味故事。
	「九一八」之夜	1936.09.25（2/6）	說明學畫的目的是在間接地修養人心，使人的生活健全。
	展覽會	1936.10.10（2/7）	介紹西洋繪畫史中「表現派」的特色及主張。
	落葉	1936.10.25（2/8）	指出美術是精神的糧食，並說明簡筆畫的特色。
	二漁夫	1936.11.10（2/9）	主要是在講胡適所翻譯的〈二漁夫〉的愛國故事。
	壁畫	1936.11.25（2/10）	介紹「漫畫肖像」的特色，及其相關的小故事。
	寄寒衣	1936.12.10（2/11）	介紹利用兩腳規所繪製的「圖案畫」。
	援綏游藝大會	1936.12.25（2/12）	說明習寫書法時所應注意的事項。
音樂故事	獨攬梅花掃臘雪	1937.01.10（3/1）	介紹七聲音階的音名和階名。
	晚餐的轉調	1937.01.25（3/2）	介紹轉調的樂理。
	松柏凌霜竹耐寒	1937.02.10（3/3）	簡介口琴。

類別	篇　　目	刊載日期（卷／期）	內　容　概　要
（故事主角：小學六年級少年——柳如金）	理法與情趣	1937.02.25（3/4）	介紹和弦及口琴上的音階。
	鐵馬與風箏	1937.03.10（3/5）	講述環境中的聲音，對人們在感情上和生活上所產生的影響。
	律中夾鍾	1937.03.25（3/6）	介紹中國音樂的「調名」和西洋七聲音階的對應關係。
	翡翠笛	1937.04.10（3/7）	簡介管樂器的製作及發聲原理。
	巷中的美音	1937.04.25（3/8）	簡介中國音階的階名和音名。
	外國姨母	1937.05.10（3/9）	簡介小提琴。
	芒種的歌	1937.05.25（3/10）	比較多種樂器的特色，並指出練習樂器過程中的辛苦是不可避免地。
	蛙鼓	1937.06.10（3/11）	簡介交響樂團的組成。

　　在「少年美術故事」中，豐氏化身為乖巧懂事、喜愛美術的少女柳逢春，試著以一個十二、三歲少女的角度來看世界、來理解美術；而在「音樂故事」中，豐氏又化身為逢春的弟弟——柳如金，並以這位聰明活潑、喜歡凡事「截樹拔根」的六年級生的角度來看世界、來理解音樂。這二個系列的故事像是由多個單元劇所組成的連續劇，故事發生在江南柳家，柳家除了有柳逢春、柳如金姐弟倆外，還有他們愛好藝術的爸爸及傳統卻又幽默的「姆媽」（媽媽）。這二個系列的故事是以日記的方式呈現，所以每則故事不但各自完整獨立，而且又與他則故事前後呼應、連貫，沒有「欲知後事如何？請待下回分解！」的懸宕。

　　這二個系列故事中的場景、人物，大都取材自豐子愷的現實生活。如，柳家的地理環境是以豐氏的家鄉石門灣為範本；在〈松柏凌霜竹耐寒〉一文中，柳父的朋友——著有《口琴吹奏法》一書的陸先生，其實就是豐氏遊學日本時結交的好友黃涵秋的化身；在〈初步〉中的雪姑母一家人，活脫脫就是豐氏妹妹——豐雪珍一家人的翻版，連人名都沒換。而小女主角柳逢春，有其長女阿寶的影子。成為少女後的阿寶變得體貼、懂事會照顧弟弟，而故事中的逢春也是如此，他常與弟弟一起玩耍，但遇事總是讓著他，從不讓父母親操心。

　　而她的弟弟柳如金，則明顯有著豐氏小時候的影子。豐氏自小就喜歡發問、喜歡「截樹拔根」的追問問題，這一點在如金身上可說是完整再現。故

事中最妙的一問應是在〈姆媽洗浴〉〔註95〕中的發問：「爲什麼洗浴要不給人看見？難道洗浴是羞恥的？還是犯罪的？」、「爲什麼裸體是難爲情的？明明大家都有一個身體用布包好著，爲什麼不許公然地打開這包裹來看看呢？」這一問可把「懂事」的逢春給問啞了，每逢如金如此追根究柢的發問時，那親近子女、疼愛子女的柳父就會適時出現來回答如金這有違常情的問題，逢春雖也對這問題好奇、對父親的答案感興趣，但已稍解人世的她不好意思與弟弟一起問父親，只好「假意整理牽牛花蔓，意欲竊聽弟弟和爸爸的談話。」在這一故事中，細膩的描寫出小男孩的純潔、認眞，與正在長成中少女的似懂非懂及尷尬。如金認眞地思考著對姐姐而言毫無疑義的問題、認眞地辯說著這大人看來的歪理，但恰是這份認眞讓如金展現出豐氏口中「大丈夫的氣概」；而逢春的假整理眞竊聽，也表示著她即將要走出那天眞無邪的「黃金時代」了。

　　豐氏除了化身爲如金外，也化身爲那親近子女、熱愛生活情趣的柳父。在〈蛙鼓〉一文中就寫到柳父與子女親近的程度：

> 我和姐姐未上學時，他的家庭生活趣味豐富得多。我和姐姐上學之後，雖然仍住在家，但日裡到校，夜裡自修，早眠早起，參與家庭生活的時機很少。這使得爸爸掃興。〔註96〕

這與豐子愷的家庭生活情形相仿，完全是豐氏爲人父親眞實的感受。文中柳父與如金父子二人在盛夏的夜晚攜著汽水、餅乾到麥田裡去聽「青蛙交響樂」演奏，這種面對生活的情趣取向，也正是豐氏自己眞實的生活態度。

　　在這二個系列的故事中，還有二位次要的小主角，那就是金如的同學華明和逢春的同學宋麗金。其中華明的形象鮮明特出不輸如金。華明是藝術教師華老師的兒子，調皮搗蛋、喜歡時裝美女月份牌和花紙兒，是一位缺乏藝術審美眼光的小男生，但在經過與柳家二姐弟親近的交往後，他也逐漸熱心於繪畫藝術了，這其中的契機就是「藝術生活化」。身爲藝術教師的兒子，照理說應是喜歡藝術的才對，但華老師沒將藝術生活化，而是把它當作是一門知識在傳授，缺乏趣味性，所以使得自己的兒子無法感受到藝術之美，這情形在與如金親近、頻繁交往後得到了改進。一天華明到柳家看到柳家人正在模仿米勒的名畫──〈初步〉的構圖拍照後，對美術的興味才開始濃厚了起

〔註95〕《豐子愷文集》（三），頁579～583。
〔註96〕〈蛙鼓〉，《豐子愷文集》（三），頁502。

來，逐漸的對藝術的品味也提高了。宋麗金也是在與逢春親近後，才逐漸喜歡上美術的。華明和宋麗金的角色也就是豐氏在寫這系列故事時所預設的讀者，他們可能尚未具有良好的藝術審美眼光，但只要跟著柳家姐弟的腳步，就能漸漸親近藝術、喜歡藝術，而培養出良好的藝術審美眼光。

豐氏寫這二系列的故事，是以深入淺出的方式來介紹美術及音樂的相關知識。如在「少年美術故事」中述及構圖、透視、配色的原理，版畫、雕塑的製作方式及三原色的相關知識，並導覽了米勒的〈初步〉、〈餵食〉二幅作品，甚至連中國畫與西洋畫的比較都提到了。這本書所涉的美術問題涵蓋面很廣，但都點到為止，不致造成兒童閱讀上的負擔。在「音樂故事」中，豐氏從最基本的七個音階講起，講到音樂的轉調、和弦及中國古代十二律等音樂基礎知識，並介紹了口琴、小提琴等西洋樂器和笛子、胡琴等中國樂器，以及屋簷下的鐵馬聲（風鈴）、鳥叫、鷁琴、蛙鳴等天籟之音，從樂理、樂器到音樂欣賞，幾乎無所不包。豐氏雖試著用較淺顯的比喻來說明樂理，但這樂理就如同數學的公式般，是需要記憶地，所以較為枯澀。尤其是談到中國古代十二律和階名時，因為無法與生活結合而淪為枯澀知識的傳輸，這多少會減低兒童閱讀時的樂趣或造成閱讀上的困擾〔註97〕。但其中也不乏具有生活情味的佳作，如豐氏童年製作豆梗笛的情景又重現在〈翡翠笛〉一文中，豐氏以此說明管樂器製作的原理；而在〈蛙鼓〉一文中，豐氏從夜晚青蛙的鳴叫聯想到交響樂團的合奏，進而對如金說明交響樂隊的組成，這種將音樂生活化再從情境中將音樂常識介紹給兒童的引導方式別具創思。在這二系列的故事中，體現了豐氏藝術生活化、生活藝術化的大眾文藝觀；豐氏雖以「美術」和「音樂」名之，但事實上故事的內容涉及到藝術知識在日常生活中的廣泛應用，豐氏希望藉此能提升小讀者在日常生活中的審美情趣及品味。

其實這種推廣兒童藝術教育的工作，他早在 1930 年出版的《近世西洋十大音樂家故事》〔註98〕及 1931 年出版的《西洋名畫巡禮》〔註99〕二書中，就

〔註97〕 《少年美術故事》於 1936 年 1 月～12 月在《新少年》第 1 卷 1～12 期及第 2
卷 1～12 期連載，共二十四篇。1937 年 3 月上海開明書店集結出版。而「音
樂故事」系列，於 1937 年 1 月～6 月在《新少年》第 3 卷 1～11 期連載，共
十一篇，沒有集結成單本出書。筆者認為這可能是因為音樂系列故事中陳述
樂理的部分太多且較為枯澀，無法引起廣大兒童的閱讀興趣有直接的關連。

〔註98〕 《近世西洋十大音樂家故事》，上海開明書店，1930 年初版，內容介紹包括海

曾經試著以介紹音樂家、畫家的故事，來引起兒童閱讀的興趣以提升其藝術的修養。但書中的音樂家、畫家的生平事蹟與小讀者的生活經驗沒有重疊處，再加上此二書對音樂及繪畫相關知識的介紹也較有系統、較爲深入，其知識傳授的成份較大，文學的意味較淡，所以較難引起小讀者主動閱讀的興趣。而「少年美術故事」和「音樂故事」的重點不在傳授知識而在培養興趣，所以豐氏以預設讀者的年齡——少年（女）爲主角，從他們的視角來解讀生活中無所不在的藝術，拉近了與小讀者間的距離。另外豐氏以日記的方式呈現，讓情節的鋪陳更加生活化，使得藝術的學習融入了生活中，再添加了文學的趣味與滋潤，使得「少年美術故事」和「音樂故事」更適合兒童閱讀，也較適合當兒童藝術教育的入門書。

「少年美術故事」和「音樂故事」還有一個顯著的特點，就是在故事中時常穿插一些道德教訓和愛國思想。如在〈松柏凌霜竹耐寒〉介紹口琴的同時，也批判了當時盛行的〈葡萄仙子〉、〈毛毛雨〉之類靡靡之音「尤其不堪入耳，我聽了連隔夜飯都要吐出來」〔註100〕，而力讚〈松柏凌霜竹耐寒〉般「自勵」的歌曲：「初唱時毫無趣味，然而越唱興味越深長起來，慢慢地使人認識它所特有的深長偉大的曲趣。」〔註101〕這與其說是在稱讚樂曲的曲趣，不如說是在讚美歌詞的勵志性。在〈芒種的歌〉中，柳父告訴如金：「人生的事，苦樂必定相伴，而且成正比例。吃苦愈多，享樂愈大；反之，不吃苦就不得享樂。」〔註102〕這種以父親之姿「教導」兒子的場面，在豐氏早期的文章中是難以見到地。而在〈「九一八」之夜〉、〈二漁夫〉、〈援綏遊藝大會〉則

頓、莫札特、貝多芬……等十位西洋近世音樂家。豐氏在這本書的〈序言〉中寫道：「此書大體根據服部龍太郎的《世界音樂家物語》，又參考其他書籍。這不是正式的音樂家評傳，而是以音樂家生涯中的故事和逸話爲中心的記錄。」所以這本書的不宜視作豐氏的創作。（《豐子愷文集》（二），頁4）。

〔註99〕 《西洋名畫巡禮》，上海開明書店，1931年初版。內容介紹包括米勒、惠斯勒、梵谷……等西洋名畫二十四幅作品，及講話十二篇。本書各講曾分別發表於1930年1月～12月《教育雜誌》第22卷1號～12號的〈兒童藝術講話〉專欄。豐氏在此書的〈序言〉中寫道：「講話則從此等名畫的鑑賞法及其作者的事略說起，附帶述及圖畫的學習法，繪畫的理論，以及關於美術的知識；論旨淺近，可供少年學生作爲圖畫科的課外讀物。」（參見《豐子愷文集》（二），頁275）。

〔註100〕 〈松柏凌霜竹耐寒〉，《豐子愷文集》（三），頁463。

〔註101〕 同上。

〔註102〕 〈芒種的歌〉，《豐子愷文集》（三），頁501。

是以歐戰和日本侵略中國的事實向兒童進行愛國主義教育，教育兒童要牢記所處的時代，刻苦奮鬥，把自己培養成「健全的國民，健全的人」。就是在這些片斷中，在懂事的逢春和好思的如金身後隱約浮現出誨人不倦的「豐老師」的身影。

參、兒童故事

　　豐子愷的兒童故事與上節的藝術故事，其創作的動機大不相同。藝術故事主要是在培養兒童對藝術的興趣及喜好，而兒童故事則是側重在對兒童的「教訓」及「啓發」上，其目的是要讓兒童在讀了這些故事之後「能使精神健康」，所以豐氏十分注意故事的選材和思想性，讓「一只故事背後藏著一個教訓」，他希望能藉由這些淺顯的故事，來教導兒童良好的品格和啓發兒童哲理的思考。

　　1936 年 1 月 10 日，豐子愷在《新少年》雜誌上發表了一篇中篇童話〈小鈔票歷險記〉〔註 103〕，這是豐氏最早的兒童故事創作。之後在 1946〔註 104〕年至 1948 年三年間豐氏先後創作了二十餘篇的兒童文學作品，刊載在兒童書局的《兒童故事》雜誌上，豐氏統稱這些作品爲「兒童故事」〔註 105〕。本節所討論的兒童故事，專就在《兒童故事》雜誌上刊載過的故事進行分析，再加上曾刊載在「萬葉兒童文庫」〔註 106〕叢書之一的《猫叫一聲》中的〈猫叫一聲的結果〉和原載在《論語》第 134 期的〈赤心國〉。而在林文寶（2000）所編的《豐子愷童話集》中〈三層樓〉是 1949 年所作，並於 1950 年刊載在北京《新民報》上，其文章內容社會主義味道濃厚，具有明顯的馬克思思想，

〔註 103〕盛興年主編（2005）：《豐子愷年譜》，頁 267。《豐子愷文集》則未收此文。

〔註 104〕〈伍圓的話〉、〈一簣之功〉、〈生死關頭〉等均創作於 1946 年，但皆刊載在 1947 年的《兒童故事》，所以其創作時間是從 1946～1948 年，但刊載在《兒童故事》雜誌上則是 1947～1948 年。

〔註 105〕豐子愷的兒童文學故事體創作，其間童年文言寓言四則，譯述幼兒的故事、音樂故事、少年美術故事不計。並以《豐子愷故事集》一書爲主，《豐子愷故事集》計分上下兩卷，上卷印《博士見鬼》，有十一篇。下篇即《爲要光明》，有七篇（〈新年的話〉一文不計）。外加〈小鈔票歷險記〉、〈新枚的故事〉、〈猫叫一聲〉、〈三層樓〉、〈赤心國〉等五篇，總計爲二十三篇。……一般豐氏稱自己兒童文學作品爲故事。而豐華瞻、殷琦編《豐子愷研究資料》，除了〈新枚的故事〉一篇稱爲「兒童故事」外，皆稱爲童話。參見林文寶（2000），頁 131。

〔註 106〕豐子愷著：《猫叫一聲》，上海：萬葉書店出版，1947 年 9 月。

與在《兒童故事》上刊載的兒童故事旨趣較不相同，所以在此不予列入討論；
而〈明心國〉與〈赤心國〉主旨相近、〈小鈔票歷險記〉與〈伍圓的話〉主旨
相近，所以也予以省略；至於〈新枚的故事〉因為激勵人心的目的性太強，說
教意味也太濃厚，故事顯得淺白而缺乏餘韻，所以在豐陳寶和豐一吟所選編
的《豐子愷文集》中沒將此篇選入，故本論文在此也不加以討論。

　　這些兒童故事主要是豐氏在家中與子女同樂時講給子女聽的故事。豐一
吟曾在《瀟灑風神──我的父親豐子愷》（1998）一書中寫道：

> 在遵義羅莊時，豐子愷想出一種學習兼娛樂的辦法來，即每個週末
> 的晚上舉行一次家庭聯歡會。從城裡買來五元食品，給孩子們在會
> 上吃。孩子們一邊吃，一邊聽父親講故事。過後，必須把這故事寫
> 成作文。豐子愷稱這種家庭聯歡會為「和諧會」（江南口音「五元會」
> 的諧音）。後來物價漲了，買食品需要十元，便改稱為「慈賢會」（江
> 南口音「十元會」的諧音）。豐子愷於 1947 年在杭州作的連環圖〈赤
> 心國〉，就在當時的家庭聯歡會上講給兒女們聽過。〔註107〕

他在「說」這些故事時，子女大多已是中學生了，所以這個時期的豐子愷較
重視「兒童如何了解社會、適應社會」的問題，這時他創作的題材走出早期
的家庭小圈子，而深入到社會各層面去，作品的現實性非常強烈，且深刻地
觸及了時弊。這一方面與當時兒童文學界將現實人生帶入作品中的創作理念
有關，另一方面如上節所述，葉聖陶對他的影響也不容小覷。

　　此時童趣不再是豐氏創作時的重點，「啟發」及「教訓」才是他創作的用
心。在這些兒童故事中他寫出了「生活中的美與醜、真與偽，十分明確地要
讓小讀者認識社會與培養真、善、美的情操。」〔註108〕這一點豐子愷在《博
士見鬼》的代序〈吃糕的話〉中就明確地點出：

> 我作畫作文，常拿茯苓糕做榜樣。茯苓糕不但甜美，又有滋補作用，
> 能使身體健康。畫與文，最好也不但形式美麗，又有教育作用，能
> 使精神健康。數十年來，我的作畫作文，常以茯苓糕為標準。這冊
> 子裡的十二篇故事，原是對小朋友們的笑話閒談。但笑話閒談，我
> 也不喜歡光是笑笑而沒有意義。所以其中有幾篇，仍是茯苓糕式的：
> 一只故事背後藏著一個教訓。〔註109〕

〔註107〕豐一吟：《瀟灑風神──我的父親豐子愷》，頁 228。
〔註108〕蔣風、韓進：《中國兒童文學史》，頁 389～340。
〔註109〕〈吃糕的話〉，《豐子愷文集》（六），頁 259。

豐氏不管是行文或是繪畫，向來都是兼重形式美與意義美。在這些兒童故事中意義美是「教訓」，而形式美則是趣味。豐氏非常了解兒童趣味學習的取向，所以為了達到教訓的目的，豐氏用了漫畫上常用的誇張、諷刺、對比和幽默的手法，還有意識地布設懸念、結構故事，使得故事中主人翁的個性更加鮮明，也增強了故事的戲劇張力和趣味性。

　　現將豐子愷的兒童故事，依寫作的主旨分為教育、抒懷、哲理等三大類，其篇目、資料出處及創作用心如（表6-2）。

表6-2：豐子愷兒童故事分類表

類　　別		篇　　目	資料出處《豐子愷文集》（六）	創　作　用　心
教育	社會類型	〈姚晏大醫師〉	頁260～265	教導兒童認識現實社會的真實生活及成人世界的巧詐。
		〈鬥火車龍頭〉	頁339～343	
		〈騙子〉	頁344～350	
		〈伍圓的話〉	頁266～273	
	科學類型	〈博士見鬼〉	頁260～265	教導兒童實事求是的科學觀。
		〈一簣之功〉	頁274～277	
	道德類型	〈油缽〉	頁278～283	教導兒童專心一意、勇敢、護生等美德。
		〈生死關頭〉	頁301～305	
		〈獵熊〉	頁357～362	
抒　懷		〈赤心國〉	頁284～300	抒寫豐氏心中理想的生活型式及對童趣的描寫。
		〈大人國〉	頁326～333	
		〈種蘭不種艾〉	頁310～314	
		〈有情世界〉	頁315～320	
		〈夏天的一個下午〉	頁306～309	
哲　理		〈毛廁救命〉	頁363～368	向兒童闡明了一點人生的哲學、因果的關係。
		〈貓叫一聲的結果〉	頁220～231	
		〈賭的故事〉	頁321～325	
		〈銀窖〉	頁351～356	
		〈為了要光明〉	頁369～374	

現在我們就依此類別，逐一加以分析說明。

一、教育類

教育類的故事主要是教導兒童正確的知識和觀念。教育類的故事可再細分為三項：一是社會類型，是教導兒童認識現實社會的真實生活及成人世界的巧詐；二是科學類型，是教導兒童實事求是的科學觀；三是道德類型，是教導兒童專心一意、勇敢、護生等美德。

（一）社會類型

豐氏雖然一心嚮往著孩童的世界，但他對人世的洞察也是絲絲入微。所以他在教導孩子時，不以「完美結局」的童話故事來「愚弄」孩子，而是以世俗的社會事件來點醒孩子，讓他們能更具思辨的能力以提升其生活的智能。〈姚晏大醫師〉（姚晏為謠言的諧音）、〈騙子〉二則故事都是在說社會上高明騙子的騙人手法，其手法之巧詐，讓被騙的人直到最後都不知被騙。在〈姚晏大醫師〉故事中，直到姚晏離開了大家仍被他蒙在鼓裡，不知他是謠言的散播者，還當他是一位醫術高超的大醫師，不但「政府當局，褒獎姚晏醫生的功勞，想聘他做市立醫院的院長。」〔註110〕而且「全城的醫師佩服姚晏醫師的妙技，想推他做公會的會長。」〔註111〕可是事實上，他不過是利用人們輕信謠言的弱點來進行詐欺的騙徒罷了。在〈騙子〉故事中，豐氏一開始就告訴兒童：

> 騙子是下流人。但我講的騙子，表面上是上流人，實際上卻是做騙子的。你們將來長大了，到社會裡做人，說不定會碰到這樣的壞人。大家留心，不要受他的騙。〔註112〕

這是豐氏想到兒童即將邁入成人所建構的現實巧詐社會，忍不住為他們感到憂心，所以他特地為這些即將離開黃金時代的少年們，寫這類現實意味十分濃厚的故事，將真實的社會人生展現在他們眼前，讓他們了解世道人心的險惡，以免到時吃虧上當了還不自知。

〈鬥火車龍頭〉則是提供了一個解決問題的最佳典範給孩子參考。故事中鐵路局的人「他們死要便宜」，不但想要免費換四個新的火車頭，還要再倒賺一筆。於是他們利用人類的好奇心舉行一場「鬥火車龍頭」的戲碼，讓即

〔註110〕〈姚晏大醫師〉，《豐子愷文集》（六），頁337。
〔註111〕同上。
〔註112〕〈騙子〉，《豐子愷文集》（六），頁344。

將要汰換的舊火車頭互相猛烈撞擊；爲了觀看此一奇觀，許多人都樂於掏錢買票觀賞。結果「十萬觀眾緊張兩次，興奮兩次，拍手歡呼兩次；然後帶了滿足的心情和歡樂的疲勞，而緩緩地回家去。次日，鐵路局把這鐵軌和鬥車場拆去，拿了大筆的收入，去造四個新的火車龍頭。」〔註113〕在不欺、不詐的原則下，鐵路局不但解決了自己的問題，而且還滿足了人們的好奇心及尋求刺激的快感，使得雙方都是贏家，這眞是解決問題的最佳典範。

〈伍圓的話〉主要是在教導孩子認識現實社會的眞實面貌。這則故事是以擬人的手法寫成，豐氏透過伍圓鈔票的視角來描述當時社會的局勢和生活狀況，反映生活在物價飛漲下的人們如何艱難的度日。這則故事雖然是以童話的形式寫成，但它具有高度的寫實性且批評的意味也十分濃厚。

故事中的主人公——一張伍圓鈔票，在抗戰前夕可買一擔白米，到了抗戰期間在四川只能買一顆雞蛋；而到了勝利之後的上海，則是貶值到連叫化子都不屑一顧的境地；最後，它淪落到被拿來墊桌腳、糊窗洞的悲慘命運了。豐氏創作此則兒童故事意在讓孩童了解現實生活的眞相，而不是嚇孩童讓他們對現實人生失去信心，所以在故事中的伍圓是用絕緣的眼來看世界，這讓現實社會的殘酷及不堪蒙上了一層童趣也披上了一縷抒情，如故事的最後一段寫到：

> 窗洞的格子是長方的。我補進去，大小正合適。麻伯伯眞是好人！
> 他始終愛護我，給我住在這樣的一個好地方。我朝裡可以看見麻伯
> 伯的一切行動，以及許多來客，朝外更可以看見操場上的升旗、降
> 旗、體操和遊戲。〔註114〕

這一視角讓豐氏的兒童故事展現出與眾不同的特色，他不但展現出「伍圓」無入而不自得的人生境界，也傳達出「伍圓」達觀樂天的人生觀。但可惜的是，豐氏最後仍不忘明示「教訓」：「但望我們宗族復興起來，大家努力自愛，提高身份，那時我就可以恢復一擔白米的身價了。」〔註115〕這一明示、提點，使得故事「載道」的目的性過強而缺乏「留白」的藝術美感，大大減損了故事悠揚的餘韻。

其實這則故事的雛型在豐氏心中醞釀已久，他在三十歲時所寫的〈大帳

〔註113〕〈鬥火車龍頭〉，《豐子愷文集》（六），頁 342～343。
〔註114〕〈伍元的話〉，《豐子愷文集》（六），頁 272。
〔註115〕同上，頁 273。

簿〉中就曾有這麼一段記載：

> 鈔票與銀洋經過人手，有時還被打一個印；但銅板的經歷完全沒有
> 痕跡可尋了。它們之中，有的曾爲街頭的乞丐的哀願的目的物，有
> 的曾爲勞動者的血汗的代價，有的曾經換得一碗粥，救濟一個餓夫
> 的饑腸，有的曾經變成一粒糖，塞住一個小孩的啼哭……。倘然這
> 些銅板會說話，我一定要尊它們爲上客，恭聽它們歷述其漫遊的故
> 事。倘然它們會記錄，一定每個銅板可著一冊比《魯濱遜飄流記》
> 更離奇的奇書。〔註116〕

可見對「究竟」追尋、對萬物有情的豐氏，從小就對「通貨」的生命歷程有
著深刻的好奇及豐富的聯想，而且從他的聯想中我們可以看到其濃濃的悲憫
情懷和樸素的人道精神。豐氏將這長期以來累積在心中的故事，形之於文字，
再加上「教訓」的意義後，創作出這篇沾染現實印痕卻又充滿童趣的兒童故
事，與兒童們一起分享那屬於少年豐子愷的遐想和中年豐子愷的想望。

（二）科學類型

豐氏爲了破除對鬼魂的迷思，寫了〈博士見鬼〉這則故事。故事裡林博
士是一位留學西洋的科學家，他的第二任妻子是位大學教育系畢業的高級知
識份子，她懷疑丈夫前妻牌位會移動是由於鬼魂作祟所致，因而自己嚇死自
己；後來豐氏揭示出死者牌位會移動，是由於隔壁農夫打米所引起地，與鬼
魂之說全無相關。在這則故事中，豐氏特地用「高級知識份子」來當主角，
一方面是諷刺「死讀書」的知識份子「學而不思則罔」的缺失，以彰顯當時
重灌輸而不重思辨的教育問題；另一方面則是啓發兒童在遇到問題時，能用
科學的邏輯來思考問題、解決問題，而不要一昧的迷信及盲從。這個故事與
〈姚晏大醫師〉一樣，都在強調獨立思考及思辨能力的重要。

〈一簣之功〉是描述一位心地善良又有毅力的寡婦在四川開採鹽井的故
事。故事的前言細述從鹽井中採鹽的過程及掘鹽井的步驟，他將生活中的常
識以淺白的口吻介紹給兒童，讓孩童在看故事時也能學習常識，然後再正式
展開寡婦掘鹽井的故事。故事的結局是這位絕不輕言放棄的寡婦，最後皇天
不負苦心人終於掘出了當地最大的一口鹽井，成爲一位大財主。在結語處，
豐氏又將教訓明示出來，他認爲或許會有人將此結果解讀爲善有善報，但他
卻告訴小讀者：「人類文明的進步，全靠科學，全靠毅力」，在這則故事中，

〔註116〕　〈大帳簿〉，《豐子愷文集》（五），頁159。

他不但教導了兒童關於開採鹽井的常識，更標舉出科學和品德的重要性，是一篇標準「茯苓糕」式的兒童故事。

（三）道德類型

〈油鉢〉這則故事是豐氏改編中國傳統寓言故事而成地。內容是講述一位犯罪的小官，被迫要將滿滿一鉢油，從國都的北門端到南門，而不能讓油溢出來的故事。故事中的小官被塑造成能專心一志達成任務的形象，他聚精會神、不受誘惑，將世間喧嘩、煩擾全都置之度外，最後終於克服重重難關、通過嚴苛的考驗而達成任務，結果「國王就拜他為丞相，把國家大事全權委託他。後來這個國家進步迅速，非常隆盛。」〔註117〕這則故事主要是在告誡兒童，要不為外在環境所左右，全神貫注地去完成生命中的大事，那麼就會得到應有的回報與尊榮。〈生死關頭〉的教育意義和〈油鉢〉相仿，是教導兒童做事要有毅力、能專心致志，並且充分發揮自己的聰明才智，最後必定能成功。〈獵熊〉則是在宣傳護生的思想，在這個故事裡，獵人父子二人看到大白熊至死不渝的愛子之心，大受感動，於是決定「父子兩人把獵槍折斷，從此不再打獵了。」這故事的精神與豐氏一向主張的戒殺護生思想一致，其插圖也收錄在護生畫集中。

二、抒懷類

抒懷類的兒童故事其「教訓」目的較弱，主要是抒寫豐氏心中理想的生活型式及對童趣的描寫。如〈赤心國〉是寫他心目中的理想世界，〈種蘭不種艾〉、〈夏天的一個午後〉是寫和樂的家居生活，〈有情世界〉則是寫幼兒天真的有情世界。這些故事豐氏都是從正面來描寫，唯有〈大人國〉一篇豐氏是用反諷的手段寫成。

〈赤心國〉是陶淵明〈桃花源記〉的民初版。生活在那戰亂的年代，人心的貪婪、腐化、自私更形惡化，讓一向側重精神生活的豐子愷也如陶淵明般產生對理想世界的嚮往。豐氏以當時的社會局勢為背景，虛構出一個人人都擁有赤子之心的「赤心國」來；故事主要是描寫一位躲避敵機轟炸的軍官，陰錯陽差的進入了桃花源式的「赤心國」後所發生的事情。在「赤心國」這個組織嚴密的國家裡，人們日出而作、日落而息，官員各司其職、百姓勤奮工作，勞動果實由全民共享，從國王、官員到平民，人人凍餓痛癢息息相關。

〔註117〕〈油鉢〉，《豐子愷文集》（六），頁 283。

在這裏沒有爭吵、沒有偷盜，人們不知鑰匙、鈔票、武器為何物，大家生活在一片任真自然、互信互助的環境中；但後來因軍官隨身帶來的「子彈」破壞了赤心國原有的寧靜，迫使赤心國的人民決定將這軍官送回到他原來的世界去。故事至此與〈桃花源記〉若合符節，但其結局卻出現了明顯的不同。〈桃花源記〉最後的結局是「南陽劉子驥，高士也，聞之，欣然規往，未果，尋病終。後遂無問津者。」而豐氏的〈赤心國〉中則是「但他（軍官）不同人爭辯，管自努力考慮改良的辦法。他到現在還在努力考慮著。」雖然結局都帶有著絲絲的憂傷及淡淡的失落，但陶氏的「放棄」與豐氏的「努力」則呈現出陶淵明的隱逸性格與豐子愷的入世情懷的大不同；而軍官這種知其不可而為之的傻勁，正是豐氏對兒童深深的期盼。

在〈大人國〉這則故事中，豐氏特意以顛倒的角度來看世界。在「大人國」中，一切的是非曲直都與現實社會相反，這裡的人們把「利」當作「害」，把「吃苦」當作「占便宜」，這一視角對兒童而言具有很高的趣味性。如，故事中一位母親覺得自己的小孩被店家欺騙，於是跑去和店家交涉：

> 我叫我家的寶寶拿了一千六百塊錢來買半斤菜油，怎麼你們給她裝了這滿滿的一瓶，一斤半還不止？而且只收她一千塊錢，退還了六百元來。你們大字號，做生意應該童叟無欺！〔註118〕

孩子讀到這兒會覺得滑稽有趣，但豐氏卻是藉由這種種的不合常情來反諷現實社會中人們的貪婪與醜惡。

另外也有描寫童趣型的故事，如〈種蘭不種艾〉、〈夏天的一個下午〉和〈有情世界〉。

〈種蘭不種艾〉是白居易〈問友〉詩中的一句，原詩為：「種蘭不種艾，蘭生艾亦生；根荄相交長，莖葉相附榮。香莖與臭葉，日夜俱長大；鋤艾恐傷蘭，灌蘭恐滋艾。蘭亦不能溉，艾亦未能除。沉吟意不決，問君合何如？」在這首詩中，白居易反映了人生中處處可遇的兩難問題教人難以抉擇，是一首深含人生意味的古詩。豐氏想引導兒童了解這首詩的含意（而非翻譯），於是寫了這篇有情、有味又有趣的故事。他將場景放到吃過晚餐後的客廳，孩子們吵著要父親說故事，於是父親巧妙的將這首詩引入，變成飯後閒聊的話題；父親引導孩子們思考討論生活中所遇到的兩難問題，連那六歲的小兒子也提出了自己的生活感言：「媽媽裏的肉粽子，肉很好吃，糯米不

〔註118〕　〈大人國〉，《豐子愷文集》（六），頁328。

好吃。我只想吃肉，不吃糯米，媽媽說『不行，要吃統統吃，不要吃統統不吃。』」〔註 119〕在這則故事中，慈藹的父親、天眞的兒童、和樂的家庭生活都栩栩如生的躍然紙上，儼然是豐氏家庭生活的文字影音紀錄。豐氏傳統文人閒適的性情、對兒童的珍視與親近、對中國古典詩詞的喜愛與修養在此畢現無遺。

〈夏天的一個下午〉這個故事的場景也是發生在一般的家庭中。故事中的父親體貼活潑好動、精力無窮的孩子們，要他們「休息」簡直像是要他們服刑般，於是他想出了一個有趣的遊戲並陪孩子們一起戲耍，渡過了一個夏天的下午。故事中的父親利用早上教過的一首六言詩「公子章台走馬，老僧方丈參禪；少婦閨閣刺繡，屠夫市井揮拳；妓女花街賣俏，乞兒古墓酣眠。」然後將句子拆解爲「人物」、「地點」、「動作」三部分，利用骰子玩重新排列組合的遊戲，如排列出「屠夫花街刺繡」等，引出許多的趣味來。這遊戲不但幫孩子溫習了功課，也讓孩子快樂地渡過一個悶熱的下午。這個故事與豐氏向來強調的兒童教育理念相符——站在兒童的立場爲兒童設想，並且讓兒童在遊戲中學習。豐氏創作的題材幾乎都是來自生活中，像故事中的這個遊戲就是豐氏小時候所玩的「酒令」〔註 120〕。

〈有情世界〉這則故事是豐氏早期漫畫創作——〈瞻瞻底夢〉的文字版。在這個故事中，豐氏試著從幼兒的角度來理解世界，創造了這個超現實的有情夢中童話世界。故事中的主人公是正在玩著泥娃娃年紀的阿因，因爲白天爸爸跟小阿因講了辛棄疾與松樹互動的故事，晚上他就到夢中的「有情世界」去與月亮姐姐、蒲公英、松樹、杜鵑花、白雲伯伯、溪澗妹妹一起玩耍、談心。他將夢中的景物全都擬人化了，讓這些無心的物全都變成有情的人了，讓阿因的夢因而充滿了童趣與幻想。在這系列的兒童故事中，最無「教訓」目的的就算這篇〈有情世界〉了，在這則故事中，豐氏所欲展現的，就是屬於幼兒「萬物有情」的天眞世界，這裡所呈現的兒童觀正是豐氏早期「以兒童爲本位」的兒童觀。

三、哲理類

豐氏從小就好思考，喜歡思考人生究竟的問題、喜歡思考因果輪迴的關連，在〈大帳簿〉一文中，他就曾自述小時候：

〔註 119〕〈種蘭不種艾〉，《豐子愷文集》（六），頁 311。
〔註 120〕參見〈酒令〉，《豐子愷文集》（六），頁 664～665。

> 吃飯的時候，一顆飯粒從碗中翻落在我的衣襟上。我顧視這顆飯
> 粒，不想則已，一想又惹起一大篇的疑惑與悲哀：不知哪一天哪
> 一個農夫在哪一處田裏種下一批稻，就中有一株稻穗上結著，煮成
> 這顆飯粒的穀。這粒穀又不知經過了誰的刈，誰的磨，誰的舂，
> 誰的簸，而到了我們的家裏，現在煮成飯粒，而落在我的衣襟上。
> 〔註121〕

可見豐氏這種好思考的特性是其先天的人格特質，再加上日後弘一大師的啓
發和佛教教義的開悟，使得豐氏對人生究竟的問題不曾停止思索。

他在〈貓叫一聲的結果〉和〈毛廁救命〉二文中，不厭其煩地將這連綿
不絕的「因」串連起來，形成一條支流眾多的水系，最後流向「果」的大海。
在這繁雜的因果鏈中，每一個環節都是前者的果、後者的因，一個都不能少；
若是直接從「第一因」跳接到「最終果」，不但邏輯不通且荒謬可笑。如在〈貓
叫一聲的結果〉中，從伯伯吃酥糖開始說起，順時推演，一直說到國土完全
恢復；然後再逆時回推、究其因果，最後推究其源頭竟是貓叫一聲的結果。
若是捨去中間的環節，直接由「第一因」——貓叫了一聲而導致了「最終果」
——收復國土，這實在是有悖常理，但在經過豐氏不厭其煩地寫出其中的經
過後，這結論似乎又是那麼的合情合理。

又如在〈毛廁救命〉中，從主人公因在毛廁方便而躲過日軍的空襲說
起，反推至吃蹄膀、逃警報、修手錶、打乒乓球，然後推因到因為主人公發
起打乒乓球所以是主人公自救。至此文章的主旨與〈貓叫一聲的結果〉並無
二致，但這種以果推因的方式是沒有止盡地，所以在此則故事中豐氏試著想
將其歸因於「老天——命運之神」助其逃過一劫；但這種歸功於天的思想與
當時所提倡的科學精神和個人主義精神不合，所以故事的結語仍回到近因—
—「要追究，一直追到老天。不追究，就講最近一原因，這是最不錯的。『毛
廁救命』就是『老天救命』。」這則故事至此似乎已完全結束了，但豐氏在落
款時還預留伏筆——1948 年萬愚節於杭州作；就這「萬愚節」又不知添加多
少想像空間了。

豐氏這類哲理類的故事，與教育類的故事，二者最大的不同點是在其結
語處。在教育類故事的結語處，豐氏總會明示兒童在該故事中的「教訓」爲
何，他是以閉鎖、明說的方式做總結。而在哲理類的故事中，他是從思考因

〔註121〕〈大帳簿〉，《豐子愷文集》（五），頁 159。

果、究竟出發，在「作品中向兒童逐漸闡明了一點人生的哲學，讓孩子們在思索中認清這個社會的真相。」〔註122〕所以他採用開放式的結語，預留空間給兒童自己去思考。

另外〈賭的故事〉、〈銀窖〉和〈為了要光明〉三則故事，豐氏是採用反諷的手法寫成。〈賭的故事〉意在啓發兒童思考何謂贏家，進而引導兒童建立踏實的人生觀；〈銀窖〉主要是在刺激兒童想想金錢的價值，從而養成正確的金錢觀；〈為了要光明〉則是藉由滑稽的故事來引發兒童思考如何有效的解決問題。

〈賭的故事〉也是一則標準「茯苓糕」式的兒童故事。故事的開頭，豐氏先略述清末民初江南過年習俗的變遷，以交代故事的背景，然後再略述「打寶」賭博的方式。打寶與猜拳的賭理一樣，都是在打心理戰，賭博雙方用盡心思臆測對方的心思以爭取獲勝。故事中的莊家因承受不了初時的虧損，竟然活活地急死了，其餘賭客在不知莊家已死的情況下仍繼續打寶，這「活賭客」揣測「死莊家」心理的賭局可是誰都沒料到地。在這失衡的狀況下，活人費盡了心思仍然輸了賭局，而無法揣測人心的死人反而贏得了大筆的錢財。故事中莊家得到了錢財卻失去了性命，算不得是贏家，而活賭客們更是賭局中的輸家；在這〈賭的故事〉中沒有贏家，不管贏錢、輸錢全都是輸家。這則故事在離奇中帶有嘲諷的意味，在趣味中夾雜著勸世的苦心。

〈銀窖〉是描述一位吝嗇雜貨店王老闆的故事。故事的引言具有濃濃的寫實風：「江南有個鎮，抗戰時是游擊區……變成一片荒土，只有拾荒的貧民，常常到瓦礫堆中去翻墾。」〔註123〕豐氏先寫實地鋪陳了當時的時空背景，然後再帶出故事本文。王老闆他將平日的積蓄攢藏到地下的銀窖中，老婆死後他將不長進的兒子逐出家門，而他藏在銀窖中的畢生積蓄——七千元也隨著他的過世而被遺忘；直到三十年後，這屋子變成了一片焦土，才被拾荒的貧民在無意中挖掘出來，不過這七千元已從當年能造一棟大房子的價值，貶到後來只剩下買三根半油條的價值了。讀完這則故事讓人興起對「無常」的感嘆，也促使人們思考「錢」到底該怎樣用，才能發揮它的效益、才能讓我們當錢的主人而不是它的奴隸。豐氏試著以趣味的角度來敘寫這篇主題嚴肅的故事，如他用充滿節奏感的頂針修辭來細寫王老闆的節省：「把銅板

〔註122〕張美妮主編：《童話辭典》，頁74。
〔註123〕〈銀窖〉，《豐子愷文集》（六），頁351。

積成銀角子，銀角子積成銀洋錢，銀洋錢滿了十塊藏進箱子裡，滿了一百塊藏進地窖裡。」〔註124〕豐氏想藉由這層層的遞進，增加故事的生動性讓孩子覺得有趣。

〈為了要光明〉這個故事是寫一個名叫萬夫的鄉下人，行事小心謹慎、一板一眼，但卻缺乏思辨的能力。有一天，他因為找不到鎖匙開窗，放光明進來，於是開始尋找開窗戶的方法。他先是要找銅匠來開鎖，然後變成要找船篙、找柴刀、找大吸鐵石……最後為了開土地廟後院大門的鐵鎖，於是又回到了要找銅匠來開鎖。故事中萬夫「只顧目前的需要，從不追究根本的意義」，於是被外界的事物牽著鼻子轉啊轉！他將時間、精力都虛耗在處理枝微末節的事物上，而沒有解決根本的問題。這個故事本質上是屬於滑稽故事，豐氏希望兒童讀了後在嘻笑之餘，也能理解到萬夫的徒勞無功，是源自於他的捨本逐末，而得到啟示及警惕。

豐氏哲理類的兒童故事立意新穎，展現了豐氏好思辨的人格特質；但整體而言，這些故事的情節鋪排地太過冗長、格式缺少變化，趣味性因而降低了不少，這對小讀者的耐性是一大考驗。

小　結

豐氏為兒童而寫、寫給兒童看的創作都具有明顯的教育目的，為開明國語課本繪製插圖，雖然從創作的角度來看力度稍嫌不足，但與葉聖陶這次合作的經驗，卻為他日後的兒童文學創作奠定了良好的基礎。例如葉聖陶在編寫教材時以兒童的學習心理為基礎，「內容緊繫兒童生活，從兒童周圍開始，逐漸拓展到社會」〔註125〕，以期兒童在閱讀時能理解、能吸收。所以在創作時，葉聖陶以兒童的生活為中心、以兒童的視角為出發點，描寫兒童熟悉、有感的事物，這一點豐氏可說是直承其精神。

豐氏為兒童所創作的故事帶有濃厚的文學意味，可歸為豐氏的兒童文學創作。在這部份的作品中，他的創作理念與文學研究會的成員們所秉持的現實主義精神相同，他直接把人生百態引入故事中，使得這些故事具有時代的意義和情感。這帶有文學意味的故事創作主要可分為二大類：一是 1936～1937 年間連載於《新少年》雜誌上的「少年美術故事」和「音樂故事」

〔註124〕同上，頁 355。
〔註125〕《開明國語課本下冊》，〈編後記〉。

等藝術系列故事，二是 1947～1948 年間刊載於《兒童故事》雜誌上的「兒童故事」。

豐氏創作「少年美術故事」和「音樂故事」等藝術系列故事，重點不在傳授藝術的知識而在培養其審美的情趣，所以豐氏以預設讀者的年齡──少年（女）爲主角，從他們的視角來解讀生活中無所不在的藝術，拉近了與小讀者間的距離，再加上添加了文學的趣味與滋潤，使得「少年美術故事」和「音樂故事」更適合兒童閱讀，是二本優良的少年／兒童藝術教育課外讀物。

豐氏在「兒童故事」中，常常直接揭示出當時社會上有關人生的一般問題，希望兒童、少年讀者在讀了故事之後，能從中得到啓示和教訓。豐氏所創作的這系列兒童故事，大陸學者將其放入兒童文學類別中來探討。如在張美妮主編，黑龍江少年兒童出版社於 1989 年出版的《童話辭典》中，豐子愷也名列其中，編者並將〈伍圓的話〉視爲豐氏童話創作的代表作；由蔣風、韓進所著，安徽教育出版社於 1998 年出版的《中國兒童文學史》中，將豐子愷的「兒童散文」與冰心的《寄小讀者》等量齊觀，並評說：「豐子愷的兒童散文以其獨特的兒童世界、深刻的象徵意味、濃濃的愛意與自然率直的抒情風格，給人面目一新的感受，成爲獨具創作個性與藝術魅力的兒童文學作家，在中國兒童文學史上占有其應有的地位。」〔註 126〕可見豐氏對兒童文學的付出是普遍獲得學界肯定的。

〔註 126〕蔣風・韓進著（1998）：《中國兒童文學史》，頁 392～393。

第七章 結　語

　　豐子愷這位帶有中國傳統文人閒適氣質和宗教慈悲情懷的藝術家，因其獨特淵博的觀物視角和詩意抒情的創作風格，使得他的作品一直受到大眾的喜愛及文化界的重視。即使在他作古多年之後的今天，其人、其事、其文、其畫，依然永續散發歷久彌新的光釆魅力，令人油然而生「典型在夙昔」的仰望欽慕之情。尤其，終其一生，在他的靈魂深處，兒童永遠是與宗教、自然、藝術並列等重，相互爭輝，讓他充實沉浸在「眞善美聖」的生命氛圍中，留下溫柔敦厚的漂亮足跡與和煦身影。兒童不但帶給他喜悅也帶給他啓示。在他與兒童相關的文藝創作中，自然流露出他對兒童的欣賞、熱愛，及對童心的崇拜、護持。豐子愷這類以兒童爲中心的創作，無論放在上個世紀二〇年代的中國，抑或這個世紀的現在到未來，都必然顯得特立而耀眼，有其超越時空、恆久流傳的不朽價值。諸如他曾經身體力行、用心實踐的「尙自然、展個性」的教育理念，豈不是當前全世界從事教育改革的專家學者，都一再念茲在茲、戮力追求的理想標竿？他所認爲從世外帶來、不經造作的本眞童心，具有絕緣功能，讓人可以斷因果、見眞相，但會因時間的侵蝕與世俗的塵染，而逐漸「失眞」、失去看清事物眞相的能力，所以爲延長這短暫珍貴的黃金時代，宜以趣味爲中心，以藝術爲內容來培養童心。這不也是台灣推動九年一貫教育「藝術與人文」課程，盼能培養學童「帶得走」的能力，如出一轍的美好願景？放眼當前社會，又多麼令人不得不憂心，一個國家的族群子民若普遍缺乏藝術人文素養，使自己苦悶壓抑的心靈得不到紓解，無形中醞釀出社會的集體不安氣氛，則這個國家的民主法治、禮教秩序

恐怕都是脆弱不穩，隨時瀰漫紛亂情緒的。

豐子愷發自肺腑讚頌童心的率眞與純潔，一如他的法名——「嬰行」，他一生都帶著兒童般的熱情、試著以兒童直觀的眼光來解讀世事。他從觀察自家兒童寫到關懷普天下兒童、從讚美童眞寫到培養童心、從寫兒童到爲兒童而寫，可見豐氏對兒童的觀點是由欣賞變成愛，再由愛轉成護持。不妨就從豐氏圖文創作中主要的兒童模特兒——他的子女，日後的表現及成就〔註1〕來檢視豐氏的童心思想和兒童教育觀是否正確；還是他對兒童的崇拜及欣賞只是文人藝術家浪漫的衝動及想望而已。

豐氏長女豐陳寶畢業於重慶中央大學外文系，通曉英、法、俄語，曾在重慶南開中學、杭州浙大附中、廈門雙十中學等校任英文教師；1949 年以後，先後擔任上海音樂、上海文藝、上海譯文出版社編輯，具有編審職稱，並且翻譯、編輯過不少外國文藝作品〔註2〕。二女豐林先，喜好文科，擔任中學語文教師，晚年在《新民晚報》以「宛音」之名發表過不少小品文〔註3〕，其長子宋菲君也就是在《幼幼畫集》中與小舅舅新枚一起入畫的可愛小男童，在科學領域表現傑出，曾任北京信息光學儀器研究所副所長，並獲「國家級有突出貢獻的科學技術專家」等多項殊榮。老三義女豐寧馨（軟軟），是豐氏姐姐豐滿的女兒，抗戰時進入浙大理學院數學系，抗戰勝利後，受聘於杭州浙大附中；1949 年後調至浙江師範學院（後改爲杭州大學），後來成爲杭大數學系的副教授〔註4〕。

長子豐華瞻，畢業於重慶中央大學外文系，曾赴美伯克萊加州大學研究院攻讀英國文學，回國後在上海復旦大學任外文系教授；1983 年，他曾應美國洛杉磯南加州大學邀請，赴美講學一年，並在南加大比較文學系開課。他對英文和比較文學有很深的造詣，曾出版著作、譯作、編著十多部，如《中西詩歌比較》、《格林姆童話全集》、《世界神話傳說選》、《唯美主義》、《新英漢辭典》等，現已過世〔註5〕。次子豐元草曾在北平交大求學，後來棄學從戎參加人民解放軍成爲抗美援朝的志願軍；1955 年從小愛好音樂的元草進入音

〔註1〕 本文中豐氏子女的成就的資料，主要是來自豐氏幼女——豐一吟女士的口述，及參考徐春雷（2005）：《豐子愷漫畫與故鄉風情》一書。
〔註2〕 參見徐春雷：《豐子愷漫畫與故鄉風情》，頁 150～151。
〔註3〕 同上，頁 152～153。
〔註4〕 同上，頁 154～155。
〔註5〕 同上，頁 155～157。

樂出版社當編輯，後來以具有副編審資格的資深編輯退休〔註6〕。

　　幼女豐一吟，重慶國立藝專應用美術科畢業，曾在中小學兼任圖畫教師；1951 年開始自學俄語，後來隨父親翻譯俄文書籍；1981 年入上海社科院文學研究所外國文學研究室工作，以副譯審職位退休。一吟與其他手足相較學歷雖然較低，但她陪伴在父親身旁時間最久，在豐氏悉心引導下一吟在繪畫、文學寫作和外文翻譯方面均有不錯的成績；近年來她更認眞揣摩父親的畫意及筆趣，被視爲是豐畫的嫡系傳人〔註7〕。幼子豐新枚，通曉英、日、法、德、俄等五國語言，極具語言天份；天津大學畢業後至上海科技大學外語進修部進修英語，四十歲時考取北京中國情報研究所，其好學精神與父親不相上下。他先後取得工學學士、英文學士、理學碩士三個學位，後來在香港一家專利公司擔任高級工程師，現已過世〔註8〕。

　　可見豐氏的兒童教育觀從早期的順應孩子自然成長，到中期的以藝術與宗教培養童心，這種「以兒童爲本位」的兒童觀及教育觀，不但沒有讓他那些天眞活潑又深具創意的子女們被寵壞，反而還讓他們走出依賴，健康獨立，各自發展出頭頂一片天，認眞生活、成就卓越、潔身自愛且受人尊重，這證明了豐氏童心思想的可貴及兒童教育的成功。這種「以兒童爲本位」的兒童觀及教育觀，既在二十世紀初的中國被實證了理論的可行，而並非只是理想主義者或學者們的紙上空談而已，則進入公元兩千年後的今天，這豈不更該引爲時代的潮流、文明進步的動力？豐氏的兒童教育觀及其子女成就間的因果關係，實在值得現在的小學教師及家長們重新檢視自己對孩子的教育和教養，是否眞的站在孩子的立場來爲他們設想？是否應順應孩子的本性本能及興味品味，以適性、展性的方式來培育他們，而不是把他們當成自己的實驗品或附屬品，愛之適足以害之的強加以自己偏執的價值觀，反讓孩子在茫茫人海中迷航失溫，找不到自己的座標定位？這正是我們現代爲人師、爲人父母者所該深思的課題。

〔註 6〕　同上，頁 158～159。
〔註 7〕　同上，頁 150～151。
〔註 8〕　同上，頁 162～163。

參考文獻

壹、主要參考專著

1. 張美妮等編輯。《童話辭典》。黑龍江:黑龍江少年兒童出版社,1989 年 9 月。

2. 商金林著。《朱光潛與中國現代文學》。合肥:安徽教育出版社,1995 年 12 月。

3. 豐子愷著,豐陳寶、豐一吟、豐元草編輯。《豐子愷文集》(1~7)。浙 江:浙江文藝出版社、浙江教育出版社,1996 年 9 月。

4. 朱光潛著,葉至善、吳泰昌、程代熙、嚴寶瑜、商金林、朱陳、朱式蓉、 張崇貴、許振軒編輯。《朱光潛全集》(第一、九、十卷)。合肥:安徽教 育出版社,1996 年 10 月。

5. 蕭楓編注。《弘一大師文集・書信卷》(一)。內蒙古:內蒙古人民出版 社,1996 年 10 月。

6. 楊牧編,豐子愷著。《豐子愷文選》(I)。台北:洪範書店,2003 年 3 月。

7. 楊牧編,豐子愷著。《豐子愷文選》(II)。台北:洪範書店,1999 年 10 月。

8. 楊牧編,豐子愷著。《豐子愷文選》(III)。台北:洪範書店,1999 年 12 月。

9. 楊牧編,豐子愷著。《豐子愷文選》(IV)。台北:洪範書店,1999 年 10 月。

10. 俞平伯著,張國嵐編輯。《俞平伯全集》(第一、二卷)。石家莊:花山文 藝出版社,1997 年 11 月。

11. 陳星著。《清空朗月——李叔同與豐子愷交往實錄》。江西:百花洲文藝 出版社,1997 年 12 月。

12. 林文寶編，豐子愷著。《豐子愷童話集》。台北：洪範書店，1998 年 8月。

13. 周作人著，鍾叔河編。《周作人文類編五・上下身》。湖南：湖南文藝出版社，1998 年 9 月。

14. 蔣風、韓進著。《中國兒童文學史》。合肥：安徽教育出版社，1998 年 10月。

15. 鄭振鐸著，劉英民、李艷明編輯。《鄭振鐸全集》（第一、十三卷）。石家莊：花山文藝出版社，1998 年 11 月。

16. 豐一吟著。《瀟灑風神・我的父親豐子愷》。上海：華東師範大學出版社，1998 年 11 月。

17. 周作人文、豐子愷圖、鍾叔河箋釋。《周作人豐子愷兒童雜事詩圖箋釋》。北京：中華書局，1999 年 1 月。

18. 張堂錡著。《清靜的熱鬧──白馬湖作家群論》。台北：東大出版社，1999年 11 月。

19. 黃濟華選評。《中國新文學大師名作賞析 7──夏丏尊、豐子愷》。台北市：海風出版社，1999 年 11 月。

20. 夏宗禹編，豐子愷著。《豐子愷遺墨》。北京：華夏出版社，1999 年 1月。

21. 豐陳寶、豐一吟著，豐子愷繪。《爸爸的畫》（一）。香港：三聯出版社，2000 年 10 月。

22. 豐陳寶、豐一吟著，豐子愷繪。《爸爸的畫》（二）。上海：華東師範大學出版社，2001 年 2 月。

23. 豐陳寶、豐一吟著，豐子愷繪。《爸爸的畫》（三）。香港：三聯出版社，2001 年 4 月。

24. 豐陳寶、豐一吟著，豐子愷繪。《爸爸的畫》（四）。香港：三聯出版社，2001 年 4 月。

25. 林文寶著。《試論我國近代童話觀念的演變・兼論豐子愷的童話》。臺北市：萬卷樓出版，2000 年 10 月。

26. 豐子愷繪，豐陳寶、豐一吟編輯。《豐子愷漫畫全集》（第一～九卷）。北京：京華出版社，2001 年 4 月。

27. 朱自清著，朱喬森編輯。《朱自清散文全集》（上、中、下）。南京：江蘇教育出版社，2001 年 9 月。

28. 陳星編著。《豐子愷年譜》。杭州：西泠印社，2001 年 9 月。

29. 石一寧著。《豐子愷與讀書》。台北：婦女與生活社文化事業有限公司，2001 年 5 月。

30. 克里斯托夫・哈布斯邁爾著，陳軍譯。《漫畫家豐子愷——具有佛教色彩的社會現實主義》。杭州：西泠印社，2001 年 9 月。

31. 豐子愷繪，葛兆光選評。《豐子愷護生畫集選》。台北：書林出版有限公司，2001 年 6 月。

32. 亞米契斯著，夏丏尊譯，豐子愷圖。《愛的教育》。上海：華東師範大學出版社，2002 年 5 月。

33. 周作人自編文集。《兒童文學小論》。石家莊：河北教育出版社，2003 年 6 月。

34. 周作人自編文集。《苦口甘口》。石家莊：河北教育出版社，2003 年 6 月。

35. 周作人自編文集。《藝術與生活》。石家莊：河北教育出版社，2003 年 6 月。

36. 陳野著。《緣在紅塵・豐子愷的藝術世界》。台北：三民出版社，2004 年 3 月。

37. 丁秀娟著。《感悟豐子愷》。上海市：東華大學出版社，2004 年 1 月。

38. 陳星著。《豐子愷漫畫研究》。浙江：西泠印社出版社，2004 年 3 月。

39. 何莫邪著，張斌譯。《豐子愷——一個有菩薩心腸的現實主義者》。山東：山東畫報出版社，2005 年 5 月。

40. 豐子愷圖，徐春雷文。《豐子愷漫畫與故鄉風情》。北京市：中國文聯出版社，2005 年 7 月。

41. 余連祥著。《豐子愷的審美世界》。上海：學林出版社，2005 年 8 月。

42. 盛興軍主編。《豐子愷年譜》。青島：青島出版社，2005 年 9 月。

43. 陳星編。《論豐子愷——2005 年豐子愷研究國際學術會議論文集》。香港：天馬出版有限公司，2005 年 12 月。

44. 葉聖陶文，豐子愷圖。《開明國語課本》（上、下冊）。上海：上海科學技術文獻出版社，2005 年 1 月。

45. 畢克官、黃遠林編著。《中國漫畫史》。北京：文化藝術出版社，2006 年 1 月。

46. 王泉根著。《現代中國兒童文學主潮》。重慶：重慶出版社，2004 年 4 月。

47. 弘一著，虞坤林編。《弘一大師書信手稿選集》。山西：山西古籍，2006 年 8 月。

48. 張斌著。《豐子愷詩畫》。北京：文化藝術出版社，2007 年 10 月。

49. 王建華、王曉初主編。《「白馬湖文學」研究》。上海：上海三聯書店，2007 年 1 月。

50. 石曉楓。《白馬湖畔的輝光——豐子愷散文研究》。臺北：秀威資訊科技出版，2007 年 1 月。

貳、次要參考專著

1. 陳師曾。《中國文人畫之研究》。出版社不明，1960 年。

2. 杜威著、胡適譯。《杜威五大講演》。台北：仙人掌出版社，1970 年 3 月。

3. 夏丏尊著。《夏丏尊選集》。台北：黎明文化事業股份有限公司，1977 年 10 月。

4. 夏丏尊著。《平屋雜文》。上海：開明書店，1977 年 3 月。

5. 楊牧著。《中國近代散文選》（I）。台北：洪範書店，1983 年 12 月。

6. 魯迅著。《魯迅全集》（第一、四、七、十卷）。北京：人民文學出版社，1991 年。

7. 葉聖陶著。《葉聖陶論創作》。上海：上海文藝出版社，1982 年 1 月。

8. 夏丏尊著。《夏丏尊文集‧平屋之輯》。浙江：浙江人民出版社，1983 年 2 月。

9. 楊牧著。《文學的源流》。台北：洪範書店，1984 年 7 月。

10. 北京師範大學校史資料室編。《匡互生與立達學園》，北京：北京師範大學出版社，1985 年 5 月。

11. 中國出版工作者協會編。《我與開明》。上海：中國青年出版社，1985 年 8 月。

12. 卓如編輯。《三十年代作家選集——冰心》。台北：大台北出版社，1990 年 2 月。

13. 廚川白村著，顧寧譯。《苦悶的象徵》。台中：星晨出版社，1990 年 3 月。

14. 周作人著，張明高、范橋編。《周作人散文》（第一、二、四集）。北京：中國廣擴電視出版社，1992 年 4 月。

15. 〔法〕盧梭著，李平漚譯。《愛彌兒》。台北：五南圖書出版，1992 年 6 月。

16. 本書編輯組主編。《匡互生和立達學園教育思想教學實踐研究》，北京：北京師範大學出版社，1993 年 12 月。

17. 陳星著。《拜訪文學的故鄉》。台北：幼獅文化，1994 年 4 月。

18. 蔡元培。《蔡元培文集——卷二‧教育》（上）。台北：錦繡出版事業股份有限公司，1995 年 5 月。

19. 洪文慶主編。《陳師曾》。台北：錦鏽出版社，1995 年 9 月。

20. 張堂錡著。《從黃遵憲到白馬湖》。台北：正中書局，1996 年 7 月。

21. 鮑耀明編。《周作人晚年書信》。香港：真文化出版公司，1997 年 10 月。

22. 陳星著。《豐子愷新傳》。山西：北岳文藝出版社，1998 年 1 月。

23. 桐鄉市文化館編。《桐鄉文藝（一九九八·下）──紀念豐子愷誕辰一百周年專刊》。浙江：桐鄉市文化館，1998 年 10 月。

24. 夏丏尊、葉聖陶著。《文話七十二講》。香港：三聯書店，1999 年 7 月。

25. 曹布拉譯。《新藝術的發軔──日本學者論李叔同與豐子愷》。杭州：西泠印社出版社，2000 年 11 月。

26. 陳星著。《君子之交·弘一大師、馬一浮、夏丏尊、豐子愷交游實錄》。北京市：中國友誼出版社，2000 年 6 月。

27. 趙海洲、趙文健。《匡互生傳》。上海：上海書店出版社，2001 年 10 月。

28. 鄭爾康著。《鄭振鐸》。石家莊：河北教育出版社，2001 年 11 月。

29. 蕭振鳴編。《豐子愷漫畫魯迅小說集》。福州：福建教育出版社，2001 年 1 月。

30. 夏弘寧編。《白馬湖散文隨筆精選》。北京：中國文聯出版社，2001 年 10 月。

31. 茅盾編選。《中國新文學大系·小說一集》（影印本）。上海：上海文藝出版社，2003 年 7 月。

32. 夏丏尊著。《文心──推敲》。台北：文房文化，2002 年 5 月。

33. 俞平伯著。《孤山聽雨》。北京：華夏出版社，2003 年 4 月。

34. 鍾桂松著。《豐子愷》。香港：三聯書店，2003 年 10 月。

35. 豐子愷著。《豐子愷童話》。廣西：廣西師範大學出版社，2004 年 3 月。

36. 豐子愷著。《豐子愷游記》。廣西：廣西師範大學出版社，2004 年 3 月。

37. 朱自強編。《兒童文學新視野》。青島：中國海洋大學出版社，2004 年 12 月。

38. 王利民著。《平屋主人──夏丏尊傳》。杭州：浙江人民出版社，2005 年 7 月。

39. 謝其璋著。《漫畫漫話·1910 年～1950 年世間相》。北京：新星出版社，2006 年 12 月。

40. 韋奈。《我的外祖父俞平伯》。北京：團結出版社，2006 年 6 月。

41. 陳星著。《新月如水》。北京：中華書局，2006 年 9 月。

42. 豐子愷著。《往事瑣記》。武漢：湖北人民出版社，2007 年 1 月。

43. 黃修己主編。《20 世紀中國文學史》（上卷）。廣州：中山大學出版社，2008 年 6 月。

參、學位論文

一、台灣部分

1. 石曉楓。《豐子愷散文研究》（碩士論文，臺灣師範大學，1994 年）。全國博碩士論文資訊網，083NTNU0045023。

2. 孫中峰。《豐子愷散文析論》（碩士論文，暨南國際大學，1998 年）。全國博碩士論文資訊網，087NCNU0045004。

3. 陳玉芳。《夏丏尊、葉聖陶讀寫理論研究》（碩士論文，臺灣師範大學，1999 年）。全國博碩士論文資訊網，088NTNU0045030。

4. 張堂錡。《白馬湖作家群研究》（博士論文，東吳大學，1999 年）。全國博碩士論文資訊網，088SCU06045100。

5. 馬志蓉。《豐子愷散文護生思想之研究》（碩士論文，華梵大學，2000 年）。全國博碩士論文資訊網，089HCHT0189013。

6. 黃蘭燕。《豐子愷文人抒情漫畫研究——以 1937 年以前畫作為例》（碩士論文，中央大學，2002 年）。全國博碩士論文資訊網，091NCU05546001。

7. 蔡琇瑩。《佛心與文心——豐子愷生命風貌之探究》（碩士論文，高雄師範大學，2002 年）。全國博碩士論文資訊網，091NKNU0045003。

8. 楊舒惠。《夏丏尊及其作品研究》（碩士論文，政治大學，2002 年）。全國博碩士論文資訊網，091NCCU5045002。

9. 邱士珍。《豐子愷繪畫藝術之研究》（碩士論文，屏東師範學院，2003 年）。全國博碩士論文資訊網，092NPTT1616019。

10. 黃怡雯。《豐子愷散文中的兒童主題研究》（碩士論文，中興大學，2003 年）。全國博碩士論文資訊網，092NCHU0045007。

11. 施宜馨。《豐子愷散文及教學研究》（碩士論文，高雄師範大學，2004 年）。全國博碩士論文資訊網，093NKNU1045009。

12. 邱稚亘。《流動的疆界——以漫畫為例看民初上海高階與通俗美術的分類與界線問題》（碩士論文，中央大學，2004 年）。全國博碩士論文資訊網，092NCU05546008。

13. 藍連櫸。《豐子愷藝文創作與近代佛教轉型之研究》（碩士論文，花蓮教育大學，2006 年）。全國博碩士論文資訊網，095NHLTC644001。

14. 高小雯。《五四時期文學研究會與現代兒童觀的塑造》（碩士論文，東吳大學，2006 年）。全國博碩士論文資訊網，094SCU05493004。

15. 張俐雯。《豐子愷及其散文研究》（博士論文，東吳大學，2006 年）。全國博碩士論文資訊網，095SCU05045012。

16. 邱亦縈。《鄭振鐸俗文學研究與近代學科系統析探》（碩士論文，花蓮教育大學，2007 年）。全國博碩士論文資訊網，095NHLTC644011。

二、大陸部分

1. 彭英。《豐子愷與兒童藝術》（碩士論文，湖南師範大學，2003 年）。

2. 劉剛。《仁風道骨　佛性童心——論中國傳統文化對豐子愷的影響》（碩士論文，青島大學，2004 年）。

3. 王黎君。《兒童的發現與中國現代文學》（博士論文，復旦大學，2004 年）。

4. 張斌。《豐子愷繪畫中的詩意》（博士論文，中國美術學院，2005 年）。

5. 鄧友女。《豐子愷藝術比較研究》（碩士論文，中國藝術研究院，2005 年）。

6. 王偉。《豐子愷藝術審美理論初探》（碩士論文，首都師範大學，2005 年）。

7. 趙曉燕。《豐子愷散文論》（碩士論文，蘇州大學，2005 年）。

8. 曹金玲。《走向審美的人生——豐子愷藝術教育思想研究》（碩士論文，湖南師範大學，2006 年）。

9. 王嘉。《豐子愷美學思想研究論評》（碩士論文，東北師範大學，2007 年）。

10. 李樹玲。《豐子愷藝術美學思想探究》（碩士論文，廣西師範大學，2007 年）。

11. 周貴榮。《一粒沙里看世界，半瓣花上說人情——從豐子愷的散文創作觀照其人生哲學》（碩士論文，湖南師範大學，2007 年）。

12. 林進桃。《人生邊上的靜思——論豐子愷散文的邊緣化寫作》（碩士論文，廣西師範大學，2007 年）。

13. 胡媛媛。《豐子愷散文中的漫畫思維》（碩士論文，華中師範大學，2007 年）。

14. 黃賢春。《自我超越——在調和有限與無限的矛盾中求得生存的永恒意義——對豐子愷美育內在精神的哲學思考》（碩士論文，貴州大學，2007 年）。

15. 董少校。《沖淡——豐子愷散文詩學》（碩士論文，上海交通大學，2008 年）。

肆、期刊、論文

1. 周小波。〈豐子愷與中國現代兒童文學〉。《浙江師範學院學報》第 4 期，1984 年，頁 47～52。

2. 彭書傳。〈率眞品質，渾然本色——淺論豐子愷散文的幽默美〉。《河池師專學報》第 4 期，1994 年，頁 30～34。

3. 陳星。〈豐子愷研究的回顧與評析〉。《浙江社會科學》第 4 期，1994 年，頁 68～74。

4. 姜新宇。〈「閑文化」的兩個面——讀豐子愷中國人吃瓜子和賈平凹弈人〉。《名作欣賞》第 6 期，1994 年，頁 64～68。

5. 沈光明。〈秋的蠱惑——豐子愷散文秋賞析〉。《名作欣賞》第 6 期，1994 年，頁 75～78。

6. 王向民。〈一代漫畫大師——豐子愷〉。《科技文萃》第 5 期，1994 年，頁 201～203。

7. 李鳳池。〈李叔同師生與護生畫集〉。《科技文萃》第 5 期，1994 年，頁 204～206。

8. 李力。〈從兒女看豐子愷散文的創作特色〉。《廣西大學學報》（哲學社會科學版）第 3 期，1995 年，頁 63～66。

9. 徐型。〈先器識而後文藝——略論豐子愷的重德輕文文藝觀〉。《南通師範學院學報》（哲學社會科學版）第 4 期，1995 年，頁 27～32。

10. 于文傑。〈東渡日本與豐子愷藝術精神之形成〉。《徐州師範大學學報》（哲學社會科學版）第 3 期，1995 年，頁 34～38。

11. 王文勝。〈豐子愷人道主義思想淺論〉。《徐州師範大學學報》（哲學社會科學版）第 4 期，1995 年，頁 49～51。

12. 徐型。〈一位心系大眾的藝術家——豐子愷文藝觀述評之一〉。《鎮江師專學報》（社會科學版）第 4 期，1995 年，頁 16～20。

13. 孔耘。〈竹久夢二——豐子愷漫畫藝術的階梯〉。《杭州師範學院學報》（社會科學版）第 2 期，1996 年，頁 90～94。

14. 經建燦。〈佛緣、人生與藝術表現——論豐子愷的散文精神〉。《麗水師範專科學校學報》第 6 期，1996 年，頁 22～26。

15. 徐型。〈豐子愷散文對比手法的運用〉。《南通師範學院學報》第 4 期，1996 年，頁 17～18。

16. 張光全。〈豐子愷散文的美學特徵〉。《固原師專學報》第 4 期，1996 年，頁 26～29。

17. 錢念孫。〈「從頂至踵是個藝術家」——朱光潛談豐子愷的人品和畫品〉。《藝術界》第 Z2 期，1996 年，頁 142～143。

18. 韓府。〈對眞、善、美的執著追求——豐子愷散文主題初探〉。《大同職業技術學院學報》第 3 期，1996 年，頁 39～46。

19. 蔣健飛。〈一代漫畫大師豐子愷〉。《雄獅美術月刊》第 77 期，1997 年 7 月，頁 46～49。

20. 潘元石。〈美與教育〉。《雄獅美術月刊》第 77 期，1997 年 7 月，頁 52 ～55。

21. 廖雪芳。〈豐子愷的人和畫〉。《雄獅美術月刊》第 77 期，1997 年 7 月，頁 58～65。

22. 亮軒。〈誠懇樸實的畫家〉。《雄獅美術月刊》第 77 期，1997 年 7 月，頁 75～79。

23. 徐型。〈儒學和佛學對豐子愷世界觀的影響〉。《南通師範學院學報》（哲學社會科學版）第 4 期，1997 年，頁 24～32。

24. 劉宗超。〈略論豐子愷先生的書法造詣〉。《濱州教育學院學報》第 2 期，1997 年，頁 32～33。

25. 舒米。〈白馬湖作家群的編輯實踐〉。《杭州師範學院學報》第 2 期，1997 年，頁 61。

26. 朱曉江。〈特立於時代思潮之外──談豐子愷的文化個性〉。《杭州師範學院學報》第 5 期，1998 年，頁 85～93。

27. 石一寧。〈豐子愷散文思想簡論〉。《理論與創作》第 2 期，1998 年，頁 31～34。

28. 徐型。〈論豐子愷散文中的人物描寫〉。《固原師專學報》第 3 期，1998 年，頁 16～20。

29. 朱朝輝。〈豐子愷藝術思想的內涵〉。《山東師大學報》（社會科學版）第 2 期，1998 年，頁 104～106。

30. 吳小如。〈讀豐子愷先生貪汙的貓〉。《文學自由談》第 2 期，1998 年，頁 139～141。

31. 姬學友。〈眞性清涵萬里天──論豐子愷創作的傳統文化意蘊〉。《文學評論》第 6 期，1998 年，頁 28～37。

32. 朱琦。〈曲高和眾　雅俗共賞──論豐子愷的藝術觀及其漫畫特徵〉。《文藝研究》第 4 期，1998 年，頁 132～138。

33. 韋易。〈童心的率眞──豐子愷散文淺論〉。《常熟高專學報》第 1 期，1998 年，頁 29～32。

34. 馬金起、郭貞。〈漫畫意趣的審美觀──豐子愷散文創作漫談〉。《勝利油田黨校學報》第 4 期，1998 年，頁 69～71。

35. 劉海斌。〈豐子愷藝術生活中的邊緣化傾向〉。《杭州師範學院學報》第 4 期，1999 年，頁 71～74。

36. 張海華。〈豐子愷「直視」審美觀解讀〉。《復旦學報》（社會科學版）第 2 期，1999 年，頁 58～62。

37. 朱曉江。〈追尋一道消逝的風景──豐子愷文化個性的成因〉。《杭州師範學院學報》第 4 期，1999 年，頁 65～70。

38. 孫希娟。〈豐子愷散文創作簡論〉。《蘭州大學學報》（社會科學版）第 1 期，1999 年，頁 191～196。

39. 王宜青。〈豐子愷兒童觀探微〉。《浙江師大學報》（社會科學版）第 4 期，1999 年，頁 58～62。

40. 徐型。〈豐子愷的兒童文學創作〉。《南通師範學院學報》（哲學社會科學版）第 3 期，1999 年，頁 48～52。

41. 李梁淑。〈天真的禮讚──豐子愷圖文並茂的身世界〉。《國文天地》第 166 期，1999 年 3 月，頁 68～73。

42. 葉青。〈佛光裏的生命咀嚼──試論豐子愷小品散文的佛教意蘊〉。《福建論壇》（文史哲版）第 1 期，2000 年，頁 78～82。

43. 成立。〈豐子愷的藝術理論與漫畫創作〉。《杭州師範學院學報》第 4 期，2000 年，頁 50～55。

44. 陳星。〈豐子愷與周氏兄弟〉。《中共杭州市委黨校學報》第 1 期，2000 年，頁 63～64。

45. 張龍福。〈自然和易　真淳雋永──豐子愷散文風格簡論〉。《青島大學師範學院學報》第 3 期，2000 年，頁 17～19。

46. 胡赤兵。〈論豐子愷散文思想內容的兩重性〉。《安順師範高等專科學校學報》第 1 期，2000 年，頁 27～30。

47. 吉川健一。〈中國近代漫畫・豐子愷與竹久夢二〉。《二十一世紀雙月刊》第 62 期，2000 年 12 月，頁 96～106。

48. 姜莉。〈豐子愷培植「藝術心」的美育觀〉。《安徽師範大學學報》（人文社會科學版）第 2 期，2001 年，頁 197～202。

49. 蕭振鳴。〈豐子愷漫畫與魯迅小說〉。《魯迅研究月刊》第 10 期，2001 年，頁 82～83。

50. 王黎君。〈從佛境眺望人生──許地山豐子愷創作審美特徵比較〉。《紹興文理學院學報》第 4 期，2001 年，頁 32～34。

51. 李松。〈童心與佛理契合的世界──豐子愷審美理想解讀〉。《廣西師院學報》（哲學社會科學版）第 3 期，2001 年，頁 46～49。

52. 王泉根、王蕾。〈佛心・童心・詩心──豐子愷現代散文新論〉。《中國現代文學研究叢刊》第 4 期，2001 年，頁 47～60。

53. 邱敏捷。〈豐子愷「阿難」一文的生命觀〉。《國文天地》第 188 期，2001 年 1 月，頁 68～69。

54. 張慧珍。〈試析豐子愷童話「赤心國」中之理想世界〉。《中國語文》第 525 期，2001 年 3 月，頁 74～77。

55. 陳星。〈文摘／馬一浮：生平・佛緣・佛心〉。《普門學報》第 2 期，2001 年 3 月。

56. 吉川健一。〈豐子愷繪畫新探〉。《藝術家》第 313 期，2001 年 6 月，頁 400～411。

57. 張勝璋。〈豐子愷散文的漫畫思維〉。《閩江學院學報》第 5 期，2002 年，頁 47～51。

58. 姜莉。〈以「藝術心」燭照憂患人生——豐子愷藝術教育思想形成發展史初探〉。《淮北煤師院學報》（哲學社會科學版）第 3 期，2002 年，頁 76～79。

59. 呂蘋。〈豐子愷的藝術教育思想〉。《湖州師範學院學報》第 5 期，2002 年，頁 90～93。

60. 邱春林。〈豐子愷早年的「藝術教育思想」與蔡元培美育觀之比較〉。《南京藝術學院學報》（美術及設計版）第 3 期，2002 年，頁 56～60。

61. 蔣松德。〈朱自清與豐子愷散文比較〉。《邵陽學院學報》第 4 期，2002 年，頁 57～59。

62. 陳艷玲。〈論豐子愷散文的藝術特質〉。《韶關學院學報》第 4 期，2002 年，頁 55～59。

63. 邱春林。〈豐子愷早年的藝術教育觀與近、現代之交的美育思潮〉。《廈門教育學院學報》第 1 期，2002 年，頁 1～5。

64. 吳麗萍。〈淡在其色，濃在其味——讀豐子愷散文〉。《遠程教育雜志》第 1 期，2002 年，頁 42～43。

65. 王黎君。〈佛光隱隱蘊童心——試論豐子愷兒童題材創作的藝術特色〉。《紹興文理學院學報》第 4 期，2003 年，頁 38～43。

66. 譚虎。〈魂牽夢縈白馬湖——我與母校春暉中學〉。《高中生之友》第 4 期，2003 年，頁 7～8。

67. 畢克官。〈李叔同和丰子愷：中國現代木刻版畫的先行者〉。《尋根》第 3 期，2001 年，頁 46～49。

68. 耿秋芳。〈談白馬湖作家——夏丏尊的散文風格〉。《國文天地》，2003 年 3 月，頁 4～15。

69. 陳學君。〈豐子愷早期抒情漫畫意境構成要素淺析〉。《泉州師範學院學報》，2003 年，頁 106～110。

70. 高續增。〈童心永駐豐子愷〉。《銀行家》第 5 期，2004 年，頁 136～137。

71. 陳邑華。〈豐子愷散文的生命意蘊〉。《閩江學院學報》第 3 期，2004 年，頁 54～60。

72. 何霄燕。〈傳統精神特質與時代的融合之路——談豐子愷的人生價值追求〉。《唐山學院學報》第 3 期，2004 年，頁 29～31。

73. 武淑蓮。〈宗教情懷——人生煩惱的清涼劑——許地山、豐子愷創作的歸依體驗及其治療作用〉。《固原師專學報》第 2 期，2004 年，頁 28～31。

74. 何霄燕。〈談豐子愷的音樂教育觀〉。《浙江工商職業技術學院學報》第 3 期，2004 年，頁 88～90。

75. 唐惠華。〈文心至性　清淡雋永──論「白馬湖散文作家群」的創作風格〉。《杭州師範學院學報》（自然科學版）第 6 期，2004 年，頁 458～460。

76. 金妮婭。〈走在夢與真的邊緣──試論豐子愷儒佛互融的生命感悟及其文藝創作〉。《台州學院學報》第 5 期，2004 年，頁 25～29。

77. 項寧。〈試論現代散文作家群的開明一派〉。《大理學院學報》第 2 期，2004 年，頁 68～70。

78. 劉剛。〈豐子愷的童心論與傳統文化〉。《棗莊師範專科學校學報》第 1 期，2004 年，頁 70～72。

79. 朱曉江。〈溫柔敦厚的仁者情懷。白馬湖作家群文化個性描述〉。《思想戰線》第 1 期，2004 年，頁 65～71。

80. 余連祥。〈歷史語境中的周作人與豐子愷〉。《魯迅研究月刊》第 4 期，2004 年，頁 48～54。

81. 陳建銘。〈反學校與在家自行教育的觀點與思辯。從豐子愷之「學校教育的烏托邦──無學校的教育」談起〉。《國教新知》第 2 期，2004 年，頁 59～65。

82. 李兆忠。〈豐子愷與竹久夢二〉。《文藝研究》第 3 期，2005 年，頁 112～121。

83. 余連祥。〈魯迅・豐子愷・苦悶的象徵〉。《魯迅研究月刊》第 4 期，2005 年，頁 27～33。

84. 劉英。〈豐子愷晚年的心路歷程〉。《博覽群書》第 5 期，2005 年，頁 77～81。

85. 胡瑞香。〈童心未泯的護花使者──葉聖陶、冰心、豐子愷兒童文學敘事模式比照〉。《河南機電高等專科學校學報》第 1 期，2005 年，頁 114～116。

86. 譚日紅。〈開明書店與新文學的發展〉。《湖州職業技術學院學報》第 1 期，2005 年，頁 37～39。

87. 高照。〈白馬湖的平屋和一群布衣先生〉。《文史精華》第 5 期，2005 年，頁 61～64。

88. 朱良。〈兒童崇拜與豐子愷的兒童教育觀〉。《寧波大學學報》（教育科學版）第 4 期，2005 年，頁 43～45。

89. 祁敏。〈未泯的童真──豐子愷散文裏的童真〉。《襄樊職業技術學院學報》第 5 期，2005 年，頁 80～82。

90. 倪立秋。〈解讀豐子愷楊柳〉。《語文教學與研究》第 28 期，2005 年，頁

10～13。

91. 葉瑜蓀。〈人文嘉興——豐子愷的藝術人生〉。《江南文化節江南增刊》，2005 年，頁 155～162。

92. 王曉初。〈論「白馬湖文學現象」〉。《西南師範大學學報》（人文社會科學版）第 5 期，2005 年，頁 152～156。

93. 傅紅英。〈論「白馬湖作家群」的形成和發展軌跡〉。《紹興文理學院學報》（社科版）第 1 期，2005 年，頁 14～17。

94. 王曉初。〈「白馬湖文學現象」的淵源與流衍〉。《紹興文理學院學報》（社科版）第 1 期，2005 年，頁 11～13。

95. 姜建。〈「白馬湖」流派辨正〉。《南京審計學院學報》第 1 期，2005 年，頁 66～70。

96. 王建華、周雲。〈豐子愷散文的語言形象〉。《江西社會科學》第 1 期，2006 年，頁 68～71。

97. 余連祥。〈豐子愷：中國「感想漫畫」的開拓者〉。《藝術百家》第 2 期，2006 年，頁 102～107。

98. 陳占彪。〈葉淺予、豐子愷、張樂平漫畫中的上海社會〉。《南京師範大學文學院學報》第 1 期，2006 年，頁 35～41。

99. 樂娜。〈含情的落英——論豐子愷散文的藝術特色〉。《社會科學家》第 S1 期，2006 年，頁 230～231。

100. 竺悅波。〈「兒童崇拜者」豐子愷〉。《作文世界》（初中）第 5 期，2006 年，頁 93～96。

101. 陳艷玲。〈論豐子愷兒童散文的原始主義傾向〉。《肇慶學院學報》第 3 期，2006 年，頁 6～9。

102. 朱曉江。〈傳統的回歸。從西洋美術轉向「漫畫」——1922 年前後豐子愷藝術思想的轉折及其思想史背景〉。《美術研究》第 3 期，2006 年，頁 78～85。

103. 牟瑞平。〈歷久彌新　魅力無窮——讀葉聖陶先生的開明國語課本〉。《山東教育》第 Z4 期，2006 年，頁 20～21。

104. 金妮婭。〈豐子愷散文語言的漫畫風格〉。《名作欣賞》第 20 期，2006 年，頁 37～40。

105. 關名樸、王寧。〈人散後，一鉤新月天如水——豐子愷古詩新畫作品藝術賞析〉。《語文學刊》第 9 期，2006 年，頁 155～156。

106. 孟念珩。〈「白馬湖散文」風格淺析〉。《山東行政學院・山東省經濟管理幹部學院學報》第 4 期，2006 年，頁 117～119。

107. 呂曉英。〈白馬湖作家群論〉。《上海師範大學學報》（哲學社會科學版）第 2 期，2006 年，頁 79～84。

108. 張俐雯。〈從豐子愷到蔣勳的衣裝之美〉。《國文天地》第 256 期，2006 年 9 月，頁 62～66。

109. 陳素玲。〈豐子愷散文中的佛教哲理〉。《中國語文》第 588 期，2006 年 6 月，頁 54～61。

110. 傅紅英。〈白馬湖作家群的命名及研究范疇論說〉。《浙江學刊》第 5 期，2007 年，頁 216～220。

111. 李紅霞。〈白馬湖作家群簡論〉。《中山大學學報論叢》第 8 期，2007 年，頁 194～196。

112. 陳星、陳淨野、盛秧。〈從「湖畔」到「江灣」──立達學園、開明書店與白馬湖作家群的關係〉。《浙江海洋學院學報》（人文科學版）第 2 期，2007 年，頁 8～14。

113. 朱曉江。〈文學史視野下的「國語」教學──以「白馬湖作家群」的教育實踐與文學批評爲例〉。《社會科學戰線》第 3 期，2007 年，頁 88～93。

114. 陳星、陳淨野、盛秧。〈白馬湖作家群溯源〉。《湖州師範學院學報》第 3 期，2007 年，頁 1～6。

115. 林清芬。〈一九二〇、三〇年代小說月報的革新及其時代意義〉。《國史館學術集刊》第 29 期，2007 年，頁 51～84。

116. 李紅霞。〈白馬湖作家群面對的三種張力〉。《汕頭大學學報》（人文社會科學版）第 1 期，2008 年，頁 51～55。

117. 維基百科。《牛棚（文革）》。線上檢索日期：2006 年 12 月 7 日。網址：http://zh.wikipedia.org/wiki/%E7%89%9B%E6%A3%9A_(%E6%96%87%E9%9D%A9)

118. 維基百科。《三面紅旗》。線上檢索日期：2006 年 12 月 7 日。網址：http://zh.wikipedia.org/w/index.php?title=%E4%B8%89%E9%9D%A2%E7%B4%85%E6%97%97&variant=zh-tw

119. 孫郁（2003 年 6 月 27 日）。《陳師曾的妙筆》。人民網。線上檢索日期：2007 年 10 月 7 日。網址：http//www.people.com.cn/GB/14738/28490/28491/28493/1939207.html

120. 孫郁（2007 年 1 月 18 日）。《魯迅與日本的繪畫》。閱讀文化網。線上檢索日期：2007 年 10 月 7 日。網址：http//www.wxread.com/ZJWX/jzjp/99.htm

121. 姜丹書（2004 年 4 月 22 日）。《夏丏尊先生傳略》。暨南大學新聞網。線上檢索日期：2007 年 10 月 7 日。網址：http//202.116.0.134.82/gate/big5/jnnews.jnu.edu.cn/html/2004/4/1409.htm

122. 劉紀蕙（2003 年 11 月）。《心的翻譯：中國／台灣現代性的實體化論述》。論文發表於文學的傳播與接受學術研討會。台灣新竹：文通大學社會與

文化研究所。線上檢索日期：2007 年 10 月 7 日。網址：http://www.srcs.
nctu.edu.tw/joyceliu/mworks/heart2003.htm

123. 豐子愷研究國際學術會議。《杭州師範大學弘一大師‧豐子愷研究中
心》。線上檢索日期：2007 年 10 月 7 日。網址：http://hfzx.hznu.edu.cn/
newsDetail.asp?id=309

124. 劉檸（2008 年 1 月 18 日）。《蕗谷虹兒的生涯和藝術‧上》。縱橫周刊。
線上檢索日期：2008 年 4 月 7 日。網址：http://www.my1510.cn/article.
php?bc6760b505739170

125. 劉檸（2008 年 1 月 29 日）。《蕗谷虹兒的生涯和藝術‧下》。縱橫周刊。
線上檢索日期：2008 年 4 月 7 日。網址：http://www.my1510.cn/article.
php?5d00154c29f9a417

伍、影音資料

1. 豐一吟、豐陳寶、宋雪君、楊朝嬰、楊子耘（編），豐子愷藝林、杭州大
象工作室（製作）。《豐子愷漫畫全集》（CD-ROM）。（浙江電子音像出版
社，杭州市武林路 357 號）。2003 年。

2. 豐一吟、豐陳寶、宋雪君、楊朝嬰、楊子耘（編），豐子愷藝林、杭州大
象工作室（製作）。《緣緣人生‧豐子愷》（VCD）。（浙江電子音像出版
社，杭州市武林路 357 號）。2003 年。